바울 전기

바울 전기

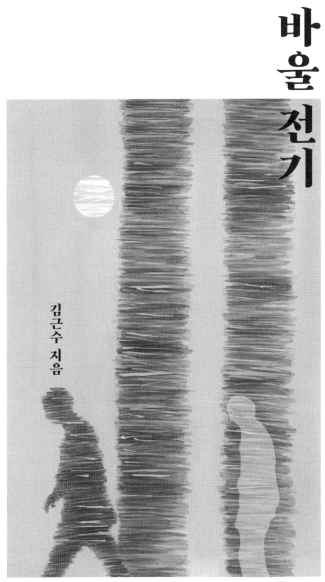

김근수 지음

차례

—

3부 예수 운동 전파한 바울

4부 예수 운동 선교사 바울

5부 바울의 편지(1)

바울은 우리에게 누구인가?

21세기 한국에서 교회와 성당에 다니는 사람에게 바울은 거의 넘을 수 없는 장벽으로 여겨지고 있다. 그들에게 바울을 이해하는 방법으로 크게 세 갈래 길이 흔히 소개되고 있다.

첫째, 바울은 예수와 거의 맞먹는 인물로, 예수보다 사실상 더 중요한 인물이라고 강조하는 길이 있다. 바울이야말로 예수를 제대로 해석하고 진짜로 계승한 인물이라는 것이다. 바울 살리기 정도가 아니라 바울 영웅 만들기 방식이다. 바울이 없으면 예수도 없으며, 바울이 사실상 그리스도교를 창시한 것이나 다름없다는 것이다. 그 정반대편에 또 다른 극단이 자리잡고 있다. 바울은 예수를 잘 몰랐고, 오해했으며, 예수를 배신한 인물이라는 것이다. 바울 탓에 그리스도교가 처음부터 뒤틀려 소개되었다는 주장이다. 언론과 출판 시장에서 환영받는 주장이다.

이런 두 극단적 흐름에 의문을 품는 의견도 있다. 예수를 전하고 해설한 바울의 정당한 공헌을 인정하지만, 바울이 예수를 잘 몰랐던 부분을 놓치지 말자는 것이다. 바울에게서 배울 것은 배우되, 바울의 한계를 잊지 말자는 의견이다. 바울 덕분에 예수를 좀 더 가까이 알 수 있었지만, 바울 탓에 예수를 이해하는데 오해가 있을 수 있다는 입장이다.

바울을 예수의 진정한 계승자로 추앙하는 사람에게 바울 전기는 반가운 책일 것이다. 바울을 통해서만 예수를 올바로 이해할 수 있다고 생각하는 사람에게 바울 전기는 반드시 읽어야 할 책에 속하겠다. 바울이 예수를 배신했다고 여기는 사람은 바울 전기를 무덤덤하게 지켜볼 수 있다. 바울 전기는 읽어도 되고, 읽지 않아도 되는 책에 속하겠다. 예수와 바울 사이의 가까움 뿐만 아니라 예수와 바울 사이의 머나먼 거리를 생각하는 사람은 바울 전기를 차분하게 대할 수 있다. 바울의 긍정적인 가치와 부정적인 한계를 동시에 확인하는 책으로 바울 전기를 대할 수 있다.

21세기 한국인 독자는 바울보다는 바울을 잘 알지 못할 수 있지만, 바울보다는 예수를 더 잘 알 수 있다. 바울은 예수 역사를 기록한 네 복음서를 구경도 못했지만, 지금 우리는 네 복음서를 자주 만나고 있다. 역사의 예수를 알면 예수를 더 잘 알 수 있듯이, 역사의 바울을 알면, 바울을 더 잘 알 수 있다. 바울에 대한 여러 선입견과 평가를 잠시 보류하고, 역사의 바울을 우선 알아보기로 하자. 역사의 바울을 제대로 알면, 역사의 예수를 올바로 아는데 크게 도움이 된다.

예수와 바울은 같은 시대를 살았다. 둘 다 험악한 시대를 살았고, 둘 다 쓸쓸하게 세상을 떠났다. 예수는 이스라엘 수도 예루살렘에서 처형되었고, 바울은 로마 제국 수도 로마에서 처형되었던 듯하다. 예수는 이스라엘 수도에서 복음을 전하다 처형되었고, 바울은 로마 제국 수도 로마에서 복음을 전하다 처형되었던 듯하다. 예수는 갈릴리에서 예루살렘으로 걸어갔고, 바울은 예루살렘에서 로마로 끌려갔다. 예수와 바울이 걸었던 길은 다르지만, 예수와 바울이 품었고 펼쳤던 뜻은 같았다. 예수나 바울이나 반대자가 많았다. 복음을 거절하는 반대자도 많았고, 복음을 받아들인 사람 중에도 바울을 반대한 사람은 많았다.

바울은 예수가 고뇌하지 않았던 문제에 부딪쳤다. 십자가에 처형된 예수가 왜 구세주인지 바울은 유다인에게 설명해야 했다. 예수의 죽음이 왜 무의미하지 않은지 유다인 아닌 사람에게 해명해야 했다. 유다교와 유다인 아닌 사람들이 예수 운동에 던지는 여러 질문을 바울은 예수 운동 사람들 중에 거의 혼자서 감당해야 했다. 예수가 알려주지 않았던 답을 바울은 생각해내야 했다. 예수에게 반대자가 많았듯이, 바울에게도 반대자가 많았다. 예수 운동이 유다교와 분열하는 아픈 시대를 바울은 온몸으로 겪어야 했다. 예수 운동이 유다교와 분열하는 상황을 역사의 예수는 상상하지도 못했다.

예수도 바울도 삶으로 죽음으로 복음을 온 세상에 전했다. 어둠과 분열의 시대에 온몸으로 세상에 빛을 밝혔다. 바울은 예수를 반대하다가 예수를 전하는 사람으로 변신했다. 바울은 무엇 때문에 예수를 반대했는가? 그런 바울은 무엇 때문에 예수를 로마 제국 서쪽 지역에서 전하기 시작했는가? 바울이 예수와 연결된다면, 우리는 바울과 연결되었다. 예수, 바울, 우리는 하나님과 복음 안에서 연결되어 있다.

바울을 알려면 바울의 삶과 바울이 쓴 편지를 알고 읽어야 하겠다. 바울의 삶을 알면, 바울 사상을 이해하는 준비를 하는 셈이다. 이 책은 바울의 삶을 주로 소개한다. 이 책에 이어 곧 뒤이을 책 바울 사상은 바울이 쓴 일곱 편지를 집중하여 분석한다. '바울 전기'는 '바울 사상'을 준비하는 책이다. 올 봄에 나온 책《로마서 주석》은 바울의 일곱 편지에서 가장 중요한 로마서를 자세히 다루었다.《로마서 주석》,《바울 전기》,《바울 사상》은 3부작으로 서로 연결되어 있다. 바울을 온전히 이해하고 싶은 독자는 세 책을 모두 읽으시길 권한다.

바울에 대한 책 세 권을 내기 전에, 나는 네 복음서 해설서 네 권과 예수 평전을 출간했다. 예수에 대한 책을 먼저 쓰고, 바울에 대한 책을 그 다음에 쓰는 순서다. 예수와 바울을 비교하는 책은 자연스럽게 그 다음에 나올 것이다.

이 책《바울 전기》는 설교집이나 수필집이 아니고, 또한 묵상 서적도 아니다. 신약성서 학계에서 학문적으로 존중받는 책과 문헌을 두루 참조하여 쓴 학문적인 책에 속한다. 바울의 삶을 알 수 있는 데까지 알아내고 싶었고, 파고들 수 있는 한 파고들었다. 현미경으로 세포를 관찰하듯이, 나는 바울을 추적했다. 바울 1미터 뒤에서 바울을 바짝 따라가는 상상을 했다.

이 책이 나오기까지 많은 분들께 빚을 졌다. 김영 교수, 박충구 교수, 정종훈 교수, 이명재 선생님께 감사드린다. 김중배 선생, 최동석 교수, 강기석 선생, 강철영, 고영애 선생, 백승종 교수, 박현룡 교수, 이소원 교수께 감사드린다. 이요한 신부, 오상선 신부, 신성국 신부, 김상식 신부, 최민석 신부, 최종수 신부, 지성용 신부께 감사드린다. 이정만 목사, 나철수 목사, 이신일 목사, 유정현 목사, 백은경 목사, 최우상 목사, 최무진 목사, 김창규 목사, 김경일 신부, 이우송 신부 께 감사드린다. 제주 박성화 목사, 정성학 목사, 이정훈 목사, 이석 재 목사, 백남이 시인, 윤순자 선생, 오미선 선생, 황의봉 선생, 강홍 림 선생, 김송기은 선생, 윤준현 선생께 감사드린다. 임갑식, 김용신, 김용진, 최정규, 박찬경, 김영섭, 윤태욱 친구들께 감사드린다.

양희삼TV 양희삼 목사님과 〈찍먹신약〉 시청자들, 시민언론 더탐 사TV 〈나를 깨우쳐 좋은 나라 만들자〉 최영민 감독님, 우희종 교수 님과 관계자들과 시청자들께 감사드린다. 복음을 전하는 마음으로 좋은 책을 만들어 주시는 〈꽃자리〉 출판사 대표 한종호 목사님께 깊이 감사드린다. 수많은 은인들과 지인들께 감사드린다. 제주 성글 라라수녀원, 남양주 성요셉수도원 형제자매들께 감사드린다.

사랑하는 어머님과 한동수 삼촌께 감사드린다. 끊임없이 기도해 주시는 김지혜(미리암), 김지연(로사) 두 처형 수녀님께 감사드린다. 사랑하는 딸 호수, 아들 준한, 아내 김지숙에게 감사드린다.

2022년 8월 제주에서
김근수

1부

———

유다인 바울

바울의 실체를 찾아

바울이 언제 태어났는지 우리는 모른다. 공통년 62년 무렵 쓰여진 듯한 빌레몬에게 보낸 편지에서 바울은 자신을 노인πρεσβύτης(빌레몬서 9)이라고 불렀다. 바울이 55세 정도 되는 나이였다.[1] 고대에 노예가 아닌 자유인의 평균 수명은 약 30세로 추측되었다.[2] 바울 가문은 베냐민 지파에 속한다.(로마서 11:1; 빌립보서 3:5) 이스라엘 첫 왕 사울도 베냐민 지파 사람이었다.(사무엘상 9:1, 10:20) 베냐민이 야곱의 막내 아들이었던 것처럼, 바울도 사도들 중에서 막내(고린도전서 15:9)이며, 부활한 그리스도가 맨 마지막에 자신에게 나타났다(고린도전서 15:8)고 바울은 자처했다.[3] 바울은 성姓cognomen 또는 이름 praenomen을 가리킬 수 있다.[4] 이름 바울Παῦλος은 선교 활동에서 소통을 쉽게 하기 위해 썼을 뿐만 아니라(사도행전 13:7-12), 유다식 이름 사울Σαῦλος(사도행전 7:58, 8:1, 9:1)보다 처음부터 더 실제로 쓰였던 것 같다.[5]

도시 유다인 바울

예수는 시골 사람이었지만, 바울은 도시 사람(고린도전서 3:12, 4:9, 9:24)이었다. 바울은 로마 제국 영토 안에서 예루살렘에서 서쪽 방향으로 계속 이동하면서 도시 선교에 집중했다. 누가복음 저자는 길리기아 지방 수도 다소Ταρσός(사도행전 9:30, 11:25, 21:39)가 바울의 고향이라고 기록했다. 오늘날 터키 중남부에 위치한 다소는 지중해에서 16km 떨어진 도시다. 공통년 이전 66년 로마 제국의 새로운 속주인 길리기아의 수도가 되었다. 1세기에 경제와 문화, 문학과 스토아 철학의 중심지였다.[6] 바울은 다소의 유다교 공동체에 소속되었을 것이다.[7] 전승[8]에 따르면, 바울 가족과 바울은 갈릴리 지방 기살라Gischala 출신으로 다소에 이주했다.[9]

바울은 오래도록 질병을 앓았다.(고린도후서 12:7; 갈라디아서 4:14) 겉모습은 볼품없고 언변은 변변치 않았던 듯하다. "바울의 편지는 무게도 있고 단호하기도 하지만 막상 대해 보면 그는 약하기 짝이 없고 말하는 것도 별것이 아니다. 하고 말하는 사람들이 있다."(고린도후서 10:10) 바울 자신은 결혼하지 않았다고 밝혔다.(고린도전서 7:1, 8; 9:5) 그런데, 내 진실한 동지γνήσιε σύζυγε(빌립보서 4:3)를 내 진실한 아내로 번역하여 이해하는 의견[10]이 있다. 진실한 동지로 번역하는 것이 옳다.[11] 유다교 랍비는 결혼할 의무가 있었고 이에 해당하는 바울은 결혼했을 것이라는 추측도 없지 않았다. 고린도전서 7장과 9장을 보면, 바울은 아내를 여읜 홀아비[12]였다는 것이다. 결혼하고 가정을 꾸리는 것이 모든 인간에 대한 봉사에 방해될 수 있다고 바울은 혹시 생각[13]했을까? 바울이 예수 운동에 참여하여 그런 생각을 하기 전에 이미 결혼했을 수도 있다. 결혼이 복음 전파에 도움될 수도 있고, 독신이 복음 전파에 방해될 수도 있다. "우리라고 해서 다른 사도들이나 주님의 형제들이나 베드로처럼 그리스도를 믿는 아내를 데리고 다닐 권리가 없단 말입니까?"(고린도전서 9:5)를 보면, 아내를 동반하고 복음 전파에 나섰던 사람은 있었다.

로마 제국 시민 바울

시민πολίτης(사도행전 21:39)은 시민권이나 단순한 출신 지역을 가리키기 때문에, 바울이 다소의 시민권을 갖고 있었는지는 확실하지 않다. 바울의 다소 시민권은 없었을 수도 있다.[14] 당시 500드라크마를 내면 시민권을 살 수 있었다.[15] 바울의 부모는 돈 주고 시민권을 샀고 아들에게 물려줄 수 있었을 것이다.[16] 당시 다소 시민권과 로마 시민권은 엄격하게 분리되진 않았기 때문에 다소 시민권을 가졌다고 해서 로마 시민권이 없다는 뜻은 아니다.[17] 많은 유다인들이 로마 시민권을 갖고 있었다.[18] 로마에 살던 유다인 대부분이 노예 신분에서 풀려난 사람이고 로마 시민권을 가지고 있었다.[19] 로마 시민권은 출생, 노예나 전쟁 포로 신분에서 해방, 군복무 제대, 입양을 통해 얻을 수 있었다.[20] 로마 시민권을 가진 유다인이 이스라엘로 이주하는 경우도 적지 않았다.[21]

바울은 노예 신분에서 풀려난 유다인의 후손으로서 로마 시민권을 가진 듯하다.(사도행전 22:28)[22] 바울은 로마 시민권을 갖고 있었다.(사도행전 16:37, 22:25, 23:27) 누가복음과 사도행전을 쓴 저자의 이 기록은 성서학계에서 근대 이후 의심받았다. 바울이 로마 황제에게 한 상소(사도행전 25:11, 26:32)는 로마 시민권을 가지지 않았어도 할 수 있었기 때문이다.[23] 그런데 로마 시민권을 근거로 로마 황제에게 상소하지 않았다면, 바울이 왜 로마에 압송되었는지 설명하기 어렵다.[24] 바울이 로마 시민권을 가졌다는 사실을 밝히기만 했어도 유다교 회당에서 다섯 번이나 매질(고린도후서 6:5, 11:24; 데살로니가전서 2:2)을 당하지 않았을 것이라는 의견[25]도 나왔다. 그런데, 로마 시민권을 가진 사람을 십자가에 처형시킨 경우처럼 로마법이 실제로 잘 지켜지지 않기도 했다.[26]

지식인 바울

하층 계급에 속한 바울이 변변찮은 교육을 받았다는 의견이 과거에 많았다면, 최근 성서학계 연구에서는 바울이 상당한 교육을 받았다는 의견이 늘어나고 있다.[27] 바울은 당시 그리스로마 문화에서 일반적인 수준의 학교 교육을 받았고, 특히 그리스 철학에 친숙했다.[28] 바울은 글자를 읽고 쓸 줄 알았고, 의견을 논리적으로 전개하는 능력도 상당히 있었다. 문법, 수사학, 논증 실력에서 바울 편지는 대단한 수준을 보여주고 있다. 편지는 에피쿠로스부터 철학 교육에서 자리잡기 시작했다.[29] 바울 편지는 우정을 나누는 편지와 철학 편지에 비교할 수 있다. 바울이 쓴 단어와 표현을 보면, 바울은 교육과 직업 생활에서 만만찮은 정보와 지식을 얻었다.[30] 바울은 제품 판매와 노동 계약을 아는 지식인 노동자였다.[31]

직업과 신분

바울의 신분은 교육과 직업에 연관된다. 바울은 천막 만드는 노동자σκηνοποιοί(사도행전 18:3)였다.[32] 아마 또는 가죽으로 만든 천막은 지중해 지역의 따가운 햇볕을 피하기 위해 널리 사용되었다.[33] 다소에는 적지 않은 아마가 생산되고 있었다.[34] 바울은 고향 다소에서 아마 다루는 기술을 익힌 듯하다. 가죽도 천막 만드는 재료로 흔히 사용되었다.[35] 자영업자 바울은 개인 고객이나 군대에 제품을 공급했던 듯하다.[36]

직업으로만 보면, 천막 만드는 노동자 바울은 하층 계급에 속한다. 바울의 사회적 신분을 중산층,[37] 또는 하층 계급[38]으로 본다. 직업으로만 보면, 천막 만드는 노동자 바울은 하층 계급에 속한다. 직업으로만 바울의 사회적 신분을 결정짓기는 충분하지 않다. 바울은 일곱 편지를 썼고, 국제적으로 활동했고, 비서(갈라디아서 6:11; 로마서 16:22)를 둘 줄 알았고, 협조자들이 많았다. 라틴어 습득,[39] 그리스 철학 교육과 편지 수준[40]을 참고하면, 바울은 도시 중류층에 속했다고 나는 생각한다.

해외파 바리새인 유다인 바울

자신의 조상들처럼 바울도 모국 이스라엘 전통을 배우고 익혔다. 선조들의 전통에 대한 자신의 열정을 바울은 자랑했다. "나는 그 때 내 동족 중 동년배들 사이에서는 누구보다도 유다교를 신봉하는 데 앞장섰으며 내 조상들의 전통을 지키는 일에 있어서도 훨씬 더 열성적이었습니다."(갈라디아서 1:14) 바울과 그 부모도 바리새파 사람(사도행전 23:6b)이며 유다교 가운데서 가장 엄격한 바리새파 사람(사도행전 26:5)으로 살아왔다. "나는 이스라엘 백성 가운데서도 베냐민 지파에서 태어났으며 난 지 여드레 만에 할례를 받았고 히브리 사람 중의 히브리 사람입니다."(빌립보서 3:5)

공통년 이전 167년 마카베오 저항(마카베오상 2:15-28)에서 바리새인 운동[41]은 시작된 듯하다.[42] "그러자 일부 하시딤 사람들이 모여와서 그들과 합세했다. 그들은 용감한 사람들이었고 모두 경건하게 율법을 지키는 사람들이었다."(마카베오상 2:42) 마카베오 저항 때 하시딤 운동에서 바리새파와 에세네파가 함께 탄생한 듯하다.[43] 바리새인, 사두개인, 에세네 세 그룹이 언제 생겼는지, 그리고 하시딤 운동에서 나왔는지 정확히 알기는 어렵다[44]는 의견도 있다. 바리새파는 요한 히르카누스(공통년 이전 135/134-104 재임)를 왕으로 모시는데 반대하는 그룹으로서 모습을 드러냈다.[45] 바리새파 영향력은 살로메 알렉산드리아(공통년 이전 76-67 재임) 여왕 때 막강하다가 헤롯 대왕(공통년 이전 40-공통년 4) 때 약해진 듯하다.[46] 바리새파에 참여한 숫자는 6,000명[47]까지 추측한다. 바리새파는 유다인 가운데 영향력 있는 그룹이었다. 헤롯 대왕 재임 말기, 즉 나사렛 예수가 탄생한 무렵 바리새파는 정치 그룹에서 종교 그룹으로 변신했다.[48] 바리새파에서 급진적 그룹인 젤롯파가 분리되었다. 공통년 6년 갈릴리에 가말라 출신 유다와 사독을 중심으로 급진적 그룹인 젤롯파가 바리새파에서 떨어져 나갔다.[49] 젤롯파는 로마 군대의 점령을 거부하고 무력 독립운동을 펼쳤다.

복음서에는 예수와 바리새파 사람들의 논쟁이 많이 소개되었다.[50] 유다 독립전쟁(공통년 66-70)과 예루살렘 성전 파괴 후 유다교 주축이었던 바리새파와 예수 운동 사이에 생겼던 역사적 갈등이 복음서에서 예수와 바리새파 사람들 사이에 벌어진 논쟁의 배경이 되었다. 유다 독립전쟁 동안 바리새파는 젤롯파에게 잠시 주도권을 내주었지만, 전쟁에서 패배한 후 유다교에서 유일하게 생존하고 영향

력을 행사하는 그룹이었다.[51]

전통 παράδοσις(마가복음 4:3; 갈라디아서 1:14)을 존중하는 것이 바리새파의 특징이다.[52] 모세의 율법에 쓰여있지 않은 전통도 율법처럼 존중하고 지키는 모습이 사두개파와 다른 점이었다.[53] 깨끗함 규칙(마가복음 7:1-8, 14-23; 로마서 14:14), 십일조(마태복음 23:23), 맹세(마가복음 7:9-13) 등이 전통의 주요 내용이었다. 전통을 정확하게 ἀκρίβεια(사도행전 22:3, 26:5) 지키는 것이 바리새파 교육의 핵심이었다.[54] 바리새파는 예루살렘 성전뿐 아니라 가정에서도 정확하게 율법을 지켜서 일상을 거룩히 한다는 목표를 가지고 있었다. 식사 예절을 성전에서 유다교 사제가 거행하는 것처럼 경건하게 지키라고 바리새파는 요구했다.[55]

바리새파는 사두개파와 달리 죽은 자들의 부활과 죽음 이후의 심판을 믿었다.[56] 사두개파에게 부활 사상은 없었다. 바리새파는 또한 이스라엘을 구원할 메시아(구원자)를 기다렸다.[57] 솔로몬 시편은 죄인에게 하느님의 벌이 내리고, 의로운 사람에게 구원이 있을 것이라고 강조했다.[58] 바리새파는 개인의 책임을 부정하지 않으면서 또한 운명론을 주장하기도 했다.[59]

바울은 예루살렘에서 바리새파 교육을 받았다고 한다. "나는 유다인입니다. 나기는 길리기아의 다소에서 났지만 바로 이 예루살렘에서 자랐고 가말리엘 선생 아래에서 우리의 조상이 전해 준 율법에 대해서 엄격한 교육을 받았습니다."(사도행전 22:3a) 바울의 고백이 아니라 사도행전 저자의 기록이다. 가말리엘 1세는 예루살렘에서 존경받는 랍비였고, 유다의회 의원이었다.(사도행전 5:34-39) 가말리엘 1세가 유명한 랍비 힐렐Hillei의 제자였는지 분명하지는 않다.[60] 바울이 어린 시절 바울 부모는 바울과 함께 다소에서 예루살렘으로 이주했다(사도행전 22:3a, 26:4-5)는 의견[61]이 있다. 만일 바울이 예루살렘에서 어린 시절을 보내고 또 바리새파 교육을 받았다면, 바울의 모국어는 그리스어가 아니고 아람어이며 구약성서를 그리스어 번역본이 아니라 히브리어 본문으로 배웠을 것이다. 그런데 바울이 편지에서 구약성서 그리스어 번역본을 인용한 사실을 본다면, 바울의 모국어는 그리스어였다. 바울이 어린 시절을 예루살렘에서 살았다는 주장은 받아들이기 어렵다.[62]

어린 시절이 아니라 예수 운동에 참여하기 전에, 즉 청년기에 바울은 예루살렘에 머물렀을까? "유다에 있는 그리스도의 공동체들은 나를 직접 대할 기회가 없었습니다."(갈라디아서 1:22) 증언으로 보면, 바울은 다마스쿠스 체험 전에 예루살렘에 없었던 듯하다.[63] 바리새인 교육의 중심지는 예루살렘이었고, 이스라엘 밖 유다인 공동체에서 체계적인 바리새파 교육을 했다는 근거는 아직 발견되지 않았다.[64] 바울이 배웠다던 스승 가말리엘 1세는 예수 운동에 조심스럽고 관용적인 태도를 보였다.(사도행전 5:34-39) 그런 스승에게 배운 바울이 예수 운동을 탄압했다는 사실은 앞뒤가 맞지 않는다. 바울이 바리새인 교육을 받았다고 증언했을 때, 예루살렘을 언급한 적은 없었다. 바울은 예루살렘에서 바리새인 교육을 받지 않았으며, 바리새인으로서 충분한 교육을 바울이 받았다고 보기도 어렵다고 나는 생각한다.

바리새인 사독Zadduk이 젤롯파를 만드는데 역할을 하고, 바리새파 내부에서 힐릴 학파와 샴마이 학파가 논쟁한 사실을 본다면, 바울 당시 바리새파는 일치된 그룹은 아니었다.[65] 바울은 열정적인 사람ζηλωτὴς(갈라디아서 1:14b)이었다. 바울이 젤롯파 소속이라는 말이 아니라 예수 운동을 탄압하는 과정에서 바리새파 중에서도 과격한 흐름을 추종했다는 뜻이다.[66] 바울이 바리새파에서 엄격한 그룹인 삼마이 학파 소속[67]이었는지 여부는 판단하기 어렵다.

바울 사상의 배경

유다교 사상

바울 사상은 당시 유다교의 유일신 사상에 깊이 뿌리내리고 있다. 바울 선교와 설교의 핵심은 유일신 사상이다. 유다교처럼 바울도 창조 사상, 선택 사상을 유일신 사상과 연결하였다. "우리에게는 아버지가 되시는 하느님 한 분이 계실 뿐입니다. 그분은 만물을 창조하신 분이며 우리는 그분을 위해서 있습니다."(고린도전서 8:6a) 하느님만 창조주이며(로마서 9:19), 죽은 사람을 살릴 수 있다.(로마서 4:17) 유다교의 선택 사상을 받아들인 바울(로마서 3:1, 9:4, 11:2)은 예수 운동 관점에서 새롭게 해석했다. 심판 사상도 유다교에서 배웠다.[68] 하느님을 알아보지 못하고 쓸데없는 신들에게 제사드리는 행동은 바울 선교에서 심판의 대상이 되었다.(데살로니가전서 1:9; 로마서 1:18-32) 하느님은 모든 인간을 그 행동에 따라 심판하신다.(고린도전서 4:5; 고린도후서 5:10; 로마서 2:5-16)

부활 사상도 바울은 유다교에서 배웠다.(데살로니가전서 4:13-18; 고린도전서 15:22; 로마서 4:24) 유다교 모세오경에는 부활 사상이 없었다. 부활 사상은 예언서에서 비로소 시작되었다.(이사야 26:19; 다니엘 12:2; 에스겔 37:1-14) 유다교 내부 모든 그룹이 부활 사상을 공유한 것은 아니었다. 쿰란 공동체[69]와 바리새파는 부활 사상을 함께 했지만, 사두개파(마가복음 12:18; 사도행전 4:2)[70]는 부활을 믿지 않았다. 의로운 하느님과 인간의 의로움에 대해서도 바울은 유다교 사상에서 배웠다. 유다교에서 의로움δικαιοσύνη은 여러 가지로 해석되었다.[71]

죄는 무엇인가에 대해서도 유다교와 바울은 공통점이 있다. "한 사람이 죄를 지어 이 세상에 죄가 들어왔고 죄는 또한 죽음을 불러들인 것 같이 모든 사람이 죄를 지어 죽음이 온 인류에게 미치게 되었습니다."(로마서 5:12) "모든 사람이 죄를 지었기 때문에 하느님이 주셨던 본래의 영광스러운 모습을 잃어버렸습니다."(로마서 3:23) 계약 사상도 바울은 유다교에서 배웠다.(고린도전서 11:25; 갈라디아서 3:17; 로마서 9:4) "하느님의 은사와 부르심은 취소될 수 없기 때문입니다."(로마서 11:29)

그리스 철학

바울은 그리스 지역 대도시에 살았고, 그리스어를 모국어로 익혔고, 그 선교 지역은 대부분 그리스 지역에 속했다. 바울이 그리스 사상과 문화에 익숙하지 않을 수 없었다.[72] 유럽에서 태어나 사는 어느 한국인이 동학을 유럽에서 전파한다고 상상해 보자. 그녀 또는 그에게 유럽의 사상과 문화가 큰 영향을 미치지 않을 리 있겠는가. "나쁜 친구를 사귀면 품행이 나빠집니다."(고린도전서 15:33)라고 바울은 공통년 이전 5세기 그리스 극작가 에우리피데스Euripides 희극 중 한 마디를 인용하기도 했다. 경기장에서 달리기하는 사람이나 권투처럼(고린도전서 9:24-27) 그리스 도시 생활의 일부에 바울 자신의 선교 활동을 비유하기도 했다.[73] 신과 행복한 사람은 고대 그리스 철학에서 중요한 주제였다.[74] 플루타르크는 "너 자신을 알라, 그리고 아무것도 과장하지 말라."고 말했다.[75] 그런 배경에서 예수의 가르침은 그리스 철학에 익숙한 사람들에게 적지 않은 매력을 준 듯하다. 예수의 가르침은 분명히 철학적 매력을 가지고 있었다.[76] 예수에 대한 바울의 해설이 그리스 철학과 토론할 능력이 있음을 외면하는 의견[77]은 적절하지 못하다.

로마 제국 시절 스토아 학파, 견유 학파, 플라톤 학파, 에피쿠로스 학파 등 여러 철학 그룹에서 곳곳을 돌아다니며 사상을 전파하는 사람들이 있었다. 고린도, 에베소, 로마, 데살로니가, 아테네는 철학자들이 많이 활동하던 도시였다. 이 사실을 모르지 않았던 사도행전 저자는 철학 중심지 아테네에서 철학자들과 당당히 토론하는 바울을 등장시켰다.(사도행전 17:16-34) 진정한 철학자는 스스로 철학자 직업을 택하는 것이 아니라 신들에게 부름받는다고 생각했다.[78] 철학자들은 긴 머리를 하고 턱수염을 기르며 지팡이와 배낭을 맨 소박한 행장으로 특히 여성들에게 영향력이 컸다.[79] 그런 겉모습은 철학자가 어느 학파 소속인지 알려주기도 했다.[80]

나사렛 예수도 긴 머리에 턱수염을 기른 나이 많은 그리스 철학자처럼 당시 사람들에게 받아들여졌을까? 철학자들은 삶의 모범이요 스승이기 때문에, 말과 행동이 일치해야 했다. 그래서 철학자들은 속임수를 쓰지 않고 진실을 말했으며 돈을 탐내지 않았다.[81] 소크라테스는 이렇게 말했다고 한다. "누구에게서도 돈이나 명예를 노리지 않는 나처럼 자유로운 인간이 인간 중에 그 누구더냐?"[82] 철학자들은 로마 제국 지배층에 대해 정치 비판도 했기 때문에 특히

네로, 베스파시안, 도미티안 황제 치하에서 추방당하거나 박해받기도 했다.[83]

거리에서 사람들과 대화하는 그리스 철학자들처럼 바울과 예수 운동 선교사들은 그렇게 나타났다. 곳곳을 유랑하며 진리를 설파하던 철학자들이 즐겨 쓰던 단어와 이미지를 바울도 사용했다. "우리는 잘못된 생각이나 불순한 동기나 속임수로 여러분을 격려하는 것은 아닙니다. 우리는 하느님께 인정을 받아 복음을 전할 사명을 띤 사람으로 말하는 것이며, 사람의 환심을 사려는 것이 아니라 우리의 마음을 살피시는 하느님을 기쁘게 해드리려고 말하는 것입니다. 아시다시피 우리는 지금까지 아첨하는 말을 쓴 적도 없고 속임수로써 탐욕을 부린 일도 없습니다. 하느님께서 이 사실을 잘 알고 계십니다. 우리는 여러분이나 다른 사람들이나 할 것 없이 사람에게서는 도무지 영광을 구하지 않았습니다.(데살로니가전서 2:1-6) 예수 운동 선교사 바울은 유랑하는 그리스 철학자들처럼 말하고 있다.(고린도후서 10-13장) 바울은 그리스 철학자들처럼 가족과 경제에 매이지 않고 이곳저곳을 돌아다녔다. 어리석은 사람으로 자처한 바울(고린도후서 11:16-12:10)의 처신은 그리스 철학자들을 본뜬 것이다.[84]

바울의 편지에는 그리스 수사학에서 영향받은 흔적이 많이 있다. 바울이 정규 수사학 교육을 받았다고[85] 보아야 하는지 논란되고 있다. "나는 말재주는 별로 없는 사람이지만 지식이 모자라지는 않습니다."(고린도후서 11:6) 바울은 상상의 상대와 질문과 응답을 주고 받는 논증Diatribe[86]을 즐겨 썼다.(고린도전서 4:6-15; 고린도후서 11:16-33; 로마서 1:18-2:11) 당시 그리스 문학과 철학에서 대화와 저술에 널리 사용된 수사법에 속한다. 바울은 자신의 처지를 해명하는 수사법 Peristasenkataloge도 즐겨 사용했다.(고린도전서 4:11; 고린도후서 4:8; 빌립보서 4:12) 말하는 사람이 자신의 어려운 상황을 해명하고 말의 진실성을 설득하는 수사법에 속한다.

"그들이 그리스도의 일꾼들입니까? 미친 사람의 말 같겠지만, 사실 나는 그리스도의 일꾼으로서는 그들보다 낫습니다. 나는 그들보다 수고를 더 많이 했고, 감옥에도 더 많이 갇혔고, 매는 수도 없이 맞았고, 죽을 뻔한 일도 여러 번 있습니다. 유다인들에게 사십에서 하나를 감한 매를 다섯 번이나 맞았고, 몽둥이로 맞은 것이 세 번, 돌에 맞아 죽을 뻔한 것이 한 번, 파선을 당한 것이 세 번이고, 밤낮 하루를 꼬박 바다에서 표류한 일도 있습니다. 자주 여행을 하면서 강물의 위험, 강도의 위험, 동족의 위험, 이방인의 위험, 도시의 위험, 광야의 위험, 바다의 위험, 가짜 교우의 위험 등 온갖 위험을 다 겪었습니다. 그리고 노동과 고역에 시달렸고, 수없는 밤을 뜬눈으로 새웠고, 주리고 목말랐으며 여러 번 굶고 추위에 떨며 헐벗은 일도 있었습니다. 이런 일들을 제쳐놓고라도, 나는 매일같이 여러 교회들에 대한 걱정에 짓눌려서 고통을 당하고 있습니다. 어떤 교우가 허약해지면 내 마음이 같이 아프지 않겠습니까? 어떤 교우가 죄에 빠지면 내 마음이 애타지 않겠습니까?"(고린도후서 11:23-29)[87]

양심(고린도전서 10:25-29; 로마서 2:12-16) 주제 또한 바울이 그리스 철학과 교류했음을 알려준다.[88] 바울의 자유 개념도 그리스 철학과 관계있다. 세네카는 외적 자유와 내적 노예, 내적 자유와 외적 노예를 연결했다.[89] 바울은 주로 내적 자유를 말했다. "노예라도 부르심을 받고 주님을 믿는 사람은 주님의 자유인이 되고 자유인이라도 부르심을 받은 사람은 그리스도의 노예가 되는 것입니다."(고린도전서 7:22) 자유를 경제적 독립과 인간의 판단에서 자유로써 언급하기도 했다. "내가 자유인이 아니란 말입니까?"(고린도전서 9:1a)[90]

공통년 이전 4세기 그리스 알렉산더 대왕의 군사적 정복 이후 지중해 지역에는 그리스어, 문학, 건축, 예술, 철학이 널리 퍼졌다. 로마 제국이 정치적 패권을 장악한 후에도 그리스 문화Hellenismus의 영향은 사라지지 않았다. 바울은 다양한 나라와 문화가 있는 해외 유다교와 그리스로마 오대양 육대주를 돌아다닌 것은 아니고 비교적 단일한 로마 제국 안에서 그리스로마 문화 안에서 움직인 것이다. 바울은 예수 운동에 참여한 후 약 30년을 로마 제국 영토 안에서 선교 활동을 했다. 이집트에서 활약한 유다인 철학자 필로Philo, 로마 군대에 투항하고 협조한 유다인 역사가 요세푸스Josephus처럼 바울도 그리스로마 문화[91] 안에서 태어나 성장하고 활약했다. 이스라엘 본토 유다인이 아닌 해외파 유다인 바울은 히브리어가 아니라 그리스어를 모국어로 사용하고 그리스로마 문화의 시대 정신을 호흡했다. 바울이 그리스 문헌을 잘 모른다는 주장[92]은 사실과 거리가 멀다.

구약성서, 해외파 유다교, 그리스로마 철학이 바울에게 사상적으로 큰 영향을 주었다.[93] 그리스로마 문화가 유다교에 얼마나 영향을 주었고, 또 그리스로마 문화에 영향받은 유다교가 예수 운동에 얼마나 영향을 주었는지 질문되어 왔다. 예수 운동은 주로 해외파 유다교를 통해 그리스로마 문화를 접촉했다는 의견[94]은 충분하지 않다. 예수 운동은 독자적으로 그리스로마 문화와 대화하기도 했다. 특히 바울은 당시 학교 교육 수준의 그리스 문학과 철학을 익혔다.[95] 그래서 로마 제국 서쪽 방향으로 계속 이동하며 활동할 수 있었고, 예수 운동 공동체들의 문제를 파악하고 어렵지 않게 응답할 수 있었다. 예수 운동 공동체에는 여러 민족과 계급 출신 사람들이 들어왔고, 예수 운동이 만나는 문화는 다양할 수밖에 없었다.

　　바울과 예수 운동 공동체는 토착화 신학을 하지 않을 수 없었다. 나사렛 예수가 이스라엘에서 경험하지 못한 새로운 상황을 바울과 예수 운동 공동체는 로마 제국 서쪽 지역에서 만났기 때문이다. 바울 선교의 성공은 토착화 신학 덕택이다. 바울은 새로운 문화를 두려워하지 않았고, 새로운 사상과 대화를 거절하지 않았다. 바울 편지를 유다교 작품으로 읽느냐 그리스로마 작품으로 읽느냐 하는 양자택일의 질문은 적절하지 않다.[96] 바울의 편지에는 유다교 사상과 그리스로마 철학의 자취가 함께 있다. 바울은 편지 속에만 있는 것이 아니라 살았던 시대와 공간 안에도 있다. 윤리 영역에서 바울과 스토아 철학의 공통점이 자주 보인다고 해서 바울이 스토아 철학을 그대로 예수 운동에 수입했다[97]고 말하면 곤란하다.[98] 바울의 편지는 이스라엘 본토 유다인이 아니라 해외파 유다인과 유다인 아닌 사람들이 예수 운동에서 만난 새로운 상황에 응답하고 있다. 바울은 백과사전적 능력을 지닌 지식인이었다고 나는 말하고 싶다.

예수 운동 박해한 바울

　　바울 자신은 예수 운동을 탄압했다고 고백했다.(고린도전서 15:9; 갈라디아서 1:13; 빌립보서 3:6) "그들은 다만 전에 자기네를 박해하고 그 교를 없애버리려고 하던 사람이 이제는 그 교를 전파하고 있다는 소문만 듣고 있었습니다."(갈라디아서 1:23) 바울은 자신의 선교 활동이 비판받을 때, 자신이 예수 운동을 박해했었다고 정직하게 말했다. 오직 하느님만 박해자 바울을 선교사 바울로 전환시키실 수 있다.[99] 언제 어떻게 예수 운동을 탄압했는지 바울은 말하지 않았지만, 사도행전 저자는 자세히 소개했다. 집집마다 돌아다니며 남녀를 가리지 않고 끌어내어 모두 감옥에 처넣었고(사도행전 8:3), 죽음에까지 몰려고 박해하여 남자, 여자 할 것 없이 결박해서 감옥에 넘겨주었고(사도행전 22:4, 26:10), 모든 회당을 찾아다니며 매질했고(사도행전 22:19), 형벌을 주면서 예수를 모독하도록 강요했고, 여러 도시에까지 가서 박해했다.(사도행전 26:11) 예수 운동 사람들을 결박하여 예루살렘으로 압송하려고 다마스쿠스에 있는 여러 회당에 편지를 보내기도 했다.(사도행전 9:2) 예수 운동 선교사 바울을 극적으로 화려하게 등장시키려는 의도에서 사도행전 저자는 바울의 예수 운동 박해 사실을 일부러 어둡게 묘사했다.[100]

사도행전 저자는 예루살렘을 바울이 예수 운동을 박해한 곳이라고 기록했다.(사도행전 8:3, 9:1, 22:19) 바울이 예수 운동을 박해한 곳은 예루살렘[101]이라는 의견은 여전히 있다. 바울 자신은 다르게 말했다. "유다에 있는 그리스도의 교회들은 나를 직접 대할 기회가 없었습니다."(갈라디아서 1:22) 바울에게 유다는 예루살렘을 포함(고린도후서 1:16; 로마서 15:31)하기 때문에, 바울 증언에 따르면 예루살렘은 바울이 예수 운동을 박해한 곳이 아니다. 바울이 예루살렘에서 예수 운동을 박해했다면, 예수 운동 예루살렘 공동체가 어떻게 그 사실을 모를 수 있었겠는가. 예루살렘에 그리스어를 쓰는 예수 운동 공동체가 있었을 수 있다.(사도행전 6:5, 8:4, 11:19) 바울이 예루살렘에서 아람어를 쓰는 공동체는 탄압하지 않고 그리스어를 쓰는 공동체만 탄압했다고 추측[102]해도, 탄압 사실을 아람어를 쓰는 공동체가 듣지 못했을 리가 없다. 아람어를 쓰는 공동체와 그리스어를 쓰는 공동체가 서로 가깝게 교류했을 것이기 때문이다.[103] 두 공동체는 쓰는 언어만 서로 달랐지 신학적 입장은 크게 다르지 않았을 것이다. 바울이 예수 운동을 박해한 곳은 예루살렘이 아니다.[104]

회개한 바울은 먼저 사도가 된 사람들을 만나려고 예루살렘으로 가지 않았고 곧바로 아라비아로 갔다가 다시 다마스쿠스로 돌아갔다.(갈라디아서 1:17) 회개하기 전 바울은 다마스쿠스에 있었고 거기서 예수 운동을 박해한 듯하다.[105] 예수 운동을 박해한 곳에서 바울은 선교사가 된 것이다.

왜 바울은 예수 운동을 박해했을까? "나는 그때 내 동족 중 동년배들 사이에서는 누구보다도 유다교를 신봉하는 데 앞장섰으며 내 조상들의 전통을 지키는 일에 있어서도 훨씬 더 열성적이었습니다."(갈라디아서 1:13; 빌립보서 3:5)[106] 유다인의 모든 삶을 규정하는 기준(마카베오상 2:54, 58)으로서 토라Tora를 수호하려는 열정에서, 폭력(갈라디아서 1:13, 23; 사도행전 9:21)을 써서라도, 엘리야를 따르려는 바울이었다. "엘리야가 백성들에게 소리쳤다. '바알의 예언자들을 하나도 놓치지 말고 모조리 사로잡으시오.' 엘리야는 백성들이 사로잡아 온 그 예언자들을 키손 개울로 끌고 가 거기에서 죽였다."(열왕기상 18:40) 토라Tora를 수호하려는 열정은 젤롯파뿐만 아니라 에세네파[107]와 바리새파도 공통이었다.

십자가에 처형된 나사렛 예수를 메시아로 전파하는 예수 운동 사람들을 보고 바울은 충격을 받았던 것 같다. "나무에 달린 시체는 하느님께 저주를 받은 것이니, 그 시체를 나무에 단 채 밤을 보내지 말고 그날로 묻어라."(신명기 21:23) 그러나 유다인들은 십자가에 처형된 사람이 모두 하느님께 버림받았다고 생각하지 않았다.[108] 독립 투쟁에 참여하다가 십자가에 처형된 유다인 투사들도 있었기 때문이다.[109] 독립 투쟁에 참여하지도 않았던 나사렛 예수를 메시아로 전파하는 예수 운동을 유다교 사람들은 용납하기 어려웠을 것이다. 바울은 한때 자신에게 걸림돌이었던 예수 십자가 죽음을 자신의 신학 중심으로 삼았다.(고린도전서 1:17; 갈라디아서 3:1; 로마서 6:6)

"'나무에 달린 자는 누구나 저주받을 자다.'라고 성서에 기록되어 있듯이, 그리스도께서는 우리를 위하여 십자가에 달려 저주받은 자가 되셔서 우리를 율법의 저주에서 구원해 내셨습니다. 그리하여 하느님께서 아브라함에게 약속하신 복이 그리스도 예수를 믿는 이방인들에게까지 미치게 되었고 또 우리는 믿음으로 약속된 성령을 받게 되었습니다."(갈라디아서 3:13-14) 십자가에 걸려 넘어진 바울은 십자가를 들고 우뚝 일어섰다.

2부

———

예수 운동 참여한 바울

다마스쿠스 체험

　예수 떠난 지 3년 후인 공통년 33년 바울은 다마스쿠스에서 무슨 체험을 했는가?[1] 바울은 다마스쿠스 체험을 드물게(고린도전서 9:1; 고린도후서 4:6; 갈라디아서 1:12-16), 아주 짧게, 환상적 예언 언어로 표현했다.[2] 더 정확히 말하면, 다마스쿠스와 연결된 체험은 갈라디아서 1장 17절밖에 없다. 하늘과 땅 사이에 소통이 이루어지는 모습은 구약성서에 있었다.(열왕기상 22:19; 이사야 6:1; 아모스 9:1)

　그렇게 중요한 사건을 바울은 고린도전서보다 5년 전 쓴 자신의 첫 편지 데살로니가전서에서는 전혀 언급하지 않았다. 처음으로 바울은 다마스쿠스 체험을 고린도전서 9장 1절에서 고백했다. 고린도 공동체에서 바울의 반대자들은 바울이 예수를 보지도 못한 사람이라고 비난한 듯하다. 나사렛 예수를 본 적이 없다는 말인지, 부활한 예수를 못 보았다는 말인지, 확실하지는 않다. 예수를 보지도 못한 사람이 무슨 사도냐는 말이다. 반대자들이 바울의 사도직에 의문을 표시한 뒤에야 비로소 바울은 이렇게 반문했다. "내가 사도가 아니란 말입니까? 내가 우리 주 예수를 뵙지 못했단 말입니까?"(고린도전서 9:1b-c)

　바울은 부활한 예수를 보았다고 말했다. 언제 어디서 보았는지 바울은 밝히지 않았다. 부활한 예수를 하늘에서 보았는지 땅에서 보았는지 분명하지 않다. "그리스도께서는 먼저 베드로에게 나타나신 뒤에 다시 열두 사도에게 나타나셨습니다. 또 한 번에 오백 명이넘는 교우들에게도 나타나셨는데 그 중에는 이미 세상을 떠난 사람도 있지만 대다수는 아직도 살아 있습니다. 그 뒤에 야고보에게 나타나시고 또 모든 사도들에게도 나타나셨습니다. 그리고 마지막으로 팔삭둥이 같은 나에게도 나타나셨습니다."(고린도전서 15:8)

바울은 부활한 예수를 보았던 사도들 명단에 자신을 마지막으로 끼워넣고, 거기서 자신의 사도직을 이끌어내고 정당화했다. "사도직을 사람에게서나, 사람을 통해서 받은 것이 아니라 예수 그리스도와 그분을 죽은 자들 가운데서 다시 살리신 하느님 아버지께로부터 받았습니다."(갈라디아서 1:1) 바울이 전하는 복음은 사람에게서 받은 것도 아니고, 배운 것도 아니고, 예수 그리스도께서 직접 바울에게 계시해 주신 것이다.(갈라디아서 1:12) 바울은 자신의 노력으로 회개Bekehrung한 것이 아니라 전적으로 하느님께 부르심Berufung 받은 것이다.[3] 바울의 다마스쿠스 체험은 회개보다 부르심으로 보는 편이 적절하겠다.

다마스쿠스 체험으로 예수 운동 박해자로서 바울의 삶은 끝났다. 바울은 예수 운동 선교사로서 새로운 삶을 시작했다. "하느님께서는 내가 나기 전에 이미 은총으로 나를 택하셔서 불러주셨고, 당신의 아들을 이방인들에게 널리 알리게 하시려고 기꺼이 그 아들을 나에게 나타내 주셨습니다."(갈라디아서 1:15-16) 구약성서에서 예언자들이 부르심 받는 사건과 비슷하다.(이사야 49:1, 5, 6) 예언자들이 부르심 받는 사건을 바울이 자신에게 적용했을 수 있다.[4] 하느님의 구원 의지를 모든 민족에게 전하리라는 희망은 구약성서에 예고되었지만 실현되지 못했었다. 그 사명을 바울은 자신에게 연결하였다. 바울은 모든 민족에게 하느님의 구원 의지를 전할 예언자다.[5] 아모스 예언자(아모스 3:8), 이사야 예언자(이사야 20:9)처럼 모든 민족에게 하느님을 선포하는 일을 자랑거리가 아니라 마땅히 해야 할 일(고린도전서 9:16)이라고 바울은 생각했다.

예수 그리스도가 직접 바울에게 준 계시 ἀποκαλύψεως Ἰησοῦ Χριστοῦ (갈라디아서 1:12) 내용은 하느님의 아들 예수다.[6] 갈라디아서가 바울의 율법 비판을 다루고 있고, 다마스쿠스 체험에서 바울의 율법 비판이 시작되었을 수 있어도, 바울이 율법과 그리스도를 비교한 것[7]은 아직 아니다. 이른바 칭의론 용어는 바울의 다마스쿠스 체험에서 나타나지 않았다.[8] 다마스쿠스 체험을 '율법이냐, 예수 그리스도냐'라는 관점에서 볼 수는 없고, 바울에게 부르심과 임무가 내린 그리스도 계시로서 다마스쿠스 체험이 자리잡고 있다.[9]

"'어둠에서 빛이 비쳐오너라.' 하고 말씀하신 하느님께서는 우리의 마음속에 당신의 빛을 비추어 주셔서 그리스도의 얼굴에 빛나는 하느님의 영광을 깨달을 수 있게 해주셨습니다."(고린도후서 4:6) 이 문장은 다마스쿠스 체험과 연결되는가? 그렇게 보는 의견[10]도 있고, 연결되지 않는다는 의견[11]도 있다. 빛 주제는 구약성서에서 부르심과 임무를 맡기는 사건에 자주 나타난다. "너는 모든 민족들의 빛이 되어라."(이사야 42:6, 42:16, 60:1-3) 하느님께 선택되고 임무를 받은 사람은 하느님의 영광을 볼 수 있다. "사방으로 뻗는 그 불빛은 비오는 날 구름에 나타나는 무지개처럼 보였다. 마치 야훼의 영광처럼 보였다."(에스겔 1:28) 하느님은 바울에게 다마스쿠스 체험에서 그리스도의 얼굴에서 하느님의 영광이 빛나는 모습을 보여주셨다.(고린도후서 4:6) 부활 후 드높여진 그리스도는 하느님의 모습(고린도후서 4:4)으로서 영광의 주님(고린도전서 2:8)이다.

다마스쿠스 사건 전에 바울은 율법에서 흠없는 사람이었다. 바울은 오랜 선교 활동에서 율법의 가치와 한계에 대해 고뇌했다. 바울이 부르심 받은 다마스쿠스 사건은 율법 가치에 대한 고뇌와 직접 관계는 없다.[12] 다마스쿠스 사건에서 바울은 십자가에 처형된 나사렛 예수를 부활한 예수로 체험했다. 바울에게 내 주 그리스도 예수를 아는 지식γνῶσις Χριστοῦ Ἰησοῦ τοῦ κυρίου μου이 무엇보다 소중했다.(빌립보서 3:8b)[13] 그리스도를 위해서 모든 것을 잃었고 그것들을 모두 쓰레기로 여기고 있다.(빌립보서 3:8b) 그리스도를 믿음은 하느님께 의로움을 얻는 조건이다. "율법에 의존하는 나의 의로움이 아니라, 그리스도를 믿음으로 얻는 의로움, 곧 믿음으로 말미암아 하느님에게서 오는 의로움을 지니게 됩니다."(빌립보서 3:9b) 바울은 자신의 부르심을 칭의론 용어가 아니라 주 그리스도 예수를 아는 지식이라는 그리스도론 용어로 표현하였다.[14] 다마스쿠스 사건은 칭의론이 아니라 그리스도론 관점에서 보는 것이 적절하다. 유랑 선교사(사도행전 14:4; 고린도전서 12:28; 로마서 16:7) 바울의 사도직이 다마스쿠스 사건의 핵심 내용 중 또한 하나다.[15]

사도행전 저자는 박해자 바울이 선교사 바울로 변신한 계기를 세 번(사도행전 9:3-19a, 22:6-16, 26:12-18) 기록했다.[16] 사도행전 9장 3-19a절은 예수 운동 다마스쿠스 공동체의 전설에 기초한다.[17] 그런데 바울의 다마스쿠스 체험에 대한 사도행전 저자의 보도와 바울의 고백 사이에 어울리지 않는 부분이 분명히 있다. 바울은 다마스쿠스 체험을 부활한 예수를 본 사건으로 이해(고린도전서 9:1, 15:8)했지만, 사도행전 9장에는 그런 말이 없다. 바울은 다마스쿠스 체험에서 예수를 모든 민족에게 전하라는 임무를 받았는데(갈라디아서 1:16), 사도행전 9장 3-19a절에는 그런 말이 없다. 다마스쿠스 체험과 바울의 사도직 연결 또한 사도행전 9장에는 전혀 없다. "사울과 동행하던 사람들도 그 음성은 들었지만 아무것도 보이지 않아 벙벙해서 서 있기만 하였다."(사도행전 9:7)와 "그때 나와 함께 있던 사람들은 그 빛은 보았지만 나에게 말씀하신 분의 음성은 듣지 못하였습니다."(사도행전 22:9)라는 사도행전 저자의 두 기록은 명백한 모순이다.

혹시 사도행전 저자는 예수 운동 예루살렘 공동체와 바울 사이에 스데반이라는 인물을 다리처럼 놓았던 것[18]은 아닐까? "스데반은 하느님의 은총과 성령의 힘을 가득히 받아 백성들 앞에서 놀라운 일들과 굉장한 기적들을 행하고 있었다."(사도행전 6:8) 이스라엘 밖에서 예루살렘으로 이주한 유다교 회당 소속 유다인들이 예수 운동 예루살렘 공동체 소속 스데반과 논쟁한다.(사도행전 6:9) 거짓 증인들은 스데반이 예루살렘 성전과 율법을 거슬러 말하고 있다고 말한다.(사도행전 6:13; 마가복음 2:23, 3:2) 사도행전 저자는 첫 순교자 스데반을 나사렛 예수 재판 순서에 맞추어 소개하고 있다.(사도행전 6:8-15)[19] 사도행전 저자는 예루살렘 성전과 율법에 대한 바울의 입장을 스데반이 미리 보여주는 모습을 설정했다.[20] 스데반이 바울을 앞장서고, 바울은 스데반을 이어받는다. 사도행전 저자는 예수, 스데반,

바울이 같은 길을 걷는 큰 그림을 그렸다. 하느님의 구원 역사가 예수 운동 역사에서 일관되게 연속되고 실천되고 있다는 사실을 사도행전 저자는 강조하고 싶었다. 사도행전 6장 8-15절은 역사적 사실에 근거한 보도[21]가 아니라 신학적 관점에서 설정한 편집이다. 예루살렘 성전과 율법에 대한 태도 때문에 스데반 그룹이 예루살렘에서 추방되었고, 바울이 그들의 입장을 전해받았다[22]고 역사적 사실로서 단정할 수는 없다.[23] 십자가에 처형된 나사렛 예수를 이스라엘의 메시아로 선포한 활동은 예루살렘 성전에 비판적인 입장을 가지게 되었다.[24]

바울의 다마스쿠스 체험을 바울 신학이 탄생한 때로 보는 의견이 적지 않다. 예수에 대한 바울 생각이 바뀐 것은 동시에 유다교 토라Tora에 대한 생각이 바뀐 것과 똑같이 여겨지기도 한다. 다마스쿠스는 율법에서 신학적 자유가 탄생한 시간이다.[25] 다마스쿠스에서 부활한 예수와의 만남은 바울에게 구원론에서 '율법인가 그리스도인가'라는 양자택일 질문이 주어졌다.[26] 다마스쿠스 체험으로 바울에게 토라Tora에 대한 새로운 평가가 연결되었다.[27] 다마스쿠스 체험 20여 년 뒤 쓰여진 로마서는 다마스쿠스 체험을 요약하여 평가했다는 의견이 있다. "그리스도께서 율법의 끝마침이 되시어 믿는 모든 이에게 의로움이 되어 주셨기 때문입니다."(로마서 8:4) 스데반 계열에 있던 바울에게 다마스쿠스 체험에서 그리스도는 율법의 끝으로 나타나셨다[28]는 것이다. 그 의견을 비판하는 학자도 있다.[29]

바울은 다마스쿠스 체험에서 하느님께서 역사 현장에서 다시 말씀하시고 움직이신다는 사실을 깨달았다. 십자가에 정치범으로 처형되고 부활한 예수 그리스도는 하느님 편에 있다. 드높여진 예수는 예수 믿는 사람들을 당신 품에 지금 감싸고 있다. 하느님은 바울을 선택하여 모든 민족에게 예수 사건을 알리기 원하신다. 예수 그리스도는 하느님께 속하며, 바울의 사도직은 하느님께 비롯되었다는 사실이 다마스쿠스 체험의 핵심이다.

다마스쿠스 체험이 바울 신학의 시작이고 바울 신학에 많은 영향을 주었지만, 바울 신학의 모든 내용을 포함하고 있지는 않다. 바울의 편지 어디서도 바울은 자신의 신학을 모두 다마스쿠스 체험에 돌리고 있지는 않다. 갈라디아서나 로마서에서 보이는 율법에 대한 체계적인 논의는 바울이 맨 처음 쓴 데살로니가전서나 고린도전서, 고린도후서에서는 찾아보기 어렵다. 율법 논의에서 갈라디아서와 로마서 사이에 긴장이 적지 않다는 사실은 바울이 다마스쿠스 체험에서 율법 주제를 깊이 고뇌하지는 못했음을 알려준다.[30] 다마스쿠스 체험과 율법 문제의 관계는 찾기 어렵다.[31] 율법의 마침인 그리스도, 오직 믿음으로의 구원은 바울 신학에서 비교적 후기에 등장하는 사상이다.[32] 다마스쿠스 체험에서 바울이 부활한 예수에게서 율법에 대한 계시를 직접 받은 것은 아니지만, 오래 사색하면서 부활한 예수가 율법의 최종 결과였음을 깨달았다.[33] 바울 선교가 처음부터 율법을 요구하지 않는 선교였다는 의견[34]은 지나치다. 바울 선교는 처음부터 할례없는 선교였지만 율법없는 선교는 아니었다.[35]

예수 운동 참여한 바울

예수 운동 전승

바울의 편지들은 예수 운동에서 가장 오래된 문헌에 속하지만, 바울 편지 전에도 예수 운동에 상당한 전승이 만들어져 있었다. 예수 말씀, 신앙고백문, 세례 전승, 빵나눔 전승, 예수 호칭이 있었다. 예수 운동 전승은 빵나눔 모임, 선교, 예수 운동 사람들의 삶에 많은 영향을 끼쳤다. 바울은 그 전승을 적지 않게 배우고 받아들였다. 바울 이전에 이미 있었던 예수 운동 전승을 우리가 잘 알아야 바울을 이해하는데 도움이 된다. 구약성서와 예수 어록 또한 올바른 바울 이해를 위해 우리가 꼭 알아야 할 중요한 문헌이다.

"이 복음은 내가 사람에게서 받은 것도 아니고 배운 것도 아닙니다. 예수 그리스도께서 직접 나에게 계시해 주신 것입니다."(갈라디아서 1:11-12) 그러나 바울은 "내가 전해 받은 가장 중요한 것을 여러분에게 전해 드렸습니다."(고린도전서 15:3a) 말하기도 했다. "그리스도께서 성서에 기록된 대로 우리의 죄 때문에 죽으셨다는 것과 무덤에 묻히셨다는 것과 성서에 기록된 대로 사흘 만에 다시 살아나셨다는 것과 그 후 여러 사람에게 나타나셨다는 사실"(고린도전서 15:3b-5)은 바울이 예수 그리스도에게서 직접 들은 것은 아니고 예수 운동 전승에서 전해 들었다. "주 예수께서 잡히시던 날 밤에 빵을 손에

드시고 감사의 기도를 드리신 다음, 빵을 떼시고 '이것은 너희들을 위하여 주는 내 몸이니 나를 기억하여 이 예를 행하여라.' 하고 말씀하셨습니다. 또 식후에 잔을 드시고 감사의 기도를 드리신 다음, '이것은 내 피로 맺는 새로운 계약의 잔이니 마실 때마다 나를 기억하여 이 예를 행하여라.' 하고 말씀하셨습니다."(고린도전서 11:23b-26) 소식은 바울이 주님께 받았다.(고린도전서 11:23a) 바울의 고백에 따르면, 바울은 그리스도에게 직접 듣기도 했고, 사람에게서 받기도 했고 배우기도 했다.

예수도 스승이 있었는데, 왜 바울이라고 스승이 없었겠는가. 그러나 바울은 언제 어디서 누구에게 예수 전승을 듣고 배웠는지 말하지 않았다. 바울은 다마스쿠스에서 세례 받았다.(사도행전 9:18) "사울 형제, 나는 주님의 심부름으로 왔습니다. 그분은 당신이 여기 오는 길에 나타나셨던 예수님이십니다. 그분이 나를 보내시며 당신의 눈을 뜨게 하고 성령을 가득히 받게 하라고 분부하셨습니다."(사도행전 9:17) 바울에게 손을 얹고 말했던 아나니아가 바울에게 예수 전승을 가르쳐준 스승이었을까? 사도행전 9장 17-18절은 실제 일어난 사건이 아니라 사도행전 저자가 창작하고 편집한 듯하다.[36] 부르심 받은 바울이 곧장 선교 활동을 시작(갈라디아서 1:17)했음을 보면, 그전에 바울이 누군가에게 교리교육을 받은 사실은 분명하다.

예수 말씀

나사렛 예수를 본 적이 없는 바울은 예수를 누구라고 듣고 배웠을까? 예수의 말씀[37]을 우선 꼽아야 하겠다. 바울은 예수의 말씀을 몇 번 인용했다.(데살로니가전서 4:15; 고린도전서 7:10, 9:14, 11:23) 그러나 엄밀한 의미에서, 바울 편지 어디서도 예수 이야기가 직접 인용되지는 않았다. 이혼 금지(고린도전서 7:11a)는 마가복음 10장 9절, 11절과 연결된다. "복음을 전하는 사람들도 그 일로 먹고 살 수 있도록 주님께서 제정해 주셨습니다."(고린도전서 9:14)는 누가복음 10장 7절과 마태복음 10장 10절에 이어진다. "우리는 주님의 말씀을 근거로 해서 말합니다. 주님께서 다시 오시는 날 우리가 살아남아 있다 해도 우리는 이미 죽은 사람들보다 결코 먼저 가지는 못할 것입니다."(데살로니가전서 4:15) 말씀은 복음서에서 해당 구절을 찾을 수 없다. 세례 전승(고린도전서 1:30; 갈라디아서 3:26-28; 로마서 3:25), 빵나눔 전승(고린도전서 11:23b-25; 16:22), 믿음 고백문(데살로니가전서 1:9; 고린도전서 8:6; 로마서 1:3b-4a), 윤리적 훈계(고린도전서 5:10; 갈라디아서 5:19-23; 로마서 1:29-31) 등을 볼 수 있다. 빵나눔 전승(고린도전서 11,23b-25)은 가장 오래된 예수 전승을 보여준다.[38] 로마서 12장 14-21절은 누가복음 6장 27-36절과, 로마서 14장 14절은 마가복음 7장 15절과 이어진다.

바울은 역사의 예수 말씀과 부활하고 드높여진 예수 그리스도의 말씀을 구분하지는 않았다.[39] 바울은 예수 말씀을 모르지 않았고, 바울 편지에 나타난 것보다 더 많이 역사의 예수를 알고 있었을 것이다.[40] "주 예수께서 잡히시던 날 밤에"(고린도전서 11:23)를 보면, 바울은 예수 저항과 수난 역사의 일부를 들었던 듯하다. "유다인들은 기적을 요구하고 그리스인들은 지혜를 찾지만, 우리는 십자가에 달리신 그리스도를 선포할 따름입니다."(고린도전서 1:22-23a)를 보면, 바울은 예수의 기적에 대해 모르지 않았던 듯하다. 기적 때문에 십자가의 의미가 혹시 흐려질까 바울은 두려웠을까? 바울은 자기 주장을 펼칠 때 구약성서를 자주 인용하지만 그러나 예수의 말씀을 거의 인용하지 않았다. 의아한 일이다. 왜 그랬을까? 자신보다 역사의 예수를 더 잘 아는 예수의 제자들이나 다른 선교사들이 예수 전승을 담당하고 펼치도록[41] 바울이 겸손하게 양보한 것일까? 동의하기 어려운 가설이다. 바울은 역사의 예수보다 십자가에 처형되고 부활한 예수에게 더 관심이 있었다고 보는 편이 옳겠다.

"역사의 예수가 아니라 설교되는 예수 그리스도가 주님이다."[42] "예수의 죽음과 부활은 바울이 예수라는 인물과 운명을 파악하는 데 있어 예수의 죽음과 부활은 결정적이고 유일하다."[43] 그렇지만, 역사의 예수는 바울 신학과 관계없다는 주장은 받아들이기 어렵다. 바울은 예수의 죽음과 부활뿐 아니라 역사의 예수도 주제로 삼았다. 바울은 추상적인 예수 역사가 아니라 구체적인 예수 역사를 바울 신학의 기초로 삼았다.[44] 역사의 예수는 바울에게 외면당한 것이 아니라 부활 관점에서 해석되었다.[45] 바울이 십자가를 말할 때 십자가 사건뿐 아니라 예수의 역사 전체를 말하는 것이다. 부활한 예수는 역사의 예수와 같다는 입장은 바울에게 변함없다. 예수 운동은 예수 부활에도 불구하고 예수 십자가와 역사를 붙잡은 것이 아니라 예수 부활 때문에 십자가와 역사를 보존하였다.[46]

신앙고백문

빵나눔 모임과 신자 교육에서 사용된 신앙고백문이 전해졌다. 하느님께서 예수를 죽은 자들 가운데서 살리셨다는 고백은 바울 이전에 이미 있었다. 바울은 그 전승을 받아들이고 편지에 써넣었다.(데살로니가전서 1:10; 고린도전서 6:14; 로마서 4:24) "성서에 기록된 대로 사흘 만에 다시 살아나셨다."(고린도전서 15:4b)에서 성서는 구약성서를 가리킨다. 구약성서에서 부활 사상은 비교적 후대에 탄생했다. 유다교에서 가장 중요한 모세오경에 부활 사상은 없었다. 모세는 부활 사상을 알지 못했다. "그래도 우리는 믿습니다. 이미 죽은 당신의 백성이 다시 살 것입니다. 그 시체들이 다시 일어나고 땅 속에 누워 있는 자들이 깨어나 기뻐 뛸 것입니다. 땅은 반짝이는 이슬에 흠뻑 젖어 죽은 넋들을 다시 솟아나게 할 것입니다."(이사야 26:19)에서 처음 언급되었다. 죽은 자들의 뼈가 다시 살아난다(에스겔 37:1-14)고 비유적으로 표현되다가 공통년 이전 2세기에 쓰여진 듯한 다니엘 예언서[47]에 와서야 비로소 분명하게 말해졌다.(다니엘 12:2)

다니엘 예언서에서 부활이 하느님 심판에 의해 영원한 생명으로 가는지 멸망으로 가는지 아직 모르는 상태라고 표현되었다면, 바울에게 부활이 영원한 생명으로 연결되며 부활 자체가 구원 사건의 일부다.[48] 예수 운동 사람들은 나사렛 예수가 새로운 시대를 가져다줄 메시아라고 생각했다.[49] 바리새파 사람들이 세상 끝날에 모든 사람의 부활을 기대(마가복음 12:23)했다면, 세상 끝날에 부활이 아니라 죽은 후 사흘만에 예수 부활은 새로운 의미를 갖게 되었다. 세상 끝날에 일어날 사건을 그리는 묵시사상Apokalyptik은 모든 그리스도교 신학의 어머니[50]라고 말할 수 있겠다.

예수 부활뿐 아니라 예수 죽음이 구원을 가져다주는 사건이라고

이해했다. 그리스도는 우리의 죄 때문에 죽으셨다.(고린도전서 15:3)
예수 운동 사람들은 예수 죽음을 특히 고통받는 하느님의 종 네 번
째 노래(이사야 53:5-12)에 비추어 해석하고 빵나눔 예배에 받아들였
다.(고린도전서 11:24b; 마가복음 14:24; 누가복음 22:19) 예수 부활뿐 아니
라 예수 죽음을 동시에 노래한 신앙고백문(데살로니가전서 4:14; 로마서
4:25, 8:34)은 한편으로 예수 죽음에도 불구하고 예수는 부활을 통해
구원을 가져왔고, 다른 편으로 예수는 죄인을 위해 죽었기 때문에 예
수 죽음은 구원을 가져다준 사건임을 말했다. 예수 부활뿐 아니라 예
수 죽음을 강조했고, 예수 죽음뿐 아니라 예수 부활을 강조했다.

세례 전승

세례와 빵나눔은 예수 운동에서 가장 중요한 두 가지 축제였다.
바울은 세례와 빵나눔과 연결된 전승을 개발한 것이 아니라 전해받
았다. 세례와 빵나눔은 예수 운동의 특징identity marker을 나타내고
유다교와 구분boundary marker되는 표시였다. 세례와 빵나눔은 예수
운동이 유다교와 분열되어 독자적인 종교로 나아가는데 큰 영향을
주었다.[51] 물로 몸을 씻는 의식은 고대 종교들에 널리 알려졌다. 구
약성서에도 정결 규칙(레위기 12-16장, 민수기 19장)은 있었고, 쿰란 공
동체에도 마음의 회개를 나타내기 위해 물로 몸을 씻는 의식은 있
었다.[52] 세례를 신비종교와 연결하던 20세기 종교사학파 연구는 오
늘날 설득력이 적게 여겨지고 있다.[53]

흐르는 물에 몸을 씻는, 반복할 수 없는 세례 의식을 예수 운동은
세례자 요한 운동에게서 배웠다는 의견이 널리 인정되고 있다.[54] 세

례 요한은 로마 제국 초기에 유행하던 세례 운동에서 가장 널리 알려진 인물이다.[55] 예수는 한때 세례 요한 운동에 가담했고, 세례 요한에게 세례를 받았다.(마가복음 1:9-11) 다른 세례와는 달리 세례 요한의 세례에서는 스스로 물로 씻을 수 없고 반드시 세례 요한에게 세례를 받았다.(마가복음 6:25; 마태복음 3:1) 세례 요한은 요단강 건너편에서(요한복음 1:28, 10:40) 세례를 거행했다. 예언자 엘리야가 요단강 물을 갈라놓는 기적을 일으켰던 곳(열왕기하 2:1-18; 출애굽기 14:22)이다. 세례 요한은 이스라엘 민족이 이집트에서 해방된 사건에 연결되고 있다. 세례 요한에게 세례는 하느님의 심판을 미리 보여준 것이다.

죄사함의 세례는 예수가 받은 세례에서 논란이 되었다. 죄없는 예수가 왜 죄사함의 세례를 받았느냐는 의문이다. 예수가 세례 요한에게 세례받을 때, 마가복음 저자는 성령이 내려오고 하늘의 음성이 들렸다고 썼지만 죄사함 이야기는 하지 않았다.(마가복음 1:9-11) 마태복음 저자는 세례 요한이 예수의 세례 요청을 사절하는 모습을 끼워넣었다.(마태복음 3:14) 누가복음에서 세례 요한은 오래 감옥에 있었기 때문에 예수에게 세례를 줄 수 없게 편집하였다.(누가복음 3:20) 예수도 세례를 받았지만, 누가 예수에게 세례를 주었는지 알 수 없다.(누가복음 3:21) 요한복음 저자는 예수가 세례받은 사실을 아예 빼버렸다.(요한복음 1:29-34) 예수는 세례 요한과 다르게 닥쳐올 하느님 심판(누가복음 3:7)이 아니라 구원의 하느님 나라(마가복음 1:14)를 선포했다. 엇갈리는 증언(요한복음 3:22, 4:2) 탓에, 예수가 사람들에게 세례를 베풀었는지 논란이 되고 있다.[56]

세례는 예수 운동에서 빨리 퍼지고 자리잡은 듯하다.(고린도전서 12:13; 사도행전 9:17, 22:16) 세례 요한 운동처럼 스스로 세례를 주진 못하고 반드시 다른 사람에게 세례를 받았다.(사도행전 8:38, 10:48) 세례는 반복하지 못하고 한 번만 받았다.(로마서 6:3, 10; 히브리서 6:1-6) 흐르는 물 속에 담그는 의식이었다.(사도행전 8:38; 고린도전서 6:11; 에베소서 5:26) 세례는 죄사함(사도행전 2:38, 22:16)의 세례였다.[57] 물 속에 몸이 잠기는 의식은 죄를 물 속에 가두고 낡은 인간(로마서 6:6; 요한복음 3:3-5; 베드로전서 1:3)을 버리고, 죽음에서 새로운 생명을 탄생하는 의미를 주었다. 세례는 이스라엘 백성이 이집트 노예살이에서 해방되는 사건에 비유되기도 했다.(고린도전서 10:1; 출애굽기 14:16; 시편 78:13)

세례는 예수(갈라디아서 3:27; 로마서 6:3), 예수 이름(고린도전서 1:13-15, 6:11)과 연결되었다. 세례 요한의 세례와 구분하기 위해 예수 운동의 세례는 예수 이름 안에서(사도행전 2:38, 10:48), 예수 이름을 향하여(사도행전 8:16, 19:5; 마태복음 28:19) 거행되었다. 세례 받으라는 명령은 마태복음 저자가 편집했다.(마태복음 28:16-20) 세례는 물로써 거행되며 성령의 은사(고린도전서 12:13; 갈라디아서 3:26-29; 사도행전 2:38)와 연결되고, 세례 받은 사람은 하느님의 자녀가 된다. 세례는 예수라는 인물과 예수의 죄사함에 이어진다.[58] 바울은 세례에서 지배자가 바뀐다고 설명했다.(로마서 6:9, 12) 세례 받은 사람은 더 이상 죄의 지배를 받지 않고 죄의 억압에서 해방되며(로마서 3:25, 6:18, 8:2) 은혜의 지배(로마서 5:21, 6:14)를 받는다.

세례 요한의 세례 운동처럼 예수 운동의 세례도 유다교 내부 개혁 운동의 일부였다. 그러나, 예수 운동이 유다인 아닌 사람들에게 예수 그리스도를 전하면서 예수 운동의 세례는 다른 종교와 구분하고 예수 운동 특징을 나타내며 예수 운동에 참여하는 의식이 되었다.[59]

빵나눔 전승

바울은 예수 최후의 만찬을 주님의 식사(고린도전서 11:20) 또는 주님의 식탁(고린도전서 11:20)이라고 불렀다. 누가복음 저자는 "예수께서 빵을 들어 축복하시고 제자들에게 떼어 나눠주시며 '받아먹어라. 이것은 내 몸이다.' 하고 말씀하셨다."(마가복음 14:22; 고린도전서 11:24)에 근거하여 빵나눔이라고 부른다. 예수 운동의 빵나눔 의식을 세례처럼 고대 신비종교들과 연결하였던 20세기 종교사학파의 연구는 현재 호응받지 못하고 있다.[60] 빵나눔 전승은 예수 운동에서 시작되었다는 연구[61]가 주목받고 있다.

예수가 처형되기 전날 제자들과 가진 최후의 만찬은 신약성서에 네 군데(마가복음 14:22-25, 마태복음 26:26-29, 누가복음 22:15-20, 고린도전서 11:23-25) 기록되었다.[62] 마태복음은 마가복음을 참조하고 누가복음은 바울의 고린도전서를 참조했으니, 마가복음과 바울이 빵나눔 전승의 두 갈래 흐름을 대표한다. 마가복음[63]과 바울[64] 중에 빵나눔 전승의 예수 말씀에 누가 더 가깝게 기록했느냐 하는 문제는 계속 토론하고 있다. 답하기 어려운 문제다.

마가복음과 바울의 빵과 술 말씀은 피와 계약을 공통으로 강조하지만, 예수 죽음의 의미는 다르게 표현했다. 술 말씀에서 마태복음은 죄의 용서를 추가했다. 바울과 누가복음에만 새로운 계약이라는 표현과 빵나눔을 반복하라는 명령이 덧붙여졌다. 마가복음, 마태복음, 누가복음에서 예수 최후의 만찬은 예수 수난 역사의 일부인데 반해, 바울에서는 예수 최후의 만찬은 예수 운동의 빵나눔과 연결되고 있다. 빵과 술을 나누는 순서에서 식사, 빵 말씀, 술 말씀(마가/마태복음), 빵 말씀, 식사, 술 말씀(바울/누가복음)처럼 서로 다르다. 마가복음과 마태복음에서 빵과 술 말씀은 식사를 끝내는 의미가 있고, 바울과 누가복음에서 빵과 술 말씀은 유다교 식사 예절처럼 식사 앞뒤에서 기도하는 의미가 있다.

예수 최후의 만찬이 파스카(유월절) 축제의 식사인지 아닌지 오랫동안 논란이 되고 있다. 파스카 축제의 식사[65]라는 의견과 그렇지 않다는 의견[66]이 맞서 있다. 파스카 축제 준비(마가복음 14:12-17), 식사 장면(누가복음 22:15)은 파스카 축제의 식사를 가리킨다. 그렇다면 예수는 이스라엘 백성이 이집트 억압에서 해방된 사건(출애굽기 12:1-28, 13:3-10)을 기념하면서, 식사 전 기도에서 빵을, 세 번째 술잔에서 찬양의 건배(고린도전서 10:16)를 했을 것이다.[67]

예수가 처형된 날과 연결하면, 예수 최후의 만찬은 파스카 축제 식사가 아니라는 주장도 있다. 예수 최후의 만찬이 파스카 축제 때 식사였는지 보통 때 식사였는지 논의되고 있다. 예수 처형은 안식일 준비 날, 즉 금요일에 집행되었다는데 네 복음서 모두 일치한다.(마가복음 15:42; 마태복음 27:62; 누가복음 23:54; 요한복음 19:31) 그런데 마가복음, 마태복음, 누가복음은 파스카 축제 첫날, 즉 유다교 달력으로 니산Nisan달 15일에 예수가 처형되었다 하고, 요한복음만 파스카 축제 준비 날, 즉 니산Nisan달 14일에 처형되었다(요한복음

19:14, 42)고 기록했다. 파스카 축제 같은 축제에는 재판이 열리지 않았기 때문에, 성서학자들은 요한복음의 기록을 더 신뢰하고 있다. 예수는 공통년 30년 4월 7일 금요일에 처형되었다.[68] 예수 처형 날과 연결하면, 예수는 언제 탄생했을까? 마태복음 저자는 헤롯왕 때 예수가 태어났다고 기록했다.(마태복음 2:1) 헤롯왕은 공통년 이전 4년 사망했다. 예수가 언제 탄생했는지 정확히 알기는 어렵다. 예수는 30살 가량 되어 전도하기 시작하였다(누가복음 3:23)는 보도는 예수 탄생 연도를 아는데 도움되지 못한다. 다윗이 30살에 왕이 되었다는 기록(사무엘하 5:4)을 누가복음 저자는 기억했을 것이다.[69]

최후의 만찬 때 예수 말씀은 자신의 희생하는 죽음, 사람들을 위한 죽음,[70] 계약을 맺기 위한 죽음을 강조하고 있다. 희생하는 죽음은 가장 짧은 발언에 나타난다. "이것은 내 몸입니다."(마가복음 14:22b) 몸은 신체뿐 아니라 예수의 모든 말씀과 행동과 역사를 포함한다. 한 사람의 몸이 죽는다는 것은 그 사람의 온 일생이 죽는다는 것이다. 예수는 빵처럼 쪼개지고 나누어질 자기 삶 전체를 가리키고 있다. 술잔은 술잔에 담긴 피를 가리킨다. 생명을 가리키는 피(레위기 17:11)를 쏟음은 예수의 희생하는, 폭력적인 죽임을 뜻한다. 술잔은 또한 구원의 술잔(시편 116:13)이다. 세상 완성 날의 축제를 지금 미리 맛보는 술잔이다.

많은 사람을 위하여 ὑπὲρ πολλῶν(마가복음 14:24)라는 표현은 몸값(마가복음 10:45)을 가리킨다. 히브리어에서 많은 사람은 셀 수 없을 만큼 많은 사람, 즉 모든 사람을 뜻한다.[71] 예수의 희생하는 죽음은 남을 위해 속죄양으로서 대신하는 죽음[72]을 뜻한다. 오늘날 많은 사람

에게 이해하기 어려운 이 생각은 때문에 성서학계 연구에서 논란이
되고 있다.[73]

예수 호칭

예수 운동 사람들이 예수에게 붙여준 호칭은 바울과 바울의 편지
를 이해하는데 아주 중요하다.[74] 아람어 메시아(그리스어 그리스도) 호
칭은 신약성서에서 가장 많이 사용된 호칭이다. 신약성서에 모두
531번 나왔는데, 바울의 일곱 편지에는 270번 나왔다. 역사의 예수,
즉 부활 이전의 예수에게 걸던 희망이 담겨 있다. "당신은 그리스도
이십니다."(마가복음 8:29, 14:61) 메시아(그리스도 호칭은 성령을 상징하는 향
기로운 기름을 붓는 의식과 연결된다.) 하느님께 특별한 사명을 받는 사람
에게 기름을 부었다.(사무엘상 24:7, 11) 사울(사무엘상 9:16), 다윗(사무엘
상 16:6), 솔로몬(역대기상 29:22) 왕에게 기름이 부어졌다. 바빌론 유배
후 왕조가 무너진 뒤에 대제사장(레위기 4:3; 역대기상 29:22)에게, 그리
고 예언자(열왕기상 19:15; 이사야 61:1)에게도 기름이 부어졌다. 왕, 사
제, 예언자 임무를 예수에게 연결하는 신학이 그리스도교 역사에
유행했다.[75]

메시아 왕은 평화와 정의의 나라를 세울 것이라고 예언자들은 노
래했다.(이사야 9:1-6; 스가랴 9:9; 아모스 9:1) 평화는 폭력과 전쟁이 없
을 뿐 아니라 구원의 완성을 가리킨다. 메시아 왕은 다윗 가문에서
나오고(이사야 11:1; 예레미아 23:5; 미가 5:1) 다윗의 왕좌에 앉아(사무엘하
7:11-16; 이사야 9:6) 주권을 행사할 것이다. 신약성서 시대 유다교에
는 일치된 메시아 사상이 있지는 않았고 여러 형태의 메시아 기대

가 있었다.[76]

역사의 예수가 자신을 메시아라고 생각했었을까? 이 주제는 20
세기 성서신학에서 논란이 되었다. 예수 말씀을 모은 기록인 예수
어록(Q문헌)에 메시아 호칭은 없다. 십자가에 달린 죄목 팻말은 예
수가 유다인의 왕(마가복음 15:26), 즉 메시아를 자칭한 정치범으로 인
정하였다.[77] 강력한 정치적 메시아를 기다렸던 유다인에게 십자가
에 처형된 메시아는 분노를 주었을 것이다.(고린도전서 1:23; 갈라디아서
5:11) '예수는 그리스도다.'라는 고백 문장이 부활 후에 예수 운동 공
동체에서 예수 그리스도라는 호칭으로 굳어졌다.(사도행전 9:22; 요한1
서 5:1) 안디옥 공동체에서 예수 믿는 사람은 그리스도인Χριστιανοί(사
도행전 11:26), 즉 메시아를 따르는 사람들이라고 불려지기도 했다. 그
리스도 호칭은 바울 편지에서 그리스도와 함께σὺν Χριστῷ, 그리스도
안에서ἐν Χριστῷ라는 표현으로 더 풍부한 의미를 갖게 되었다. 그리
스도와 함께(데살로니가전서 4:14; 고린도후서 4:14; 로마서 8:11)라는 표현
은 예수 믿는 사람이 세례를 통해 현재 고통 중에도 그리스도와 일
치하고 연결되고 있음을 말한다.[78] 그리스도 안에서(고린도전서 1:30;
갈라디아서 3:26; 로마서 8:1)라는 표현은 예수 믿는 사람의 삶이 그리스
도 사건의 영향 안에서 이루어짐을 말한다.

하느님의 아들 호칭은 그리스도 호칭처럼 신약성서에 자주 나오
지는 않는다. 신약성서에 105번 나오고, 바울 편지에는 15번 등장
한다. 하느님의 아들 호칭은 구약성서에 기초하지만 그리스로마 문
화에서도 충분히 이해 가능한 단어였다. 바울의 로마서와 갈라디아
서에서 하느님이 예수를 세상에 파견하셨고, 예수는 자기 희생을

하였다고 말하는데 주로 바울의 로마서와 갈라디아서에서 쓰였다. 다윗의 후손으로 태어난 예수는 죽은 자들의 부활 이후 하느님 아들이 되었다.(로마서 1:3)

복음서의 중요한 대목에서 하느님의 아들 호칭은 어김없이 사용되었다. 예수가 세례받을 때 하늘에서 "내 사랑하는 아들, 내 마음에 드는 아들"이라는 소리가 들려왔다.(마가복음 1:9-11) 예수가 십자가에 처형당했을 때, 어느 로마 군인은 예수를 하느님의 아들이었다고 고백했다.(마가복음 15:39) 요한복음에서 하느님의 아들 호칭은 예수의 유일함을 강조하는데 쓰였다.(요한복음 1:14, 3:18) 하느님의 아들 예수는 이스라엘의 해방자로서 예수를 훨씬 뛰어넘는다.(요한복음 1:34, 10:24, 11:27) 하느님의 아들 예수는 진정한 제사장이다.(히브리서 2:14-18, 3:6, 5:8) 하느님의 아들 호칭은 예수와 하느님의 독특한 관계를 가리킨다. 예수와 하느님의 독특한 관계를 잘 드러내기 위해 누가복음과 마태복음은, 당시 사람들의 이해 수준을 존중하여, 마리아가 예수를 낳은 이야기(마태복음 1:18, 23: 누가복음 1:35b)를 소개하기도 했다.

주님κύριος이라는 호칭은 그리스어를 사용하는 유다교 회당에서 공통년 이전 3세기부터 하느님을 가리키는 단어 '야훼' 대신에 쓰던 단어였다.[79] 그래서 주님 호칭은 마치 하느님 이름처럼 쓰여지게 되었다. 주님 호칭은 신약성서에서 그리스도 호칭보다 더 많이 나온다. 모두 719번 나오는데, 바울 편지에 189번 있다. 그리스도가 이름처럼 쓰여졌다면, 주님은 경칭에 해당한다. 신약성서에서 주님 호칭은 하느님에게 156번, 예수에게 468번 사용되었다. "야훼께서 내 주께 선언하셨다. '내 오른편에 앉아 있어라.'"(시편 110:1)를 예수 운동은 예수와 연결하고, 과감하게 예수를 주님이라고 부르기 시작했다. 하느님 이름인 주님 호칭을 예수에게 붙이는 일은 유다인에게 상상도 못할 충격이었다.

예수 운동 초기부터 주님 호칭이 예수에게 붙여졌다.(고린도전서 16:22b; 요한계시록 22:20b) 부활하고 드높여진 예수 그리스도를 주님으로 불렀다.(고린도전서 12:3; 로마서 10:9; 빌립보서 2:11) 빵나눔 모임에서 기도 용어이던 주여, 어서 오소서!μαράνα θά(고린도전서 16:22b)는 그리스어가 아니라 아람어로 전해졌다.[80] 이 기도를 예수 운동 사람들은 빵나눔에서 드높여진 주님 예수에게 드렸고, 곧 다가올 세상 끝날에 주님 오시기를 기다렸다.(고린도전서 11:26; 데살로니가전서 1:10) "주님은 예수 그리스도 한 분이 계실 뿐이고 그분을 통해서 만물이 존재하고 우리도 그분으로 말미암아 살아갑니다."(고린도전서 8:6b)

바울은 예수 말씀을 주님의 말씀이라고 표현하면서, 역사의 예수도 또한 주님으로 불렀다.(데살로니가전서 4:15; 고린도전서 7:10, 9:14) 역사의 예수는 드높여진 주님의 권위를 인정받았다는 말이다. 바울의 주인인 주님 예수의 종처럼 바울은 자신을 그리스도의 종(갈라디아서 1:10; 로마서 1:1)으로 표현했다. 아람어-종말론 관점에서 시작된 주님 호칭과 그리스-현재적 관점에서 시작된 주님 호칭 두 가지가 있다[81]는 의견이 있었다. 그런데, 아람어 기도 마라나타μαράνα θά를 통해 드높여진 예수가 지금 의미를 가진다는 뜻이 포함되어 있다.[82]

사람의 아들 호칭은 주로 복음서에, 오직 예수 입에서만 81번 나왔다. 역사의 예수를 가리키는 데 쓰였다.(누가복음 12:8) 예수에게 드리는 고백 문장이나 예수에 대한 선교에서 나온 호칭은 아니었다. 사람의 아들 호칭은 예수가 쓰던 호칭이었지 예수에 대한 호칭은 아니었다는 뜻이다. 지상에서 활동하는 사람의 아들은 고향이 없으며(누가복음 9:58), 즐겨 먹고 술을 마시고(누가복음 7:34) 죄를 용서해 준다.(마가복음 2:10) 사람의 아들은 지상에서 고통받는다.(마가복음 8:31, 9:31, 10:33) 세상 끝날에 사람의 아들은 심판자로서 다시 오실 것이다.(마가복음 8:38; 누가복음 12:8) 사람의 아들은 지상에서 활동하고, 고통받으며, 세상 끝날에 사람의 아들은 심판자로서 다시 오실 존재다.

이러한 사람의 아들 특징은 그리스 문화에서 이해하기 어려웠던 수수께끼 같은 호칭이었다. 2차 세계대전 후 성서학계에서 사람의 아들 호칭 의미와 기원을 두고 논란이 벌어졌다. 이 세 가지 특징 중에 어느 것이 실제로 역사의 예수에게서 비롯되었는가 토론되었다. 역사의 예수는 사람의 아들 호칭을 사용했다는데 의견이 모아지고 있다.[83]

신약성서에서 예수 호칭은 주님, 그리스도, 하느님의 아들, 사람의 아들 순서로 자주 나타난다. 주님 호칭은 유다인이 이해하기 어려웠고, 사람의 아들 호칭은 그리스인이 이해하기 어려웠다. 오늘 한국인은 어떤 예수 호칭을 이해하기 어려워할까?

구약성서

구약성서 히브리어 본문이 아니라 구약성서 그리스어 번역본 Septuaginta이 예수 운동과 바울의 성서였다.[84] 신약성서가 탄생하고 편집된 후 구약성서 그리스어 번역본은 그리스도교에 구약성서가 되었다. 신약성서에 인용된 구약성서는 히브리어 본문이 아니라 그리스어 번역본이다. 그리스어 번역본은 히브리어 본문에 없는 문헌도 포함하고 있다. 구약성서가 로마 제국에 널리 퍼지면서 동시에 구약성서도 전파되는 효과가 생겼다. 유다교 입장에서 예수 운동이 유다교의 이단아로 보이겠지만, 예수 운동은 유다교를 새롭게 해석한 종교 운동이었다. 바울과 예수 운동처럼 구약성서를 예수 그리스도와 연결하는 사람들이 있고, 유다교 성서를 예수와 관계없이 해석하는 유다교가 있다.

신약성서에서 가장 많이 인용된 구약성서는 21번 인용된 시편 110편 1절이다. "야훼께서 내 주께 선언하셨다. '내 오른편에 앉아 있어라.'"[85] 아브라함은 구약성서와 예수를 연결하는 중요한 축[86]으로 해석되었다.(갈라디아서 3장; 로마서 4장) 바울의 모든 성서 인용이 그리스어 번역본에서 온 것은 아니다.[87] 욥기와 이사야 예언서를 인용할 때 바울은 히브리어 본문에 가까운 그리스어 번역본 발췌집을 사용한 듯하다.[88] 계산하는 방식에 따라 조금 달라지지만, 바울 편지에 구약성서는 89번 인용되었다.[89] 바울은 이사야 예언서, 시편, 모세오경을 자주 인용했지만, 예레미야, 에스겔, 다니엘 예언서는 전혀 인용하지 않았다.[90] 이사야 예언서는 21번, 시편은 16번 인용되었다. 유다교에서 아브라함 이해에 중요한 아브라함이 이삭을 제물로 바치는 이야기(창세기 22장)를 바울은 전혀 언급하지 않았다.[91]

바울이 구약성서를 글자 그대로 충실하게 인용한 것은 아니다. 단어의 성, 수, 격, 시제, 능동태와 수동태, 단어 순서 등을 바꾸거나 줄이거나 늘이거나 새로 덧붙여 인용했다. 여러 구절을 혼합하여 인용하기도 했다. 고대 유다교에서도 그렇게 인용하는 경우는 적지 않았지만[92] 바울처럼 구약성서 본문을 폭넓게 고쳐 인용한 사람은 찾기는 어렵다. 바울은 비유(고린도전서 9:9; 갈라디아서 4:21-31) 해석, 유형(데살로니가전서 1:7; 로마서 5:4; 빌립보서 3:17) 해석 등 당시 유다교 성서신학에서 유행하던 연구 방법을 사용했다. 바울은 유다교 성서, 즉 구약성서를 예수 그리스도를 정당화하는 용도로 인용하고 해설 했다.[93]

바울이 쓴 일곱 편지 중에 데살로니가전서, 빌립보서, 빌레몬서에 서 구약성서는 한 번도 인용되지 않았다. 옥중서신인 빌립보서, 빌 레몬서에서 바울은 구약성서를 들추어 볼 상황이 되지 못했을 것이 다. 고린도전서에 28번, 고린도후서에 10번, 갈라디아서에 10번, 로 마서에 65번 인용되었다.[94] 성서공부에 열중했던 바리새파 출신 바 울은 청소년기에 적지 않은 구약성서 구절을 암기했을 것이다.[95] 선 교 과정에서 예수 그리스도를 어떻게 하면 정당화할 수 있을까, 고 뇌하면서 구약성서 곳곳을 더 사색했을 것이다.

예수어록(Q문헌)

20세기 성서연구 방법론에서 2차 세계대전 후 등장한 편집 비평 은 성서 편집자가 구전 전승과 문서 전승을 어떤 방식으로 편집하 고 시간적으로 배열했는지 주목했다. 복음서 저자들은 단순히 자료 를 모으고 편집한 것이 아니라 자신의 독창적인 해석을 덧붙인 신 학자였다는 사실이 갈수록 더 뚜렷해졌다. 마가복음 저자는 참고하지 않았지만, 누가복음 저자와 마태복음 저자는 참고했음이 분명한 예수어록이 있다는 의견에 이르렀다. 마가복음에는 없지만, 누가복음과 마태복음에 글자 그대로 똑같은 단어가 아주 많다는 사실이 발견된 것이다. 말로 전해진 전승이 아니라 글로 쓰여졌던 예수어록을 누가복음 저자와 마태복음 저자는 각각 참고했음이 틀림없다. 당시 글로 쓰여졌지만 분실된 예수어록을 학자들은 누가복음과 마태복음을 비교 분석하여 책으로 엮어냈다.[96] 독일어 단어 Quelle 첫 글자를 따서 Q문헌이라고 부른다. Q문헌 대부분은 예수의 말씀을 담고 있기 때문에, Q문헌을 예수어록이라고 부르기도 한다. 마태복음보다 누가복음이 예수어록을 더 많이 보존하고 있기 때문에 누가복음을 따서 인용된다. 예를 들어, 예수어록 구절은 Q 14,27 또는 누가복음 14,27 Q라고 표기된다.

약 4,000 단어에 달하는 예수어록은 처음에 아람어로 쓰여진 듯하다. 그러다가 그리스어로 옮겨 전승되어 누가복음 저자와 마태복음 저자에게 전해졌다. 예를 들어 예수어록은 Q1, Q2 등 여러 문서로 기록되어 유통된 듯하다.[97] 누가복음 저자와 마태복음 저자는 서로 다른 예수어록 기록본을 참고했을 수 있다. 그리스어로 옮겨진 예수어록은 공통년 40-50년 사이에 팔레스타인 북부에서 탄생한 듯하다.[98] 예수어록은 예수의 수난 역사를 담고 있지 않다. 예수의 십자가 죽음이나 부활 이야기는 없다. 그리스도 호칭도 예수어록에는 없다.

바울이 예수어록을 알고 있었는지 우리가 알기는 어렵다. 예수어록에 담긴 예수 말씀을 바울이 글이 아니라 말로 전해들었을까?

"우리는 주님의 말씀을 근거로 해서 말합니다."(데살로니가전서 4:15)가 역사의 예수 말씀을 가리키는지 분명하지 않다. 바울은 역사의 예수를 직접 만나거나 본 적도 없고 마가복음부터 요한복음까지 네 복음서를 구경한 일도 없다. 바울 편지가 쓰여진 50년대보다 예수 어록은 좀더 일찍 쓰여지고 돌아다녔던 것 같다. 바울이 예수어록을 몰랐을 수 있지만, 예수어록을 전해듣고 읽었던 사람은 바울 당시 적지 않았을 것이다.

3부

———

예수 운동 전파한 바울

바울의 행로

다마스쿠스 사건을 겪은 뒤 바울은 곧바로 예수 운동을 전하러 나섰다. 바울은 어떤 사람과도 상의하지 않았고, 먼저 사도가 된 사람들을 만나기 위해 예루살렘으로 가지도 않았고, 곧바로 아라비아로 갔다.(갈라디아서 1:17b) 바울은 왜 예루살렘으로 가서 예수의 제자들을 만나 다마스쿠스 체험을 고백하고 상의하지 않았을까? 바울은 왜 아라비아로 갔을까? 아라비아 사람들은 이스마엘Ismael 후손이며, 지리적으로나 인종적으로 유다인 아닌 사람 중에 유다인과 가장 가까운 종족이기 때문[1]일까? 왜 아라비아로 갔는지 바울 자신은 해명한 적이 없다. 아라비아는 나바테아 국가 북쪽 지역이며 다마스쿠스 남동쪽에 돌이 많은 광야 지역[2] 또는 아라비아 지역에 깊숙히 들어가진 않고 보스라Bosra 지역[3]에 있었을까? 자신이 갔다는 아라비아가 어디인지 바울은 설명한 적이 없다.

바울은 아라비아에서 얼마나 오래 예수를 전하고 다녔을까? 바울은 말한 적 없다. 아라비아로 갔다가 다시 다마스쿠스로 돌아갔다는 바울은 한동안 다마스쿠스 공동체에서 활동한 듯하다. 다마스쿠스는 경제로 보면 나바테아 국가의 영향 아래 있었다.(고린도후서 11:32) 나바테아 사람들은 다마스쿠스에서 정치경제적으로 지배층을 이루고 있었을까? 그렇지 않다는 의견[4]이 있다. 다마스쿠스는 유다인이 많이 사는 그리스 도시였다. 다마스쿠스에서 만 명에서 만 팔천 명 가량 유다인이 학살당했다는 기록이 있다.[5]

다마스쿠스에서 예수 운동 공동체가 언제 시작되었는지 알기 어렵다. 예수 운동 사람들이 예루살렘이나 갈릴리에서 무역 도로를 따라 난민들 틈에 끼어 다마스쿠스로 이주했을 가능성이 있다. 율법을 잘 지켜 모든 유다인에게 존경받던 경건한 사람 아나니아가 바울을 다마스쿠스 공동체에 소개하였다.(사도행전 22:12) 다마스쿠스에 사는 유다인 사이에 예수 운동이 퍼지고 있었다는 뜻이다. 다마스쿠스에서 나바테아 국가 아레다 왕의 총독이 바울을 체포하려 했지만, 바울은 광주리에 담겨 창문으로 줄을 타고 성벽을 내려가 도망쳤다.(고린도후서 11:32-33) 나바테아 국가의 총독은 다마스쿠스에서 나바테아 사람들의 경제적 이익을 보호하기 위해 파견된 공무원 같다.[6] 다마스쿠스에서 바울의 선교 활동 때문에 나바테아 사람들 사이에서 소동이 일어난 것 같다. 나바테아 사람들과 유다인 사이에 국경 문제로 긴장이 계속되었고, 이 문제로 로마 제국의 간섭도 심해졌다.[7]

다마스쿠스 사건 후 삼년 째, 즉 공통년 35년에 바울은 베드로를 만나려고 예루살렘 공동체를 방문했다.(갈라디아서 1:18-20) 바울은 베드로와 함께 보름을 지냈다. 바울은 예수의 남동생 야고보 외에 다른 사도는 만나지 않았다. 베드로와 바울이 어떤 대화를 나누었는지 바울은 자신이 쓴 편지에서 한 번도 밝히지 않았다. 베드로 역시 말이 없다. 그런데 갈라디아서 1장 18-20절 기록과 사도행전 9장 23-25절은 서로 모순된다.

"그 뒤 사울은 예루살렘으로 올라가 신도들의 모임에 끼여보려고 하였으나 그들은 사울이 개종한 것을 믿으려 하지 않고 모두 무서워하였다. 그때 바나바가 사울을 데리고 사도들에게 가서 사울이 다마스쿠스로 가는 길에 주님을 뵙고 주님의 음성을 들은 일과 또 다마스쿠스에서 예수의 이름으로 대담하게 전도한 일들을 낱낱이 설명해 주었다. 그때부터 사울은 예루살렘에서 제자들과 함께 지내며 자유로이 돌아다니면서 주님의 이름으로 대담하게 전도하며 그리스 말을 하는 유다인들과 이야기도 하고 토론도 하였다."(사도행전 9:23-25) 이 모순을 해결할 길은 가능하지 않다.[8]

예루살렘에서 베드로와 예수의 동생 야고보를 만난 뒤 바울은 공통년 36/37년 시리아와 길리기아 지방으로 갔다.(갈라디아서 1:21) 시리아는 오론테강 근처 안디옥을, 길리기아는 다소를 둘러싼 지역을 가리키는 듯하다.[9] 시리아와 길리기아 지방에서 바울이 무엇을 했는지 바울 편지나 사도행전은 말이 없다. 바울의 고향 다소는 유다인이 많이 살고 있었던, 길리기아 지역의 큰 도시였다. 이곳에서 바울의 약 6년간 활동이 큰 성과를 거둔 것 같지는 않다. 공통년 42년 바울은 바나바의 보조 협력자로서 안디옥 선교에 참여하게 된다.

안디옥 공동체 선교사 바울

오늘날 터키 남부에 있는 안디옥은 로마 제국에서 로마와 알렉산드리아 다음으로 세 번째로 크며[10] 지중해 동부에서 가장 중요한 도시였다.[11] 팔레스타인 북쪽 레바논에서 시작하여 북쪽 시리아를 거쳐 지중해로 흐르는 570여 킬로미터 길이의 오론테 강변에 위치했다. 공통년 1세기 말 약 30만에서 60만이 살았다.[12] 유다인 약 2–3만 명이 살고 있었던 안디옥에 큰 유다교 회당이 있었다.[13] 유다교 예배에 많은 그리스인이 참여했다.[14]

유다교에 호감 가진 그리스인이 많았기 때문에, 안디옥은 예수 운동에 좋은 선교 기회를 제공했다. 안디옥에 예수 운동 공동체가 세워졌다.(사도행전 11:19) 유다교로 개종했다가 예루살렘 공동체의 스데반 그룹 예수 운동에 참여한 니가노르는 안디옥 출신이었다.(사도행전 6:5) 키프로스와 구레네에 살던 유다인들은 안디옥으로 가서 유다인 아닌 사람들에게도 예수의 복음을 선포하였다.(사도행전 11:20) 베드로나 바울이 아닌, 이름없는 많은 선교사들이 예수 운동 초기에 선교를 이끌었다.[15] 안디옥에 예수 운동 공동체가 세워지기 전에 예수 복음이 세상에 선포되지 않았다는 말이 아니다. 이름 없는 선교사들이 사마리아, 다마스쿠스, 아라비아, 길리키엔에서 예수의 복음을 전하고 다녔다.[16] 예수 운동 역사에서 베드로나 바울처럼 이름을 남긴 일부 선교사들에게만 우리가 집중한다면, 그것은 한참 부족하다. 예수 운동 역사를 영웅주의 관점에서 바라볼 필요는 없다.

바나바와 바울이 안디옥 공동체에 처음부터 참여한 것은 아니고, 유다인 아닌 사람에게도 선교가 시작된 후 안디옥 공동체의 선교 활동에 끼어들었다.(사도행전 11:22, 25) 안디옥 공동체에 들어온 뒤 바울은 처음에는 예루살렘 공동체의 해외파 공동체 사람들과 접촉했다. 안디옥 공동체의 선교 활동은 성공적이었다. 예수 운동 외부 사람들이 예수 운동에 참여한 유다인 아닌 사람들을 그리스도인

Χριστιανοί(사도행전 11:26) 호칭으로 부를 정도로, 예수 운동에 참여한 사람이 많았던 듯하다. 공통년 40년대 초부터 예수 운동 사람들은 유다인과 유다인 아닌 사람들에 이어 제3의 그룹으로 보여지기 시작했다. 로마 제국 공무원들이 행정적 이유로 예수 운동을 알아보기 시작했다는 말이다. 40년대 초에 예수 운동이 유다교에서 벌써 분열했다는 뜻이 아니다. 예수 운동은 유다교 개혁운동의 한 그룹으로서 시작했고, 여전히 유다교에 속해 있었다.

안디옥 공동체의 주요 인물 목록이 전해졌다. "그때 안디옥 공동체에는 예언자와 교사 몇 사람이 있었는데 그들은 바나바와 니게르라고 불리는 시므온과 구레네 사람 루기오와 영주 헤롯과 함께 자라난 마나엔과 사울이었다."(사도행전 13:1) 바나바는 처음에, 바울은 마지막에 있다. 사도행전 저자가 바나바와 바울을 안디옥 공동체의 핵심 두 인물로 강조하려는 의도에서 그렇게 배치한 듯하다.[17] 안디옥 공동체에 아직 정해진 직분은 없었다. 전에 유랑 선교사로 활동하던 사람들도 안디옥 공동체에 있었다.(사도행전 13:2, 3) 예언자와 교사 역할은 나누어지지 않았고, 같은 사람이 한 듯하다. 사도 개념도 예언자와 교사에게 주어진 것 같다.(사도행전 14:4, 14) 바울은 사도 개념을 중요하게 생각했고(고린도전서 9:1), 안디옥 공동체에서 활동하던 시절 자신을 사도로 자처했다. 바나바는 예수 운동 초기에 유다인 아닌 사람에게 선교하던 중요한 인물 중 하나였다.(사도행전 4:36; 13:1)[18] 바나바의 보조 협조자였던 바울은 바나바와 함께 예루살렘 사도회의에 참가했다.(갈라디아서 2:1, 9) 바울은 바나바를 존중했지만, 안디옥에서 말다툼한 뒤 바나바와 헤어지게 된다.

안디옥에서 예수 운동 선교는 왜 성공했을까? 로마 제국에서 세 번째로 큰 대도시에서 선교했기 때문이다. 안디옥보다 큰 로마와 알렉산드리아는 팔레스타인에서 안디옥보다 훨씬 멀리 떨어져 있다. 안디옥에 유다인이 많이 살기도 했지만, 유다교에 호감 가진 유다인 아닌 사람들이 많았다. 유다교에 호감 가진 유다인 아닌 사람들은 유다교보다 예수 운동에서 더 환영받고 존중받았다. 유다인 아닌 사람이 유다교에 개종하려면 유다인처럼 되어야 했고 유다인처럼 살아야 했다. 유다인 아닌 사람이 예수 운동에 참여하려면 유다인처럼 되거나 살 필요도 의무도 없었다. 유다인 아닌 사람들이 유다교에 개종한다 하더라도, 인종적 이유로 여전히 차별받는다. 그들은 유다교에서 2등급 신자로 취급받고 소수파에 속한다. 그런데 유다인 아닌 사람들이 예수 운동에 들어오면 인종적 이유로 차별받지는 않았다. 유다인 아닌 사람들이 예수 운동에서 다수파가 되면서 그들 목소리와 영향력은 더 커졌다.[19] 예수 운동은 유다교에서 시작했고 유다인이 주축이었지만, 갈수록 예수 운동의 무게 중심은 유다인 아닌 사람들이 차지했다.

안디옥에서 예수 운동 선교는 크게 성공했기 때문에, 예수 운동 역사에서 안디옥의 비중은 언제나 학자들의 관심을 받아왔다. 미래의 메시아 예수가 공동체에 있는 현재의 주님으로 바뀌면서, 안디옥에서 예수 운동 역사는 결정적인 발전을 이루었다는 의견[20]이 있다. 바울은 예수 운동의 해외파 관점에 굳건히 서서 신학을 근거 지은 인물[21]이라는 평도 있다. 그렇다면, 안디옥은 예루살렘 공동체와 바울을 잇는 접촉 지점으로서 유다교와 그리스 신비종교와 영지주의를 혼합한 종교로서 예수 운동이 탄생한 곳일까? 바울이 그리스 신비종교와 영지주의와 접촉했는지 분명하지 않다.[22] 바울 신학과 그리스 신비종교의 접촉은 로마서 6장 3절에서 엿볼 수 있지만, 그리스 신비종교가 안디옥에서 생겼다는 근거는 없다.[23]

안디옥이 바울 신학의 모태라는 의견이 있다. 바울 이전 전승을 이용할 때, 바울은 안디옥에서 생겼던 전승에 의존한다.[24] 세상 마지막 날 예수 그리스도의 구원자, 모든 민족에게 복음 전파, 모든 피조물의 중재자, 구원을 가져다주는 예수 죽음은 안디옥 공동체의 보편적인 신학 흐름에 기초한다.[25] 그런 생각은 바울이 독창적으로 만들어낸 생각이 아니라 안디옥 공동체의 신학이었다.[26] 바울이 안디옥 공동체의 신학을 얼마나 뛰어넘었는지 묻는 의견도 있다.[27]

안디옥이 예수 운동 신학 역사에서 결정적인 매듭이라는 의견까지 있다. 안디옥에서 네 복음서, 바울 편지들, 베드로 편지, 요한계시록을 제외한 요한계 문헌 등 안디옥 신학들이 탄생했다[28]는 것이다.

예수 운동이 낳은 문헌에서 그러한 주장들을 뒷받침할 결론을 이끌어낼 수는 없다.[29] 안디옥 충돌 사건에서 바나바와 일부 유다계 그리스도인이 보인 태도를 보면, 안디옥 공동체가 그렇게 보편적이고 포용적인 신학에 영향받았다고 보기는 어렵다.[30] 바울은 고린도에 1년 6개월(사도행전 18:4), 에베소에 2년 이상(사도행전 19:10) 머물렀지만, 안디옥에는 겨우 1년 있었다.(사도행전 11:26) 1차 선교 여행후에 바울은 안디옥에 돌아왔지만(사도행전 14:28) 잠시 지나가는 여정의 하나일 뿐이었다. 바울은 예루살렘 첫 방문과 두 번째 사이에 안디옥을 언급(갈라디아서 2:11)했을 뿐, 안디옥 시절을 거의 말하지 않았다. 바울이 배우고 얻은 전승이 어디서 나왔는지 말한 적도 없다. 바울이 안디옥 공동체를 떠나 독자적인 선교 활동을 할 때 부딪친 문제와 응답에서 바울이 새롭게 제안한 독창적인 생각을 우리는 무시할 수 없다.[31] 안디옥 공동체가 예수 운동 신학 역사에서 차지하는 중요성이나 바울에게 끼친 영향은 부인할 수 없지만, 바울 신학이 단순히 안디옥 공동체 신학을 복사하여 퍼뜨린 것은 분명히 아니다.

1차 선교 여행

공통년 45-47년 안디옥 공동체에서 바울은 1차 선교 여행에 참여했다. 유다의 통치자 헤롯 아그립바 1세가 사망(사도행전 12:18-23)한 공통년 44년과 예루살렘 사도회의가 열렸던 48년 초 사이에 1차 선교 여행이 있었다. 바울은 예루살렘 사도회의 전에 시리아와 길리기아 지방으로 선교하러 갔다고 말하지만(갈라디아서 1:21), 사도행전 저자는 그곳 뿐 아니라 키프로스 섬[32]과 소아시아 지역 비시디아, 밤빌리아, 이고니온(사도행전 13:4-12)까지 포함시켰다. 누가복음과 사도행전 저자는 비시디아 안디옥에서의 바울 설교(사도행전 13:16-41)를 나사렛에서 예수 첫 설교(누가복음 4:16-30)에 해당되게 썼다.[33] 가이사랴에서 로마 군대의 장교 고넬료가 예수 운동에 참여하고(사도행전 10,1-48), 바보에서 총독 서기오 바울[34]이 예수 운동에 들어왔다.(사도행전 13:4-12) 사도행전 저자는 유다인뿐 아니라 로마 제국 관리들까지 예수 운동에 가담하는 역사를 보도하고 있다.

바나바는 키프로스 섬 출신이다.(사도행전 4:36) 바나바와 바울은 심한 언쟁 끝에 서로 헤어졌다. 바나바는 요한 마가를 데리고 키프로스로 떠나가 버렸고, 바울은 실라를 택하여 안디옥을 떠났다.(사도행전 15:39) 바나바와 바울과 요한, 마가 세 사람은 안디옥 공동체에서 파견한 선교사로서 키프로스 섬에서 함께 선교했다.[35] 바나바는 제우스 신, 주로 설교를 맡았던 바울로는 헤르메스 신이라고 불렀던 사실(사도행전 14:12)로 보면, 바울은 사람들에게 바나바의 아랫 사람으로 여겨졌다. 그들이 전에는 유다인과 하느님을 두려워하는 사람들에게(사도행전 13:43, 50; 14:1) 설교했다면, 바나바와 바울은 처음으로 루가오니아 지방에 있는 도시 루스드라에서 현지 주민들에게 (사도행전 14:11-13) 설교했다. 바나바와 바울은 먼저 유다인과 하느님을 두려워하는 사람들에게 선교하고, 그 다음 현지 주민을 포함시키는 전략을 펼쳤다. 설교에 대한 반응은 어땠을까? 언제나 환영받은 것은 아니었다. 유다인 아닌 사람들과 유다인들은 그들의 지도자들과 어울려 사도들을 학대하고 돌로 쳐죽이려는 움직임을 보였다.(사도행전 14:5) 유다인 아닌 사람들과 유다인들 중에 누가 바울과 바나바를 돌로 쳐죽이려 했는지 분명하지 않다. 바울은 돌에 맞아 죽을 뻔했다.(고린도후서 11:25; 디모데후서 3:11)

사도행전 13장 1절부터 14장 28절이 실제 역사에 근거했는지 사도행전 저자가 신학적 의도에서 꾸미고 지어낸 이야기인지 질문은 중요하지는 않다. 사도행전 저자는 여러 전승을 엮어 유다인 아닌 사람들에게 예수 복음을 전하는 역사의 서막을 그리고 있다. 사도행전 15장 1-35절부터 유다인 아닌 사람들에게 전하는 본격적인 복음 선교의 역사가 펼쳐진다. 전에 유다인 아닌 사람들에게 복음

을 전하는 모습이 놀랍게 여겨졌다면(사도행전 10:1-11:18), 이제 예루
살렘 공동체와 바울은 한 마음으로 유다인 아닌 사람들에게 전략적
으로 접근하기 시작한다. 사도행전 15장 36절부터 유다인 아닌 사
람들의 선교사 바울 역사가 소개될 차례다.

예루살렘 사도회의

바나바와 바울은 시리아 지역과 소아시아 지역 일부에서 선교 활
동을 마치고 안디옥으로 돌아왔다.(사도행전 14:20b-28)[36] 그 무렵 유
다에서 몇 사람이 안디옥 공동체에 와서 할례를 받지 않으면 구원
을 받지 못한다고 가르치고 있었다.(사도행전 15:1) 바나바와 바울 두
사도와 유다에서 온 사람들 사이에 격심한 의견 충돌과 논쟁이 벌
어졌다. 결국 안디옥 공동체는 바나바와 바울과 몇 사람을 예루
살렘에 보내 다른 사도들과 원로들에게 이 문제를 의논하게 하였
다.(사도행전 15:2; 갈라디아서 2:1) 그런데 바울은 사도행전 보도와는 다
른 말을 하고 있다. 하느님의 계시를 받고 올라갔다(갈라디아서 2:2a)
는 것이다. 그 계시가 무엇인지 바울은 설명하지 않았다. 사도행전
저자는 안디옥 선교사 바나바와 바울을 예루살렘 사도회의와 연결
하고, 바울은 자신이 예루살렘 공동체나 사도들에게 의지하지 않는
독립된 사람임을 강조한다.

바울은 할례없는 선교를 실천했지만 율법없는 선교를 주장한 적
은 없었다. 할례받지 않고 예수 믿는 유다인 아닌 사람들도 유다교
의 십계명은 당연히 지켜야 했다. 그들이 볼 때, 십계명은 어렵지 않
게 받아들일 수 있었다. 그러나 유다교 입장에서, 예수 믿는 유다인

중에 율법을 지키자는 유다인 입장에서, 바울의 할례없는 선교는 사실상 율법없는 선교에 해당한다. 예수 믿는 유다인 일부의 선동으로 예루살렘 공동체와 사도들이 자신의 할례없는 선교 전략을 반대할까 바울은 두려웠다.[37] 만일 그렇게 된다면, 바울은 공동체를 세우는 임무를 못하게 된다.(데살로니가전서 2:19; 고린도전서 9:15-18; 고린도후서 1:14)

예루살렘 사도회의는 모든 예수 운동 공동체의 대표가 모인 회의는 아니다. 예루살렘 공동체가 사도회의를 주최하거나 소집한 것도 아니다. 안디옥 공동체가 대표단을 예루살렘에 파견하여 예루살렘 공동체 사도들을 만난 것이다. 예루살렘 사도회의는 사실상 두 공동체 대표들만 참석했던 회의였다. 그래서 예루살렘 공의회보다 예루살렘 사도회의, 또는 예루살렘 회의라고 부르는 것이 더 적절하겠다.

예루살렘 사도회의가 열렸던 48년 초 이전에 예루살렘 공동체는 심한 박해를 받았다. 로마 제국의 위임을 받아 유다 지역을 통치하던 헤롯 아그립바 1세는 42년에 요한의 형 야고보를 처형했다.(사도행전 12:2) 그때 베드로는 예루살렘을 탈출하였고, 예루살렘 공동체는 예수의 형제 야고보(마가복음 6:3)가 이끌게 된다.(사도행전 12:17b, 15:13, 21:18) 베드로 노선과 야고보 노선은 똑같지는 않았다. 베드로는 할례받지 않는 사람을 예수 운동에 받아들였고(사도행전 10:34-48; 갈라디아서 2:11-12), 유다인 아닌 사람들에 대한 선교에 나섰다.(고린도전서 1:12, 9:5) 야고보와 그 그룹은 예수 운동 예루살렘 공동체를 유다교의 일부로 여기고, 예수 운동에 참여하는 유다인 아닌 사람에게 율법 지키기를 요구하는, 엄격한 예수 운동 흐름에 속했다.[38] 야고보는 예수를 믿는 유다인과 예수를 믿는 유다인 아닌 사람이 함께 식사하는 행동을 거절했다.(갈라디아서 2:12a) 정치적 판단뿐 아니라 신학적 입장에서 야고보는 그런 태도를 보였다.[39] 예수를 믿지 않는 유다인, 특히 바리새파에게 야고보는 높이 존중받은 듯하다. 62년 야고보가 처형되었을 때, 바리새파 사람들은 야고보를 처형한 대제사장 아나누스Ananus를 쫓아내라고 로마 제국에 청원하였다.[40] 도마복음 12는 야고보를 의로운 사람이라고 칭송한다.

예루살렘 사도회의는 어떻게 진행되었는가?(사도행전 15:1-34; 갈라디아서 2:1-10) 바나바와 바울은 안디옥 공동체가 예루살렘에 파견한 대표단에 속한다.(사도행전 15:2, 4; 갈라디아서 2:1, 9) 회의는 공동체 차원의 만남(사도행전 15:12; 갈라디아서 2:2a)과 개인 차원의 접촉 두 갈래로 진행되었다. 사도들과 원로들이 함께 만났고(사도행전 15:6), 바울은 예루살렘 공동체의 기둥들(갈라디아서 2:9)을 언급했다. 회의에서 생긴 일(갈라디아서 2:3-5)과 예루살렘 공동체 지도자들과 약속이 소개되었다.(갈라디아서 2:6-10) 유다인 아닌 사람에게 할례없는 선교를 인정하느냐가 주제였다.(사도행전 15:12; 갈라디아서 2:2, 9) 일부 그룹은 예수 믿는 유다인 아닌 사람에게 할례를 요구했다.(사도행전 15:5; 갈라디아서 2:4)

회의에서 유다인 아닌 사람에게 할례없는 선교가 인정되었다.(사도행전 15:10-12, 19; 갈라디아서 2:9) 그런데 사도행전 저자의 보도와 바울의 보도가 꽤 다르다.[41] 사도행전 저자에 따르면, 우상에게 바쳐서 더러워진 것을 먹지 말고, 음란한 행동을 하지 말고, 목졸라 죽인 짐승의 고기와 피를 먹지 말라는(사도행전 15:19-21, 28-29; 21:25) 기본적인 정결 규칙이 하느님께 돌아오는 유다인 아닌 사람에게 요구되었다. 이스라엘에 사는 유다인 아닌 사람들이(레위기 17:10-14; 18:6-18, 26) 지켜야 할 최소한의 정결 규칙(레위기 17-26장)이었다.[42] 예루살렘 공동체 지도자들은 그리스 사람 디도에게 할례를 강요하지 않았다는(갈라디아서 2:3) 바울의 증언은 사도행전에 없다. 가난한 사람들을 위한 모금(갈라디아서 2:10) 언급도 사도행전에는 없다. 예루살렘 사도회의 결정은 베드로(사도행전 15:7-11)와 야고보(사도행전 15:13-21)가 했고, 바울은 조연 역할에 불과했다.

바울에 따르면, 예루살렘 사도회의 결정은 바울이 야고보와 베드로와 요한 세 사람과 대화한 끝에 내려졌다.(갈라디아서 2:1-10) 예루살렘 공동체 지도자들은 할례받지 않은 사람들에게 복음을 전하는 일을 바울이 하느님께 위임받았다는 사실을 인정했다고 바울은 강조했다.(갈라디아서 2:7, 9) 가난한 사람들을 위한 모금(갈라디아서 2:10)도 언급했다. "우리는 유다인 아닌 사람들에게 전도하고 그들은 할례받은 사람들에게 전도하기로 합의하였습니다."(갈라디아서 2:9c) 예루살렘 공동체는 할례받은 사람들에게 선교하고 안디옥 공동체는 유다인 아닌 사람들에게 하기로 결정했다는 것이다.

이 결정이 정말 해결책일 수 있을까? 선교 권리를 지역으로 나누었는지 인종으로 나누었는지 분명하지 않다. 예루살렘 공동체와 안디옥 공동체는 선교에서 똑같은 권리를 갖고 있다는 사실을 단순히 인정했다는 의미만 있을 뿐이다.[43] 인종으로 나누자면, 같은 공동체에서 유다인을 위한 모임과 유다인 아닌 사람들을 위한 모임을 따로 만들자는 뜻인가? 그런 모임은 안디옥 공동체에도 없었다. 지역으로 나누는 방법도 해답이 될 수 없다. 예루살렘 공동체는 이스라엘을 맡고, 안디옥 공동체는 이스라엘 밖의 온 세상을 맡겠다는 말인가? 예루살렘 공동체가 이스라엘 밖에 있는 유다교 공동체 Diaspora를 포기하겠는가.

예루살렘 사도회의는 안디옥 공동체에게 유다인 아닌 사람에게 할례없는 선교 권리를 인정했지만, 또한 예루살렘 공동체에게 할례 있는 선교를 인정한 셈이 되었다. 예루살렘 공동체는 예수 그리스도에 대한 믿음과 율법 지키기를 하나로 연결하여 볼 수 있다는 말이다. 그렇다면, 베드로가 할례받은 사람들에게 전하는 복음과 바울이 할례받지 않은 사람들에게 전하는 복음이 똑같은 복음인가? 예루살렘 사도회의가 끝난 후 예수 운동은 이 문제를 고뇌해야 했다. 예루살렘 사도회의 결정은 문제의 해결을 제공했다기보다 또다른 문제를 만들었다고 보아야 하겠다.

그런데 예루살렘 사도회의는 어떤 주제로 토론했을까? 계약의 표지이며 하느님의 선택된 백성을 나타내는 할례(창세기 17:11)는 예수 그리스도를 믿는 유다인 아닌 사람에게도 요구되어야 하는가? 유다인 아닌 사람이 예수 그리스도를 믿으려면 먼저 유다인이 되어야 하는가? 세례와 할례는 유다인 아닌 사람이 예수 그리스도를 믿는 필수 조건에 속한다고 예수 그리스도를 믿는 일부 엄격한 유다인은 생각했다. 유다인 아닌 사람이 할례없이 유다교로 개종하는 경우는 없었다.[44] 세례와 할례는 예수 그리스도를 믿는 모든 사람에게 의무인가? 안디옥 공동체가 유다인 아닌 사람에게 할례없는 선교를 언제 시작했는지 바울 편지나 사도행전은 말하지 않았다. 로마 공동체 설립과 이집트 알렉산드리아 출신 아볼로가 고린도까지 와서 선교한 역사를 보면, 안디옥 공동체 말고도 유다인 아닌 사람에게 선교는 벌써 있었다.(고린도전서 3:4; 사도행전 18:24-28)

유다교에 개종하려는 유다인 아닌 사람은 어떤 의무가 있었는가? 이스라엘 밖에 사는 유다인 아닌 사람과 유다인이 함께 사는 것에 대한 뚜렷한 지침이 율법에 없었다. 그 문제에 참조할 구체적인 내용을 예수 운동은 율법에서 얻을 수 없었다. 유다인 아닌 사람은 하느님을 존중할 것이란 생각만 있었다.(이사야 19:16-25; 말라기 1:11; 토비트 14:6) 율법은 유다인 아닌 사람이 아니라 유다인을 위해서 있다.(출애굽기 34:10-17; 레위기 20:2-7) 유다인 아닌 사람이 할례를 받아야 하는지, 안식일을 지켜야 하는지에 대해, 율법은 말이 없다. 이스라엘 안에 사는 유다인과 유다인 아닌 사람의 관계(출애굽기 12:43-49; 레위기 16:29; 민수기 9:14)를 예수 그리스도를 믿는 유다인과 유다인 아닌 사람에 비유하여 적용하려는 예루살렘 사도회의 결정은 지속적인 해답이 될 수 없었다.[45] 그렇게 하면, 예수 그리스도를 믿는 유다인과 유다인 아닌 사람 사이에 평등은 없기 때문이다.

예루살렘 사도회의는 안디옥 공동체에게 유다인 아닌 사람에게 할례없는 선교 권리를 인정했지만, 또한 예루살렘 공동체에게 할례 있는 선교를 인정한 셈이 되었다. 예루살렘 공동체는 예수 그리스도에 대한 믿음과 율법 지키기를 하나로 연결하여 볼 수 있다는 말이다. 그렇다면, 베드로가 할례받은 사람들에게 전하는 복음과 바울이 할례받지 않은 사람들에게 전하는 복음이 똑같은 복음인가? 예루살렘 사도회의가 끝난 후 예수 운동은 이 문제를 고뇌해야 했다. 예루살렘 사도회의 결정은 문제의 해결을 제공했다기보다 또 다른 문제를 만들었다고 보아야 하겠다. 예수 운동은 무엇인가?identity marker, 예수 운동 사람들은 어떻게 사는가?life-style 예루살렘 사도회의는 그런 질문에 아직 뚜렷한 답변을 하지 못했던 시점에 생긴 사건이었다. 예루살렘 사도회의가 열렸던 48년 초 예수 운동은 여전히 유다교 내부에 있는 여러 그룹 중 하나였다는 사실을 독자들은 잊지 말아야 하겠다.

베드로가 전하는 복음과 바울이 전하는 복음에 공통점이 있다. 예수 그리스도는 죽고 부활하고 나타나셨다.(고린도전서 15:3b-5) 하나이신 하느님 사상과 윤리도 마찬가지다. 그러나 베드로가 전하는 복음과 바울이 전하는 복음 사이에 다른 점이 있음을 지나칠 수도 없다. 베드로가 할례받은 사람들에게 복음을 전하는 일을 위임받았듯이 바울은 할례받지 않은 사람들에게 복음을 전하는 일을 위임받았다.(갈라디아서 2:7) 할례없는 복음과 할례있는 복음이란 표현은 바울 편지와 고대 문헌에서 갈라디아서 2장 7절에만 있다. 갈라디아서 2장 7절은 바울이 작성했다.[46] 갈라디아서 2장 7절의 중요성은 최근 성서학계에서 충분히 논의되지는 못하고 있다.[47]

할례없는 복음과 할례있는 복음은 동등하지만 똑같지는 않다는 사실이 예루살렘 사도회의에서 확인되었다. 복음을 전하는 방식이 다를 뿐 아니라 전하는 내용도 다르다. 예루살렘 사도회의는 할례없는 복음과 할례있는 복음이 분열되는 결정을 내렸다.[48] 이스라엘에서 유다교는 할례를 엄격히 시행했지만(마카베오상 1:15) 해외 유다교에서 일부 유다인 아닌 사람만 할례와 세례를 받고 유다교에 들어왔다. 유다교로 개종한 유다인 아닌 사람 대부분 할례를 받지 않았다. 그들은 유다인 아닌 사람 중에 예수 운동에 가장 먼저 참여한 그룹이었다.(사도행전 10:2, 13:16, 16:14) 해외 유다교 내부에 할례 금지를 내세우는 소수파가 있었던 듯하다.[49]

바울 입장에서 예루살렘 사도회의는 유다인 아닌 사람에게 할례 없는 복음을 정당하다고 인정한 것만은 아니었다. 예루살렘 공동체 지도자들과 바울이 동등한 권리를 갖고 있다고 바울은 해석했다. 그러나 안디옥 충돌 사건, 바울 공동체에서 할례를 주장하는 일부 유다인의 선동, 특히 사도회의 훈령Dekret(사도행전 15:20)을 보면, 바울이 예루살렘 공동체 지도자들과 동등한 권리를 갖고 있었는지 논란이 되고 있다. 바울 자신은 사도회의 훈령을 알고 있었는가? 바울의 편지들은 사도회의 훈령에 대해 말이 없다. 알고 있었다는 의견[50]과 몰랐다는 의견[51]이 맞서 있다.

예루살렘 사도회의 결정을 바울은 모든 공동체가 지켜야 할 의무로 해석했지만, 예수 운동 내부의 다른 흐름에서는 단순한 허용 정도로 이해한 듯하다. 예루살렘 사도회의에 예루살렘 공동체와 안디옥 공동체만 참여했기 때문에 로마 공동체 등 다른 공동체는 예루살렘 사도회의 결정을 어느 정도 의무로 생각했는지도 분명하지 않다. 유다인 아닌 사람에게 토라의 적용 문제를 놓고 결국 예루살렘 사도회의 후 세 가지 입장[52]이 나타났다. 첫째, 할례 없고, 일부 중요한 윤리 지침을 제외하고 사실상 토라에서 자유로운 입장.(바울, 안디옥 공동체 일부?, 아볼로?) 둘째, 할례 없고, 부분적인 토라 준수.(베드로, 사도회의 훈령) 셋째, 할례 포함하여 토라 준수(예루살렘 공동체 일부, 갈라디아서와 빌립보서에서 바울에 반대한 선교사들) 등이다.

바울과 사도행전 저자는 왜 예루살렘 사도회의 결정에 대해 다른 소식을 전해주었을까? 예수 운동 공동체에서 유다인 아닌 사람이 지켜야 할 최소한의 정결 규칙(사도행전 15:20, 29; 21:25)은 안디옥 충돌 사건과 연결되었다. 사도회의 훈령은 유다인 아닌 사람이 최소한의 정결 규칙만 지킨다면, 하느님이 요구한 깨끗함 수준에 도달할 수 있다고 보았다. 야고보는 사도행전 15장 20절에서 처음으로 사도회의 훈령을 언급했다. 일부 야고보 사람들이 안디옥 공동체에서 유다인 아닌 사람과 유다인을 빵나눔에서 분리시키라고 요구하였다.(갈라디아서 2:12) 사도회의 훈령은 안디옥, 시리아, 길리기아에 사는 예수 운동 사람들에게만(사도행전 15:23) 향하고 있다. 안디옥 공동체와 바울이 선교하던 지역에 속한다.(사도행전 13-14장; 갈라디아서 1:21) 사도회의 훈령은 모든 공동체가 아니라 일부 공동체에만 해당되는 결정이었을까?

모든 공동체에 해당되는 사도회의 결정과 안디옥 공동체에만 해당되는 사도회의 훈령이라는 서로 다른 두 주제를 사도행전 저자는 뒤섞어 다루었던 것[53]은 아닐까? 사도행전 15장 1-29절에 뒤섞여지는 흔적이 보인다. 처음에 베드로가 발언하고, 야고보가 해답을 제시하고, 바울은 사실상 침묵한다. 사도행전 저자가 일부러 그렇게 편집한 듯하다. 사도회의 훈령은 사도회의와 관계없이 사도행전 저자가 단독으로 만들어낸 것일까? 나는 그렇게 생각하고 싶다. 예루살렘 사도회의에서 유다인 아닌 사람에게 할례없는 선교가 인정된 사실은 분명하다.

안디옥 충돌 사건

예루살렘 사도회의가 끝나고 오래 되지 않은 때 안디옥 충돌 사건이 터졌다.[54] 예루살렘 사도회의는 48년 봄에, 안디옥 충돌 사건은 48년 여름에 있었다.[55] 안디옥 충돌 사건이 52년에 일어났다는 의견도 있다.[56] 예루살렘 사도회의는 유다인 아닌 사람에게 할례를 주느냐의 주제를 다루었지만, 유다인 아닌 사람과 유다인으로 이루어진 공동체의 문제는 논의하지 않았다. 할례받지 않은 유다인 아닌 사람들, 즉 유다교 관점에서 깨끗하지 않은 사람들과 유다인이 함께 식사하는 모습이 자연스러웠던 안디옥 공동체에서 드디어 그 문제가 떠올랐다.

베드로는 안디옥 공동체에서 유다인 아닌 사람들과 유다인들이 뒤섞여 나누는 식사에 참여했다.(갈라디아서 2:11) 유다인 아닌 사람들과 유다인들은 서로 평등하고, 유다인 아닌 사람들에게 유다교 음식 규정과 깨끗함 규정은 적용되지 않는다는 사실이 드러나는 풍경이었다. 그런데 일부 야고보 사람들이 나타나자 베드로와 다른 유다인들과 바나바까지도 베드로와 함께 물러나갔다.(갈라디아서 2:12-13) 거짓 형제들(갈라디아서 2:4)과 야고보 사람들이 동일 인물인 것은 아니다.[57] "내가 포로가 되어 아시리아로 귀양을 가서 니느웨 성으로 끌려갔을 때에 내 형제들과 동족들은 모두 유다인 아닌 사람들의 음식을 먹었다. 그러나 나는 단호하게 그런 음식을 먹지 않았다."(토비트 1:10-11)

음식 규정(신명기 14:3-21)은 바울 시대에 유다교와 유다인 출신 예수 운동 사람에게 율법 이해와 실천에서 아주 중요했다. 음식 규정은 율법 전체를 나타내는 율법이나 마찬가지였다.[58] 일부 야고보 사람들은 음식 규정 때문에 유다인 아닌 사람들과 식사를 거절한 것이지 십일조 때문에[59] 거절한 것은 아니다. 베드로는 야고보 사람들이 두려워서 물러나갔다. 헤롯 아그립바 1세가 42년에 요한의 형 야고보를 처형했을 때 베드로는 예루살렘을 탈출하였고, 예루살렘 공동체는 베드로 대신에 예수 형제 야고보가 이끌게 된다. 해외 망명 생활 6년째에 접어든 베드로는 자신의 후임자인 야고보의 사람들이 두려웠던 것이다. 예수 운동을 유다교 안에 있게 하려는 야고보의 전략은 예수 운동 사람들이 토라를 지키게 만들 수밖에 없었다. 베드로는 야고보 전략과 이미 거리를 두었다. "베드로가 예루살렘에 올라갔을 때에 할례를 주장하는 파에서 그를 비난하며 '왜 당신은 할례받지 않은 사람들의 집에 들어가서 그들과 함께 음식까지 나누었습니까?' 하고 따졌다."(사도행전 11:3) 그런데, 야고보의 사람들이 안디옥 공동체에 나타나자 베드로는 슬그머니 자신의 처신을 바꾸었다.

　베드로의 뒤바뀐 처신은 유다인 아닌 사람들과 유다인들의 평등한 식사 공동체를 깨뜨렸다. 베드로는 복음의 진리(갈라디아서 2:5, 14)에 걸맞지 않게 행동했다. 그래서 바울은 모든 사람이 보는 앞에서 말했다. "유다인이면서 유다인 같이 살지 않고 유다인 아닌 사람 같이 사는 당신이 어떻게 유다인 아닌 사람들에게 유다인처럼 살라고 강요할 수 있겠습니까?"(갈라디아서 2:14b) 유다인이 유다인 아닌 사

람 같이 살 필요도 없고, 유다인 아닌 사람이 유다인처럼 살 필요도
없다.

바울과 반대자들이 깨끗함의 개념을 똑같은 뜻으로 이해한 것은
아니었다.[60] 바울은 깨끗함보다 거룩함을 더 높이 보았고 거룩함은
깨끗함을 포함하고 있다고 생각했다. 로마서 6장 19절에서 거룩함
ἁγιασμός은 더러움ἀκαθαρσία과 반대 개념으로 제안되었다. "하느님
께서는 우리가 더럽게 살지 말고 거룩하도록 부르셨습니다."(데살로
니가전서 4:7) 깨끗함은 토라를 지켜서 얻는 것이 아니고 세례를 통해
죄의 힘과 결별하여 온다.(고린도전서 6:11; 고린도후서 1:21) 그래서 바
울은 거룩한 삶을 살라고 공동체에 요청한다.(갈라디아서 5:19; 로마서
1:24, 6:22)

야고보 사람들이 안디옥 공동체에서 유다인 아닌 사람들이 유다
인처럼 토라를 완전히 지키라고 요구했던 것은 아니었다. 예수 믿
는 유다인들이 깨끗하지 못한 유다인 아닌 사람들과 떨어지라고 요
구했을 뿐이다. 야고보가 말한 사도회의 훈령 때문에 안디옥 충돌
사건이 일어났는지[61] 안디옥 충돌 사건이 일어났기 때문에 사도회
의 훈령이 생겼는지[62] 분명하지는 않다. 바울은 야고보 사람들을 비
판한 것이 아니라 베드로를 비판했다. 그러나, 야고보 사람들은 예
수 믿는 유다인 아닌 사람이 예수 믿는 유다인과 평등하다는 생각
을 용납하지 않았다. 예수를 믿는 유다인은 율법에 대해 예수를 믿
기 전이나 후에나 달라진 것이 아무것도 없다. 그러나 예수를 믿
는 유다인 아닌 사람에게는 예수 믿은 후 율법을 얼마나 어떻게 지
켜야 하는 문제가 새롭게 등장한 것이다. 예루살렘 사도회의와 안

디옥 충돌에서 율법이 예수 믿는 유다인 아닌 사람에게 얼마나 요구되어야 하는지 문제가 드러났다. 바울은 이 위기와 기회에서 멋진 생각을 창조했다. 율법을 지키는 것으로는 누구를 막론하고 하느님과 올바른 관계를 가질 수 없다.(갈라디아서 2:16d) 하느님과 올바른 관계에 놓이는 길은 율법을 지키는 데 있지 않고 예수 그리스도를 믿는 데 있다.(갈라디아서 2:16a) 바울은 유다인과 유다인 아닌 사람들을 동등한 차원에 놓으려고 율법과 예수 그리스도를 대립시킨 것이다. 유다인과 유다인 아닌 사람 사이의 차별은 예수 그리스도가 나타남으로써 없어졌다. 예수를 믿는 유다인과 예수를 믿는 유다인 아닌 사람 사이의 차별도 사라졌다. 안디옥 충돌 사건은 율법에 대한 바울의 생각이 어떻게 최종적으로 완성되는지 보여주었다.[63] 드디어 바울은 예루살렘 사도회의 결정과 안디옥 충돌 사건의 차원을 신학적으로 단독으로 돌파하고 넘어서버렸다.

만일 바울이 갈라디아서 2장 16d절과 로마서 3장 21a절을 예루살렘 사도회의에서 말했다면 어떻게 되었을까? 예루살렘 사도회의에서 어떤 합의도 아마 불가능하지 않았을까? 갈라디아서와 로마서의 칭의론을 예루살렘 사도회의와 안디옥 충돌 사건과 연결하는 것은 시간적으로 너무 이르다.[64] 내 생각에, 바울은 예루살렘 사도회의 때 갈라디아서 2장 16d절이나 로마서 3장 21a절을 아직 생각해내지 못했다. 예루살렘 사도회의와 안디옥 충돌 사건을 겪은 후 유다인 아닌 사람에게 독자적으로 선교하면서, 바울은 율법에 대한 자신의 생각을 다듬고 완성하지 않았을까.

4부

예수 운동 선교사 바울

바울의 선교 전략과 활동

안디옥 충돌 사건으로 바울은 안디옥 공동체와 바나바와 헤어지게 된다.(갈라디아서 2:13; 사도행전 15:39) 예루살렘 공동체와 연결 고리가 약하던 바울은 안디옥 공동체와 인연을 마감했다. 바울은 안디옥 공동체 소속 선교사에서 독자적인 예수 운동 선교사로 변신하고 48년 말 새 길을 시작했다. 어쩌면 무모한 그 결정이 훗날 예수 운동 역사에 어떤 영향을 미칠지 바울은 당시 생각이나 했을까?

독자적인 예수 운동 선교사로 출발하는 바울을 잘 이해하려면, 우리는 먼저 두 가지 오해를 풀어야 한다. 요한 마가와의 개인적 갈등(사도행전 15:36-39) 때문에 바울은 바나바와 헤어졌을까? 사실이 아닌 듯하다. 바울과 바나바는 안디옥 충돌에서 서로 다른 신학적 입장을 드러냈다. 그것이 바울과 바나바의 결별 이유 같다. 바울 일행은 예루살렘 사도들과 원로들이 정한 규정들을 전해 주며 지키라고 하였다(사도행전 16:4)는 보도는 사실이 아닌 듯하다. 바울이 그런 규정을 알고 있었는지 분명하지 않다. 안디옥 충돌에서 바울의 태도를 보면, 바울은 그 규정에 담긴 신학적 입장을 반대했다. 안디옥 공동체가 담당한 선교 지역에서 통용되던 규정, 즉 이른바 예루살렘 사도회의 훈령에 바울이 반대해서, 바울은 바나바와 헤어진 것 같다.[1]

당시 시대 상황은 바울이 독자적인 예수 운동 선교사로 활약하기에 유리했다. 고대 그리스로마 문화가 약해지고, 유일신 사상에 호감이 늘어나고, 뛰어난 인물은 신에게서 온다는 생각이 퍼지고, 윤리의 비중이 커지고 있었다.[2] 공통년 1세기 로마 제국은 교통과 통신 수단을 비교적 잘 갖추었다. 공통년 1세기 이스라엘에서 아람어와 그리스어 두 언어가 평범한 계층에서도 사용되었다.[3] 시리아에도 아람어와 그리스어가 쓰였다. 오늘날 터키에 해당하는 소아시아 지역에도 그리스어는 자리잡았고, 지역에 따라 방언도 사용되었다.[4] 로마에서 지식인층과 로마 제국 동쪽에서 온 노예들은 그리스어를 할 줄 알았다. 그리스어는 로마 제국 거의 전역에서, 라틴어는 로마 등 일부 지역에서 쓰였다.[5] 지중해 지역에 사는 유다인도 그리스어를 썼다. 바울을 비롯한 예수 운동 선교사들은 그리스어로 충분히 선교할 수 있었다. 바울은 여러 나라를 다니며 활동한 것이 아니라 로마 제국 안에 여러 지방을 돌아다녔다.

바울은 선교사 이전에 여행가였다. 1세기 로마 제국은 여행하기에 편했다.[6] 30만 킬로미터에 달하는 로마 제국 도로망에서 9만 킬로미터 도로는 잘 정비된 상태였다.[7] 바울과 동료들은 걷거나 배를 타고 다녔다. 상인, 학자, 군인, 순례자 등 이동하는 사람은 많았다.[8] 견유학파Kyniker 철학자들은 예수 운동 선교사처럼 유랑하며 사상을 전파했다.[9]

1세기 로마 제국에서 종교적 관용과 다양성은 예수 운동 전파에 유리했다. 무신론은 그리스로마 문화와 거리가 멀었다.[10] 그리스 종교와 문화는 이집트 종교와 동방 종교에 개방적이었다.[11] 이러한 종교 혼합주의 흐름에서 점성술, 태양 숭배, 마술, 기적은 큰 역할을 했다. 각계각층 사람들이 점치는 곳을 자주 방문했고, 가정과 사교 모임에서도 신을 모셨다.

로마 제국의 모든 종교와 문화 활동은 황제가 군사적 힘에 기초하여 제국의 번영과 안녕을 보장한다는 로마의 평화Pax Romana 통치 원칙 안에서만 가능했다.[12] 로마 제국의 경제 부흥은 동쪽과 서쪽 사이의 무역을 촉진했고, 많은 사람이 여러 지역으로 돌아다녔다. 하층 계급에도 신분 상승 기회가 있었다.[13] 이러한 사회 분위기는 예수 운동 전파에 유리했다. 예수 운동은 황제숭배 사상을 비판했지만, 황제숭배 사상에 근거한 로마의 평화 정책은 예수 운동 전파에 유리한 환경을 제공했다.

1세기에 이스라엘 밖에서 사는 해외 유다인Diaspora[14]은 5-6백만 명에 달했다.[15] 해외 유다인 대부분이 이집트에 살았는데, 그 숫자가 백만 명을 넘었다.[16] 안디옥, 다마스쿠스에 큰 규모의 유다인 거주지가 있었고 소아시아에는 유다인 공동체가 없는 도시가 거의 없었다. 그리스, 로마, 이탈리아 남부 지역에도 상당한 크기의 유다인 거주지가 있었다. 1세기 해외 유다교의 중심은 회당Synagoge[17]이었다. 유다인 거주 지역 안에 회당이 있었다. 회당에서 예배, 기도, 성서연구, 강연, 축복, 선교(마태복음 23:15) 활동이 행해졌고, 도서관, 학교, 숙소, 양로원 역할도 담당했다.[18] 유다교는 유다인을 위한 민족 종교처럼 처신했고, 주변 사회에서 그렇게 여겨졌다.

바울 선교의 중심

바울은 해외 유다교 출신으로서 회당 사정을 잘 알고 있었다. 바울은 어느 도시에 도착하면 곧 회당에서 유다인에게 예수 복음을 전하고 성과를 거두었다.(사도행전 9:20, 13:14-43, 17:1-3) 유다인뿐 아니라 유다교로 개종한 유다인 아닌 사람이나 유다교에 호감 가진 사람도 회당에 드나들었다. 유다교로 개종한 유다인 아닌 사람이나 유다교에 호감 가진 사람은 유다교에서 유다인과 동등한 대우를 받지는 못했다. 그러한 차별 대우가 예수 운동에는 없었기 때문에, 그들 사이에서 바울은 상당한 선교 성과를 거두었다. 사도행전 보도와 다르게, 바울 편지에서 바울의 유다인 선교는, 로마서 9-11장을 제외하면, 주요한 역할을 하지 않았다. 유다교와 접촉한 적이 없는 유다인 아닌 사람도 바울의 선교 대상이었다.(데살로니가전서 1:9; 고린도전서 12:2; 갈라디아서 2:3) 유다인 아닌 사람들이 아니라 유다교에 호감 가진 사람들에게만 복음을 전했다는 의견[19]은 사실과 다르다.[20]

바울이 유다교 회당에서만 복음을 전한 것은 아니다. 집(사도행전 18:7; 로마서 16:23)[21] 광장 같은 공공 장소(사도행전 17:16-34), 감옥(사도행전 28:30; 빌립보서 1:12; 빌레몬서), 바울 자신의 일터(데살로니가전서 2:9)[22]에서 복음을 전파했다. 바울 선교의 중심을 개인의 집[23]으로 제한할 수는 없다. 바울은 회당에서만 선교했고 시장에서는 하지 않았다는 의견[24]은 사실과 다르다. 바울은 유다교 회당, 집, 공공 건물, 광장, 바울 학파의 강의실, 바울의 일터, 감옥에서 복음을 전했다.[25]

바울은 사람들과의 인간적 접촉을 선교에서 중요하게 생각했다.[26] 견유학파 철학자들처럼 바울도 가르침과 삶이 일치하고 경제적 자

립과 정신적 자유(고린도전서 9:18)를 얻기 위해 몸소 노동하여 생계
비를 벌었다.[27] 일터에서 노동자들과 접촉, 다른 선교사들과의 친교
(고린도전서 16:10) 또한 바울에게 중요했다. 사람들과의 접촉이 공동
체 건설보다 우선 순위에 속했다. 바울은 아직 그리스도의 이름이
알려지지 않은 곳에서만 복음을 전하려고 애썼다.(로마서 15:20) 선교
사의 모범적 삶은 복음을 전하는 데 아주 중요하다.

바울이 갈릴리의 유랑 선교사들처럼 방방곡곡을 다니며 선교한
것은 아니다. 바울은 어느 도시에 가면 우선 선교 거점을 확보하고
그 다음 협조자들을 배출하고 파견한다. 그러면 바울은 다른 도시
로 이동한다.[28] 이 선교 전략에는 협조자들이 필요했다. 바울은 안
디옥 공동체가 선교하던 시리아와 소아시아 남동 지역을 벗어나 소
아시아 서쪽 지역과 그리스 반도를 새로운 선교 지역으로 개척하
기 시작했다. 바울은 하느님의 계시에 따라 유럽 쪽으로 갔다.(사도
행전 16:9) 유럽 최초의 바울 선교지 빌립보에서 옷감 상인 리디아
를 예수 운동에 참여시켰다.(사도행전 16:14)[29] 빌립보에서 바울은 고
생을 겪고 모욕을 당하기도 했다.(데살로니가전서 2:2a) 바울은 빌립보
에서 데살로니가로 가서 한달 남짓(사도행전 17:2) 아니라 세 달[30] 머
물렀다. 데살로니가에서 바울과 동료들은 공동체에 부담을 주지 않
으려고 노동하며 생계비를 벌었다.(데살로니가전서 2:9) 바울은 상당한
선교 성과를 거두었지만(데살로니가전서 1:6-10; 사도행전 17:4), 유다인들
은 박해로 응수했다.(데살로니가전서 2:14-16; 사도행전 17:5) 데살로니가
를 떠난 바울은 다시 데살로니가를 방문하려 했지만, 성공하지 못
했다.(데살로니가전서 2:17)

베뢰아에서 바울은 성과를 얻었다. 베뢰아 출신 소바더(사도행전 20:4)는 예루살렘 공동체에 헌금을 전달하러 바울과 동행한 대표단 중 하나였다. 베뢰아에서 바울은 아테네로 갔다.(데살로니가전서 3:1) 아테네에서 무엇을 했는지 바울 자신은 언급하지 않았다. 아레오 바고Areopag 연설(사도행전 17:22-31)은 사도행전 저자가 꾸며낸 듯하다.[31] "여러분의 어떤 시인은 '우리도 그의 자녀다.' 하고 말하지 않았습니까?"(사도행전 17:28) 발언은 죄로 인해 하느님과 멀어졌다는 바울 사상에서는 나오기 어렵다.[32] 아테네에서 겨우 두 사람 이름(사도행전 17:32-34)만 나온 것을 보면, 아테네에서 바울은 큰 선교 성과를 거두진 못한 것 같다. 바울 선교와 예수 운동 역사에서 아테네는 별다른 역할을 하지 못했다.

선교 전략뿐 아니라 전하는 복음 내용도 중요하다. 복음에 대한 열정(고린도후서 11:2; 갈라디아서 4:18)은 십자가에 달린 그리스도를 향해야 한다.(고린도전서 1:17; 고린도후서 13:4) 어머니가 자녀를 돌보는 것처럼 바울은 공동체를 대했다.(데살로니가전서 2:1-12; 고린도전서 4:14-16; 갈라디아서 4:9) 아무에게도 해를 끼친 일이 없고, 망쳐놓거나 착취한 일이 없었다.(고린도후서 7:2) 굶주리고 목마르고 헐벗고 매맞으며 집 없이 떠돌아 다니고(고린도전서 4:11), 사람의 환심을 사려는 것이 아니라 하느님을 기쁘게 해드리려고 복음을 전했다.(데살로니가전서 2:4b) 바울의 선교에 성령이 함께 하신다.(데살로니가전서 1:5; 갈라디아서 3:5)

예수 운동은 건물을 임대하여 선교 활동을 하지 않았다. 집이 선교의 중심이요 시작이었다. 고대 사회에서 사교 모임, 신비주의 종교, 철학자들도 집을 거점으로 삼았다.[33] 집에 모이는 공동체와 함께 ἡ κατ' οἶκον ἐκκλησία(고린도전서 16:19; 로마서 16:5) 표현처럼, 바울도 집을 모임 장소로 전제했다.[34] 당시 사회에 흔하던 사교 모임과 예수 운동 공동체는 비슷한 점이 많았다.[35] 외부 사람들 눈에 예수 운동 공동체는 사교 모임Verein처럼 보였을 것이다.[36] 사교 모임의 중심은 공동 식사였다.[37] 예수 운동 공동체도 마찬가지였다. 예수 운동 공동체처럼 공동 식사를 자주 했던 사교 모임은 당시에 없었다.[38]

고린도 공동체는 매주(고린도전서 16:2) 한 집에서(고린도전서 11:20; 14,23) 모였다. 한 집의 마당에 최대 30-50명이 참석할 수 있었다.[39] 고린도나 로마 같은 대도시에는 여러 공동체가 있었다.(고린도전서 14:23; 로마서 16:23) 적대적인 환경 속에서 집은 예수 운동 공동체가 모이기에 적절한 장소였다.(고린도전서 14:23) 집에서 말씀을 전하고 세례와 빵나눔이 행해지고(사도행전 16:32, 20:20), 기도하고(사도행전 12:12), 바울 편지가 낭독되고(데살로니가전서 5:27; 골로새서 4:16), 선교사들이 머물기도 했다.(사도행전 16:15)

예수 운동 공동체는 고대 신분 질서와 사회 구조를 무너뜨리고(갈라디아서 3:26-28) 새로운 생각을 가르치고 실천하는 장소이기도 했다.[40] 부자와 가난한 사람, 주인과 노예, 남자와 여자 사이에 다툼과 차별이 없는 일치된 공동체를 실제로 실천하는 모임이었다. 여성과 노예도 받아들이고, 공동체에 정해진 직무 구조가 아직 없고, 신분 질서가 없는 자유와 해방의 모임이었다.[41] 바울 공동체는 일반 사교 모임들보다 일치와 평등 의식이 훨씬 더 두드러졌다.[42]

바울 공동체에는 어떤 사람들이 있었을까?[43] 바울 공동체는 그리스로마 사회의 신분구조와 별로 다름없다는 의견[44]과 공동체에 주로 하류층[45] 또는 오직 하류층만 있었다는 의견[46]이 맞서 있다. 바울 공동체에 로마 제국 지배층 사람은 없었지만, 지역 상류층의 일부(로마서 16:23; 빌립보서 4:22)는 있었던 것 같다.[47] 상류층 신자는 집과 노예를 소유했고, 공동체 후원자Patron[48]로서 집을 모임 장소로 제공했다. 예루살렘 공동체에 보내는 헌금은 후원자 없이는 불가능했다. "여러분 중에 지혜로운 사람, 유력한 사람, 또는 가문이 좋은 사람이 과연 몇이나 있었습니까?"(고린도전서 1:26b)는 공동체에 부자들이 일부 있었음을 전제한다. 로마 제국에 현대적 의미의 중류층이 과연 있었을까? 없었다는 의견[49]과 있었다는 의견[50]이 맞서 있다. 로마 제국은 인구 15-20퍼센트에 달하는 천만 명의 노예가 있었다.[51] 바울 공동체 사람 대부분 노예(고린도전서 7:21-24; 갈라디아서 3:28; 로마서 16:8, 22) 등 하층민 출신이었다.

예수 운동은 가난한 사람들이 중심이 되어 시작했다. 예수 운동 공동체 안에서 사람들은 활발히 교류했다. 편지, 여행, 협조자, 경제적 도움, 손님을 친절히 맞이하는 문화 덕분에 공동체끼리 소통도 활발했다. 군인, 상인, 노예들은 도시에 있는 예수 운동 공동체를 찾아 쉽게 들어올 수 있었다. 예수 운동은 소수파 그룹이지만 세상을 향해 열려 있었다. 예수 운동 공동체에서 사람들은 활기찬 빵나눔, 감동적인 성령 체험, 일치하는 문화, 평등 의식을 느끼고 누릴 수 있었다. 예수 운동의 개방성과 평등은 그리스로마 사람에게 큰 매력을 선사했다. 예수 운동은 그렇게 시작했다.

바울과 협조자들은 공동체를 방문하고 또한 편지를 썼다. 편지와 방문의 차이를 바울은 모르지 않았다.(고린도전서 5:3; 고린도후서 10:1; 갈라디아서 4:18) 바울은 공동체를 그리워했다.(데살로니가전서 2:17; 로마서 1:11; 빌립보서 1:8) 공동체에 대한 염려(고린도전서 12:25; 고린도후서 11:2; 갈라디아서 2:10) 때문에 바울은 갖가지 어려움에도 불구하고 공동체를 직접 방문하려 애썼다. 대화와 교류를 대신하는 편지(데살로니가전서 3:1; 고린도전서 5:3)로써 바울은 공동체에 대한 애정을 보여주었다.[52] 바울의 편지는 공동체 모임에서 낭독되었다.(데살로니가전서 5:27; 로마서 16:16) 바울 자신도 편지가 여러 공동체에서 읽혀질 것으로 예상했다.(갈라디아서 1:2; 고린도후서 1:1b) 위조된 바울 편지도 돌아다녔던 듯하다.(데살로니가후서 2:2, 3:17)

바울 편지는 바울과 공동체의 일치를 나타내고 바울의 생각을 전하는 철학 편지 유형에 속한다.[53] 철학 편지에는 윤리적 훈계와 가르침이 담겨 있다. 바울은 고대 편지의 유형을 따랐지만, 편지의 처음과 마지막에서 자신의 독특한 특징을 드러낸다.[54] 바울이 편지를 쓰고 공동체가 받지만, 편지를 진짜 보내시는 분은 하느님(고린도전서 1:1)이다. 편지 서문에 예수 호칭이 자주 등장하는 것도 바울 편지의 특징 중 하나다. 고린도전서 1장 1-9절에서만 15번 나온다.[55] 데살로니가전서를 제외하면, 편지 마지막에 건강과 안녕을 비는 대신 하느님과 예수의 축복과 인사를 전했다.

바울 학파

바울은 바리새인 학파 출신이다. 당대의 뛰어난 신학자 바울을 중심으로 바울 학파가 생겼다.[56] 바울 생전에 바울 학파가 생겼다고 보기는 어렵다는 의견[57]도 있다. 바울 학파는 에베소에서 결성된 듯하다.[58] 요한복음과 편지를 낳은 요한 학파도 에베소에서 바울 학파보다 조금 뒤에 생겼다.[59] 다양한 철학과 종교가 있던 에베소는 바울 선교의 중심지였다. 바울은 52년 여름에서 55년 초까지 2년 반 에베소에 머물렀다. 바울이 그렇게 오래 활동했던 도시는 없었다. 에베소에서 바울은 여러 협조자를 얻었고 영향을 남겼다.[60]

시대적 상황은 바울 중심의 학파가 생기기에 유리했다. 사람들은 종교와 철학에 관심이 많았다. 고대에 '종교와 철학'이라는 주제는 잘 연결되었다. 안식일에 철학과 신학 강좌가 도시마다 회당에서 열렸다.[61] 바울은 당시 그리스 철학 학파들을 모르지 않았다. 창시자, 토론, 식사, 우정, 강의, 유랑 생활, 동료 등 그리스 철학 학파들과 바울 학파가 서로 비슷한 점도 많다.[62] 바울은 강좌를 열고 강의도 했다.(사도행전 17:16-34, 19:9) 바울은 학파의 창시자로 등장하기에 필요한 특징을 갖추고 있었다. 하느님 계시를 받고(고린도전서 9:1; 갈라디아서 1:1), 모범(데살로니가전서 1:6; 고린도전서 4:16)이요 스승(갈라디아서 1:8; 빌립보서 3:15)[63]인 바울은 복음의 중재자(고린도전서 9:23)로서 하

느님의 화해하시는 역사에 봉사한다.(고린도후서 5:19)[64]

　문장 구조, 길이, 작업 과정을 살펴보면, 모든 바울 편지는 며칠에 걸쳐 상당한 시간이 걸린 끝에 완성되었을 것이다.[65] 바울이 편지에 쓸 문장을 불러주면, 글쓰는 사람이나 비서가 받아썼다. 그들은, 로마서를 제외하면, 언제나 편지를 함께 쓰는 공동 저자로 나온다. 바울 편지들은 바울의 독창적인 작품이지만 또한 공동 작품[66]이기도 하다. 바울 편지에 40여 명의 바울 협조자 이름이 나온다. 그들은 바울의 동지이기 전에 또한 선교사였다.[67] 바울이 위임해서 선교사가 된 것이 아니라 하느님께서 임무를 주셔서 선교사가 되었고(고린도전서 3:9), 바울처럼 그들도 똑같은 복음을 온 세상에 전하였다.(데살로니가전서 3:2; 고린도전서 3:5-9) 그들은 바울이 세운 공동체에서 파견한 선교사였다. 바울과 협조했지만, 바울과 관계없이 따로 활동한 선교사도 많았다.

　바울과 협조자들은 진지한 신학 토론을 당연히 했다.[68] 사도행전 저자는 바울을 스승으로 소개했고, 바울 학파의 존재를 당연하게 여겼다.[69] 예수 운동을 새로운 길(사도행전 19:23)이라고 표현하기도 했다. 로마 제국 펠릭스 총독에게 바울은 나사렛 도당의 괴수(사도행전 24:50)로 고발당했다. 바울은 고린도에서 일 년 반 하느님 말씀을 전했고(사도행전 18:11), 에베소 강의실σχολῇ에서(사도행전 19:9) 가르치기도 했다. 학교, 학파를 가리키는 단어 σχολῇ는 신약성서에서 여기에만 나온다. 바울이 처형된 뒤 바울의 이름을 본따서 쓰여진 편지들에도 바울 학파의 영향은 이어진다. 갈라디아서와 로마서에서 집중하여 다루었던 칭의론은 바울의 이름을 본따 쓰여진 편지들에

서 거의 언급되지 않았다.[70]

하느님은 인류 역사에서 예수 그리스도를 통해 분명한 구원 계획을 펼치신다고 바울은 확신했다. 하느님은 바울에게 예수 그리스도의 복음을 전할 사명을 주셨다고 생각했다.(갈라디아서 1:16) 다가올 심판에서 몇 명이라도 구원할 목적(고린도전서 9:16)으로 바울은 복음을 전해야 한다.

49년 클라우디우스 칙령

공통년 50년 무렵, 즉 예수 죽음과 부활 20여 년 후, 예수 운동은 눈에 띄게 선교 성과를 거두었다. 예수 운동과 모태인 유다교의 갈등은 커질 수밖에 없었다. 로마 제국과 유다교, 로마 제국과 예수 운동의 갈등도 마찬가지로 증가했다.[71] 예수 운동은 유다교의 민족적, 문화적, 종교적 영역을 넘어서려고 애썼다. 선택 사상, 땅, 예루살렘 성전, 할례에 근거한 유다교의 특징를 넘어선 바울은 유다교 사람들과 예수 믿는 일부 유다인들과 충돌하지 않을 수 없었다. 그리스도가 세상을 심판하러 오신다는 예수 운동의 종말론은 로마 제국의 정치 체제에 위험한 생각이었다. 민족과 문화의 경계를 넘어서는 예수 운동의 확산 속도와 범위는 고대 사회에서 전혀 찾아볼 수 없던 모습이었다.[72] 십자가에 처형되고 부활한 예수 그리스도는 유다교에 호감 가졌던 유다인 아닌 사람들에게 적지 않은 매력을 주었다.[73] 예수 운동 이전에 유다교에 호감을 가졌던 그들 중 상당수가 예수 운동으로 방향을 바꾸었다. 유다교는 유다인이 사는 곳에서 정치, 경제적으로 유력한 사람들(사도행전 16:14, 17:4)과 연결 고리를 상당 부분 잃었다.

49년 로마 황제 클라우디우스는 로마에서 예수 운동과 유다교의 갈등 때문에 생기는 말썽을 차단하기 위해 칙령을 발표했다. 모든 유다인이나 예수 믿는 모든 유다인이 칙령 때문에 로마에서 추방된 것은 아니다. 그렇지만, 유다교와 예수 운동의 많은 주요 인물들이 로마를 탈출하였다.[74] 바울도 로마에 가지 못하게 되었다.(로마서 1:13, 15:22) 로마에는 초기 황제 시대에 4만 명[75]에서 네로 황제 때 2만 명[76]에 달하는 유다인이 살고 있었다. 클라우디우스 칙령으로 로마의 유다교는 위험한 상황을 맞이했다. 아우구스투스 황제 이래 유다교에 집회 권리, 예루살렘 성전 세금, 자치권, 안식일 휴식, 음식 규정 준수, 다른 신에게 제사 드리지 않을 권리, 황제 숭배 사상에서 제외 등 특별한 권리[77]를 클라우디우스 황제는 계속 인정해주었다.[78]

그러나 유다교에 다시 말썽이 생긴다면 유다교는 그런 특권을 잃을 수 있다. 유다교 일부 그룹으로 여겨지던 예수 운동 때문에 유다인이 로마에서 강제로 추방당할 수 있고, 유다교 전체가 불법 단체 collegium illicitum로 낙인 찍혀 피해를 입을 수도 있다. 종교가 사회 질서를 어지럽히지 않는 조건에서, 로마 제국의 관용적인 종교 정책은 시행되었다.[79] 클라우디우스 황제는 47년에서 49년 사이에 로마 종교를 부흥시키려는 여러 시도를 하기도 했다.[80] 클라우디우스 칙령이 로마뿐 아니라 모든 지역에 곧 알려지게 되면, 각 지역의 유다교 회당이나 유다인들이 박해받을 수도 있다. 예수 운동은 유다교 회당에서 추종자들을 만들어 빼가고 있었고, 예수 운동 탓에 유다교와 로마 제국 사이가 악화되고 있었다. 상황이 나빠지는 것을 막기 위해 로마와 다른 도시의 유다교 사람들은 예수 운동을 경계하고 멀리하게 되었다.

클라우디우스 칙령 이후 유다교는 실제로 예수 운동을 반대하는 행동을 하기도 했다. 49년 말에서 50년 초 바울은 데살로니가에 머무르면서 선교에 큰 성과를 얻었다.(사도행전 17:4) 이것을 시기한 유다인들은 불량배들을 모아 폭동을 일으켜 도시를 혼란에 빠뜨렸다.(사도행전 17:5a) 유다인들이 바울 일행을 로마 제국 당국에 고발한 이유는 두 가지였다. 세상을 소란스럽게 하고(사도행전 17:6), 예수라는 또 다른 왕이 있다고 말하면서 황제의 법령δόγματα을 어기고 있다(사도행전 17:7)는 것이다. 복수 명사 법령δόγματα은 클라우디우스 칙령을 가리킨 듯하다.[81] 유다인들은 바울과 일행이 데살로니가에서 클라우디우스 칙령을 어겼다고 고발한 것이다.[82] 빌립보에서도 바울 선교가 사업에 피해된다는 이유로 일부 유다인 아닌 상인들에 의해 반대에 부딪혔다. 도시에서 소란을 일으키고, 로마 사람으로서는 받아들일 수도 실행할 수도 없는 잘못된 풍속을 선전하고 있다(사도행전 16:20b-21)고 관청에 고발당했다. 갈라디아서에서도 예수 운동과 유다인의 갈등은 있었다. "인간적인 겉치레만을 일삼는 자들은 여러분에게 할례를 강요하고 있습니다. 그들은 오직 그리스도의 십자가 때문에 받는 박해를 면하려고 그러는 것 뿐입니다."(갈라디아서 6:12) 십자가 복음을 전하는 예수 운동은 로마 제국에게 박해받고 있으며, 예수를 믿더라도 할례를 받으면 박해받지 않고 안전하게 유다교 내부에 있을 수 있다는 말이다.

50년대 예수 운동 상황

유다교 입장에서 예수 운동에 대한 이런 사태는 우려할 만한 일이었다. 유다인 아닌 현지 주민들은 예수 운동을 유다교 내부 그룹으로 알고 유다교에 대한 적개심을 키울 수 있다. 예수 운동의 메시지가 정치적으로 로마 제국을 반대하는 뜻으로 알려질 수 있고, 유다교조차 로마 제국에 오해받을 수 있다. 곧 다가올 예수 재림과 심판, 그리고 나사렛 예수를 왕으로 모신다는 예수 운동 가르침을 로마 제국 지배층은 로마 제국에게 반항하는 뜻으로 또한 이해할 수밖에 없었다.[83]

예수 운동 예루살렘 공동체는 해외 공동체보다 더 위험한 처지에 있었다. 예루살렘 공동체는 예수 부활 후 처음부터, 즉 30년부터, 유다교의 압력을 받았었다. 40년대 초 스데반이 유다교 사람들에게 처형되기도 했다.(사도행전 8:1-3) 41년, 43-44년에 헤롯 아그립바 1세는 요한의 형 야고보를 처형시켰고 베드로를 감옥에 가두었다.(사도행전 12:1-5) 아그립바 1세는 할례받지 않고 예수 운동에 들어오는 유다인 아닌 사람을 막지 않는 예루살렘 공동체가 유다교와 해외 유다교와의 관계, 유다교와 로마 제국의 관계에 나쁜 영향을 끼칠까 두려웠던 듯하다.[84] 유다교에 남아 있으려는 예루살렘 공동체는 바울 선교가 성공하면서 더 난처한 입장에 처하게 되었다. 계속 유다교 회당에 출입하던 예수 운동 예루살렘 공동체 사람들은 예수 운동에 들어오는 유다인 아닌 사람들을 돌보아야 했다. 할례도 받지 않은 유다인 아닌 사람 즉 깨끗하지 못한 사람이 왜 유다교 회당에 오가느냐는, 예수 믿지 않는 유다인의 따가운 시선을 피할 수 없었다.

48년 예루살렘 사도회의와 66년 유다 독립전쟁 사이에 이스라엘에서 젤롯파 영향 아래 유다인 아닌 사람에 반대하는 유다 민족주의 흐름이 갈수록 커졌다. 할례도 받지 않은 유다인 아닌 사람이 예수 운동에, 즉 유다교 내부에 들어오는 모습이 민족주의 흐름에 찬성하는 유다인 눈에 곱게 보일 리 없었다. 그러한 상황에서 예수 형제 야고보를 중심으로 예루살렘 공동체는 유다인 아닌 사람이 예수 운동에 참가하려면 할례를 받아야 한다고 예루살렘 사도회의 결정과 반대되는 입장으로 돌아섰다. 강해지는 유다 민족주의 압력 아래에서 예수 운동이 유다교 일부로 남아있으려면 어쩔 수 없는 선택이었을 것이다. 예루살렘 공동체는 할례없는 선교를 신학적으로 위험하고 정치적으로 불법이라고 정리한 셈이다. 고린도후서, 갈라디아서, 로마서, 빌립보서는 이러한 상황 변화를 감안하고 읽어야 하겠다. 바울이 주도하여 모은 헌금을 예루살렘 공동체가 받지 않고 거절한 사실, 바울이 예루살렘에서 체포되고 재판받는 과정에서 예루살렘 공동체가 바울을 전혀 돕지 않았던 사실은 이러한 역사적 맥락에서 보아야 한다. 예루살렘 공동체의 눈물겨운 생존 전략에도 불구하고, 예수 형제 야고보와 몇 동지들이 유다 독립전쟁이 터지기 전 유다교 측에 의해 살해되었다.[85]

유다교는 어떻든 예수 운동을 멀리 해야 했다. 예수를 받아들이지 않는 유다인들은 바울뿐 아니라 예수를 믿지만 바울의 반대자들인 유다인에게도 압력을 행사했다. 예수 운동이 로마 제국 질서와 안녕을 위협하는 불법 단체로 보이게 만드려는 의도에서였다. 신학적 이유보다 정치적 이유로 유다교는 예수 운동과 분명히 거리를 두어야 할 상황에 있었다. 한편, 예수 운동 예루살렘 공동체는 유다인 아닌 사람이 예수 운동에 참가하려면 할례를 받아야 한다고 예루살렘 사도회의 결정과 반대되는 입장으로 돌아섰다. 또한, 이스라엘 밖에서 행해진 바울 선교는 이스라엘 안에서 전개된 복잡한 신학적, 정치적 흐름과 관계없을 수 없었다. 이스라엘 안에서 예루살렘 공동체와 이스라엘 밖에서 바울 선교는 선의의 경쟁을 하듯이 예수 복음을 전해왔다. 그런데 예루살렘 공동체가 정치적 이유로 위축되고, 바울 선교가 성공하면서 예수 운동의 무게 중심이 예루살렘 공동체에서 바울로 이동하는 현상이 나타났다. 예루살렘 공동체의 운명에 관계없이 바울 선교는 독자적으로 전개되는 모습이었다. 성공적인 바울 선교는 결과적으로 유다교와 예수 운동의 분열을 빠르게 재촉하고 말았다.

유다교가 예수 운동을 밀어낼수록 예수 운동은 자립 능력을 키울 수밖에 없었다. 유다교가 예수 운동을 밀어냈을 뿐 아니라 예수 운동 또한 유다교에서 벗어나려고 애썼다. 예수 운동이 유다교에서 벗어났지만, 유다교 또한 예수 운동을 밀어내려 애썼다. 유다교와 예수 운동의 분열은 정해진 운명이라기보다 유다교와 예수 운동 양측의 생존 전력에 따른 어쩔 수 없는 결과가 아닐까? 유다교와 예수 운동의 분열 책임은 양측에 다 있다고 보아야 옳겠다. 로마 제국이라는 정치적 시공간 안에서 유다교와 예수 운동의 분열을 신학적 이유로만 분석하는 관점은 충분하지 못하다고 나는 생각한다.

유다교와 예수 운동은 언제 분열했나

바울은 유다교와 예수 운동의 분열이 진행되던 시대의 한가운데에서 살았다. 바울은 다마스쿠스 사건 이후 약 30년간 예수 복음을 전했고, 바울의 일곱 편지는 50년부터 약 10년 사이에 쓰여졌다. 그러면, 예수 운동은 언제부터 독자적인 운동으로 시작했고 언제 유다교와 분열이 완결되었을까? 대답하기 어려운 문제다. 유다교와 구분되는 그리스도교는 바울 시대에는 아직 없었다는 의견[86]과 바울부터 그리스도교는 독자적인 운동이라고 말할 수 있다는 의견[87]이 맞서 있다.

종교 모임을 가리키는 여러 단어들이 있다. 소규모 모임을 그룹으로, 대규모 모임을 운동이라고 표현하면 어떨까. 그런 단어는 독일어권 종교학계나 사회과학계, 영어권 연구에서도 정착된 듯하다.[88] 40년 무렵 안디옥 공동체에서 예수 운동이 독자적인 종교 그룹으로 존재할 충분한 조건이 갖추어졌다.[89] 시리아, 소아시아(터키), 그리스, 로마에서 유다인 아닌 사람들이 예수 운동에 참여하면서, 예수 운동의 독자성에 대한 요청과 움직임이 늘어나게 되었다. 예수 운동이 유다인과 유다인 아닌 사람의 차별을 없애면서, 예수 운동과 유다교의 차이는 돋보이게 되었다.(갈라디아서 3:26-28) 예수 운동 공동체와 바울은 스스로를 회당συναγωγή(사도행전 17:1)이라고 하지 않고 공동체ἐκκλησία(고린도전서 1:2)라고 칭했다. 지중해 지역 도시들을 중심으로 퍼져나간 바울 공동체는 유다인 아닌 사람이 공동체에서 갈수록 더 중심이 되어갔다. 유다인 중심의 예수 운동 공동체와 유다인 아닌 사람 중심의 바울 공동체 사이에 공통점이 더 약해져 갔다. 새로운 구성원, 높은 수준의 종교적 지식, 사회적 소통망을 갖춘 새로운 모습이 갖추어지기 시작했다.[90]

예수 운동이 모든 민족에게 복음을 전한다는 예수 운동의 보편주의 사상은 유다교와 다른 특징이었다.[91] 유다교에도 다른 민족에게 선교한다는 사상이 있었지만[92] 예수 운동처럼 온 세상을 돌아다니며 선교하지는 않았다.[93] 유다교는 모든 민족들이 유다교 특수주의를 받아들이고 선택받은 이스라엘에 참여한다고 생각했다. 세상 끝날에 모든 민족이 이스라엘의 메시아 앞에 무릎 꿇는다(시편 2:8, 72:8, 110:1)는 것이다. 예수 운동 보편주의는 선택, 땅, 율법, 예루살렘 성전 중심의 유다교 특수주의와 어울리지 않았다. 예수 운동은 유다교에서 출발했지만 유다교의 한계를 넘어서는 새로운 종교의 모습을 갖추기 시작했다.[94] 유다교 특징을 이어받은 마태복음이나 야고보 편지가 예수 운동이 유다교에서 벗어나기 시작했다는 사실을 부인하는 것은 아니다.[95] 2세기에도 유다교와 예수 운동의 경계는 분명하지 않았기 때문에, 어디서 유다교가 중단되고 어디서 예수 운동이 시작되었는지 우리가 정확히 말하기 어렵다는 의견[96]은 역사적 사실과 많이 다르다.

예수 운동이 독자적인 종교 운동으로 커지는 과정에서 가장 큰 역할을 한 사람은 바울이다. 바울이 그리스도교를 세운 사람이다[97]는 뜻은 아니다. 그리스도교를 세운 바로 그 사람은 없다. 바울은 예수 운동 초기 선교 역사에서 중요한 신학 업적과 공헌을 남겼지만, 바울이 그리스도교를 최초로 유일하게 세운 사람은 아니다. 역사의 예수를 실제로 따라다녔던 수많은 이름없는 남자와 여자들, 바울

전에 또는 바울 없이도 다마스쿠스, 안디옥, 알렉산드리아, 로마에 예수 운동 공동체를 세운 사람들, 그리고 바울과 바울 동지들의 경험과 생각에 기초하여 예수 운동이 탄생했다.[98]

바울은 예수 운동 사람들을 유다인도 아니고 그리스인도 아닌 제3그룹으로 생각했다.(고린도전서 1:22, 10:32) 십자가는 유다인 세계와 그리스인 세계와 결정적으로 차이나는 예수 운동의 특징이다.(고린도전서 1:22) "유다인이나 그리스인이나 종이나 자유인이나 남자나 여자나 아무런 차별이 없습니다. 그리스도 예수 안에서 여러분은 모두 한 몸을 이루었기 때문입니다."(갈라디아서 3:28), "그리스도 예수를 믿는 사람에게는 할례를 받았다든지 받지 않았다든지 하는 것이 중요하지 않고 오직 사랑으로 표현되는 믿음만이 중요합니다."(갈라디아서 5:6) 바울의 이 발언은 예수 운동의 독자적인 출발 선언이라고 나는 생각하고 싶다.

예수 그리스도와 세례, 빵나눔은 예수 운동이 유다교와 분명히 다르다는 사실을 예수 운동 내부와 외부에 알려주었다. 예수 운동이 유다교에서 벗어나는데 세례는 큰 역할을 했다.[99] 예수 때문에, 예수 덕분에 바울은 자신의 유다교 과거를 모조리 부정할 수 있었다. "나에게는 모든 것이 다 장애물로 생각됩니다. 나에게는 내 주 그리스도 예수를 아는 지식이 무엇보다도 존귀합니다. 나는 그리스도를 위해서 모든 것을 잃었고 그것들을 모두 쓰레기σκύβαλα로 여기고 있습니다."(빌립보서 3:8) 단어 σκύβαλα는 욕설에 가까운 표현이다.[100] 바울에게 유다교뿐 아니라 예수 그리스도가 있었다. 바울이 유다교를 혐오한 것은 아니다. 바울이 유다교를 혐오했기 때문에 예수 그리스도를 알고 믿은 것이 아니다. 예수 그리스도를 알고 믿었기 때문에 유다교를 상대화할 수 있었다. "당신이 유다인 아닌 사람들 가운데서 사는 모든 유다인들에게 모세를 배척하고 자식들에게 할례도 베풀지 말고 유다인의 풍속을 지키지도 말라고 가르친다."(사도행전 21:21)고 바울은 비난받았다.

바울이 여전히 유다교 범위 안에 머물러 있다는 의견도 있다. "바울 전환Conversion이 유다교를 반대하거나 유다교에서 빠져나온 것을 포함하지 않는다면, 바울은 그리스로마 지역 유다교의 종교적 사회적 세계 안에 있다."[101] "바울은 완강하게 의도적으로 철저한 유다교 사상가이다."[102] 그런 의견은 바울과 유다교의 연속성은 강조하지만, 바울과 유다교의 차이를 외면하고 있다. '십자가에 매달린 메시아'라는 예수 운동의 메시지는 유다교에서 생각할 수 없기 때문이다. 바울에게 유다교뿐 아니라 예수 그리스도가 있었다.

64년 로마에서 예수 운동에 대한 대대적인 박해가 로마 제국 차원에서 벌어졌다. 많은 사람들이 체포되었다.[103] 예수 운동 로마 공동체에서 유다인의 비율이 줄어들고 유다인 아닌 사람들이 다수가 되었다. 예수 운동 로마 공동체가 유다교에서 벗어날 계기가 강해진 것이다. 유다인 아닌 사람이 예수 운동 로마 공동체에서 다수가 되면서, 로마 제국 관리들은 예수 운동을 유다교 내부 그룹 중 하나로 여기지 않고 독자적인 종교 단체로 생각할 가능성이 커졌다. 네로 황제가 아무 근거없이 로마 화재의 책임을 예수 운동에 뒤집어 씌웠고, 많은 로마 시민이 이에 동조했다. 예수 운동 규모가 상당히 커졌고 널리 알려졌다.

5부
———

바울의 편지 (1)

데살로니가 공동체

오늘날 그리스 북쪽 도시 데살로니가는 공통년 이전 315년 새로 세워졌다. 큰 도로Via Egnatia에 가깝고 상업이 활발한 항구 도시 데살로니가¹에 많은 시인, 철학자, 종교 단체가 몰려들었고, 여러 신을 숭배하였고, 로마 황제 숭배 문화가 유행했다.

바울은 데살로니가 공동체를 세운지 머지 않아 데살로니가전서를 썼다. 데살로니가 공동체를 떠난 후 두 번이나 데살로니가 공동체를 다시 방문하려 했지만, 악마의 훼방(데살로니가전서 2:17-20)으로 뜻을 이루지 못했다. 바울은 아테네에서 디모데를 데살로니가 공동체에 보냈고, 디모데는 데살로니가 공동체에 대한 좋은 소식을 바울에게 가지고 왔다.(데살로니가전서 3:1, 6-8) 그래도 바울은 데살로니가 공동체의 믿음에서 부족한 점을 보충하기 위해 데살로니가전서를 써보냈다. 디모데는 데살로니가 공동체를 방문하고 돌아왔고, 바울은 실바노와 디모데를 만났지만(데살로니가전서 1:1, 3:6; 사도행전 18:5), 데살로니가전서를 쓴 뒤 어디서 머물렀는지 데살로니가전서에도 사도행전에도 나타나 있지 않다. 고린도에서 바울은 마케도니아에서 온 동지들과 만났기 때문에, 고린도가 데살로니가전서 탄생지로 추측된다. 공통년 50년 또는 51년 초(사도행전 18:2, 12) 바울은 고린도에서 자신의 최초의 편지인 데살로니가전서를 썼다.² 바울이 다마스쿠스 체험을 한 지 약 18년, 안디옥 공동체와 헤어진 지 1년이 넘은 시점이다.

데살로니가에는 유다교 회당이 있었다.(사도행전 17:1)[3] 회당에 다니던 유다인과 유다교에 호감을 가진 사람 중 일부(사도행전 17:4)가 데살로니가 공동체에 참여했다.[4] 공동체에는 유다인 아닌 사람들이 다수였다.(데살로니가전서 1:9, 2:14) 상인(데살로니가전서 4:6), 노동자와 수공업자(데살로니가전서 4:11) 같은 중하층 사람들이 많았다. 적지 않은 귀부인들(사도행전 17:4)과 집을 소유하고 보석금을 낼 정도로 부유한 야손(사도행전 17:5-9)[5]도 공동체에 있었다. 야손 집에서 공동체 모임이 열렸고, 선교사들이 머물렀던 듯하다.

디모데가 가져온 좋은 소식에도 불구하고 바울은 데살로니가 공동체를 염려했다. 데살로니가 공동체는 복음을 받아들이면서 많은 고통을 겪고 있었기 때문이다.(데살로니가전서 1:6) 예루살렘 공동체가 동족에 의해 탄압받은 것처럼, 데살로니가 공동체도 현지 주민들에게 고통당하고 있었다.(데살로니가전서 2:14-16) 바울은 유다인들이 데살로니가 공동체를 박해하기 시작했다고 생각했다. 모든 계층 사람들이 공동체에 들어오면서 지역 사회가 술렁거리고 공동체에 반감을 가진 듯하다.[6] 공동체는 일상적인 삶에서 선교하면서 지역 주민들과 갈등을 빚었다.(데살로니가전서 4:10b-12) 공동체 내부를 당황하게 만든 신학 문제도 있었다.(데살로니가전서 4:9, 13, 5:1) 예수 재림 이전에 공동체에서 죽은 사람들이 생겨 공동체 내부의 믿음이 흔들렸다. 바울은 이 문제를 편지에서 다루게 된다.(데살로니가전서 4:13-18, 5:1-11)

바울은 데살로니가 공동체를 세우면서 어떤 내용을 설교했을까?[7] "그것은 우리가 여러분에게 전한 복음이 그저 말만으로 전해진 것이 아니라 능력과 성령과 굳은 확신으로 전해졌기 때문입니다."(데살로니가전서 1:5)[8] 능력, 성령, 굳은 확신δύναμις, πνεῦμα ἅγιον, πληροφορία은 복음 설교를 가능하게 한 수단을 가리킨다.(고린도전서 2:4, 4:19; 고린도후서 12:11) 데살로니가 공동체를 선택하신 분은 하느님이시다.(데살로니가전서 2:12, 4:7, 5:9) 공동체는 바울의 말을 사람의 말이 아니라 하느님의 말씀으로 받아들였다.(데살로니가전서 2:13)

"어떻게 우상을 버리고 하느님께로 마음을 돌려서 살아 계신 참 하느님을 섬기게 되었는지는 오히려 그들이 말하고 있습니다. 또 죽은 자들 가운데서 다시 살아나신 하느님의 아들 예수께서 하늘로부터 다시 오실 날을 여러분이 고대하게 되었다는 것도 그들이 널리 전하고 있습니다. 그분은 장차 닥쳐올 하느님의 진노에서 우리를 건져내 주실 분입니다."(데살로니가전서 1:9b-10)[9]

바울이 처음 데살로니가 공동체에서 설교한 내용은 유다교 사상과 가깝다. 데살로니가 공동체는 로마 황제 숭배나 동방 종교의 신들을 숭배하던 습관을 버리고 유일하고 참되고 살아있는 하느님에게로 돌아섰다.[10] 그 하느님이 나사렛 예수를 죽은 자들 가운데서 부활시키고, 예수는 곧 세상에 다시 오시어 다가오는 심판에서 믿는 사람들을 구출할 것이다. 하느님은 데살로니가 공동체를 거룩하게 살라고 부르셨다.(데살로니가전서 4:7) 바울은 공동체의 삶을 믿음, 사랑, 희망으로 정의했다.(데살로니가전서 1:3, 5:8)[11] 바울은 자녀를 돌보는 아버지처럼 공동체 사람 하나하나를 돌보았고(데살로니가전서

2:11), 하느님을 지금 기쁘게 해드릴 수 있는 삶을 살도록 권고하였다.(데살로니가전서 2:12)

데살로니가전서의 두 핵심 단어는 선택ἐκλογή[12]과 예수 오심 παρουσία[13]이다. "우리는 하느님께서 여러분을 택해 주셨다는 것을 알고 있습니다."(데살로니가전서 1:4b) "하느님은 여러분을 부르셔서 당신의 나라와 영광을 누리게 해주시는 분이십니다."(데살로니가전서 2:12b) 선택은 바울의 하느님 중심 신학을 가리킨다. 또한 바울은 예수 다시 오심을 잊지 않았다.(데살로니가전서 2:19, 3:13, 5:23) 단어 παρουσία는 유다교 묵시 사상에서 쓰던 용어는 아니었다.[14] 그리스 로마 사회에서 통치자의 방문을 가리켰다. 사람들은 통치자를 맞이할 준비를 해야 한다. 예수 운동은 이 용어를 받아들였다. 주님이요 구원자인 예수를 기다려야 한다.[15] 예수가 다시 오셔서 행하실 심판에서 누가 구원받을 것인가? 예수 다시 오시기 전에 세상 떠난 사람은 어떻게 되는가? 언제 세상 끝날이 시작되는지 무엇을 보고 알 수 있는가? 바울은 데살로니가 공동체의 이러한 궁금증과 불안을 위로하고 확신을 주려 애썼다.[16]

데살로니가 공동체가 마지막 시대에 겪는 고통(데살로니가전서 1:6, 2:2, 3:3)을 바울은 마지막 시대에 의로운 사람들의 고통이라는 유다교 사상(시편 33:20; 다니엘 12:1; 하바국 3:16)에 연결했다. 고통에도 불구하고 기쁘게 복음을 받아들인 데살로니가 공동체는 마케도니아와 아가야에 있는 모든 신도의 모범이 되었다.(데살로니가전서 1:7) 고통은 복음 선교를 전혀 가로막지 못한다.(데살로니가전서 2:1-12)[17] 선교사 개인의 삶이 복음 전파에 방해가 되지 않아야 하는 것처럼, 데살로니가 공동체도 복음에 걸맞게 모범적으로 살아야 한다.(데살로니가전서 2:13) 죽은 자들 가운데서 다시 살아나신 하느님의 아들 예수께서 하늘로부터 다시 오실 날을 공동체는 고대하고 있다.(데살로니가전서 1:10a) 하느님은 진노가 아니라 주 예수 그리스도를 통해 구원을 주시기로 작정하셨다.(데살로니가전서 5:9)

데살로니가 공동체도 예루살렘 공동체처럼 동족συμφυλετῶν에게 고통당하고 있다.(데살로니가전서 2:14) 단어 φυλή는 국가 영토 안에서 행정 구역 중 하나를 가리킨다. 노예 신분에서 해방된 사람과 그 후손, 노예와 다른 도시 출신은 φυλή에 속할 수 없었다.[18] 유다인도 φυλή에 속할 수 없었다. 현지 주민들만 데살로니가 공동체를 괴롭혔다는 말은 아니다. 유다인도 공동체를 탄압했다고 바울은 생각했다.(데살로니가전서 2:15)[19] 유다인들이 주님이신 예수와 예언자들을 죽이고(데살로니가전서 2:15a)에서 바울은 구약성서의 예언자 살해 이야기를 예수와 연결한 오래된 전승을 받아들였다.(마가복음 12:19; 마태복음 23:34-36) 유다인들이 우리를 몰아냈다καὶ ἡμᾶς ἐκδιωξάντων(데살로니가전서 2:15a)에서 데살로니가 공동체와 바울이 겪는 박해가 예수와 연결되고 있다. 유다인들이 모든 사람의 원수가 되었다(데살로니가전서 2:15b)는 표현은 고대에 널리 퍼진 유다인 혐오 사상을 반영한다.[20] 유다인 아닌 사람들에게 복음을 전하는 일까지 방해한 유다인에게 하느님의 진노(역대기하 12:12; 에스겔 13:13)가 내리게 되었다.(데살로니가전서 2:16) 마침내, 끝까지εἰς τέλος(데살로니가전서 2:16b)는 전멸시킨다는 뜻에 가깝다.[21]

바울이 동족 유다인에 대해 정말로 그런 험악한 표현을 썼을까?

데살로니가전서 2장 13-16절은 바울이 아니라 후대에 누가 써 넣었다는 주장[22]을 입증할 근거는 없다.[23] 회당에서 추종자를 빼내오는 예수 운동의 선교 작전에 대한 유다교의 반발(사도행전 17:4) 그리고 클라우디우스 칙령은 데살로니가전서가 쓰여지기 직전 예수 운동에 가장 큰 위협이었다. 이 상황에서 바울이 유다교에게 거칠게 반응한 듯하다. 바울은 신학적으로 유다교의 운명을 평가한 것이 아니라, 위협받는 예수 운동을 보호하기 위해 일부러 지나친 표현을 쓰지 않았을까? 나는 그렇게 생각하고 싶다.

데살로니가 공동체와 바울은 예수가 곧 다시 오실 것을 간절히 기다렸다.(데살로니가전서 4:13-18, 5:1-11) 그런 사실이 21세기에 사는 한국인 독자들에게는 잘 이해되지 않을 수 있다. 데살로니가 공동체에서 죽은 사람이 생기고 공동체가 술렁거리면서[24] 바울은 예수 다시 오심과 예수 믿는 사람의 부활 주제를 처음으로 다루었다.(데살로니가전서 4:13-18) "교우 여러분, 죽은 사람들에 관해서 여러분이 알아두셔야 할 것이 있습니다. 여러분은 희망을 가지지 못하는 다른 사람들처럼 슬퍼해서는 안 됩니다."(데살로니가전서 4:13)[25] 하느님은 죽은 사람들을 내버려 두시지 않을 것이다. "우리는 예수를 믿다가 죽은 사람들을 하느님께서 예수와 함께 생명의 나라로 데려가실 것을 믿습니다."(데살로니가전서 4:14b) 어떻게 데려갈 것이라는 바울의 설명은 없다. "명령이 떨어지고 대천사의 부르는 소리가 들리고 하느님의 나팔 소리가 울리면, 주님께서 친히 하늘로부터 내려오실 것입니다. 그러면 그리스도를 믿다가 죽은 사람들이 먼저 살아날 것이고, 다음으로는 그때에 살아 남아 있는 우리가 그들과 함께 구름을 타고 공중으로 들리어 올라가서 주님을 만나게 될 것입니다. 이렇게 해서 우리는 항상 주님과 함께 있게 될 것입니다."(데살로니가전서 4:16-17)는 바울의 창작이 아니라 전승을 받아 적은 것이다.[26]

바울과 데살로니가 공동체 사람들은 자신들이 살아있는 동안 예수가 다시 오실 줄로 굳게 믿고 기다렸다.(데살로니가전서 4:13-17)[27] 그렇기 때문에 바울은 데살로니가 공동체를 세울 때 죽은 사람들의 부활이란 주제를 설명할 필요가 없었다. 사실 바울은 데살로니가 공동체를 세울 때 죽은 사람들의 부활이란 주제를 설명하지 않았던 듯하다.[28] 바리새파 출신 바울에게 죽은 사람들의 부활은 당연한 믿음에 속했지만, 그리스 지역 데살로니가 공동체 사람들은 죽은 사람들의 부활은 낯선 주제일 수 있다.[29] 그런데 데살로니가 공동체에 죽은 사람이 생기자 그들은 당황할 수밖에 없었다. 예수 재림이 늦어지는 문제 때문에 바울은 죽은 사람들의 부활 주제를 해명하지 않을 수 없었다. 죽은 자들의 운명에 대해 다른 종교나 신화에서 하던 설명에 익숙한 데살로니가 공동체 사람들이 예수 운동의 설명을 다 받아들이지 못했기 때문에 바울이 부활 주제를 설명했다는 의견[30]도 있다.

바울은 마지막 날 사건이 어떻게 전개될 지(데살로니가전서 4:13-17) 언급한 뒤, 마지막 날 사건이 언제 시작될 지(데살로니가전서 5:1-11) 다루고 있다.[31] 주님의 날은 마치 밤중의 도둑같이 온다.(데살로니가전서 5:2) 사람들이 평화롭고 안전하다 말할 때 갑작스러운 멸망이 그들에게 닥칠 것(데살로니가전서 5:3)이라는 표현은 놀랍다. 로마 제국의 상징같은 평화와 안전εἰρήνη καὶ ἀσφάλεια 표현을 바울은 반박한 것이다.[32] 로마 제국의 정치에 의해 세상이 완성되는 것이 아니라 하느님 심판이 역사를 완성한다.[33] 그렇기 때문에 바울은 흔들리는 공동체를 위로하고 안정시키기 위해 데살로니가 공동체가 "정신을 똑바로 차리고 믿음과 사랑으로 가슴에 무장을 하고 구원의 희망으로 투구를 씁시다."(데살로니가전서 5:8)라고 요청했다. 하느님은 진노가 아니라 주 예수 그리스도를 통해 구원을 주시기로 작정하셨다.(데살로니가전서 5:9) "그리스도께서 우리가 살아 있든지 죽어 있든지 당신과 함께 살 수 있게 하시려고 우리를 위해서 죽으셨습니다."(데살로니가전서 5:10) 예수가 언제 오실지 계산하지 말고, 두려워하지 말고, 믿음과 사랑과 희망으로 살라고 바울은 격려하였다.

데살로니가 공동체는 예수 그리스도가 곧 오신다는 기대 아래 살았다. 주님이 가까이 오시기 때문에[34] 바울은 흠없이 ἄμεμπτος(데살로니가전서 3:13, 5:23), 거룩하게 ἐν ἁγιασμῷ(데살로니가전서 4:4, 7; 5:23) 살라고 권고하였다.[35] 예수 그리스도를 믿고 따르는 사람들의 삶은 하느님의 부르심(데살로니가전서 1:4-5, 2:12, 4:7-8)에서 시작된다. 데살로니가전서의 윤리는 사랑이 규정한다.(데살로니가전서 1:3, 5:8)[36] 형제자매에 대한 사랑(데살로니가전서 3:12a, 4:9), 예수 그리스도를 믿지 않는 사람들에 대한 사랑(데살로니가전서 3:12b, 5:15)을 바울은 공동체에 요구했다.[37] 공동체는 바울 설교에서 하느님이 주시는 가르침을 듣는다.(데살로니가전서 4:2b) 공동체는 어떻게 살아야 하느님을 기쁘게 해드릴 수 있는지 배웠고 또 배운 대로 살고 있으며(데살로니가전서 4:1), 더 그렇게 해야 한다.(데살로니가전서 3:10, 4:10) 어떻게 삶의 변화가 펼쳐져야 할지 바울은 자세히 말한다.(데살로니가전서 4:3-8)

예수 그리스도가 오시면 심판은 각자 행실에 따라 행해질 것이다.(데살로니가전서 4:6b, 5:9) 하느님은 이미 공동체에게 옳은 길을 가르쳐 주셨다.(데살로니가전서 4:9) "조용히 살도록 힘쓰며 각각 직업을 가지고 자기 손으로 일해서 살아가십시오."(데살로니가전서 4:11) 그러면, 공동체 밖 사람들에게도 존경받을 것이다.(데살로니가전서 4:12a) 바울은 예수 그리스도를 믿지 않는 사람들과 믿는 사람들 사이의 윤리에서 공통점이 분명히 있다고 전제했다.[38] 예수 그리스도를 믿지 않는 사람들도 윤리에서 모범일 수 있고, 예수 그리스도를 믿는 사람들의 행실을 판단할 능력도 있다. 공동체에서 수고하는 사람들을 존중하라는 격려(데살로니가전서 5:12, 13a)도 바울은 잊지 않았다. 공동체는 평화를 도모하고(데살로니가전서 5:13b; 고린도후서 3:11; 로마서 12:18), 보복하지 말고(데살로니가전서 5:15; 로마서 12:17, 21), 언제나 기뻐하고(데살로니가전서 5:16; 로마서 12:12), 기도하고 감사하라.(데살로니가전서 5:17-18; 빌립보서 4:6) 일반적인 훈계(데살로니가전서 5:13b-18)에서 핵심은 성령의 예언(데살로니가전서 5:19-22)이다. "성령의 불을 끄지 말고, 성령의 감동을 받아 전하는 말을 멸시하지 마십시오."(데살로니가전서 5:19-20)

데살로니가전서에서 성령의 역할이 강조되었다. 부르심과 성령의 은사는 연결되었다. 하느님은 지금 성령을 주시고(데살로니가전서 4:8), 믿는 사람들을 지금 부르신다.(데살로니가전서 5:24) 공동체에서 설교는 말씀 안에서ἐν λόγῳ 뿐만 아니라 힘과 성령 안에서ἐν δυνάμει καὶ ἐν πνεύματι ἁγίῳ(데살로니가전서 1:5a) 행해진다. 바울은 공동체를 예수 그리스도에 의해 가능해지고 성령에 의해 규정된 구원 공간으로 이해했다.(데살로니가전서 4:12) 공동체는 한편으로 바깥 세상과 구분되고 다른 편으로 세상 윤리에 참여하고 세상 윤리에 의해 평가받기도 한다.

데살로니가전서에서 구약성서는 전혀 인용되지 않았다. 데살로니가전서 2장 14-16절을 제외하면, 유다인 비판도 없다. 종말론完世論 중심의 데살로니가전서는 바울이 쓴 다른 여섯 편지와 확실히 다르다. 갈라디아서와 로마서에 나타난 칭의론[39]은 데살로니가전서에서 단어로나 내용으로나 찾아보기 어렵다. 바울이 칭의론을 신학의 핵심으로 여겼다면, 데살로니가전서에서 칭의론을 적어도 암시 정도는 해야 했다. 그런데, 갈라디아서에서 처음으로 뚜렷이 드러난 바울의 칭의론이 데살로니가전서에 없었다고 보기는 어렵다는 의견도 있다. 데살로니가전서에서 거룩함 주제는 갈라디아서와 로마서 칭의론과 내용적으로 멀리 있지 않고[40] 바울의 칭의론은 데살로니가전서에서 복음 단어에 요약되어 있다[41]는 것이다. "우리가 여러분에게 전한 복음"(데살로니가전서 1:5a)은 율법없는 믿음이라는 바울 복음을 가리킨다는 의견[42]도 있다. "그러나 우리는 사람이 하느님과 올바른 관계에 놓이는 길이 율법을 지키는 데 있지 않고 예수 그리스도를 믿는 데 있다는 것을 알고 있습니다. 그래서 우리는 율법을 지킴으로써가 아니라 그리스도를 믿음으로써 하느님과 올바른 관계를 가지려고 그리스도 예수를 믿은 것입니다. 율법을 지키는 것으로는 누구를 막론하고 하느님과 올바른 관계를 가질 수가 없기 때문입니다."(갈라디아서 2:16)는 바울이 안디옥에서 베드로를 반박할 때 내용을 상기시킨다.[43]

그런데 갈라디아서 2장 16절은 예수 그리스도를 믿는 유다인 아닌 사람 뿐 아니라 예수 그리스도를 믿는 유다인에게 율법이 지니는 의미를 논하고 있다. 예루살렘 사도회의나 안디옥 충돌 사건에서 예수 그리스도를 믿는 유다인에게 율법이 지니는 의미는 토론한 적이 없다.[44] "복음은 먼저 유다인들에게, 그리고 이방인들에게까지 믿는 사람이면 누구에게나 구원을 가져다 주시는 하느님의 능력입니다. 복음은 하느님께서 인간을 당신과 올바른 관계에 놓아주시는 길을 보여주십니다. 인간은 오직 믿음을 통해서 하느님과 올바른 관계를 가지게 됩니다."(로마서 1:16b-17a)에서 말하는 복음은 데살로니가전서에서 찾기 어렵다. 데살로니가전서에서 말하는 복음은 "죽은 자들 가운데서 다시 살아나신 하느님의 아들 예수께서 하늘로부터 다시 오실 날을 여러분이 고대하게 되었다는 것도 그들이 널리 전하고 있습니다. 그분은 장차 닥쳐올 하느님의 진노에서 우리를 건져내 주실 분입니다."(데살로니가전서 1:10, 5:9)에 잘 나타나 있다. 이 복음을 바울은 우리 복음(데살로니가전서 1:5), 하느님의 복음(데살로니가전서 2:2, 4, 8, 9), 그리스도의 복음(데살로니가전서 3:2)이라고 표현했다. 이 복음이 바울 복음과 신학의 기초요 핵심이며, 바울은 이 복음을 갈라디아서와 로마서에서 율법 비판적 차원으로 확장하였다.[45]

구약성서의 부르심과 심판 사상은 바울의 칭의론과 관계없다. 데살로니가전서에서 하느님의 부르심과 심판은 칭의론을 전제하지도 않는다. 바울 이전 설교에서도(데살로니가전서 1:9-10) 심판 사상은 예수 재림과 연결되었다. 하느님의 분노(데살로니가전서 1:10, 5:19)는 인간이 하느님 앞에서 의로운가, 질문하게 만들었다. 주님의 날(데살로니가전서 5:1-10; 고린도전서 1:7-8; 고린도후서 1:14)은 공동체의 거룩함을 요구한다. 하느님 앞에서 인간은 의로운가? 이 주제가 바울 신학을 관통하는 주제 중 하나였다. 갈라디아서와 로마서의 칭의론 없이도 이미 공동체에 제시된 주제였다. 바울은 갈라디아서와 로마서에서 칭의론과 심판 사상을 연결했다.(갈라디아서 1:8, 5:18-25; 로마서 1:18-3:20, 5:1) 바울의 최초 편지인 데살로니가전서는 초기 바울 신학[46]의 한 증거라고 볼 수 있겠다.[47]

고린도 공동체

로마의 속주 아카이아Achaia 수도 고린도는 바울 시대에 로마색이 짙은 곳이었다. 공통년 이전 146년 파괴되었던 고린도는 공통년 이전 로마 황제 케사르Caesar 시대에 퇴역 군인을 위한 도시로 재건되었다.[48] 그리스와 로마 제국 동쪽에서 온 사람도 고린도에 많았다. 유다인 거주지역[49]과 유다교 회당(사도행전 18:4)[50]이 있었다. 바다가 양쪽에 있다는 지리적 장점으로 고린도는 아시아(터키)와 그리스로마 지역을 연결하는 상업 중심지였다. 부유한 고린도에 여러 인종과 문화, 종교가 몰려들었다. 1세기 고린도에서 그리스 철학 중 하나인 견유학파Kyniker가 활발했고, 올림픽 다음으로 중요했던 달리기 시합(고린도전서 9:24-27)이 열렸다. 도시 북쪽에 아스클레피오스 Asklepios 신전이 있었다.(고린도전서 8-10장)[51]

빌립보, 데살로니가, 베뢰아, 아테네에서 활동한 뒤 바울은 50년에 고린도 공동체를 만들었다.[52] 바울은 고린도에 일 년 반 머물렀다.(사도행전 18:11) 고린도와 에베소는 바울 선교의 중심지였다. 유다인 아닌 사람들이 고린도 공동체 대부분을 차지했다.(고린도전서 8:10, 10:27, 12:2) 예수를 믿은 유력한 유다인도 있었다.(사도행전 18:8; 고린도전서 1:22-24; 로마서 16:21) 하층 계급 출신(고린도전서 1:26, 7:21, 11:22b)으로 유다교에 호감을 가졌던 유다인 아닌 사람들도 공동체에 참여했다.(사도행전 18:7) 공동체에 부자도 있었고(고린도전서 1:14; 로마서 16:23), 집을 소유한 사람도 있었다.(고린도전서 1:16, 16:15; 사도행전 18:2) 고린도 공동체는 당시 도시 사회에 흔한 출신 성분을 보여준다.[53] 공동체는 예루살렘 성도를 위한 모금에 참여했다.(고린도전서 16:1-4; 고린도후서 8:7; 로마서 15:31) 고린도에는 여러 가정 공동체가 있었다.(고린도전서 1:16, 14:23, 16:15)[54] 고린도에 예수 믿는 사람이 약 100여 명 되었던 것 같다.[55]

고린도 공동체 상황, 공동체와 바울의 소통이 고린도전서를 낳은 배경이다. 고린도 공동체에 보내는, 그러나 분실된 편지 하나를 바울은 언급했다.(고린도전서 5:9) 이 편지는 결혼과 비혼(고린도전서 7:1), 비혼 여성(고린도전서 7:25), 신전 제사 음식(고린도전서 8:1), 성령의 은사(고린도전서 12:1), 예루살렘 성도를 위한 모금(고린도전서 16:1), 아폴로(고린도전서 16:12) 등 여러 주제에 대한 바울의 답변을 담고 있었다. 말로 전하는 소식도 있었다.(고린도전서 1:11, 5:1, 11:18) 바울은 1-4장에서 고린도 공동체가 지혜를 탐하는 열광을 자제시키려 애썼다. 5-10장에서 고린도 공동체가 질문한 주제와 당면한 문제에 답변했다. 11-15장은 성령의 은사와 종말론 기대를 언급했다. 마지막 16장은 헌금, 바울의 계획과 인사를 담았다. 고린도전서 구성과 순서를 두고 여러 가설이 등장했지만, 고린도전서 전체를 하나의 편지로 보는 의견이 많다.[56] 고린도전서는 특정한 주제 하나가 아니라 여러 주제를 다루고 있다. 고린도전서는 공동체의 일치와 화해를 촉구하는 편지로 볼 수 있다.[57]

고린도 공동체 사람들 사이에 신학, 윤리, 사회 문제를 두고 여러 긴장과 갈등이 있었다.[58] 세례에 대한 의견으로 생긴 파벌(고린도전서 1-4장), 음행 사건(고린도전서 5장), 이교도 법정에 동료 성도를 고소한 사건(고린도전서 6:1-11), 고린도에 퍼진 성전 매매춘에 연루된 사건(고린도전서 6:12-20), 금욕 주제(고린도전서 7장), 신전 제사 음식을 먹느냐 마느냐 다툰 사건(고린도전서 8:1-13; 10:14-23) 등이 있었다. 받은 성령 은사가 서로 다르다는 이유로 생긴 갈등도 있었다.(고린도전서 12-14장) 일부 성도들은 방언을 최고 은사로 여기고 다른 은사는 방언보다 가치가 작다고 보았다.(고린도전서 14장) 바울은 이 평가를 뒤집어 엎었다. 예언을 방언보다 앞에 놓았고, 사랑을 최고의 성령 은사라고 설명했다.(고린도전서 13장) 부활을 부정하는 성도도 고린도 공동체에 없지 않았다.(고린도전서 15:12b)

예배를 두고 생긴 갈등도 있었다.(고린도전서 11:17-34) 예배에서 예배와 공동 식사는 연결되었다.(고린도전서 11:23-25) 처음에는 빵나눔 의식, 공동 식사, 잔 나눔 순서로 진행되다가(고린도전서 11:25), 나중에는 공동 식사를 먼저 하는 순서로 바뀌었다. 노동 문제로 예배에 제 시간에 올 수 없었던 가난한 성도들은 예배 전에 하는 공동 식사에 참여하지 못할 수 있었다.

신전 제사에서처럼 부자 성도는 부자 성도끼리, 가난한 성도들은 가난한 성도들끼리 따로따로 모여 식사했다.[59] 앉는 자리도 신분에 따라 정해지는 고대 사회에서 부자 성도는 배불리 먹고 가난한 성도는 굶주리는 상황이 생길 수 있었다. 실제로 그런 일이 생겼다.(고린도전서 11:21, 33) 예배 시간에는 형제자매요 평등과 일치를 다짐하지만, 예배가 끝나면 부자와 가난한 자, 주인과 노예로 돌아가는 신분사회 아니던가?

바울 개인을 두고 벌어진 갈등도 없지 않았다. 돌아다니며 철학을 전파하던 견유학파 철학자들과 달리, 바울은 복음을 전하는 대가로 돈을 받지는 않았다. 그런데 고린도 공동체 사람들은 바울의 그런 처신이 사회 질서와 규범을 깨뜨리고 공동체가 바울을 도우려는 뜻을 무시하는 행위로 여겼다.(고린도전서 9장; 고린도후서 11:7) 바울은 후원자에게 의지하던 당시 사회 풍조[60]에 저항했다. 유력한 후원자에게 가정 선교사house apostle가 되기를 거절한 것이다.[61] 오늘 한국 교회와 성당에는 어떤 갈등이 있는가? 예배와 미사를 둘러싸고 어떤 갈등이 있는가? 교회와 성당에서 부자와 가난한 사람들 사이에 갈등은 없는가? 목사와 신부들은 부자 성도와 가난한 성도를 평등하게 대하는가?

고린도전서

지혜와 십자가

고린도전서는 공동체 안에서 여러 신학 흐름과 갈등이 있다는 사실을 알려주었다.[62] 고린도 공동체에 바울, 아볼로, 게바(베드로), 그리스도 이름으로 불리는 네 분파[63]가 있었다. 그리스도파ἐγὼ δὲ Ἀπολλῶ(고린도전서 1:12)는 파벌 형성은 어리석음을 나타내기 위한 바울의 과장에서 나온 단어일 수 있다.[64] 세례를 받는 사람은 세례를 주는 사람이 인도하는 성령의 지혜로 이끌려 그 분파로 소속된다고 이해한 듯하다. 그리스 철학에서 지혜를 높이 평가했고, 철학 학파 안에서 엄격한 사제 관계, 철학 학파들끼리 심했던 경쟁 문화가 고린도 공동체에 영향을 주었을 수 있다.[65]

바울의 어떤 다른 편지보다도 더 고린도전서는 논쟁으로 가득하다. 세례를 어떻게 이해하느냐에 따라 나누어진 파벌 형성을 바울은 비판하였다.(고린도전서 1:10-17) 바울이 직접 세례를 준 사람은 적었다.(고린도전서 1:14, 16) 그러니 바울파가 생길 수도 없다. 그리스도는 세례를 베풀라고 바울을 보내신 것이 아니라 복음을 전하라고 보내셨다.(고린도전서 1:17a) 바울이 세례 자체를 무시한 것[66]은 아니다. 바울은 세례를 높이 평가했지만, 구원 개인주의의 수단으로 세례가 이용되는 풍조에 반대하고 공동체의 일치를 강조했다.[67] "그렇다면 그리스도가 갈라졌다는 말입니까?"(고린도전서 1:13a) 바울은 여기서 예수 운동 공동체를 그리스도의 몸σῶμα Χριστοῦ(고린도전서 12:12)으로 생각한 듯하다.[68]

바울은 말의 지혜σοφία λόγου(고린도전서 1:17b)로 복음을 전하지 않고 십자가의 지혜ὁ λόγος γὰρ ὁ τοῦ σταυροῦ(고린도전서 1:18a)로 복음을 전하고 있다. "사실 십자가의 말씀은 멸망할 자들에게는 어리석음이요 그러나 구원받는 우리에게는 하느님의 능력입니다."(고린도전서 1:18) 바울에게 예수 십자가는 신학의 결정적인 판단 기준이다.[69] 바울은 십자가에 대해 말한다기보다 십자가 관점에서 말한다.[70] "하느님께서는 지혜로운 자들을 부끄럽게 하시려고 오히려 세상의 어리석은 것을 택하셨습니다. 하느님께서는 강한 것을 부끄럽게 하시려고 세상의 약한 것을 택하셨습니다. 또한 하느님께서는 잘난 체하는 것들을 무력하게 하시려고 세상에서 미천한 것과 멸시받는 것, 아무것도 아닌 것들을 택하셨습니다."(고린도전서 1:27-28) 고린도 공동체의 존재 자체가 바울의 십자가 신학을 증명하고 있다.

고린도 공동체는 분열을 일으키는 자기 자랑을 중단해야 한다. 바울은 십자가에 달리신 그리스도만 설교했을 따름이다.(고린도전서 2:2) 말하거나 설교할 때 바울은 지혜롭고 설득력 있는 언변을 쓰지 않고 하느님의 성령과 그 능력만 드러내려 하였다.(고린도전서 2:4) 고린도 공동체의 믿음이 인간의 지혜에 바탕을 두지 않고 하느님의 능력에 바탕을 두게 하려는 것이었다.(고린도전서 2:5) 하느님께서 주신 성령은 우리가 하느님께 받은 은총의 선물을 깨닫게 해주신다.(고린도전서 2:12) 복음 선포는 우리 힘만으로 되는 것은 아니고, 우리의 복음 선포에서 하느님의 능력과 성령이 드러나게 된다. 바울은 자신이 하느님의 힘에 둘러싸여 있음을 깨달았다.

하느님의 지혜가 세상 역사와 인간에게 드러나는 과정을 바울은 3단계로 나누어 설명한다.(고린도전서 2:6-16) 하느님의 심오한 지혜는 우리 영광을 위하여 천지 창조 이전부터 미리 마련되고 감추어져 있었다.(고린도전서 2:6-9) 하느님의 지혜는 성령을 통하여 우리에게 드디어 나타나셨다.(고린도전서 2:10-12) 성령께서 가르쳐 주시는 말씀으로 우리는 하느님의 지혜를 세상에 전한다.(고린도전서 2:13-16) 바울은 3단계 설명을 학업 과정에서 익혔다.[71] 천지 창조 이전부터 미리 준비되고 감추어지고 세상에 보내진 하느님의 지혜가 활동하는 방식은 인간의 지혜와는 근본적으로 다르다.[72] 하느님의 지혜는 성령을 통하여 우리에게 나타났다.(고린도전서 2:10) 세상 통치자들이 하느님의 지혜를 깨달았다면, 그들은 영광의 주님을 십자가에 못박지 않았을 것이다.(고린도전서 2:8)

바울은 고린도 공동체 사람들처럼 자신을 영적인 사람으로 생각했다.(고린도전서 2:15) 그들은 영적이 아닌 사람들과는 다르다. 그러나, 고린도 공동체 사람들이 하느님의 지혜를 알아차릴 수 있는 십자가 사건보다 인간의 능력을 더 강조했다면, 바울은 인간의 능력보다 십자가 사건을 강조했다.[73] 하느님 비밀 $\mu\nu\sigma\tau\acute{\eta}\rho\iota\nu\nu\ \tauo\hat{\nu}\ \theta\epsilon o\hat{\nu}$(고린도전서 2:1, 7; 4:1)을 고린도 공동체 사람들과 바울은 다르게 이해한 것이다. 고린도 공동체 사람들이 십자가 사건을 무시한 것은 아니지만[74] 십자가는 예수 죽음을 영적인 존재로 건너가는 단순한 과정으로만 보았다.

하느님의 지혜와 인간의 지혜를 같은 차원에 놓으면 안 된다는 사실을 바울은 고린도 공동체 사람들에게 가르쳐 주었다. 서로 시기하고 다투고 있는 그들은 아직도 육적인 사람들에 불과하다고 꾸짖었다.(고린도전서 3:1-3) 하느님의 지혜는 고린도 공동체를 여러 파벌로 이끌지 않았다. 예수 그리스도 말고 다른 기초는 아무도 놓을 수 없다.(고린도전서 3:11) 그들이 예수 그리스도 말고 다른 기초를 더 신뢰했다면, 그런 사실은 심판에서 낱낱이 드러날 것이다.(고린도전서 3:13-15)[75] 고린도 공동체 사람들의 우월감(고린도전서 4:8, 5:2, 6:12) 뒤에는 여러 종교적, 문화적, 사회적 영향이 있었다. 유다교 지혜 사상[76]뿐만 아니라 몸과 마음을 둘로 나누고(고린도전서 2:6-16), 지식을 높이 평가하고(고린도전서 8:1-6, 13:2), 인간의 몸을 업신여기는(고린도전서 6:12-20) 그리스 철학의 지혜 사상이 있었다. 오직 지혜로운 사람만 자유로운 인간이다[77], 모든 것은 지혜로운 사람에게 속한다.[78] 이집트 알렉산드리아에서 널리 퍼졌던 유다교 지혜 사상이 아폴로를 통해 유다인 아닌 사람이 많았던 고린도 공동체에 들어왔다는 추측도 있다.[79] 유다교나 그리스 철학이나 인간의 지혜를 높이 평가하고 있었던 것이다.

고린도 공동체는 신비주의 종교에서도 영향받았을 수 있다.[80] 운명론이 유행하고 고통과 죽음에서 출구를 찾지 못하던 당시 사회에서 신비주의 종교들은 죽음이란 새로운 삶으로 건너가는 과정일 뿐이며 비밀스런 의식을 통해 인간은 현세에서 행복하고 완성된 사람으로 다시 태어날 수 있다고 선전했다. 고린도 공동체가 꼭 종교적 주제로만 갈등을 겪었다고 볼 수는 없다. 종교보다 윤리와 사회적 동기가 고린도 공동체의 내부 갈등에 더 큰 원인일 수도 있다.[81] 다른 종교나 사상에 물들었던 고린도 공동체 사람들은 예수 그리스도를 믿은 뒤에도 예전의 생각과 습관에서 다 벗어나기는 어려울 수 있었다.

이런 배경에서 더구나 성령의 은사를 받았다고 굳게 믿은 고린도 공동체 사람들은 당연히 우월감을 가졌을 수 있다. 그들은 지금 당장 구원이 다 이루어졌다고 생각했다. "여러분은 벌써 배가 불렀습니다. 벌써 부자가 되었습니다."(고린도전서 4:8) 고린도 공동체나 바울이나 세례와 성령을 높이 평가했다. 예수 그리스도를 믿는 사람은 세례에서 예수의 죽음과 부활에 참여하고 생명의 길로 들어선다고 생각했다. 그런데 바울과 달리 고린도 공동체 사람들은 세례에서 받은 성령의 은사가 인간의 한계를 극복하고 존재 변화를 일으킨다고 과장되게 이해했다. 세례를 받는다고 세상이 달라진 것도 아니고 세례받는 사람의 혈액형이 바뀌지 않는데도 말이다. 고린도 공동체의 열광주의는 세례를 마술적으로 주술적으로 이해한 탓에서 비롯되었다.[82]

고린도 공동체가 세례 후 인간의 드높아짐에 열광했다면, 바울은 인간의 낮음을 주목했다. "우리는 그리스도를 위하여 바보가 되었고 여러분은 그리스도를 믿어 현명한 사람이 되었습니다. 우리는 약자이고 여러분은 강자입니다. 여러분은 명예를 누리고 있는데 우리는 멸시만 받습니다."(고린도전서 4:10) 정말로 지혜로운 사람은 복음 전파에 충실한 사람이다. 열광이 아니라 약함, 위험, 가난이 정말로 지혜로운 사람의 특징이라고 바울은 강조한다. "우리는 지금 이

시간에도 굶주리고 목마르고 헐벗고 매맞으며 집 없이 떠돌아 다니고 있습니다."(고린도전서 4:11) 그래서 바울은 자신있게 사람들에게 말할 수 있었다. "나를 본받으십시오μιμηταί μου γίνεσθε."(고린도전서 4:16b) 고린도 공동체와 바울은 예수를 죽음에서 일으키시는 하느님의 생명에 매혹되었다. 그러나 바울은 고통 속에서 살아가며 예수 재림을 기다리는 태도를 열광주의가 아니라 십자가의 낮아짐에서 찾았다.

자유와 책임

공동체 사람끼리 법적 다툼이 생길 때, 고린도 공동체 사람들은 공동체 내부에서 해결하지 않고 일반 법정에 고소했다.(고린도전서 6:1-11) 당시 사회에서 지배층 사람들이 흔히 하던 관행 중 하나였다.[83] 바울은 이런 관행에 의문을 품었다. 세상과 천사들까지도 심판할 거룩한 성도들이(고린도전서 6:3) 어떻게 예수 그리스도를 믿지 않는 사람들에게서 성도들의 권리를 찾는다는 말인가? 고린도 공동체에서 성도들 사이에 생기는 분쟁을 해결해 줄 지혜로운 사람이 하나도 없다는 말인가?(고린도전서 6:5b) 더 나아가 바울은 성도들 사이에 생기는 분쟁 자체를 의아해 했다.(고린도전서 6:7) "주 예수 그리스도의 이름과 하느님의 성령으로 깨끗이 씻겨지고 거룩하여졌으며 하느님과 올바른 관계에 놓이게 되었습니다."(고린도전서 6:11b-c)[84] 거룩한 사람들끼리 무슨 재판을 벌이느냐는 말이다. 바울은 예수 운동 공동체를 법정이 없는, 일반 사회와는 다른 대안사회alternative society로 생각했던[85] 것일까?

나는 무엇이든 할 자유가 있다πάντα μοι ἔξεστιν(고린도전서 6:12a, 10:23)라는 고린도 공동체 사람들의 태도에서 바울은 자유와 책임이라는 주제를 내걸었다. 양어머니와 동거하는 사람을 고린도 공동체 사람들은 처벌하지 않고 그냥 놓아두었다.(고린도전서 5:1-5)[86] 그 사건은 지역 사회에서 논란이 되었을 뿐 아니라[87] 고린도 공동체의 거룩함이 의심받게 되었다.(고린도전서 5:6) 바울은 공동체가 그 사람을 사탄에게 내어 주어παραδοῦναι 그 육체를 멸망시키도록 판결(고린도전서 5:4-5)할 것을 언급했다. 내어 주어παραδοῦναι(누가복음 20:20, 22:6)는 율법학자들과 대제사장들이 예수를 로마 군대 빌라도 총독에게 넘겨줄 때 쓴 단어다. 죽게 만든다는 뜻이다. 바울이 구약성서의 해당 구절을 인용하지는 않았다.(레위기 18:8, 20:11; 신명기 23:1, 27:20) 주님의 심판 날에 그의 영혼은 구원을 받도록 하려는 것(고린도전서 5:5b)으로 세례는 무효될 수 없다는 사실을 가리킨다.[88] 처벌은 보복이 아니라 그 사람과 공동체의 구원을 위해서다.[89]

비슷한 생각이 또 나온 곳이 있다. 심판 날이 오면 모든 것이 드러나 각자가 한 일이 명백하게 될 것이다.(고린도전서 3:13) "만일 그 집이 불에 타버리면 그는 낭패를 볼 것입니다. 그러나 그 자신은 불 속에서 살아 나오는 사람같이 구원을 받습니다."(고린도전서 3:15) 세례받은 사람은 심판을 피할 수 없지만, 그 영혼은 구원받아야 하지 않겠느냐는 말이다. "누구든지 하느님의 성전을 파괴하면 하느님께서도 그 사람을 멸망시키실 것입니다. 하느님의 성전은 거룩하며 여러분 자신이 바로 하느님의 성전이기 때문입니다."(고린도전서 3:16) 고린도 공동체에서 빵나눔이 제대로 행해지지 않았기 때문에

몸이 약한 자와 병든 자가 많고 죽은 자도 적지 않았다.(고린도전서 11:30)

성도들이 자유를 책임 있게 쓰지 않으면 공동체에 병뿐만 아니라 죽음도 온다는 사실을 바울은 말하고 있다. 자유를 책임 있게 쓰지 않으면 몸에, 건강에, 목숨에 치명적인 영향을 준다는 뜻이다. 종교 의식이나 예배를 책임 있게 하지 않으면, 공동체에 죽는 사람이 나올 수 있다. 자유를 책임 있게 쓰지 않으면 몸에 영향이 온다는 다른 사례를 바울은 성매매 관행(고린도전서 6:13b, 15b, 16, 18)에서 소개하였다. 당시 성매매 습관은 고린도 시민의 일상에 속했고 사회적으로 비판받지도 않았다.[90] 그러나 몸은 음행이 아니라 주님을 섬기라고 있는 것(고린도전서 6:13b)이라고 바울은 강조한다. 믿는 사람의 몸은 또한 주님 몸의 한 부분(고린도전서 6:15b)이기 때문이다. "여러분은 자기 몸으로 하느님의 영광을 드러내십시오."(고린도전서 6:20b)

자유와 책임이라는 주제를 바울이 성 윤리와 빵나눔 같은 종교의식에서만 언급한 것은 아니었다. 고린도 공동체에서 강한 사람들과 약한 사람들 사이에서 벌어진 갈등(고린도전서 8:1-13, 10:14-33)에서도 자유와 책임이라는 주제가 드러났다. 시장에 나온 고기를 사 먹어도 좋은가?(고린도전서 10:25) 성도 아닌 사람의 초청을 받아들여도 되는가?(고린도전서 10:27f) 신전 제사(고린도전서 10:14-22)와 잔치(고린도전서 8:10)에 참여해도 되는가?[91]

강한 사람들은 예수 운동에 참여한 후 예전에 가졌던 종교 지식과 단절할 수 있는 종교 지식(고린도전서 8:1, 4; 10:23)을 갖춘 상류층에 속한다는[92] 의견이 있다. 그러나 고린도 공동체에서 강한 사람들과 약한 사람들 사이의 갈등은 사회적 이유가 아니라 지식과 윤리 때문이라는 의견[93]도 있다. 아볼로 그룹(고린도전서 1:12)이 가깝고, 스토아 철학에 영향받은 엘리트 그룹에 속한다[94]는 것이다. 강한 사람들을 상류층과 동일시하면 안 된다.(데살로니가전서 1:9)[95] 견유학파 철학자들도 무엇이든 먹을 자유가 있다고 생각했다.[96] 유다인 아닌 성도뿐 아니라 개방적인 유다인 성도도 강한 사람들에 속했다. 그들은 신전 제사에 참여했고(고린도전서 14:20), 신전 제사에 바쳐진 고기를 주저없이 먹었고(고린도전서 8:9, 10:25-30), 그리스로마 사람들에게 초대되었다.(고린도전서 10:27) 그들은 자유를 종교적, 윤리적 의무에서 해방이란 뜻으로 우선 여긴 듯하다.[97]

약한 사람들은 대부분 유다인 아닌 사람들로 고린도 공동체에서 소수파에 속했다.(고린도전서 8:7)[98] 그들은 예수 운동에 참여하기 전 신전 제사에 바쳐진 고기를 먹는데 익숙했기 때문에, 다시 이전 습관으로 돌아갈 위험이 있었다.[99] 약한 사람 중 일부는 신전 제사에 바쳐진 고기를 먹지 않았다. 그런데 약한 사람 중 다른 일부는 경제적 어려움 때문에 신전 제사에 참여하고 제사에 바쳐진 고기라도 먹어야 할 형편이었다.[100] 그리고 나서 양심의 가책으로 괴로워했다. 또 어떤 약한 사람들은 강한 사람들의 처신에 이끌려 신전 제사에 바쳐진 고기를 먹고 말았다.

어떻게 보면 사소한 문제에 불과하지만, 크게 보면 그리스도 복음을 어떻게 이해하느냐 문제라고 볼 수 있다. 바울 의견이다. "무엇이나 다 할 수 있다."고 해서 모든 것이 다 유익한 것은 아닙니다. 무엇이나 다 할 수는 있지만 모든 것이 건설적인 것은 아닙니다."(고린도전서 10:23) 자유는 자기 뜻대로 사느냐가 아니라 약한 사람들과 어떤 관계를 맺느냐가 더 중요하다는 것이다. 자유는 나와 나자신의 관계보다 나와 약한 사람들의 관계에서 더 결정된다. "여러분의 권리가 약한 이들을 넘어뜨리는 일이 없도록 조심하시오."(고린도전서 8:9) 신전 제사에 바쳐진 고기를 주저없이 먹는 강한 사람들의 자유로운 행동이 약한 사람들을 부자유한 상태로 이끌지 말라는 뜻이다.

바울은 자기 생각의 근거를 약한 형제자매를 위한 예수의 죽음에서 찾았다.(고린도전서 8:11) 강한 사람들의 자유는 자기 권리를 깨닫는데 있는 것이 아니라 약한 사람들을 위한 예수 그리스도의 죽음과 부활 의미를 깨닫는 데 있다. "여러분이 이렇게 형제자매에게 죄를 짓고 그들의 약한 양심에 상처를 입히는 것은 결국 여러분이 그리스도께 죄를 짓는 것입니다."(고린도전서 8:12) 바울은 고린도 공동체 사람들에게 이스라엘 선조들이 광야를 건너다 자유를 잘못 사용하여 겪었던 운명을 상기시킨다.(고린도전서 10:1-13)[101]

바울은 그리스도인의 자유가 그리스도와 이웃 사람들을 향하게 한다. 바울 자신은 강한 사람들 입장에 있지만(고린도전서 8:4-6), 두 가지 경계선을 그렸다. 예수 그리스도를 믿는 사람은 신전 제사와 잔치에 참여하면 안 된다.(고린도전서 10:21) 성도 아닌 사람의 초청을 받아 함께 식사할 때, 우상 앞에 놓았던 음식이라는 말을 듣거든 먹지 말아야 한다.(고린도전서 10:27-28) 두 가지 경계선만 잘 지킨다면, 시장에 나온 고기를 사 먹을 때(고린도전서 10:25a), 성도 아닌 사람의 초청을 받았을 때(고린도전서 10:27) 무엇이든 먹어도 된다. 바울은 강한 사람들 입장에 섰지만, 약한 사람들의 자유를 존중하고 배려했다. 강한 사람들과 약한 사람들은 예수 운동 공동체에서 평등하다. 유다인도 그리스인도 공동체에서 평등하다.(고린도전서 10:32) 강한 사람들이나 약한 사람들이나 판단 기준은 이것이다. "먹든지 마시든지 그리고 무슨 일을 하든지 모든 일을 오직 하느님의 영광을 위해서 하십시오."(고린도전서 10:31) 자유든, 성령의 은사든, 성례전(전례)이든, 성사든, 약한 사람들을 배려하지 않으면 그리스도교 공동체를 분열과 멸망으로 이끌고 만다.

자유를 타인을 위한 봉사로서 소개한 바울은 고린도전서 9장에서 자유와 권리라는 주제를 펼치고 있다.[102] 예수 그리스도의 사도 바울은 공동체에게 지원받을 권리가 있다.(고린도전서 9:12-18) "도대체 우리에게 먹고 마실 권리가 없단 말입니까? 우리라고 해서 다른 사도들이나 주님의 형제들이나 베드로처럼 그리스도를 믿는 아내를 데리고 다닐 권리가 없단 말입니까? 혹은 나와 바나바에게만 노동하지 않고 먹을 권리가 없단 말입니까?"(고린도전서 9:4-6) 그러나 바울은 복음 전파에 방해받지 않기 위해 공동체에게 지원받을 권리를 자발적으로 포기했다.(고린도전서 9:12, 15f)

바울은 진정한 철학자는 자신의 가르침으로 돈을 받지는 않는다는 소크라테스 전통[103]에 서 있었다. 자유와 종살이는 배척 관계에 있던 고대사회에서 바울은 공동체에게 경제적 지원을 받을 권리를 사양했을 뿐만 아니라 복음 전파를 위해 스스로 모든 사람의 종이 되었다.(고린도전서 9:19) 바울은 고린도전서에서 자유를 율법으로부터의 자유라고 설명하지도 않았다. 바울에게 자유는 그리스도와 연결되는 자유를 뜻한다. 그리스도에게 매여 있는 것이 곧 자유다.

노예 문제

자유가 종살이와 연결된다는 바울의 생각은 노예 제도가 없어진 우리 시대 사람들에게 이해하기 쉽지 않다. 자유에 대한 바울의 생각은 당시 노예 문제와 연결되지 않을 수 없었다. "부르심을 받았을 때에 노예였다 하더라도 조금도 마음 쓸 것 없습니다. 그러나 자유로운 몸이 될 기회가 생기면 그 기회를 이용하십시오."(고린도전서 7:21) 이 구절은 이해하기 쉽지 않다. 노예 해방을 위해 노력하라는 말인가, 노예로 계속 머물라는 말인가?[104] 고린도전서 7장 21절에서 동사 이용하다χρῆσαι에 노예 상태 또는 자유 중 어떤 단어를 보충하여 연결해야 할지 결정하기는 어렵다.[105] 접속사 ἀλλά가 앞 구절과 반대되는 의미를 나타낸다면, 이용하다χρῆσαι에 자유를 보충하는 편이 적절하다.[106] 그러나 ἀλλά가 앞 구절을 더 강조한다면, 이용하다χρῆσαι에 노예 상태를 보충하는 편이 어울린다.[107] 이 해석은 "그러므로 각 사람은 부르심을 받았을 때의 상태를 그대로 유지하십시오."(고린도전서 7:20)와 문맥상 더 자연스럽게 이어진다. "노예라도 부르심을 받고 주님을 믿는 사람은 주님의 자유인이 되고 자유인이라도 부르심을 받은 사람은 그리스도의 노예가 되는 것입니다."(고린도전서 7:22) 해설을 보아도 마찬가지다. 바울은 예수 그리스도를 믿는 노예들에게 노예 해방을 위해 노력하라고 격려하진 않았지만, 해방될 기회가 온다면 그 기회를 잘 이용하라고 말한 듯하다.[108] 스토아 학파[109]처럼 자유를 내적 자유로 우선 보았던 바울[110]이 노예해방을 적극적으로 부르짖었다고 보기는 어렵다.

성령과 공동체

고린도 공동체에 성령의 은사가 풍부히 내렸다. 그런데 평범한 은사는 외면되고 평범하지 않은 은사만 진짜 은사처럼 여기는 풍조가 공동체에 있었다.[111] 성령의 은사를 받은 사람들에게 공동체 건설과 일치에 부정적인 개인주의 유혹이 있었다. 성령의 은사(고린도전서 2:13, 12:1, 14:37)를 받은 사람은 자신을 과장하기 쉽기 때문에 다른 성도들을 무시하고 공동체와 거리를 멀리 할 위험에 있었다. 바울은 공동체 안에 분열이 생기지 않고 모든 지체가 서로 도와 나가도록(고린도전서 12:25) 훈계해야 했다. 고린도전서 8-10장처럼 바울은 고린도전서 12-14장[112]에서 성령의 작용을 무시하지 않고 또한 성령의 은사를 지나치게 과장하는 흐름에 저항했다. 바울은 성령의 은사를 무시한 사람이 전혀 아니다.[113] 바울 생각에, 성령의 은사를 받은 사람은 무엇보다도 먼저 주 예수를 고백하는 사람이다.(고린도전서 12:3) 성령은 당신이 원하시는 대로 각 사람에게 각각 다른 은총의 선물χαρίσματα을 나누어 주신다.(고린도전서 12:8-11) 단어 χαρίσματα는 바울과 바울에 의존한 편지에만 나온다.[114] 성령의 은사는 공동체에서 일치 안의 다양성의 표현이다.[115]

바울은 고대 사회에서 널리 쓰였던 몸 비유[116]를 이용하여 공동체는 성령의 은사로 그리스도의 몸으로 비유하였다.(고린도전서 12:12-31) 몸은 하나지만 여러 지체를 가졌듯이, 공동체도 하나지만 여러 지체를 가졌다는 것이다. 몸 비유는 공동체와 그리스도 관계

뿐 아니라 공동체 구성원끼리 관계를 설명하는 데 도움을 주었다. 공동체에 여러 역할이 있지만 모두 그리스도 안에서 일치하며 서로 평등하다.[117] 다양성 속의 일치뿐 아니라 서로 평등함을 놓치지 않는 것이 중요하다. 몸 비유에서 다양성과 일치는 강조하고 서로 평등함을 외면하는 풍조는 위험하다. 예수 운동 공동체에서 더 중요한 사람 없고 덜 중요한 사람 없다.

공동체는 그리스도의 몸과 연결되었고, 공동체가 그리스도의 몸이다.(고린도전서 12:27) 공동체는 그리스도의 몸 안에서 그리스도의 몸으로서 존재한다.(고린도전서 12:13)[118] 먼저 그리스도의 몸이 있었다. 그리스도의 몸이 있었기 때문에 공동체가 생긴 것이지 성도들이 공동체를 만들었기 때문에 비로소 그리스도의 몸이 생긴 것이 아니다.[119] 바울은 공동체 일치와 평등에 방해되는 생각을 비판하였다. "유다인이나 그리스인이나 종이나 자유인이나 남자나 여자나 아무런 차별이 없습니다. 그리스도 예수 안에서 여러분은 모두 한 몸을 이루었기 때문입니다."(갈라디아서 3:26-28) 유다인은 구원 역사에서 우선권이 없고, 그리스인은 문화적 우선권이 없다. 공동체에 주인과 종의 사회적 차별은 없고, 남녀 차별도 없다.

여러 방식으로 나타나지만, 성령은 언제나 하나요 똑같은 성령이다.(고린도전서 12:4) 성령은 공동체에 필요한 것을 주신다.(고린도전서 12:7) "모든 것은 공동체 발전에 도움이 되도록 해야 합니다."(고린도전서 12:26c) 고린도 공동체와 마찬가지로 바울도 성령의 은사를 높이 평가했다. 그러나 바울은 성령의 은사를 개인주의에 이용하지 않고 사랑에 연결하도록 권고했다. 성령의 은사를 잘못 사용할 위험을 고린도전서 12장과 14장에서 언급했고, 일부러 그 가운데 13장에서 사랑에 대해 설교했다.[120] "내가 인간의 여러 언어를 말하고 천사의 말까지 한다 하더라도, 사랑이 없으면 나는 울리는 징과 요란한 꽹과리와 다를 것이 없습니다. 내가 하느님의 말씀을 받아 전할 수 있다 하더라도, 온갖 신비를 환히 꿰뚫어 보고 모든 지식을 가졌다 하더라도, 산을 옮길 만한 완전한 믿음을 가졌다 하더라도, 사랑이 없으면 나는 아무것도 아닙니다. 내가 비록 모든 재산을 남에게 나누어준다 하더라도, 또 내가 남을 위하여 불 속에 뛰어든다 하더라도, 사랑이 없으면 모두 아무 소용이 없습니다."(고린도전서 13:1-3) "사랑은 가실 줄을 모릅니다. 말씀을 받아 전하는 특권도 사라지고 이상한 언어를 말하는 능력도 끊어지고 지식도 사라질 것입니다."(고린도전서 13:8)

교회가 그리스도를 만든 것이 아니라 그리스도가 교회를 만들었다. 바울은 교회 관점에서 그리스도를 본 것이 아니라 그리스도 관점에서 교회를 보았다. 교회론보다 그리스도론이 더 중요하다. 그리스도가 교회를 만들었고, 교회는 그리스도의 영이 교회를 규정하는 한 비로소 교회다.[121]

부활 문제

바울은 고린도전서의 절정인 15장에서 죽은 사람들의 부활 주제를 다루었다.[122] 바울 이전 부활 전승인 고린도전서 15장 3b-5절은 부활 믿음의 기초를 알려준다.[123] 예수 죽음 소식, 무덤 언급, 부활 소식, 부활한 예수 나타남, 제자들 앞에 부활한 예수 나타남 다섯 가지다.

1. 그리스도는 성서 기록처럼 우리 죄 때문에 죽으셨다.(고린도전서
   15:3b)

2. 그리스도는 무덤에 묻히셨다.(고린도전서 15:4a)

3. 그리스도는 성서 기록처럼 사흘 만에 다시 살아나셨다.(고린도전
   서 15:4b)

4. 그리스도는 먼저 베드로에게 나타나셨다.(고린도전서 15:5a)

5. 그리스도는 다시 열두 사도에게 나타나셨다.(고린도전서 15:5b)

문장의 주어는 그리스도이지만, 실제 주어는 하느님이시다. 죽고,
묻히고, 부활하고, 나타났다의 순서는 시간 순서와 내용 순서를 함
께 말한다. 십자가 죽음 자체에 대한 관심이 나타나 있지는 않다. 죽
으셨다ἀπέθανεν(고린도전서 15:3b), 묻히셨다ἐτάφη(고린도전서 15:4a)는
과거 동사로서 이미 완결된 사건을 가리킨다. 우리 죄 때문에ὑπὲρ
τῶν ἁμαρτιῶν ἡμῶν(고린도전서 15:3b)는 구약성서와 연결할 수 있다.(이
사야 53:10-12; 시편 56:14, 116:8) 사흘 만에τῇ ἡμέρᾳ τῇ τρίτῃ(고린도전서
15:4b)는 역사적 기억(호세아 6:2), 고대 장례 문화 등 여러 해석 가능
성이 있다.[124] 다시 살아나셨다ἐγήγερται(고린도전서 15:4b)는 수동태 과
거완료 동사로서 예수 부활 사건의 계속되는 영향을 뜻한다. 나타
나셨다ὤφθη(고린도전서 15:5a)는 부활한 예수의 나타남이 하느님 뜻
에 어울린다.[125] 부활한 예수가 실제로 몸의 부활로 나타남을 강조
한다. 예수 운동이나 바울이 19세기 역사 실증주의 관점과 기준에

서 예수 부활 사건을 전하거나 기록한 것은 물론 아니다.[126]

부활한 그리스도는 먼저 베드로에게 나타나셨고(고린도전서 15:5a; 누가복음 24:34), 다시 열두 사도 등 제자들에게 나타나셨다.(마가복음 16:7; 마태복음 28:16-20; 누가복음 24:36-53; 요한복음 20:19-29) 예수 죽음과 부활 사건은 성서에서, 즉 구약성서에서 근거를 찾았다.[127] 부활한 예수 이야기에 앞서, 죽은 예수를 부활시키신 하느님 이야기라고 볼 수 있다. 그래서 이렇게 말할 수 있다. "그리스도께서 다시 살아나지 않으셨다면 우리가 전한 것도 헛된 것이요 여러분의 믿음도 헛된 것일 수밖에 없을 것입니다."(고린도전서 15:14) 그리스도가 죽은 자들 가운데서 다시 살아나셨기 때문에(고린도전서 15:12a, 15) 죽은 자의 부활이 없다고 말할 수는 없겠다.

그런데 고린도 공동체의 어떤 사람들은 죽은 자의 부활이 없다(고린도전서 15:12b)고 생각했다. 그들은 세계관과 가치관에서 죽은 자의 부활을 인정하지 않았을 가능성이 있다. 그렇다면, 예수 부활을 처음부터 가르치는 예수 운동 공동체에 왜 참여했을까? 예나 지금이나 예수 운동에 들어오는 사람 모두가 예수 부활의 가르침을 온전히 이해하거나 인정한 후에 비로소 예수 운동에 오는 것은 아니다. 일부 고린도 공동체 사람들이 부활 자체를 거절한 것은 아니고 부활 시점과 방식에서 바울과 다른 의견을 가졌거나 다른 이유가 있었던 것[128]은 아닐까? 그들은 보이지 않는 영혼과 보이는 육신을 구분하고, 몸이 영원히 산다는 생각에 동의하지 않은 듯하다.[129] 죽고 썩어버릴 몸은 부활에서 제외되고 오직 인간의 영혼에게만 해당된다고 생각한 듯하다.[130] 몸의 부활을 인정하지 않는 생각에서 성적

방종뿐 아니라 금욕주의가 나올 수 있다.(고린도전서 6:12-20; 7장) 죽은 사람들이 미래에 모두 부활한다는 믿음이 그들에게 필요없었기 때문[131]일까?

고린도 공동체 사람들이 몸의 부활보다 세례를 통해 받은 성령의 은사에 더 열광하고 탐닉했기 때문 아닐까? 주님이 다시 오시는 날에 부활을 통해서가 아니라 이미 얻은 성령의 은사로 충분하다고 생각한 것일까? 해외 유다교 전통은 이 추측을 뒷받침할 수 있다.[132] "지혜 덕분으로 나는 불멸할 것이며 나의 후계자들에게 영원한 기억을 남길 것이다."(지혜서 8:13) 지혜는 주님의 종의 마음속에 들어가고(지혜서 10:16), 의인들의 영혼은 하느님의 손에 있어서 아무런 고통도 받지 않을 것이다.(지혜서 3:1) 고린도 공동체 사람들은 세례를 통해 받은 성령의 은사로써 자기들 영혼은 이미 불멸에 참여하고 있다고 생각했을 수 있다. 그들의 생각 뒤에 플라톤 사상이나[133] 스토아 학파 사상[134]이 있었는지 우리가 확실히 알기는 어렵다.

일부 고린도 공동체 사람들과 달리, 바울은 인간의 몸을 인간 존재와 분리하여 생각하지는 않았다. 몸은 현재에도, 미래에도 하느님의 구원 활동과 관계없다고 말할 수는 없다. 세례도 몸으로 십자가에 못박힌 예수뿐 아니라 몸으로 부활한 예수와 연결된다. 그리스도는 죽은 자들 가운데서 다시 살아나서 죽었다가 부활한 첫 사람이다.(고린도전서 15:20) 나사렛 예수는 살아서나 부활한 후에나 몸을 가지고 있다.(고린도전서 10:16, 11:27; 빌립보서 3:21) 먼저 그리스도가 살아나셨고 그 다음에 그리스도를 믿는 사람들이 그리스도께서 다시 오실 때 살아나게 될 것이다.(고린도전서 15:23b) 그래서 바울은 죽은 이들을 대신해서 세례 받는 사례(고린도전서 15:29)를 비판했다.[135] 부활을 몸과 관계없다는 생각에 바울은 분명히 반대했다.

부활은 어떻게 이루어질까? 하는 질문은 결국 죽은 사람이 어떻게 다시 살아나며 어떤 몸으로 살아나느냐 하는 질문이다.(고린도전서 15:35b)[136] 죽음 이후 인간의 몸에 대해서 더 이상 생각할 수 없다는 사람들과 바울은 맞섰다.[137] 하느님은 사람의 몸(고린도전서 15:39b)뿐 아니라 썩지 않는 몸(고린도전서 15:42b)을 창조하실 능력이 있다. 죽은 사람들은 썩을 몸으로 묻히지만 썩지 않는 몸으로 다시 살아난다.(고린도전서 15:42) 육적인 몸으로 묻히지만 영적인 몸으로 다시 살아난다.(고린도전서 15:44a) 육적인 몸σῶμα ψυχικός과 영적인 몸σῶμα πνευματικός 대립 비유는 신약성서에서 바울이 처음 사용했다.[138] 유다교의 지혜 신학에서 영향받은 듯하다.[139] 우리가 흙으로 된 아담의 모습을 지녔듯이 하늘에 속한 예수의 모습을 또한 지니게 될 것이다.(고린도전서 15:49) 살과 피는 하느님의 나라를 이어받을 수 없고 썩어 없어질 것은 불멸의 것을 이어받을 수 없다.(고린도전서 15:50b) 부활하는 몸은 인간의 몸과 관계있지만 현세의 몸과는 다르다.

바울은 고린도 공동체에 심오한 진리를 공개한다.(고린도전서 15:51a) 우리는 죽지 않고 모두 변화할 것이다.(고린도전서 15:51b) 죽은 사람이나 살아있는 사람이나 모두 변화할 것이라는 말이다.[140] 죽은 이들은 불멸의 몸으로 부활하고 살아있는 사람은 변화할 것이다. 살아있는 사람은, 즉 죽을 몸은 불사의 옷을 입어야 하기 때문이다.(고린도전서 15:53b) 불사의 옷ἐνδύσασθαι ἀθανασίαν은 살아있는 존재와 죽은 존재가 같은 존재라는 뜻이다. 예수 재림 이전에 죽은 자들이 생기는 사실이 더 이상 예외가 아니라 일상(고린도전서 7:39, 11:30, 15:6)이 되었기 때문이다.[141] 바울은 데살로니가전서 4장 13-18절의 상황과는 달라진 고린도 공동체의 현실을 반영하여 생각했다. 일부 고린도 공동체 사람들이 부활에서 인간의 몸을 제외하고 영에 집중했다면, 바울은 부활에 인간의 몸을 포함시켰다. 바울은 인간의 몸을 중요하게 생각했다.

율법과 의로움

세례로 새롭게 된 인간 존재를 성령의 활동으로 본 고린도 공동체를 바울은 긍정적으로 보았다. 그러나 영적인 그리스도를 영광의 주님으로만 보려는 생각은 예수의 십자가 죽음을 무시할 위험이 있다.[142] 세례받음으로 벌써 완성된 구원 상태에 있다는 생각은 윤리적 책임을 망각하고 사랑의 의무를 소홀히 할 위험이 있다. 세례는 구원의 시작일 뿐 아직 완성은 아니다. 이 맥락에서 율법과 의로움 주제는 고린도전서에서 어떤 의미를 가질까?

고린도전서에서 동사 의롭다δικαιοῦν는 재판에서 무죄를 선고받다(고린도전서 4:4)와 죄 없다(고린도전서 6:11)의 뜻으로 나온다. 세례로 죄사함을 받는다는 말이다. 명사 의로움δικαιοσύνη(고린도전서 1:30)도 율법과 관계없이 세례와 연결되어 쓰였다. 단어 율법νόμος은 고린도전서 네 곳에서 여덟 번 나온다. "모세의 율법에 타작하는 소에게 부리망을 씌우지 말라고 기록되어 있습니다."(고린도전서 9:9a) 동물 보호에 인용되었던 구절(신명기 25:4)을 바울은 자신의 사도직을 방어하는데 썼다. "율법에 이렇게 기록되어 있습니다."(고린도전서 14:21a)라고 말한 바울은 정작 율법서가 아니라 예언서 구절을 바로 뒤에 인용하였다. "'내가 다른 나라 말과 다른 나라 사람들의 입술로 이 백성에게 말하니 그들은 끝내 내 말을 알아듣지 못하리라'고 주님께서 말씀하신다."(이사야 28:11) 그런데 바울이 인용한 이 구절은 구약성서 히브리어 본문이나 그리스어 번역본 어디와도 일치하지 않는다.[143] 바울이 기억 실수를 한 것일까? 바울은 자신의 복음 전파 사명을 율법 단어를 빌어 설명하기도 했다. "율법의 지배를 받는 사람들을 대할 때에는 나 자신은 율법의 지배를 받지 않으면서도 그들을 얻으려고 율법의 지배를 받는 사람처럼 되었습니다. 나는 그리스도의 법의 지배를 받고 있으니 실상은 하느님의 율법을 떠난 사람이 아니지만 율법이 없는 사람들을 대할 때에는 그들을 얻으려고 율법이 없는 사람처럼 되었습니다."(고린도전서 9:20b-21) 갈라디아서와 로마서처럼 율법에 부정적인 생각은 고린도전서에 아직 나오지 않았다.

"죽음의 독침은 죄요, 죄의 힘은 율법입니다."(고린도전서 15:56) 이사야 25장 8절과 호세아 13장 14절을 뒤섞어 인용한 고린도전서 15장 51-55절을 설명하는 문장이다. 부활과 마지막 날 사건을 이야기하다가 느닷없이 죄와 율법이라는 단어가 등장했다. 고린도전서 15장 56절은 바울이 쓴 구절은 아니고, 후대에 어느 필사자가 써넣었다는 의견[144]이 있다. 죄와 율법에 대한 바울 자신의 생각이라고 우리가 인정하고 논의하기 어렵다는 뜻이다. 로마서에서 죄, 율법, 죽음을 본격적으로 다루려고 바울이 미리 짧은 문장으로 썼다는 의견[145]도 있다. 갈라디아서와 로마서의 칭의론 논의와 달리, 고린도전서 15장 56절에서 믿음과 행업, 율법과 성령이 대조되지는 않았다. 율법이 죄 영역에서 적극적인 역할을 한다는 말은 고린도전서에 나오지도 않았다. 고린도전서 15장 56절은 바울이 갈라디아서와 로마서의 칭의론 논의를 논쟁적이지 않은 방식으로 소개한 것[146]은 아닐까? 고린도전서 15장 56절은 고린도전서 전체에서 독특한 구절[147]이다.

바울 이전 전승에서 의로움 주제는 처음에 세례와 연결되어 이해되었다. 바울 이전 전승에서 의로움 주제는 아직 율법 문제와 연결되지는 않았다. 의로움은 세례로 충분했다. 의로움을 설명하기 위해 율법과 믿음 주제는 아직 필요하지 않았고 나타나지도 않았다. 고린도전서의 십자가 신학과 의로움 주제는 갈라디아서와 로마서의 칭의론과 관계없이 그 자체로서 먼저 논의될 가치가 있다.[148] 십자가 신학과 칭의론을 뒤섞지 말자는 의견[149]도 있다. 고린도전서와 고린도후서는 특히 그 십자가 신학은, 갈라디아서와 로마서의 칭의론을 내용적으로 전제하고 있다는 의견[150]도 있다.

고린도후서

바울에게 고린도전서와 고린도후서 사이에 무슨 일이 일어났을까? 6개월 정도 기간에 다음과 같은 사건이 진행된 듯하다.

1. 바울은 에베소에서 고린도를 방문했다.(고린도후서 12:14, 13:1)
2. 바울은 어떤 성도에게 모욕 받고 에베소로 돌아왔다.(고린도후서 2:3-11, 7:8, 12)
3. 바울이 눈물로 쓴 편지를 디도가 고린도로 가져왔다.(고린도후서 7:5-9)
4. 바울이 아시아(터키) 지역에서 죽을 위험을 만났다.(고린도후서 1:8)
5. 바울이 드로아에서 마케도니아로 여행했다.(고린도후서 2:12-13)
6. 바울은 고린도에서 돌아온 디도를 마케도니아에서 만났다.(고린도후서 7:5)

55년 늦가을(고린도후서 8:10) 마케도니아에서(고린도후서 7:5, 8:1-5, 9:3) 바울은 고린도후서를 썼다.[151] 고린도전서와 고린도후서 사이에 해가 바뀌었다.(고린도후서 8:10) 바울에게 익숙한 마케도니아 달력에 따르면, 새해는 가을에 시작된다.[152] 고린도전서와 고린도후서 사이를 일 년 반 정도 계산한다면[153] 두 가능성이 있다. 바울은 고린도전 서를 54년 초에 썼거나, 또는 고린도전서를 55년 초에, 고린도후서 를 56년 가을에 썼다.

고린도후서는 고린도 공동체 뿐 아니라 아가야에 있는 모든 성도 들에게(고린도후서 1:1, 9:2, 11:10) 썼다. 고린도후서는 고린도전서가 만 났던 상황과 다른 상황을 만났다. "어떤 사람이 와서 우리가 전한 것과는 다른 예수를 전하고 여러분이 받은 성령과는 다른 것을 주 며 또 전에 받아들인 것과는 다른 복음을 전파하는데도 여러분은 아무렇지도 않게 여기니까 하는 말입니다."(고린도후서 11:4) 고린도 공동체에 침투한 가짜 선교사와 공동체를 구분하기 위해, 바울은 가짜 선교사를 3인칭으로 불렀다.(고린도후서 10:1, 7, 10; 11:4, 12, 18)

고린도후서를 하나의 편지로 볼 수 있는지 논란이 있었다. 고린 도후서는 여러 편지들로 이루어졌다는 의견이 많았다.[154] 고린도후 서는 눈물의 편지(고린도후서 10-13장)와 화해의 편지(고린도후서 1-9장) 순서로 이루어졌다.[155] 고린도후서 1-9장 다음에 고린도후서 10-13 장이 쓰여졌다.[156] 눈물의 편지(고린도후서 2:14-7:4; 9장; 10-13장; 2장)와 화해의 편지(고린도후서 1:1-2:13, 7:5-16, 8장) 순서로 이루어졌다.[157]는 여러 가설이 나왔다. 고린도후서 2장 14절-7장 4절, 10-13장, 1장 1-2절, 13절, 7장 5-16절, 8장 1-24절, 9장 1-15절 순서가 제안되 기도 했다.[158]

부분 가설을 평가하기 위해서는 고린도후서 10-13장이 이른바 눈물의 편지에 속하는지 먼저 설명되어야 한다. 바울이 고린도 공 동체 어떤 사람에게 모욕을 당한 사건이 터졌지만(고린도후서 2:3-10,

7:8, 12), 바울은 자세한 경위를 편지에서 밝히진 않았다. 바울의 눈물 편지를 받은 공동체는 그 사람을 처벌했고, 바울은 그 사람을 용서해 달라고 편지에서 요청했다.(고린도후서 2:6-8) 고린도후서 10-13장이 눈물 편지의 일부라면, 바울이 눈물 편지를 쓰게 된 사건을 왜 여기서 전혀 언급하지 않았을까? 고린도후서 10-13장에서 바울과 다툰 반대자는 고린도후서 2장 3절에 등장한 사람과 아무런 관계가 없다. 바울을 모욕한 사람은 고린도 공동체 사람이었지만, 고린도후서 1-9장에서 바울과 논쟁하는 상대는 외부에서 고린도 공동체에 들어온(고린도후서 11:4) 거짓 사도이며 사람을 속여먹는 일꾼(고린도후서 11:13)이었다. 바울은 그에게 화해의 손짓을 내밀지 않았다. 마케도니아에서 고린도로 돌아오려던 바울의·계획이 실행되지 못해서, 바울은 방문 대신에 편지를 썼다.(고린도후서 1:16, 1:23-2:4) 그런데, 고린도후서 10-13장은 바울의 세 번째 고린도 방문을 내다보고 있다.

"바울의 편지는 무게도 있고 단호하기도 하지만 막상 대해 보면 그는 약하기 짝이 없고 말하는 것도 별 것이 아니다."라고 말하는 사람들이 있다. 고린도후서 10장 10절에서 복수 명사 편지들 ἐπιστολαὶ은 고린도전서와 눈물 편지를 포함한다. 고린도후서 10-13장이 눈물의 편지에 속한다면, 디도의 언급(고린도후서 12:17-18)은 그가 눈물의 편지를 고린도 공동체에 전달하기 전에 이미 고린도에 있었다고 전제한다. 그것은 "내가 디도에게 여러분을 자랑한 일이 있었는데 여러분은 과연 내 체면을 세워주었습니다."(고린도후서 7:14)와 모순된다. 고린도후서 10-13장은 눈물 편지가 아니고 그 일부로 여겨질 수도 없다.[159]

고린도후서 2장 14절-7장 4절을 독립된 편지로 보아야 하느냐 문제도 있다. 그런데 깨끗함(고린도후서 1:12) 주제는 고린도후서 2장 17절, 4장 2절, 6장 3-10절에서 다시 나온다. 고통과 위로(고린도후서 1:4) 주제는 고린도후서 4장 8절에서 다시 언급되었다. 예수 재림 이전에 바울이 세상을 떠날 수 있다(고린도후서 1:8-10)는 주제는 고린도후서 5장 1-10절에 또 나온다. 바울의 봉사, 바울과 공동체의 관계(고린도후서 1:1-2:13) 주제는 고린도후서 2장 14절-7장 4절에도 있다. "우리는 마케도니아에 도착한 후에도 조금도 쉬지 못했습니다. 쉬기는커녕 가는 곳마다 환난을 당했습니다. 밖으로는 싸움을 겪었고 안으로는 두려움에 싸여 있었습니다."(고린도후서 7:5)를 "만나기로 한 내 형제 디도가 나타나지 않아 마음이 불안해서 나는 그곳 교우들과 작별하고 마케도니아로 왔습니다."(고린도후서 2:13)에 이어서 썼다고 볼 수도 없다.[160] 고린도후서 7장 4절과 7장 5-7절 내용은 서로 가깝게 연결되었다. 고린도후서 2장 14절-7장 4절을 하나의 독립된 편지로 보기는 어렵다.

고린도후서 6장 14절-7장 1절을 바울이 진짜로 썼느냐 하는 문제로 논란이 되고 있다. 사탄을 벨리아르Βελιάρ(고린도후서 6:15)로 부르거나 하느님을 전능하신 주님κύριος παντοκράτωρ(고린도후서 6:18b)으로 칭하는 경우는 바울 편지에서 여기에만 있다. "우리의 몸과 영을 조금도 더럽히지 말고"(고린도후서 7:1) 구절은 몸과 영을 대립시켜 온 바울 생각에 어울리지 않는다. 고린도후서 6장 14절-7장 1절은 바울 뒤에 어느 유다인 출신 그리스도인이 추가로 써넣었다는 의견이 있다.[161] 바울이 오래된 전승을 받아들여 고린도후서 6장 14

절-7장 1절을 썼고, 고린도후서 6장 14절-7장 1절은 고린도후서에 처음부터 있었다는 의견도 있다.[162]

고린도후서 전체를 하나의 편지로 보자는 의견이 있다.[163] 고린도후서 10-13장에 대한 고린도후서 1-9장 관계는 디도와 그 동료들 소식으로 연결할 수 있다. 그들이 가져온 고린도 공동체 소식을 듣고서 바울은 고린도후서 10-13장을 쓰게 되었다.[164] 고린도후서 10-13장은 공동체의 내부 갈등이 아니라 공동체에 침투한 가짜 사도들에 대한 바울의 비판을 소개하고 있다. 가짜 사도들에게 잠시 기울었던 고린도 공동체 성도들은 고린도후서를 읽고 바울에게 다시 돌아온 듯하다. 고린도 공동체는 바울이 열정적으로 추진했던 모금 운동을 성공적으로 마쳤다.(로마서 15:26) 바울은 56년 초 고린도에 머물면서 로마서를 쓰게 된다.

"우리 주 예수 그리스도의 아버지 하느님을 찬양합시다."(고린도후서 1:3a) 고린도후서는 바울의 하느님 찬양으로 본문이 시작된다. "그분은 인자하신 아버지이시며 모든 위로의 근원이 되시는 하느님"(고린도후서 1:3b)이시다.[165] 하느님의 모든 약속은 그리스도를 통해 이루어졌다.(고린도후서 1:20a) 하느님의 아이콘εἰκὼν τοῦ θεοῦ 그리스도(고린도후서 4:4) 안에서 하느님의 권능(고린도후서 4:6c)이 나타났다. 하느님은 그리스도를 통해 고린도 공동체와 바울을 군세게 해주시고 사명을 맡겨주셨다.(고린도후서 1:21) 고린도 공동체는 하느님께 받은 은혜에 기도(고린도후서 1:11)와 성금(고린도후서 9:12)으로 감사드리고 있다.(고린도후서 4:15)

인간 바울

"나는 여러분에게 숨김없이 다 말하였고 내 마음은 여러분에게 활짝 열려 있습니다."(고린도후서 6:11) 고린도후서는 바울의 일곱 편지 중에 인간 바울의 모습이 가장 잘 드러난 편지[166]다. "우리는 우리 자신을 선포하는 것이 아니라 예수 그리스도를 주님으로 선포하고, 우리 자신은 예수를 위한 여러분의 종으로 선포합니다."(고린도후서 4:5) 예수 그리스도의 드높음뿐 아니라 낮음 또한 고린도 공동체(고린도후서 4:8, 9)와 바울(고린도후서 10:1, 11:23, 33)에게 모범이다. 바울의 약함과 강함 양쪽에서 모두 드러나는 모순적인 모습은 십자가에 못박히고 부활한 그리스도에 근거한다. 바울의 존재가 그리스도 사건에 얼마나 크고 깊게 영향을 받았는지 이른바 고난 목록Peristasen Katalog에 잘 드러나 있다.

바울의 편지에서 네 번 나오는 고난 목록 중에 세 번이 고린도후서(고린도후서 4:7-12, 6:4-10, 11:23-29)에, 한 번은 고린도전서 4장 11-13절에 있다.

"그러나 우리는 이 보화를 질그릇 속에 지니고 있습니다. 그러므로 그 엄청난 힘은 하느님의 힘이며 결코 우리에게서 솟아나는 것이 아닙니다. 실상 우리는 갖은 환난을 다 겪어도 곤경에 빠지지 않고, 가망이 없어도 실망하지 않으며, 박해를 받아도 버림받지 않고, 맞아 쓰러져도 죽지는 않습니다. 우리가 언제나 예수의 죽으심을 몸에 지니고 다니는 것은 예수의 생명 또한 우리 몸에 드러나도록 하려는 것입니다. 실상 살아 있는 우리가 늘 예수 때문에 죽음에 넘겨지는 것은 예수의 생명 또한 우리의 죽을 육신에 드러나도록 하려는 것입니다. 그리하여 죽음은 우리 안에서, 반면에 생명은 여러 분 안에서 힘을 발휘합니다."(고린도후서 4:7-12)

　　바울이라는 깨진 질그릇에, 인간이라는 깨진 그릇에, 하느님의 보화가 담겨 있다. 하느님의 힘이 바울 안에서 작용하기 때문에, 바울은 어떤 고난에서도 구출될 것이다.(고린도후서 4:8)[167] 바울은 복음 전파뿐 아니라 일상의 삶에서도 언제나 예수의 죽음을 자신의 몸에 새기고 살았다.(고린도후서 4:10b-12) 전해지는 메시지의 신뢰도는 전하는 사람의 삶에 크게 좌우될 수 있다. 바울은 부활한 그리스도의 생명력에 참여했기 때문에 외적인 고난에서도 잘 견뎌낼 수 있었다. "우리는 지금 잠시 동안 가벼운 고난을 겪고 있지만 그것은 한량없이 크고 영원한 영광을 우리에게 가져다 줄 것입니다."(고린도후서 4:17)

　　데살로니가전서 4장 13-18절과 고린도전서 15장 51절과 달리, 바울은 예수 다시 오시기 전에 자신이 죽을 것을 예감했다.(고린도후서 5:1-10)[168] 바울은 집이라는 건축학 용어로 인간의 몸을 비유하였다.(고린도후서 5:1) 몸을 천막으로 소개하는 일은 구약성서 (이사야 38:12; 지혜서 9:15)에도 그리스 문화[169]에도 있었다. 무너지다 καταλυθῆναι 단어는 바울의 죽음을 가리킨다.[170] 바울은 벌거숭이(고린도후서 5:3), 즉 죽음이 종말의 완성에 방해가 되는 것[171]을 두려워하고 있다. 벌거숭이는 그리스 문화에서 시신을 가리킨다.[172] 죽음이 옷을 벗는 일이라면, 바울은 하늘에 있는 집으로 갈아입기를 갈망하면서 신음하고 있다.(고린도후서 5:2b) 하느님은 우리의 마음에 성령을 보내주셨기 때문에(고린도후서 1:22b), 우리는 언제나 마음 든든하

다.(고린도후서 5:6a)

겉으로 보면, 바울은 선교 활동에서 많은 고난에 시달렸다. 동시에 외적 인간ἔξω ἄνθρωπος(고린도후서 4:16) 안에서, 하느님의 은혜(고린도후서 4:15, 17)는 성령을 통해 작용한다. 그리스도를 믿는 사람은 내적인 인간ἔσω ἄνθρωπος(고린도후서 4:16)[173] 안에서 성령을 통해 작용하시는 하느님에 의해 자신이 강해지고 새로워짐을 느낀다. 그러나 육체에 머물러 있는 동안에는 우리가 주님에게서 멀리 떠나 있기 때문에(고린도후서 5:6b), 보이는 것으로 살아가지 않고 믿음으로 살아간다.(고린도후서 5:7) 바울은 육체를 떠나 주님과 함께 평안히 살기를 원하고 있다.(고린도후서 5:8) 예수 재림 이전의 바울 죽음은 여기서 하나의 가능성이 아니라 희망으로 표현되었다.

고린도후서 5장 1-10절에 삶과 죽음을 둘로 나누는 이원론과 개인주의 종말론이라는 그리스 철학의 영향이 보인다.[174] 바울은 지상의 삶을 떠나고 싶어했기 때문에 이원론 용어들을 사용하여 인간의 몸을 부정적으로 표현하였다.[175] 바울이 그리스 철학과 문화에서 얼마나 많은 영향을 받았는지 성서학계는 더 주목할 필요가 있다. 그런 연구는 지금까지 아주 일부만 진행되었다.[176]

새로운 계약

바울의 인간성은 바울 선교의 순수함(고린도후서 2:17, 4:1)[177]을 또한 뒷받침한다. 바울은 새로운 계약의 봉사자로서 자신의 사도직 임무는 하느님에 의해 주어졌다고 굳게 믿었다.[178] 고린도후서 3장에는 고린도 공동체 소식에 침투한 가짜 선교사들과 바울의 논쟁이 나온다. 추천 편지를 가지고 와서 공동체에 소란을 피운 그들은(고린도후서 3:1b) 자신들의 권위를 모세에게 근거하여 바울 선교 활동을 얕잡아 보았다. 바울은 그들처럼 추천서나 성령의 은사를 보여줄 필요가 없다고 생각했다. 바울이 세운 고린도 공동체가 바울 사도직의 생생한 추천 편지이기 때문이다.

석판에 새겨진 편지와 마음속에 새겨진 편지, 글자로 쓴 편지와 성령으로 쓴 편지가 대조되었다.(고린도후서 3:3) 글자와 성령의 대립은 처음에 가짜 선교사들이 내세운 것 같다.[179] 글자와 성령의 대립은 구약성서에도 있었다. "나는 그들의 마음을 바꾸어 새 마음이 일도록 해주리라. 그들의 몸에 박혔던 돌 같은 마음을 제거하고 피가 통하는 마음을 주리라."(에스겔 11:19)[180] 바울은 모세의 돌판에 하느님 계명을 새기는 시대는 갔다고 주장하고 있다.

하느님은 이제 성령을 통해 그리스도 사건에서 인간의 마음 안에 편지를 쓰신다. 바울은 새로운 계약을 사람들 심장 속에 성령으로 새기는 봉사자다. "문자γράμμα는 사람을 죽이고 성령πνεῦμα은 사람을 살립니다."(고린도후서 3:6) 성령을 통해 그리스도 사건에서 이루어진 새로운 계약은 사람을 살린다는 말이다. 바울의 비유가 율법을 비판하는 용도로 사용된 것은 아니다.[181] 고린도후서 3장 6절에서 문자γράμμα를 유다교 율법과 동일시하는 의견도 있다.[182] 바울이 여기서 모세의 시내 산 계약과 예수의 십자가 사건을 대조한 것은 분명하다. 그러나 바울이 문자를 학문 일반이나 인간 이성으로 동일시하거나 멸시한 것은 전혀 아니다.

문자와 성령의 대립 구도는 고린도후서 3장 3절에서 에스겔 11

장 19절을 주목했다면, 고린도후서 3장 7절에서는 출애굽기 34장 29-35절을 기억할 수 있다.[183] 모세의 얼굴에 빛나던 영광은 사라져 없어질 것이다.(고린도후서 3:7b, 11) 모세는 자기 얼굴에서 광채가 사라지는 것을 이스라엘 백성들에게 보이지 않으려고 너울로 얼굴을 가렸다(고린도후서 3:13)라고 바울은 주장했다. 바울의 의견을 구약성서가 뒷받침하진 않는다. 바울은 너울 단어를 등장시켜 옛 계약보다 새 계약이 더 뛰어나다고 말한다. "너울은 모세의 경우처럼 사람이 주님께로 돌아갈 때에 비로소 벗겨집니다."(고린도후서 3:16) 바울은 모세를 예수와 연결한다. 주님(고린도후서 3:16)은 하느님이 아니라 예수를 가리킨다.[184]

새 계약의 새로움은 성령을 통해 부활한 그리스도가 지금 자유롭게 활동한다는 것이다. 그래서 "주님은 곧 성령이십니다. 주님의 성령이 계신 곳에 자유가 있습니다."(고린도후서 3:17)라고 바울은 자신 있게 말할 수 있었다. 성령 안에서 자유로운 주님의 활동은 공동체가 하느님의 생명력에 참여하게 만들어 준다.(고린도전서 15:45) 성령을 통해 가능하게 된 자유는 새 계약을 의로움의 봉사로써 실현시키는 자유다. 주님의 영광은 성령의 힘 안에서 공동체에 작용하고 공동체를 변화시킨다.(고린도후서 3:18) 단죄의 봉사였던 단죄의 옛 계약보다 뛰어난 새 계약인 의로움의 봉사διακονία δικαιοσύνης(고린도후서 3:9)가 하느님께서 인간을 죄 없다고 선언하신다(로마서 1:17)는 말에 가깝다.[185]

그러나 고린도후서 3장에서 바울이 율법 주제를 논의한 것은 아니었다. 고린도후서에서 율법νόμος 단어는 한 번도 나오지 않았다.

"나는 좋지 못한 규정도 정해 주었다. 그대로 하다가는 죽을 수밖에 없는 법도 세워주었다."(에스겔 20:25)처럼 율법에 비판적인 구약성서 구절도 바울은 인용하지도 않았다.[186] 로마서 1장 17절과 다르게 의로움의 봉사는 칭의론에 대한 언급은 아직 아니고 오직 바울의 사도직과 복음 전파에 대한 해설[187]이다. 바울의 사도직은 새로운 계약의 봉사를 위해 있다는 말이다. 고린도후서 3장이 갈라디아서와 로마서의 칭의론을 이미 포함하고 있다는 의견[188]은 받아들이기 어렵다.[189]

화해의 사명

바울은 자신의 사도직에서 화해(고린도후서 5:14-21)를 중요한 임무로 삼았다. 하느님의 사랑은 그리스도의 죽음에서 드러난다. "한 분이 모든 사람을 대신해서 죽으셨으니 결국 모든 사람이 죽은 것입니다."(고린도후서 5:14b) 여기서 바울은 하느님의 사랑을 세례와 연결하였다.[190] 고린도후서 5장 14b가 세례받은 모든 사람이 그리스도처럼 벌써 부활했다는 뜻은 아니다. 세례받은 사람은 그리스도의 죽음과 부활 사건에서 드러난 구원 현실을 자신의 삶의 근거요 기준으로 삼는다는 뜻이다. "그러므로 우리는 이제부터 아무도 세속적인 표준으로 판단하지는 않을 것입니다. 전에는 우리가 세속적인 표준으로 그리스도를 이해하였지만 이제는 그렇게 하지 않습니다."(고린도후서 5:16)

고린도후서 5장 16절은 해석하기 쉽지 않다. 크게 세 가지 의견이 있다.[191] 세속적인 표준에 따른 그리스도κατὰ σάρκα Χριστόν는 죽

음과 부활 이전 나사렛 예수를 가리킨다는 의견[192]이 있다. 그리스
도를 죽음과 부활 이전 나사렛 예수로만 이해해서는 안 된다는 뜻
이다. 예수가 죄를 지을 수도 있다고 바울이 생각한 적이 한때 있었
지만, 다마스쿠스 사건 후 극복했다는 의견[193]도 있다. 바울의 반대
자들은 바울이 역사의 예수를 알지 못했다는 이유로 바울 사도직의
정당성을 비판했다. 그래서 바울은 예수 그리스도를 그런 식으로
이해하는 방식을 세속적인 표준으로 이해하는 방식이라고 비판했
다는 의견[194]이 있다. 마지막 의견은 바울이 역사의 예수에 대해 무
관심했다는 오해를 해명하는 장점이 있다.[195]

"누구든지 그리스도를 믿으면 새 사람이 됩니다. 낡은 것은 사라
지고 새 것이 나타났습니다."(고린도후서 5:17) 예수 그리스도 안에서
하느님의 화해하시는 행동 덕분에 인간은 새로운 존재καινὴ κτίσις(고
린도후서 5:17; 갈라디아서 6:15)가 되었다.[196] 화해의 주체는 십자가 사건
에서 인간과 화해하신 하느님이시다.(고린도후서 5:18a) 화해하는 말
씀에 구원 사건이 존재한다.[197] 그리스도의 십자가 사건으로 하느
님이 바뀌셨다는 말이 아니다. 인간이 그리스도의 십자가 사건 안
에서 하느님에 의해 바뀌어지고 새로운 피조물이 되었다는 뜻이다.
하느님의 화해하시는 활동은 개인이나 교회 공동체에 제한되지는
않는다. "하느님께서는 인간의 죄를 묻지 않으시고 그리스도를 내
세워 인간과 화해하셨습니다."(고린도후서 5:19a) 바울의 화해의 사명
과 봉사는 화해하시는 하느님의 활동에 근거한다. "그러므로 우리
는 그리스도의 사절로서 그분을 대신하여 여러분에게 간곡히 부탁
합니다. 하느님과 화해하십시오. 이것은 결국 하느님께서 우리를 시

켜 호소하시는 말씀입니다."(고린도후서 5:20)

고린도후서에서 처음으로 하느님의 의로움δικαιοσύνη θεοῦ이라는 표현이 여기서 등장한다. "하느님께서는 죄를 모르는 그분을 우리를 위하여 죄로 만드시고 우리가 그분 안에서 하느님의 의로움이 되도록 하셨습니다."(고린도후서 5:21) 하느님의 의로움 덕분에 우리는 예수 그리스도 안에서 하느님의 의로움이 되었다. 하느님의 의로움은 죄인을 의롭게 하시는 데에서 드러난다.(고린도전서 1:30, 6:11) 하느님의 의로움 주제에서 로마서처럼 율법 비판은 여기서 아직 나타나지 않았다.[198]

바울의 반대자들

공동체에 침투한 반대자들에게 공격받은 바울은 편지에서 공동체에 자기 자신이 누구라고 해명하지 않을 수 없었다.(고린도후서 10-13장)[199] 반대자들은 바울 편지는 무게도 있고 단호하기도 하지만, 바울은 약하기 짝이 없고 말하는 것도 별것 아니다(고린도후서 10:10)라고 비판하였다. 바울의 초라한 언변과 보잘 것 없는 외모는 바울이 전하는 복음 메시지조차 볼품없이 보이게 했다. 반대자들은 화려한 언변(고린도후서 10:5)을 갖추고 여러 표징과 기적을 행하여(고린도후서 11:6, 12:1, 12) 사람들을 매혹시켰다. 그들은 당대의 유명한 철학자와 문인들의 행태를 닮았다. 그들은 또한 바울이 자신이 가르친 대가를 공동체에서 받지 않았던 사실을 공격하였다.(고린도후서 11:7) 철학자가 가르친 후 돈을 받지 않으면, 그 가르침은 돈 주고 배울 만한 가치가 없는 증거라고 여겨질 수 있었다.[200] 반대자들은 바울의 가르침은 쓸모없다는 뜻으로 선전한 것이다. 그런 선동에 속아 넘어간 공동체 사람들은 많았다.

고린도후서에서 바울의 반대자들은 대체 누구였을까?[201] 성령주의자와 영지주의자였다는 추측이 있었다.[202] 예루살렘 공동체가 보낸 유랑 선교사들이라는 증거는 고린도후서에 없고, 오히려 그 의견을 반박하는 근거는 있다.(고린도후서 3:1b) 만일 그들이 예루살렘 공동체의 추천 편지를 가지고 있었다면, 고린도 공동체의 추천 편지를 따로 또 가지고 다닐 필요는 없었을 것이다. 그들은 예루살렘 공동체 출신 유다인 선교사들로서 예루살렘 사도회의에 참석했지만 합의를 지키지 않은 사람들이라는 의견이 있다.[203] 그들은 갈라디아서에 나타난 반대자들과 같은 부류의 사람이라고 보기는 어렵다.[204] 반대자들이 유다인 아닌 사람에게 할례를 요구했다는 말을 바울은 고린도후서 어디에서도 하지 않았다. 반대자들은 바울이 받은 성령의 은사가 빈약하다며 자신들이 진정한 사도라고 자처했던 듯하다.[205] 그들이 예루살렘 공동체와 어떤 관계였는지 알기는 어렵다.[206]

바울은 반대자들과 자신의 차이는 외모나 처신이 아니라 복음 전파에 대한 이해에 있다고 생각했다. 반대자들은 부활한 그리스도의 영광을 주로 찬양하고, 자신들이 벌써 그 영광에 참여했음을 자랑하고 다녔다. 그들은 스스로 자기를 내세우고 자기가 만든 척도로 자기를 재고 자기가 세운 표준에다 자기를 견주어 보고 있다.(고린도후서 10:12) 바울은 그들을 거짓 사도이며 사람을 속여먹는 일꾼이며 그리스도의 사도로 가장하는 자들(고린도후서 11:13)이라고 표현했다.

반면에, 바울은 한도 이상으로 자기 자신을 내세우지 않았다.(고린도후서 10:13a) 그리스도의 권능이 머무르도록 하려고 기쁜 마음으로 자신의 약점을 자랑하였다.(고린도후서 12:9) "자랑하려거든 주님을 자랑하십시오."(고린도후서 10:17) "참으로 인정받을 사람은 스스로 자기를 내세우는 사람이 아니라 주님께서 내세워 주시는 바로 그 사람입니다."(고린도후서 10:18)

고린도후서 10-13장 핵심인 바보 어법(고린도후서 11:21b-12:10)은 고린도후서 11장 16-21a절과 12장 11-13절에 둘러싸여 있다. 고린도후서 11장 1절-12장 13절을 넓은 의미의 바보 어법으로, 고린도후서 11장 21b절-12장 10절을 좁은 의미의 바보 어법으로 보아도 좋겠다.[207] 바보 어법의 중심에 바울이 하늘에 붙들려 올라간 이야기(고린도후서 12:1-10)가 있다. 마땅히 자랑할 만한 이야기를 바울은 1인칭이 아니라 3인칭 단수로 담담하게 말하고 있다.[208] 반대자들은 자신들의 능력과 은사를 자랑하기에 바쁜데, 바울은 하늘에 붙들려 올라간 경험을 했음에도 차분하기만 하다. 바울이 받은 계시 덕분에 교만해질세라 하느님은 바울의 몸에 가시를, 즉 병을 주셨다.(고린도후서 12:7-9) 바울은 여러 병 중에 두통으로 고생했던 듯하다.[209] 바울은 세 차례나 몸의 가시를 없애 달라고 기도했지만 거절당했다. "너는 내 은총을 넉넉히 받고 있다. 그 능력은 허약함 가운데서 완성되는 법이다."(고린도후서 12:9b) 자신의 삶을 통해 하느님의 은혜와 능력이 드러나기 위해 바울은 강한 사도가 아니라 약한 사도가 되어야 했다.

바보 어법 뒤에 바울의 자화자찬이 아니라 신약성서에서 가장

긴 고난 목록(고린도후서 11:21b-29)이 등장한다. 바울은 자기 장점을 자랑하지 않고 오히려 약점을 자랑하고 있다. "그러기에 자랑을 꼭 해야 한다면, 나는 차라리 내 약점들을 자랑하겠습니다."(고린도후서 11:30) 바울의 삶은 십자가 신학의 모범이다. 바보 어법을 마친 후 바울은 바보 가면을 벗고서 고린도 공동체에 대놓고 말한다.(고린도후서 12:11-13) 바울은 그 특출하다는 사도들보다 조금도 못할 것이 없다.(고린도후서 12:11d) 바울이 고린도에서 표징과 놀라운 일과 기적을 행하지 않았던 것은 아니다.(고린도후서 12:12)[210] 바울은 분명히 표징과 놀라운 일과 기적을 존중했고 무시하지 않았다.[211] 그렇지만 바울은 기적을 사도직 수행에 동반하는 주변적인 역할로 보았다.[212]

하느님의 힘은 고난과 죽음의 약함에서 역설적으로 드러난다. 십자가의 약함에서 하느님의 힘이 나타나듯이, 바울의 약함에서 바울의 힘이 나타난다. 복음에 대한 바울의 봉사는 예수의 고난을 닮았다. 고린도 공동체 또한 바울처럼 예수 그리스도의 고난에 참여하고 있다. 예수 믿는 사람이 받는 고난은 예수 그리스도 안에서 새로운 존재라는 사실과 모순되지 않는다. 예수 그리스도를 믿고 따른다는 것은 예수 부활뿐 아니라 예수의 죽음에도 참여하는 길이다. 고린도후서는 바울 신학을 역설적으로 표현한 역설 신학이라고 할까. 열광주의는 고린도후서와 거리가 멀다.

고린도후서에서 바울의 사도직을 둘러싼 갈등은 적어도 50년대 후반에 바울식 선교를 반대하는 선교사들이 적지 않았다는 사실을 알려주고 있다.[213] 그들의 선교는 바울 선교의 정당성뿐 아니라 바울이 세운 공동체의 정당성까지도 영향을 끼칠 수밖에 없었다. 55

년 가을 쓰여진 고린도후서에 이어 55년 겨울에 쓰여진 갈라디아서에는 바울을 반대하는 선교가 더 자세하게 소개된다. 심지어 일부 성도들은 바울을 반대하는 선교사들의 가르침을 따른 듯하다. 유다인 아닌 성도들 일부가 할례를 받았고(갈라디아서 4:21, 5:3, 6:12), 유다교 달력에 따른 절기를 지켰다.(갈라디아서 4:3, 9, 10) 바울을 반대하는 선교는 로마서에도 흔적이 있다. 예루살렘 공동체(로마서 15:30-33)와 로마 공동체(로마서 3:1-8, 6:1, 16:17-20)에도 바울에 반대하는 사람들이 있었다. 유다인 아닌 사람들의 사도(로마서 11:13) 바울이 로마 제국 동쪽 선교에서 자꾸 밀려나는 모습이었다.(로마서 15:23)

그렇지만 바울은 자신의 선교를 포기하지 않았다 오해받는 자신의 생각을 해명하는 로마서를 쓸 계획을 세웠다. 그리고 예루살렘 공동체에 보내는 헌금을 직접 예루살렘까지 가지고 가서 전달하려 했다. 예루살렘 공동체는 헌금을 받아들이지 않은 것 같다. 바울은 예루살렘에서 체포되었고, 예루살렘 공동체는 체포된 바울에게 어떤 도움도 제공하지 않았다. 로마로 압송된 후 로마에서 쓰여진 듯한 빌립보서에도 바울의 반대자들이 여전히 활동하는 모습이 있다. "개들을 조심하십시오. 악한들을 조심하십시오. 형식적인 할례를 주장하는 자들을 조심하십시오. 영적으로 하느님께 예배드리고 그리스도 예수를 자랑하며 세속적인 것에 의지하지 않는 우리야말로 진정한 할례를 받은 사람들입니다."(빌립보서 3:2-3) 바울의 반대자들은 여러 그룹이었던 듯하다.[214] 유다인 아닌 성도들이 중심이었던 바울 공동체들은 유다교를 벗어나려 했고, 바울의 반대자들은 바울 공동체들을 어떻게든 유다교 안에 머물게 하려고 애썼다.[215] 70년 유다 독립전쟁에서 유다교가 패배하고 예수 운동 예루살렘 공동체가 역사에서 사라지면서 바울의 반대자들도 차차 세력을 잃어간 듯하다.[216]

바울과 바울 신학을 제대로 이해하기 위해서는 바울의 편지뿐 아니라 1세기 예수 운동 역사를 전체적으로 알아야 한다. 바울에 반대하는 사람들과 그 운동을 정확히 이해하는 것도 또한 중요하다. 바울과 예수 운동 예루살렘 공동체 사이에 진정한 이해나 합의는 역사에 없었다. 유다교 밖으로 나가려는 바울과 유다교 안에 머무르려는 예루살렘 공동체 사이에서 합의는 쉽지 않았다. 바울의 입장도 되어 보고 바울 반대자의 입장도 되어 본 후에야 바울에 대한 올바른 이해는 비로소 가능할지도 모르겠다. 바울이 1세기 예수 운동 역사를 주도했고 지휘했다는 생각은 역사적 사실과 거리가 멀다. 70년 유다 독립전쟁이 끝나기 몇 년 전에 바울은 사망했다. 바울이 죽고 예루살렘 공동체가 소멸된 후 바울과 예루살렘 공동체의 갈등은 사라졌다. 바울과 예루살렘 공동체의 갈등은 신학보다 역사가 정리해준 셈이다. 예수 운동과 유다교의 분열에는 역사적 상황과 신학적 차이가 어우러져 작용했다.

갈라디아 공동체

공통년 이전 279년에 켈트족의 후손인 갈라디아 사람들이 소아시아, 즉 터키 지역에 들어와 앙카라 지역에 정착했다. 그들이 살던 갈라디아 지역은 공통년 이전 25년에 로마 제국 갈라디아 속주에 편입되었다. 바울이 갈라디아 공동체에 보낸 편지를 이해하려면 갈라디아가 어디를 가리키는지 먼저 알아야 하겠다. 갈라디아 지방은 오늘날 터키 북부 지역을 가리킨다는 의견과 로마 속주 갈라디아, 즉 터키 남부 지역을 가리킨다는 의견이 성서학계에서 팽팽히 맞서 있다.

터키 남부 지역을 가리킨다는 의견[217]에 따르면, 갈라디아는 바울이 세운 비시디아, 이고니온, 루스드라(사도행전 13:13-14:27) 지역에 있는 공동체에 보내졌다. 남부 지역을 가리킨다는 가설을 지지하는 근거에 여러 가지가 언급된다. 예루살렘 공동체를 위한 모금에 갈라디아 공동체들도 참여했다.(고린도전서 16:1) 헌금을 전달하는 대표단에 더베 출신 가이오를 비롯하여 소아시아(터키) 남쪽에 사는 성도들 이름만 언급되었다.(사도행전 20:4) 바울은 농촌 지역이 아니라 도시 중심으로 선교 활동을 했다.[218] "바울은 거기에서 얼마 동안 지낸 뒤 다시 길을 떠나 갈라디아 지방과 프리기아 지방을 차례로 돌아다니며 모든 신도들을 격려하였다."(사도행전 18:23)

터키 북부 지역을 가리킨다는 의견[219]도 있다. 터키 남부 지역을 가리킨다는 의견은 1차 선교여행을 전제하는데, 바울은 1차 선교여행을 말하면서 터키 남부 지역을 가리킨다는 사실을 밝힐 상황에서도 전혀 언급하지 않았다.(갈라디아서 1:21) 누가복음과 사도행전을 쓴 저자도 1차 선교여행에서 바나바와 바울이 갈라디아에서 활동했다는 말을 하지 않았고, 2차와 3차 선교여행에서야 바울과 갈라디아를 연결하였다. 터키 남부 지역 갈라디아 속주에 여러 민족이 살았기 때문에, "갈라디아 사람들이 왜 그렇게 어리석느냐."(갈라디아서 3:1)라는 바울의 말은 터키 남부 지역 사람들을 가리킬 수 없다.[220] 당시 사람들은 갈라디아ή Γαλατία를 역사적으로 민족적으로 갈라디아 사람들이 사는 땅을 가리켰다.[221] 그런데 로마 제국에서 여러 민족이 실제로 어디서 살았는지 알 필요가 있다.[222] 터키 남부 지역뿐 아니라 북부에도 여러 민족이 섞여 살았다.[223]

바울이 언제나 로마 속주 공식 이름을 사용하진 않았고, 옛부터 내려오던 지명을 자주 썼다.(갈라디아서 1:21, 4:25; 로마서 15:24) 1차 선교여행 때 세워진 공동체는 바나바와 바울의 공동 작품이다.(사도행전 13:1, 14:12) 바나바와 바울은 유다교 회당에서(사도행전 13:2, 14, 14:1) 유다인 아닌 사람과 유다교에 호감을 가진 사람뿐 아니라 유다인도 예수 운동에 참여시켰다.(사도행전 13:34, 14:1) 그런데 갈라디아서는 바울이 혼자 세우고 바울 복음을 전파한 공동체에 보낸 편지(갈라디아서 1:1, 3:1, 4:12)다. 바울은 오직 유다인 아닌 사람을 위한 사도로서 유다인 아닌 사람만 예수 운동에 참여시켰다.(갈라디아서 4:8-10)[224] 갈라디아에 유다인이 있었다는 언급은 없다. 1세기 터키 북쪽 갈라디아에 유다인 공동체가 있었다는 고고학 증거는 아직 발견되지 않았다.[225] 전체적으로 보면, 갈라디아는 터키 남부 지역을 가리킨다는 의견보다 터키 북부 지역을 가리킨다는 주장[226]이 좀 더 설득력이 있다.[227]

갈라디아 공동체는 언제 만들어졌을까? 바울은 2차와 3차 선교여행 때 갈라디아 땅을 다녔다. 바울은 공동체를 처음 만들기 위해 갈라디아에 머물렀고(사도행전 16:6; 갈라디아서 4:13) 다시 방문했다.(사도행전 18:23) 갈라디아 공동체는 52년 초 바울의 2차 선교여행 때 세워진 듯하다.(사도행전 18:23)[228] 공동체 성도 대부분이 유다인 아닌 사람들(갈라디아서 4:8, 5:2, 6:12)이었다. 문화적, 종교적 해방에 관심있는 도시 사람들이었다.[229]

갈라디아서는 바울이 에베소에 머물렀을 때 썼던 고린도전서보다 먼저 또는 나중에 에베소에서 썼을 수 있다.[230] 바울이 마케도니아를 여행하던 동안(사도행전 20:2) 갈라디아서를 썼을 가능성이 있다. 고린도전서와 고린도후서를 쓴 후 로마서를 쓰기 직전에 쓰여진 셈이다.[231]

고린도전서가 쓰여진 후 오래 지나지 않았을 때, 바울은 예루살렘 공동체를 위한 모금을 갈라디아에서도 추진하기 시작했다.(고린도전서 16:1) 이때만 해도 갈라디아 공동체와 바울 사이의 위기는 전혀 느낄 수 없다. 예루살렘 사도회의에서 모금은 안디옥 공동체와 예루살렘 공동체 사이에 합의된 내용이었다.(갈라디아서 2:10) 모금 때문에 바울과 반대자들 사이에, 그리고 바울과 공동체 사이에 갈등이나 논쟁 대상은 아니었다. "한 가지 그들이 우리에게 요구한 것은 가난한 사람들을 기억해 달라는 것이었는데 그것은 바로 내가 전부터 열심히 해오던 일이었습니다."(갈라디아서 2:10) 이 말은 고린도후서에서 모금 활동을 전제하고 있다.(로마서 15:26)[232] 갈라디아 공동체에서 모금 활동은 갈라디아서가 쓰여지기 전 성공적으로 마무리된 듯하다. 바울은 모금한 돈을 예루살렘 공동체에 직접 전달하러 갈지 아직 확신하지 못했지만(고린도전서 16:3), 전달하러 떠날 대표단에 바울은 속하게 된다.(고린도후서 8:19) 고린도전서가 쓰여진 55년 초와 로마서가 쓰여진 56년 초 사이에 바울과 예루살렘 공동체 관계가 크게 악화된 사건이 갈라디아 공동체에 생겼다고 추측할 수 있다. 갈라디아서는 55년 늦가을 마케도니아에서 쓰여졌다.[233]

갈라디아 공동체의 위기

갈라디아 공동체의 위기는 바울과 예루살렘 공동체 관계가 더 나빠지게 만들고 말았다. 갈라디아의 위기는 바울과 갈라디아 공동체 사이에 생긴 큰 갈등을 가리킨다. 갈라디아 공동체가 위기를 겪으면서 바울의 생각은 크게 바뀌게 되었다. 갈라디아서는 바울과 갈라디아 공동체 사이에 생긴 큰 갈등이 낳은 작품이다. 갈라디아 공동체의 위기라는 맥락을 먼저 알아야 갈라디아서라는 문헌을 제대로 이해할 수 있다.

유다인 출신으로 예수를 믿고 전하는 선교사들이 갈라디아 공동체에 들어왔다. 예루살렘과 유다 지역에서 온 유다인 출신 예수 운동 선교사들이라는 구체적인 의견도 있다.[234] 유다교 회당 사람들과 예수 운동 갈라디아 공동체 사이에 벌어진 갈등이라는 의견도 있다.[235] 여전히 회당에 출입하던 갈라디아 공동체 사람들과 그들에게 할례와 율법을 강요하여 유다교에 계속 남아있게 하려는 유다교 사람들 사이에 있던 갈등이라는 것이다. 그런데 갈라디아 공동체 사람들이 유다교에 남아있어야 하는 주제는 갈라디아서에 논의되지 않았다. 유다인 출신 예수 운동 선교사들과 바울 사이의 갈등은 바울 편지에 있다.(갈라디아서 2:4, 11-14; 고린도후서 11:23; 빌립보서 3:1)

유다인으로 예수를 전하던 선교사들이 바울과 갈라디아 공동체 사이를 갈라놓았다.(갈라디아서 4:13-15, 5:7)[236] 그들은 유다인에게 오는 박해를 면하려고(갈라디아서 6:12b) 할례(갈라디아서 2:2, 5:3, 6:12-13)와 유다교 달력에 따른 절기를 지킬 것(갈라디아서 4:3, 9-10)을 갈라디아 공동체에 요구했다.[237] 세상의 원소들στοιχεῖα τοῦ κόσμου, 날짜, 달, 시간과 연도(갈라디아서 4:3-10)를 보면, 바울의 반대자들은 유다인으로 예수를 전하던 선교사들이 분명하다.[238] 쿰란Qumran 공동체는 유다교 달력에 따른 종교 의식 거행, 율법과 시간의 관계를 중요하게 생각했다.[239] 물, 불, 흙, 나무 등 세상의 원소들을 중요하게 생각하는 것으로 보면, 바울 반대자들은 그리스 문화에 영향받은 유다인 출신 예수 운동 선교사들이다.[240]

바울 반대자들은 갈라디아서 3-4장에서 할례받은 사람만이 아브라함의 후손(창세기 17:11-14)이라며 창세기를 인용했다. 그 말에 넘어간 갈라디아 공동체의 많은 성도들이 할례를 받고 말았다.(갈라디아서 1:6-9, 4:9, 5:4) 바울 반대자들은 왜 할례에 집착했을까? 바울 반대자들이나 갈라디아 공동체 성도들은 예수 운동에 참여한 사실과 하느님의 계약이 어떻게 연결되는지 고뇌했다.[241] 반대자들의 논리를 이렇게 추측할 수 있다. 하느님과 계약을 지키려면 할례를 받아야 하고, 이스라엘의 하느님을 믿으려면 이스라엘 백성에 속해야 한다고 생각한 듯하다. 이스라엘 백성에 속하려면 이스라엘 백성의 특징을 받아들여야 한다. 그래서 예수도 바울도 할례받지 않았느냐는 것이다. 유다인 아닌 사람으로 예수 운동에 참여한 사람들이 할례를 받아 유다교 소속으로 인정받는다면, 그들은 더 안심하고 살아갈 수 있었다. 바울 역시 그런 매력과 유혹을 모를 리 없었다. 그렇지만 바울은 할례와 율법에 대한 자신의 생각을 바꾸지 않았다.(갈라디아서 3:4, 4:11, 19)

바울 반대자들은 예루살렘 공동체, 특히 예수의 형제 야고보와 어떤 관계였을까? 베드로가 예루살렘을 떠난 뒤 야고보는 예루살렘 공동체를 이끌고 있었다. 야고보 사람들(갈라디아서 2:12)과 바울 반대자들이 연결되었다고 말하기는 어렵다. 야고보 사람들이 할례를 요구했다는 근거가 없기 때문이다. 예루살렘 사도회의에서 유다인 아닌 사람에게 할례를 요구했지만 성공하지 못했던 사람들이 갈라디아서에 나온 바울 반대자들과 동일 인물들 아니냐는 의견[242]이 있다. 이를 뒷받침할 근거를 찾기는 어렵다. 예수를 전하던 유다인 선교사 중에 유다인 아닌 사람에게 할례를 본격적으로 요구하던 그룹이 있었음은 분명하다.(갈라디아서 2:3) 문헌 근거는 빈약하지만, 갈라디아 공동체의 바울 반대자들과 예루살렘 공동체와 연결된다고 가정할 수는 있다.[243]

55-56년에 바울은 고린도전서와 고린도후서, 갈라디아서와 로마서를 썼다. 유다인 아닌 사람에게 바울 선교는 더 성공적으로 진행

되고 있었다. 이스라엘 밖에서 예수 운동은 점점 퍼져나가고 있었다. 그러나 예수 운동 예루살렘 공동체는 더 곤혹스런 처지에 빠져들고 있었다. 유다 민족주의가 갈수록 강해지고, 로마 군대와 유다인 아닌 사람에 대한 유다인의 적개심은 더 증가했다. 그런 배경에서 예수 운동에 참여한 유다인 선교사 중에 바울 선교를 문제삼는 사람들이 많았다. 예수 운동 내부의 노선 갈등만 있었던 것은 아니었다.

예수 운동은 한편으로 유다교 개혁 운동으로 시작했고, 여전히 유다교 안에 있으며, 유다교 안에 있기 때문에 로마 제국으로부터 법적인 보호와 특혜를 누리고 있었다. 다른 편으로 예수 운동은 이스라엘 밖에서 유다인 아닌 사람에게 할례없는 선교를 성공적으로 펼쳐서 유다교와 더 거리가 멀어져 가고 있었다. 유다인 아닌 사람에게 할례없는 선교는 예루살렘에 사는 유다교 사람들에게는 참을 수 없는 배신이요 모욕이었다. 유다교와 예수 운동의 갈등만 있었던 것은 아니었다. 예루살렘 공동체는 유다교 사람들에게 신학적, 정치적 압력을 받고 있었다.

이스라엘을 통치하던 헤롯 아그립바 1세의 탄압과 로마 황제 클라우디우스 칙령은 유다교와 예수 운동 모두를 곤혹스럽게 만들었다. 유다교는 예수 운동을 못마땅하게 생각했다. 유다교는 예수 운동을 포용할 것인가, 추방할 것인가. 예수 운동은 유다교 안에 있을 것인가, 벗어날 것인가. 둘 중 하나를 선택해야 할 피할 수 없는 시간이 유다교와 예수 운동 양측에 동시에 다가오고 있었다. 역사의 소용돌이 안에서 예루살렘 공동체와 유다교는 어떤 선택을 할 것인가? 바울은 어떤 선택을 할 것인가? 유다교와 예수 운동의 분열은 신학 문제 뿐 아니라 또한 현실 역사 문제였다. 유다교와 예수 운동의 분열을 신학 문제로만 보는 의견은 적절하지 못하다.

　바울에게 할례없는 선교는 그저 선교 전략 차원의 묘수가 아니라 신학적 입장에서 나온 결단이었다.[244] 할례는 유다교에 입문하는 절차라는 유일한 이유로 바울은 유다인 아닌 사람에게 할례를 요구하지 않았다는[245] 해석은 너무 좁은 의견이다. 하느님은 예수 그리스도에 대한 믿음으로 유다인 아닌 사람도 구원하신다는 것이다. 하느님은 유다교 율법을 통해서 유다인 아닌 사람도 구원하시는 것이 아니라 예수 그리스도에 대한 믿음을 통해서 유다인 아닌 사람을 유다인으로 만들지 않고, 있는 그대로 존중하면서 구원하신다는 해석이다. 이 주장을 바울은 갈라디아서에서 펼치고 있다.

갈라디아서

갈라디아서는 바울과 갈라디아 공동체 사이에 생긴 갈등 때문에
탄생한 편지다. 갈라디아 공동체에 전혀 감사드리고 싶지 않았던
바울은 갈라디아서에 서문을 생략해버렸다. 바울은 처음부터 "사도
인 나 바울이 이 편지를 씁니다."(갈라디아서 1:1a)라고 자신의 사도직
권위를 내세웠다. 그리고 갈라디아 공동체를 꾸짖기 시작했다.(갈라
디아서 1:6-9) 바울이 전하는 복음 말고는 다른 복음이란 있을 수 없
다(갈라디아서 1:7a)라며 고압적인 자세를 숨기지 않았다. 편지 끝에
감사의 인사는커녕 반대자들과 논쟁을 계속했다.(갈라디아서 6:12-14)
바울은 자신을 변호하고(갈라디아서 1-2장) 갈라디아 공동체의 변심을
비판하기 위해(갈라디아서 5:13-6:18) 거친 표현과 문체를 사용했다.[246]
법정에서 판사가 낭독하는 판결문[247] 같은 편지다. 훈계와 가르침이
섞여 있는 편지라는 의견[248]도 있다. 갈라디아서 유형의 편지는 고
대 사회에서 보기 어렵다.[249] 바울이 갈라디아서를 썼을 때의 상황
은 많은 문필가들의 보통 경우보다 훨씬 더 복잡했다.[250]
갈라디아서와 로마서는 구조상 비슷한 점이 많다.[251] 갈라디아서
와 로마서는 칭의론에서 가깝게 연결된다.

갈라디아서 1:15-16	로마서 1:1-5	유다인 아닌 사람을 위한 사도 바울
갈라디아서 2:15-21	로마서 3:19-28	믿음으로 의로움
갈라디아서 3:6-25, 29	로마서 4:1-25	아브라함
갈라디아서 3:26-28	로마서 6:3-5	세례
갈라디아서 4:1-7	로마서 8:12-17	노예와 자유
갈라디아서 4:21-31	로마서 9:6-13	율법과 계약
갈라디아서 5:13-15	로마서 13:8-10	사랑 안에서 자유
갈라디아서 5:17	로마서 7:15-23	의지와 행동의 다툼
갈라디아서 5:16-26	로마서 8:12-17	성령 안에서 삶

갈라디아서 처음은 바울의 사도직에 대한 해명으로 시작한다. "나는 사도직을 사람에게서나, 사람을 통해서 받은 것이 아니라 예수 그리스도와 그분을 죽은 자들 가운데서 다시 살리신 하느님 아버지께로부터 받았습니다."(갈라디아서 1:1) 바울 반대자들은 바울이 선포하는 복음이 하느님께로부터 왔다는 사실을 부정하는 반대자들에게 바울은 답변하였다.[252] 하늘에서 온 천사라 할지라도 바울이 전한 복음과 다른 것을 전한다면, 천사도 저주받아 마땅하다.(갈라디아서 1:8) 사도가 된 경위를 바울은 자서전을 쓰는 것처럼 고백한다.(갈라디아서 1:10-24) 하느님은 바울이 출생하기 전에 이미 은총으로 바울을 택하여 불러주셨고 당신의 아들 예수 그리스도를 유다인 아닌 사람들에게 널리 알리게 하시려고 아들을 나타내 주셨다.(갈라디아서 1:15-16) 갈라디아 공동체는 바울이 선포하는 복음을 안심하

고 받아들이라는 말이다.

부르심을 받은 뒤 바울이 어떻게 살았고 갈라디아 공동체와 연결되었는지 소개한다.(갈라디아서 2:1,14) 예루살렘 공동체 지도자들은 베드로가 할례받은 사람들에게 복음 전하는 일을 위임했듯이, 바울이 할례받지 않은 사람들에게 복음 전하는 일을 위임받았다는 사실을 인정하였다.(갈라디아서 2:7) 가짜 신도들만 그리스도 예수를 믿는 자유를 억압하려 한다.(갈라디아서 2:4) 유다교 율법과 토라가 예수 운동 사람들에게 어떤 의미를 가질 수 있는지 바울은 고뇌하고 있다. 율법과 의로움에 대한 바울의 생각은 갈라디아서 2장 16절부터 본격적으로 나타난다.

율법과 의로움

"그러나 우리는 사람이 하느님과 올바른 관계에 놓이는 길이 율법을 지키는 데 있지 않고 예수 그리스도를 믿는 데 있다는 것을 알고 있습니다. 그래서 우리는 율법을 지킴으로써가 아니라 그리스도를 믿음으로써 하느님과 올바른 관계를 가지려고 그리스도 예수를 믿은 것입니다. 율법을 지키는 것으로는 누구를 막론하고 하느님과 올바른 관계를 가질 수가 없기 때문입니다."(갈라디아서 2:16)

바울이 갈라디아서 2장 16절에서 "살아 있는 사람치고 당신 앞에서 무죄한 자 없사옵니다."(시편 143:2)를 생각했을 수 있다.[253] 갈라디아서 2장 16절과 시편 143편 2절의 가장 큰 차이는 바울이 갈라디아서 2장 16절에 율법의 행업으로써ἐξ ἔργων νόμου를 덧붙인 것이다. 갈라디아서 2장 16절로 바울은 예루살렘 사도회의 합의와 안디옥 충돌의 논쟁 차원을 훨씬 넘어서버렸다. 갈라디아서 2장 16절 이전에 바울이 예수 그리스도를 믿는 유다인의 믿음과 또한 그들의 토라에 대한 충실을 함께 인정했다면, 갈라디아서 2장 16절부터 바울은 유다인 누구도 율법의 행업으로 하느님 앞에 의로울 수 없다고 선언한 것이다. 하느님께 선택받은 유다인의 특권은 더 이상 없다. 유다인이나 유다인 아닌 사람이나 죄를 짓는 차원이나 죄에서 구원받는 차원에서나 모두 평등하다.

바울이 율법 ὁ νόμος 단어를 어떻게 사용하고, 율법 내용을 어떻게 이해했는지 논란이 없지 않다. 바울이 율법 내용, 범위, 의미를 정의한 적은 한 번도 없었다.[254] 바울은 율법을 모세와, 즉 모세오경과 연결하기도 했고(고린도전서 9:8; 갈라디아서 3:17; 로마서 5:13), 예언서와 확실하게 구분하기도 했고(로마 3:21), 예언서(고린도전서 14:21)나 시편(로마서 3:10-14)을 율법 말씀으로 표현하기도 했다.[255] 바울이 율법을 모세의 시내 산 전승과 연결한 것은 틀림없다.[256]

율법 ὁ νόμος 단어를 우리말로 법 또는 율법, 독일어 Gesetz, 영어 Law로 번역하는 것은 바울의 ὁ νόμος 이해에 온전히 적합하지는 못하다. 고대 사람 누구도, 바울 자신도, 우리 시대 누구도, 법 없이 사회가 운영될 수 있다고 생각하지는 않을 것이다. 바울도 그리스도의 율법 νόμος Χριστοῦ(갈라디아서 6:2), 신앙의 율법 νόμος πίστεως(로마서 3:27), 성령의 율법 νόμος πνεύματος(로마서 8:2)을 말했다. 바울은 예수 운동 일부 유다인 선교사들이 유다교 율법을 강요하는 부분에 대해서 비판하고 있다. 유다교 율법과 국가의 법률이나 사회 단체나 종교 단체의 내부 규정을 마구 뒤섞거나 또는 율법이란 단어로 모조리 악마시하거나 매도하는 습관은 바울의 생각과 거리가 멀다.

할례가 예수 운동에 필수 조건인가?라는 주제에서 예수 운동은 대체 무엇인가?라는 주제로 확장되었다. 유다교 내부 그룹인 예수 운동에 참여하려면 유다교 율법을 받아들여야 하느냐? 주제에서 예수 운동은 유다교 내부 그룹인가 아닌가? 주제로 논의가 확대될 수밖에 없었다. 예수 운동이 유다교와의 공통점은 무엇이고 새로운 점은 무엇인가? 그 핵심을 바울은 그리스도에 대한 믿음$\dot{\epsilon}\kappa$ πίστεως Xριστοῦ과 율법의 행업으로써$\dot{\epsilon}\xi$ $\ddot{\epsilon}\rho\gamma\omega\nu$ νόμου의 대립에서 드러냈다. 바울의 논의에서 율법의 행업$\ddot{\epsilon}\rho\gamma\alpha$ νόμου(갈라디아서 2:16, 3:2; 로마서 3:20, 28)이라는 표현은 중요하다.[257] 율법의 행업$\ddot{\epsilon}\rho\gamma\alpha$ νόμου이라는 표현은 바울 이전과 동시대에 바울 말고는 쓴 기록이 그리스 문헌에 없다. 토라 실천이란 표현은 쿰란 공동체 문헌에 자주 보인다.[258]

율법의 행업$\ddot{\epsilon}\rho\gamma\alpha$ νόμου을 어떻게 해석할 것인지에 대해 성서학계에 여러 의견이 있다.[259] 바울은 율법의 무능함보다 율법을 실천하여 구원을 얻으려는 의도 자체를 비판했다는 의견이 있다. 율법 실천으로 구원을 얻으려는 의도가 인간을 죄로 이끌 뿐 아니라 그 의도 자체가 죄라는 것이다.[260] 율법을 실천하여 구원을 얻으려는 노력을 비판한 것은 아니고, 모든 인간이 실제로 죄인이라는 사실을 바울은 말했을 뿐이라는 의견[261]이 있다. 율법의 실천으로 구원을 얻으려는 유다인의 노력을 폄훼하는 것은 아니고, 율법의 실천으로 구원을 얻게 된다면 예수 그리스도를 통한 구원이 헛될 것이기 때문이라는 의견[262]이 있다. 율법의 행업은 할례, 음식 규정, 안식일 등 유다교의 특징을 나타내는 표지identity markers라는 의견[263]이 있다.

바울이 율법 자체나 율법 실천을 비판한 것은 아니고 율법을 유다 민족 특권으로 여기는 이데올로기를 반대했다는 것이다. 예수 운동은 유다교와 이미 분열했기 때문에 그리스도에 대한 믿음과 율법의 행업은 양립할 수 없다는 의견[264]이 있다. 율법의 행업은 율법 규정을 가리키는 것이지 율법 실천에 대한 말은 아니라는 의견[265]이 있다.

율법 실천으로 구원을 얻으려는 의도 자체가 죄라는 불트만의 의견과 달리, 구약성서는 율법 실천을 분명히 격려(레위기 18:5)하고 있고, 바울 역시 그 길을 인정하고 있다.(갈라디아서 3:12b; 로마서 2:13, 10:5) 토라나 토라에 나타난 계명 실천을 위한 행동 자체를 바울이 죄라고 여긴 것은 아니고, 율법의 행업이 죄의 영역 안에 언제나 있다고 생각했다. 아무도 토라에 써 있는 계명을 다 실천할 수는 없기 때문이다.(갈라디아서 3:10b) 토라는 성령과 달리 인간 행동에 끼어들고 따르는 죄를 막아낼 힘이 없다.(갈라디아서 5:18) 죄의 강함은 토라의 약함을 보여줄 뿐이다. 모든 인간은 죄의 힘 아래에 있고, 토라는 죄의 힘을 막아낼 힘이 없다.[266]

토라는 더 이상 인간과 하느님의 관계에 필수적인 의미가 없기 때문에, 바울에게 그리스도에 대한 믿음과 율법의 완성은 양립할 수 없는 생각이다. 바울은 토라가 사실상 충분하지 않다고 생각했다.[267] 그렇다면 바울은 예수 그리스도를 믿는 사람 모두에게 불충분한 율법에서 자유와 해방을 말하지 않을 수 없다. 율법을 통해 의로움이 이루어진다면, 그리스도는 아무 보람없이 죽으신 꼴이 되고 만다.(갈라디아서 2:21) 토라를 통해 유다인은 의로운 사람이라는 특권은 이제 사라졌다. 유다인은 출생부터 의로운 사람이 아니고, 유다인 아닌 사람은 율법을 통할 수 없기 때문에 죄인인 것은 더 이상 아니다. 유다인 아닌 사람이나 유다인이나 똑같이 죄인이므로 서로 평등하다. 유다인이나 유다인 아닌 사람 앞에 이제 예수 그리스도를 믿는 길이 주어져 있다. 예수 그리스도에 대한 믿음과 토라를 따르는 삶은 바울에게 두 가지 서로 다른 길이다.

하느님은 의로운 사람을 자비롭게 보며 율법을 어긴 자를 처벌한다는 생각은 유다교에 계속 있어 왔다. 토라를 따르는 삶(신명기 4:1; 에스겔 20:11; 지혜서 6:18)은 유다인의 적극적인 행동을 요청한다. 인간의 행동에는 긍정적인 점과 부정적인 점이 있다는 사실을 전제한다. 바울도 그 사실을 모르지 않는다.(로마서 2장) 하느님께 더 나은 존중은 보상을 바라서가 아니라 하느님의 뜻을 따르고 계명을 존중하기 때문에 하는 존중이다.[268] 하느님 의로움은 하느님의 의로운 심판에서 드러난다.[269] 인간은 죄인이고 하느님 자비와 사랑에 의지한다는 사상[270]은 당연히 있었다.

바울의 인간관은 유다교의 인간관에 비해 온통 부정적이다. 인간은 율법 아래(갈라디아서 3:23), 감시자 아래(갈라디아서 3:25), 후견인들과 관리인들 아래(갈라디아서 4:2), 세상의 원소들 아래(갈라디아서 4:3) 노예살이 하고 있다. 인간은 스스로 하느님과의 관계를 긍정적으로 만들 처지에 있지 못하다. 죄의 힘이 인간뿐 아니라 토라까지도 짓누르고 있기 때문이다. 이러한 인간의 상황을 구약성서는 이미 말하고 있다. "성서는 모든 것을 다 죄 아래 가두어 두었습니다."(갈라디아서 3:22a) 구약성서가 인간을 죄짓게 만들었다는 뜻이 아니라 죄에 빠져 있는 인간의 상황을 그렇게 표현했다는 말이다. 인간이 죄를 지었기 때문에 비로소 예수 그리스도가 필요한 것이 아니라, 예수 그리스도가 인간을 구원했기 때문에 바울은 인간의 상황을 부정적으로 묘사한 것이다. 율법과 죄에 대한 바울 생각은 인간 현실을 분석함에서 출발한 것은 아니고 예수 그리스도가 인간을 구원했다는 확신에서 출발했다. 인간학이 아니라 그리스도론과 구원론이 율법과 죄에 대한 바울 생각의 출발점이다.[271]

그리스도 안에서 의롭게 되려고 애쓰면서도 우리가 죄인으로 계속 남아 있다면 그리스도는 죄의 종이란 말일까?(갈라디아서 2:17) 유다인이나 그리스도를 믿는 유다인이 계속 죄인으로 발견된다면, 그리스도에 대한 믿음도 결국 죄를 낳는 것이 아니냐는 반문이 생길 수 있다. 그러면 그리스도는 죄의 종이 되고 만다. 바울은 그런 결론을 단호하게 거절한다. 바울은 허물어버린 율법을 다시 세우려는 것이 아니다.(갈라디아서 2:18)

세례 이야기를 다루는 갈라디아서 2장 19-20절[272]에서 주제가 바뀐다. "나는 율법으로 말미암아 율법에는 죽은 몸입니다. 그것은 내가 하느님을 위하여 살려는 것입니다. 나는 그리스도와 함께 십자가에 처형되었습니다."(갈라디아서 2:19) 율법은 극복되었기 때문에 그리스도와 세례 안에서 함께 죽은 성도들에게 더 이상 힘을 쓸 수 없다. 세례받은 사람과 그리스도 일치가 아주 가까워서 세례받은 사람이 예수의 십자가 죽음에 참여할 뿐 아니라 부활한 그리스도가 세례받은 사람 안에 산다.(갈라디아서 2:20) 그리스도의 십자가는 인간을 하느님과 멀리 떨어뜨려 놓은 것이 아니라 새로운 생명의 근거가 되었다.[273] 갈라디아 공동체의 세례받은 사람은 의롭게 되어 율법에는 죽었고 하느님을 위해 살고 있으니, 다시는 율법으로 돌아갈 수 없다는 말이다. 한편으로 그리스도에 속하면서 다른 편으로 할례를 받으면 안 된다.(갈라디아서 5:3) 율법을 통해 의로움이 이루어진다면 그리스도는 아무 보람없이 죽은 셈이 되고 만다.(갈라디아서 2:21)

갈라디아 공동체의 세례받은 사람은 율법의 행업이 아니라 믿음의 설교를 통해 영을 받았다.(갈라디아서 3:2b) 성령 안에서 그들은 하느님의 자녀들이고 진정한 상속자이다.(갈라디아서 3:26, 4:6) 그들은 성령 안에서 살기 때문에 성령 안에서 변화된다.(갈라디아서 5:25) 영으로 말미암아 믿음을 바탕으로 의로움이라는 희망을 기다리고 있다.(갈라디아서 5:5) 그들은 영으로 가득한 이들οἱ πνευματικοί(갈라디아서 6:1b)이니 더 이상 육체 아래 있지 않다.(갈라디아서 6:8) "여러분이 영에 부추겨진다면 여러분은 이미 율법 아래 있지 않습니다."(갈라디아서 5:18) 그들은 그리스도라는 새옷을 입었고(갈라디아서 3:27), 그들 안에 그리스도의 모습이 갖추어진다.(갈라디아서 4:19b) 그리스도 안에서 모든 인종적, 종교적, 사회적 차별은 없어진다.(갈라디아서 3:28) 이러한 모든 것은 모든 노예살이에서의 해방(갈라디아서 5:1)과 사랑 안에서 실천되는 자유를 부른다.(갈라디아서 5:13)

그런 갈라디아 공동체 사람들이 왜 쓸데없이 할례를 받았느냐는 말이다. 자유를 버리고 다시 노예살이로 돌아갈 것인가? 할례와 유다교 절기 지키는 일은 갈라디아 공동체에게 이제 무의미하다. 영으로 가득한 그들에게 할례와 유다교 절기는 더 이상 어울리지 않는다. 할례와 유다교 절기 지키는 일은 성령을 받고 자유로운 존재가 된 그들을 파괴할 수 있다. 그들은 세례로써 이미 의롭게 되었기 때문에 또 다른 장치가 필요없다. 바울이 갈라디아서에서 율법과 믿음으로 의로움에 대해 말한 모든 것은 세례와 성령의 관계(갈라디아서 2:19-20, 3:2-5, 26-28; 4:6)에 대한 말이다.

아브라함을 두고 바울 반대자들과 바울이 한판 논쟁을 펼치게 된다. 바울 반대자들은 아브라함을 할례와 믿음의 모범으로 내세운다.[274] 바울은 유다인 반대자들과 논쟁할 때에만 아브라함을 등장시켰다.(고린도후서 11:22; 갈라디아서 3:6; 로마서 4:3) "아브라함도 그랬습니다. 그는 하느님을 믿었고 이것이 그의 의로움으로 인정되었습니다."(갈라디아서 3:6) 모세가 할례받은 유다인만을 모세의 율법이 아니라 모든 민족을 위한 아브라함을 바울은 더 주목했다. "그가 야훼를 믿으니, 야훼께서 이를 갸륵하게 여기시어."(창세기 15:6) 이 구절이 바울에게 큰 영향을 끼쳤다. "성서에 '아브라함은 하느님을 믿었고 하느님께서는 그의 믿음을 보시고 그를 올바른 사람으로 인정해 주셨다.' 하지 않았습니까?"(로마서 4:3) 계약과 아브라함의 믿음 관계를 돋보이게 강조하는 바울의 해석은 선택, 순종, 충실한 믿음이 하나의 일치를 이루는 유다교의 아브라함 전승(마카베오상 2:52; 4에즈라 3:13)에서 낯선 일이다.[275] 믿음으로 사는 사람만이 아브라함의 참 자손이 된다.(갈라디아서 3:7, 29) 시간으로나 내용으로나 바울은 아브라함을 모세보다 앞에 놓고 있다. 아브라함의 믿음은 모세의 율법보다 시간적으로 430년 먼저 있었다.(갈라디아서 3:17) 아브라함의 약속은 오직 그리스도 안에서만 완성된다.(갈라디아서 3:16)

창세기 15장 6절뿐 아니라 하바국 2장 4b절 해석에서 유다교 이해와는 다른 바울의 독창적인 해석이 드러난다.[276] "아무도 율법으로는 하느님 앞에 의롭게 되지 못한다."(갈라디아서 3:1a)는 바울 논의의 시작이자 또한 결론이다. 누구도 율법을 다 지킬 수 없기 때문에, 즉 율법의 행업으로 사는 사람들은 누구나 저주 아래 있다.(갈라디아서 3:10a) "'이 법을 어느 하나라도 실천하지 않고 짓밟는 자에게 저주를!' 하면, 온 백성은 '아멘!' 하여라."(신명기 27:26) 여기서 바울은 정답을 "의로운 사람은 그의 신뢰로써 살리라 ὁ δίκαιος ἐκ πίστεως ζήσεται."(하바국 2:4b)에서 찾아 갈라디아서 3장 11절에 인용했다.[277] 쿰란 공동체 문헌은 하바국 2장 4절 해석에서, 신뢰는 율법을 실천하는 사람들을 가리킨다.[278] 그런데, 바울은 율법 실천과 믿음을 갈라놓았다. 쿰란 공동체와 유다교 해석에서 율법을 실천하는 사람만 구원을 얻는 데 비해, 바울에서 구원과 율법 실천은 아무 관계가 없다. 바울은 자신의 신학에서 중요한 하바국 2장 4절 해석에서 유다교 해석보다 한 걸음 더 나아갔다.[279]

유다교 토라의 역할에 대해 바울이 처음 언급한 곳은 갈라디아서 3장 19절이다. "율법은 무엇 때문에 있게 되었습니까? 그것은 약속된 그 후손이 오실 때까지 죄가 무엇인지 알게 하시려고 덧붙여주신 것입니다. 그리고 이 율법은 천사들을 통하여 중재자의 손을 거쳐 제정된 것입니다." 율법은 죄가 무엇인지 알게 하려고 덧붙여진 것이다.[280] 율법에는 아무런 긍정적인 역할이 없다는 뜻이다. "하늘에서 온 천사라 할지라도 우리가 이미 전한 복음과 다른 것을 여러분에게 전한다면 그는 저주를 받아 마땅합니다."(갈라디아서 1:8) 바울에 따르면, 율법을 전한 천사는 저주받아 마땅하다는 말까지 된다. 천사는 율법의 본래 선한 의도가 거꾸로 되어버린 사실을 증명하고 설명하는 역할이라는 뜻이다.

바울은 율법을 전달한 천사의 역할[281]을 사실상 부정적으로 평가했다.[282] 율법이 하느님에게서 직접 비롯되었음을 갈라디아서 3장 19절에서 바울은 사실상 반박하고 있다.[283] 그 전제에서만 "하느님의 약속은 중재자를 내세우지 않고 하느님 한 분의 생각으로 하신 것입니다."(갈라디아서 3:20)가 의미 있기 때문이다.[284] 그러나 바울은 율법이 하느님에게서 비롯되었음을 비판하는 자신의 생각을 계속 고집하고 싶지는 않았고 고집할 수도 없었다.(갈라디아서 3:21; 로마서 7:22, 8:7, 9:4)

계약은 아브라함이 하느님께 직접 받았지만(갈라디아서 3:18), 율법은 천사들을 통하여 중재자의 손을 거쳐 전해졌다(갈라디아서 3:19)는 바울의 말 역시 율법을 깎아내리고 있다. 하느님은 아브라함에게 직접 말씀하셨지만(갈라디아서 3:6, 8, 16), 토라는 덧붙여졌고 천사들을 통하여 제정되었다.(갈라디아서 3:19) 계약은 하느님이 아브라함에게 직접 맺어주셨고 ὑπὸ τοῦ θεοῦ(갈라디아서 3:17a), 율법은 그 후 430년 뒤에 생겼다. γεγονώς(갈라디아서 3:17b) 아브라함과 그 후손에게 맺은 계약은 하느님과 직접 연결되지만, 토라는 그저 첨가되었다는 말이다. 계약과 율법이 같은 차원에 있지 않다고 바울은 주장하고 있는 것이다.[285] 바울이 말하는 율법은 토라 전체가 아니라 제의법 Kultgesetz만 가리킨다는 의견[286]은 적절하지 않다. 바울이 갈라디아서 3장 19절에서 그저 율법 규정 하나하나를 따지고 그 한계를 말하는 것은 아니다. 토라 자체의 약점 때문이 아니라 토라가 주어진 이스라엘 민족의 죄 때문에, 토라는 생명을 제안했지만 주지는 못 했다는 의견[287]도 적절하지 않다. 여기서 바울은 토라의 기원과 역할에 대해 분명히 말하고 있는 것이지 이스라엘 민족에 대해 말하는 것은 아니다.

바울에 따르면, 복음은 누구의 중재 없이 하느님께 직접 왔다.(갈라디아서 1:8, 11) 어느 사도나 천사도 복음을 바꿀 수 없다. 토라는 천사와 모세에 의해 전해졌다.(갈라디아서 3:19-20) 율법은 죄가 무엇인지 알게 하려고 덧붙여진 것이라는 바울의 생각에 이어 율법을 평가 절하하는 논리가 하나 더 나타났다. 율법은 사람을 노예처럼 취급한다는 것이다. "믿음의 시대가 오기 전에는 우리가 율법의 감시를 받았으며 믿음이 나타날 때까지 갇혀 있었습니다."(갈라디아서 3:23) 그리스도만이 이 노예 상태에서 인간을 해방시킬 수 있다. 세례받은 사람이나 예수 운동 공동체는 여전히 죄의 힘 아래 있지만, 한 가지가 특별하다. 그들은 예수 그리스도와 하나되고 있다. 바울은 이 생각을 세례 전승(갈라디아서 3:26-28)에서 소개한다.[288]

예수 그리스도를 믿는 사람은 세례에서 맺어진 하느님과의 새로운 관계에서 새로운 존재가 된다. "여러분은 모두 그리스도 예수 안에서 믿음으로 말미암아 하느님의 자녀입니다."(갈라디아서 3:26) 세례받은 사람은 그리스도라는 새옷을 입는다.(갈라디아서 3:27) 옷 비유는 세례받은 사람의 처음 상태를 나타낸다.[289] 세례의 구원 역사에 대한 사회·정치적 영향을 바울은 이렇게 표현했다. "유다인이나 그리스인이나 종이나 자유인이나 남자나 여자나 아무런 차별이 없습니다. 그리스도 예수 안에서 여러분은 모두 한 몸을 이루었기 때문입니다."(갈라디아서 3:28)[290] 바울 신학을 요약하는 단 한 구절만 고르라면, 나는 갈라디아서 3장 28절을 기쁘게 뽑겠다. 그러나 바울이 '가난한 사람이나 부자나 차별이 없습니다.' 한 구절만 추가했다면 얼마나 좋았을까. 예수 삶에 비추어 보면 그렇다.

세례받은 사람은 하느님과의 관계가 죄인에서 의로운 사람으로 바뀐다. 그 신분 변화는 사람들 사이에서의 관계도 변화가 동반된다. 하느님을 떳떳하게 대하는 사람은 자기 자신을 대할 때에도 남을 대할 때에도 예전과는 자세가 달라진다. 유다식 차별인 유다인과 유다인 아닌 사람, 그리스식 차별인 그리스인과 그리스인 아닌 사람 방식이 사라졌다고 바울은 선언했다. 구약성서에서 노예를 인간적으로 대하라는 말(출애굽기 21:2-6:26; 레위기 25:8; 신명기 15:12-18)은 없지 않았다.[291] 그리스 스토아 철학도 노예 제도는 사람이 만든 것으로 보았고 자연법에 근거하지는 않았다.[292] 그렇지만 유다인과 유다인 아닌 사람, 그리스인과 그리스인 아닌 사람이라는 차별 방식은 여전히 사회적으로 통용되었다.

남자와 여자ἄρσεν καὶ θῆλυ(창세기 1:27)의 차별은 유다교나 그리스 문화에서 기본이었다. 유다교에서 여성은 종교적으로 무능하고 자격이 없다고 여겨졌고, 그리스 철학은 남성이 여성보다 우월하다고 생각했다.[293] 소크라테스는 짐승이 아니라 인간으로, 여자가 아니라 남자로, 야만인이 아니라 그리스 사람으로 태어난 사실에 감사한다고 말했다.[294] 바울처럼 남녀차별을 반대하고 남녀평등을 주장했던 견유학파Kyniker 철학자들이 있었다.[295] 그런 사회에서 바울의 인간

평등 선언은 놀랄 만한 일이었다. "여러분은 모두 그리스도 예수 안에 하나입니다.ὑμεῖς εἷς ἐστε ἐν Χριστῷ Ἰησοῦ"(갈라디아서 3:28b) 세례받은 사람과 하느님의 일치, 세례받은 사람끼리 일치를 강조하는 말이다. 세례받은 사람은 하느님을 대하는 방식과 다른 사람을 대하는 방식에서 기본적으로 달라져야 한다.[296]

갈라디아 공동체가 세례 이후 신분 변화에도 불구하고 다시 토라 아래 있으려 할 것인가?(갈라디아서 4:21) 바울은 세상의 원소들 아래ὑπὸ τὰ στοιχεῖα τοῦ κόσμου(갈라디아서 4:3)[297]와 율법 아래ὑπὸ νόμον(갈라디아서 4:5)라는 표현을 써서 갈라디아 공동체를 설득한다.(갈라디아서 4:1-11) 갈라디아 공동체 사람들이 예수 운동에 참여하기 전에 유다인 아닌 사람으로 살 때, 그들은 세상의 원소들 영향 아래 있었다. 세상의 원소들은 우리 문화에서 사주팔자처럼 그리스 사회에 유행하던 문화 중 하나다. 갈라디아 공동체 사람들이 예수 운동에 참여하기 전에 유다교 영향 아래, 즉 율법 아래 있을 수 있었다. 갈라디아 공동체 사람들은 예수 운동에 참여한 후에 확실히 달라져야 하며 과거로 돌아가선 안 된다고 바울은 아브라함의 아들들 경우를 들어 강조한다.(갈라디아서 4:21-31)[298]

아브라함에게 두 아들이 있었는데 하나는 여종에게, 하나는 자유로운 신분의 여인에게 났다.(갈라디아서 4:22) 여종으로부터 난 아들은 육을 따라 났고 자유로운 여인으로부터 난 아들은 약속 때문에 났다.(갈라디아서 4:23) 이것은 바울이 우의寓意로 말한 것이다.ἀλληγορούμενα(갈라디아서 4:24a) 여종 하갈이 낳은 아들은 시내 산과 이어지고 자손들과 함께 종살이 하고 지금 예루살렘에 해당한다.(갈라디아서 4:24-25) 자유로운 신분의 여인 사라가 낳은 아들 이삭은 약속의 자손들이고 자유로우며 천상의 예루살렘이고 우리 어머니다.(갈라디아서 4:26-28) 갈라디아 공동체 사람들은 이삭과 같은 약속의 자손들이다.(갈라디아서 4:28) 그러니 다시는 옛날처럼 세상의 원소들이나 율법 아래로 돌아가 살지 말라는 뜻이다. 오늘 우리도 이 구절을 우의寓意로 읽고 해석한다 해도, 갈라디아서 4장 21-31절은 신약성서에서 유다교에게 반대하는 가장 날카로운 비판 중 한 구절임에 틀림없다.[299]

자유를 위하여 그리스도는 우리를 해방하셨다.Τῇ ἐλευθερίᾳ ἡμᾶς Χριστὸς ἠλευθέρωσεν(갈라디아서 5:1a) "그러니 여러분은 이제 굳건히 서서 다시는 종살이 멍에에 얽매여 있지 않도록 하시오."(갈라디아서 5:1b) 바울은 갈라디아서 5장 1a절에서 정치·사회적인 자유를 말하는 것이 아니라 율법에서의 해방을 말하고 있다. 할례는 율법의 일부에 지나지 않지만 마치 율법 전체를 가리키는 역할pars pro toto로 논의를 전개하고 있다. 할례받은 사람은 율법 전체를ὅλον τὸν νόμον 지켜야 할 의무가 있다.(갈라디아서 5:3) 율법 하나를 어기면 율법 전체를 어기는 것과 같다.(갈라디아서 5:14; 레위기 19:18)

"모든 율법은 '네 이웃을 네 자신처럼 사랑하라'는 한마디 말씀 안에 다 들어 있습니다."(갈라디아서 5:14)와 "여러분은 그리스도의 율법을 채우시오."(갈라디아서 6:2)는 율법에 대한 바울의 부정적인 언급들과 사실 잘 어울리진 않는다. 율법 전체를 사랑의 계명으로 줄이고 요약한 바울은 모세의 율법을 사실상 폐기처분한 것과 다름없다.[300] 갈라디아서에서 5장 14절을 제외하고 율법을 부정적으로 표현했던 바울이 갈라디아서 6장 2절에서는 율법을 마치 기준이요 원칙처럼 긍정적으로 평가했다.[301] 갈라디아서 6장 2절에서 율법이 기준이나 원칙을 가리키지는 않는다는 의견[302]은 적절하지 못하다.[303] 바울은 토라에 대한 자신의 비판에도 불구하고 율법 없이 사는 사람은 아니며, 그리스도의 율법에 따른다고 갈라디아 공동체 사람들에게 말한 셈이다. 유다교 사람들이 모든 율법을 중요하게 생각했다면, 율법을 사랑의 의무로 요약한 바울에게 나머지 율법은 의미를 잃어버렸다.[304] 율법 전체를 하나로 요약하고 동시에 나머지 율법을 없애는 방식은 유다교 사람들에게 상상할 수도 없는 일이다.[305]

바울에게 두 가지 서로 다른 율법이 있었던가? 성서학자들은 일찌감치 갈라디아서에서 한편으로 율법을 폐기하고 다른 편으로 율법을 옹호하는 듯한 바울의 복잡한 모습을 발견했다.[306] 바울의 율법 이해는 바울의 성령론에 와서야 그 결정적인 특징을 비로소 알 수 있다. "성령을 따라 사는 사람은 율법의 지배를 받지 않습니다."(갈라디아서 5:18) 율법과 성령이 맞서는 상태가 되었다.[307] 하느님께서 예수 그리스도 안에 나타나셨고, 예수 그리스도를 믿는 사람들은 성령의 은사 안에서 구원 역사에 참여하고 있다. 그러니, 예수 운동 사람에게 더 이상 할례나 율법이 필요하지 않다. 믿음으로의 구원보다 그리스도 안에서의 참여와 하느님의 현존하는 힘인 성령이 갈라디아서에서 훨씬 더 중요한 용어라는 의견[308]도 있다.

윤리

갈라디아서에서 윤리를 언급한 부분이 5장 13절부터 시작된다는 의견[309]과 5장 1절부터 시작된다는 의견[310]이 맞서 있다. 갈라디아 공동체는 세례를 통해 자유를 선물받았다. 선물받은 자유[311]를 이제 어떻게 할 것인가? 토라 존중을 통해 자유와 반대로 가서 자유를 잃을 것인가, 사랑 안에서 자유를 실천할 것인가?[312] "성령을 따라 사는 사람은 율법의 지배를 받지 않습니다."(갈라디아서 5:18)

그리스도를 통하여 선물받은 자유를 갈라디아 공동체는 더 이상 육이 아니라 영에 따라 살아야 한다.[313] 몸을 제외하는 인간 존재는 없다. 인간에 대한 하느님의 활동은 인간의 몸을 전제한다. "성령께서 우리에게 생명을 주셨으니 우리는 성령의 지도를 따라서 살아가야 합니다."(갈라디아서 5:25) 세례받은 사람의 존재와 행동은 성령에 근거하고 성령이 기준이다. 성령을 따르는 삶은 육의 욕심과 결별하고(갈라디아서 5:16) 사랑 안에서 완성된다. "모든 율법은 '네 이웃을 네 몸 같이 사랑하여라.' 하신 한마디 말씀으로 요약됩니다."(갈라디아서 5:14) 바울은 성령을 따르는 새로운 삶의 특징을 성령의 열매인 사랑, 기쁨, 평화, 인내, 친절, 선행, 진실, 온유, 절제라고 소개한다.(갈라디아서 5:22)[314]

칭의론

바울은 갈라디아서에서 율법과 의로움에 대한 자신의 이전 발언을 여러 방식에서 뛰어넘었다. 갈라디아서와 로마서에 나타난 칭의론은 바울이 썼던 이전 편지들에서는 찾을 수 없다.[315] 예수 그리스도에게 나타나고 믿음으로 얻은 의로움은 유다인에게나 유다인 아닌 사람에게나 똑같이 적용된다. 인종적으로 구원 역사적으로 근거

지었던 유다인과 유다인 아닌 사람의 차이는 없어졌다. 바울은 의로움과 율법의 관계를 처음으로 갈라디아서에서 확정했다. 그래서 갈라디아서에서 칭의론이라고 비로소 말할 수 있게 되었다.[316] 바울은 갈라디아서에서 율법을 부정적으로 평가했다고 볼 수 있다.

다른 편지가 아니고 왜 갈라디아서에서 바울 칭의론이 처음 등장했을까? 예수 운동의 흐름과 바울의 선교 역사를 보면 짐작할 수 있다. "부르심을 받았을 때 이미 할례를 받은 사람이면 그 흔적을 굳이 없애려 하지 마십시오. 그리고 부르심을 받았을 때 아직 할례를 받지 않은 사람이면 굳이 할례를 받으려고 하지 마십시오."(고린도전서 7:18) 음식을 둘러싼 갈등(고린도전서 8장, 10장; 로마서 14:1-15:13)을 보면, 예수 믿는 일부 유다인들과 하느님을 존중하는 유다인 아닌 사람들 일부는 세례를 받은 후에도 여전히 율법을 지키고 있었던 듯하다. 그런데 유다인 아닌 사람이 대부분이었던 바울 공동체에서는 율법에서 벗어남이 어느 정도 당연한 것으로 여겨졌다.[317] 어떻게 보면, 예수 믿는 유다인과 유다인 아닌 사람이 바울 공동체와 예수 운동 전체에서 큰 다툼 없이 상당 기간 공존해 왔다. 그런데 예수 믿으려면 유다인 아닌 사람도 할례받아야 한다고 주장하는 유다인 선교사들이 갈라디아 공동체에 들어왔다. 유다인 아닌 사람이 예수 믿으려면 할례 받아야 하는가? 주제가 바울 신학의 변두리에서 중심부로 옮겨진 셈이다. 율법 주제는 바울 신학에서 이제 자세히 정리되어야 했다.

그렇다면 바울은 다마스쿠스 체험 이후 20년 넘게 율법과 의로움 주제를 고뇌하지 않았다는 말인가? 율법과 의로움 주제를 느닷없이 갈라디아서에서 꺼냈다는 말인가? 갈라디아서가 쓰여지기 몇 년 전 있었던 예루살렘 사도회의에서도 유다인 아닌 사람이 예수 믿으려면 할례받을 필요가 없다고 합의되지 않았던가? 그때 바울은 율법과 의로움 주제를 어떻게 생각했다는 말인가? 바울이 예수 운동에 참여하면서부터 율법 주제를 고민했지만, 실제로 공동체에서 문제되던 시점에 비로소 공개적으로 자기 생각을 드러냈다는 의견[318]이 있다. 바울의 칭의론이 갈라디아서 이전에 본격적으로 보이지 않고 갈라디아서에 이르러 비로소 모습을 드러냈지만, 갈라디아서 위기는 오랜 고뇌 과정의 일부라는 의견[319]이 있다. 즉, 율법과 의로움 주제를 바울이 발견한 것은 오래 되었지만, 칭의론 근거를 확립한 시점은 발견한 때와는 다르다는 것이다.

갈라디아서는 바울 신학에서 아주 새로운 생각과 논의를 처음으로 소개한다는 의견[320]이 있다. 의로운, 의로움 같은 단어가 이전 편지에도 가끔 보이지만, 별다른 의미가 없었다는 것이다. 율법에 대한 발언도 마찬가지다. 갈라디아서의 바울의 칭의론은 새로운 상황에 대한 새로운 답변이다.[321] 전에 율법이 예수 믿는 유다인 아닌 사람에게 어떤 의미를 갖느냐 논의되었다면, 이제 율법이 예수 믿는 유다인 아닌 사람 뿐 아니라 예수 믿는 유다인에게 어떤 의미를 갖느냐 논의되었다. 전에는 예수 믿는 유다인 아닌 사람이 예수 운동 공동체에서 어떤 지위를 갖느냐 토론하였다면, 이제는 율법이 예수 믿는 유다인에게 어떤 의미를 갖느냐 토론하였다. 예수 운동에서 공존해왔던 예수 믿음과 율법 존중을 바울이 근본적으로 문제삼은 것이다.

갈라디아서 3장 19-20절과 3장 21절, 5장 3절과 5장 14절 사이에 바울의 논리가 긴장 관계에 있는 사실을 보면, 바울의 칭의론이 20여 년에 걸친 숙고 끝에 나온 것이라고 보기는 어렵다.[322] 바울의 칭의론은 갈라디아 공동체에서 생긴 상황에 답변한 것이다.[323] 만일 바울이 갈라디아서 이전부터 칭의론을 펼쳤다면, 바울이 갈라디아 공동체를 세울 때부터 공동체는 칭의론에 대해 교육받았을 것이다. 그렇다면, 예수 믿으려면 유다인 아닌 사람도 할례 받아야 한다고 주장하는 유다인 선교사들이 갈라디아 공동체에 들어와서 선동할 때, 공동체가 그들 말에 현혹되거나 흔들리지는 않았을 것이다.

독일 성서학자 슈넬레는 이런 설명을 제안했다.[324] 바울이 갈라디아 공동체를 세울 때, 그리스도 믿음에 대한 구약성서의 의미를 말했다. 공동체는 구약성서를 열심히 공부했다. 예수 믿으려면 유다인 아닌 사람도 할례받아야 한다고 강조하는 유다인 선교사들이 공동체에 들어와서 복음을 전했다.(갈라디아서 1:6-9) 아브라함의 후손이 되고 하느님의 백성에 속하려면, 할례를 받고 절기를 지켜야 한다는 그들의 설명이 바울 설명보다 공동체 사람들에게 더 매력적이었다. 그래서 공동체 일부가 그들 설교에 넘어갔다. 이 사실을 들은 바울은 갈라디아서를 써서 그들을 다시 바울의 복음으로 돌아오게 하려고 애썼다는 것이다.

그렇다고 바울이 칭의론을 갈라디아서에서 처음으로 고뇌하고 제안했다고 보기도 어렵다. 유다교 내부에 있던 율법 비판 문헌[325]이 바울 칭의론의 전제가 되었다는 의견[326]이 있다. 그 문헌들이 바울에게 영향을 주었을 수 있지만, 바울 칭의론의 다양성과 특징과 깊이를 다 설명할 수는 없다.[327] 바울 신학에서 의로움 주제는 무엇보다도 세례 전승(고린도전서 1:30; 고린도후서 1:21; 로마서 3:25)과 관계 있다.[328] 예수 그리스도를 믿는 사람은 세례에서 성령의 힘을 통해 죄의 힘에서 벗어나 의롭게 된다. 그래서 세례받은 사람은 다시 오실 예수 그리스도를 기다리며 하느님 뜻에 어울리는 삶을 살 수 있다.

　이 생각을 넓은 의미의inklusive 칭의론이라고 표현할 수 있다.[329] 갈라디아서에서 칭의론은 무엇보다도 예수 그리스도의 죽음과 부활(갈라디아서 2:19-21)과 관계 있다.[330] 예수 그리스도의 변화 Tranformation와 성령 안에서 예수 그리스도를 믿고 세례받은 사람의 참여Participation는 갈라디아서 뿐만 아니라 바울의 다른 편지에서도 바울 논의의 기본에 속한다. 바울은 구원 사건에서 율법의 역할 가능성을 제외시켰고, 유다인과 예수 믿는 유다인의 특권을 없애버렸기 때문에, 갈라디아서에서 칭의론은 좁은 의미의exclusive 칭의론이라고 표현할 수 있다.[331]

빌립보 공동체와 빌립보서

빌립보는 공통년 이전 356년 마케도니아의 필립 2세 때 세워진 도시였다.[332] 공통년 이전 42년에 로마의 퇴역 군인들이 빌립보에 많이 옮겨왔다. 빌립보 시민 대부분이 로마 사람이었지만, 그리스 사람도 적지 않았다.[333] 교통과 무역 중심지 빌립보는 공통년 1세기에 종교 혼합주의 본보기 중 하나였다.(사도행전 16:16-22) 유럽에서 가장 먼저 예수 운동 공동체가 생긴 곳이 49/50년 빌립보였다.(사도행전 16:11; 빌립보서 4:15) 유다인 아닌 사람들이 많았고,(사도행전 16:33b; 빌립보서 2:25, 4:18), 유다인도 있었다.(사도행전 16:13)

예수 운동에 참여한지 20여 년이 지났을 55년 무렵, 바울은 옥중에서 빌립보서를 썼다.(빌립보서 1:7, 13, 17) 바울은 어느 감옥에 있었을까? 에베소[334] 체사레아[335] 로마[336] 세 곳이 후보로 언급된다. 바울은 빌립보를 다시 방문하려 했다.(빌립보서 1:26, 2:24) 디모데를 먼저 빌립보에 파견(빌립보서 2: 19-23)하여 공동체 사정을 들은 뒤, 빌립보 공동체에 보내는 편지를 썼다. 빌립보 공동체처럼 바울이 애착을 가진 공동체는 없었다. 빌립보 공동체와 바울은 사이가 아주 좋았다. 빌립보 공동체와 바울은 복음을 전하는 데 협력했다.(빌립보서 1:5) 바울은 빌립보 공동체에서 경제적 도움을 받았다.(빌립보서 2:25, 4:14, 18) 바울의 일곱 편지에서 서문에 감사와 기도를 빌립보서처럼 길게 한 곳은 없다.(빌립보서 1:3-11) '기쁨'이라는 단어가 빌립보서에서 자주 나온다.(빌립보서 1:3, 18, 2:29, 3:1a)

어느덧 바울도 나이가 50이 넘어 노년에 접어들었다. "여러분이 바치는 믿음의 제사와 제물을 위해서라면 나는 그 위에 내 피라도 쏟아 부을 것"(빌립보서 2:17a), "나에게는 그리스도가 생의 전부입니다. 그리고 죽는 것도 나에게는 이득이 됩니다."(빌립보서 1:21)처럼 바울은 순교자 죽음도 예감한 듯하다. 다가오는 죽음에도 바울은 기쁨을 잃지 않았다. 살아서나 죽어서나 그리스도를 전하는 것이니 바울은 기뻐하고 또 앞으로도 기뻐할 것이다.(빌립보서 1:18b) "살든지 죽든지 내 몸을 통해서 그리스도께서 항상 그렇듯이 지금도 온 세상에서 찬양받는 것입니다."(빌립보서 1:20) 바울은 한편으로 나는 세상을 떠나 그리스도와 함께 있기를 원하고, 다른 편으로 살아서 복음을 더 전파하고 싶었다.(빌립보서 1:22)

빌립보서에서 가장 자주 인용되고 연구되는 구절이 2장 6-11절이다. 바울이 빌립보서 2장 6-11절을 썼다는 의견[337]도 있지만, 바울이 전승을 받아 썼다는 의견이 많다.[338] 빌립보서 2장 6-11절은 문학 유형으로 보아 주로 찬가로 분류된다. 빌립보서 2장 9-11절은 구약성서 인용으로 보아 유다교 영향이, 빌립보서 2장 6-7절은 그리스 철학의 영향이 보인다.[339] 빌립보서 2장 6-11절은 공동체 예배에서 온 듯하다.(골로새서 3:16)

그리스도가 하느님의 모습 μορφὴ θεοῦ(빌립보서 2:6a)과 종의 모습 μορφὴ δούλου(빌립보서 2:7a) 둘로 나뉘어 강조된다.[340] 그리스도는 당신 것을 다 내어놓고 종의 신분을 취하여 우리와 똑같은 인간이 되었다.(빌립보서 2:7a) 스스로 드높이는 로마 황제와 대조되는 모습이다.[341] 로마인이 지배하는 식민지 도시 빌립보에 사는 로마인 아닌 사람들은 빌립보서 2장 6-11절에서 정치적 의미를 알아차렸을 것이다. 로마 군대에 의해 십자가에서 처형된 유다인 예수가 하느님과 같은 신분이라는 것이다. 주님κύριος 호칭(빌립보서 2:11)과 구세주σωτήρ 호칭(빌립보서 3:20)에는 로마 제국에 반대하는 뜻이 있다. 로마 황제는 특히 로마 제국 동쪽 지역에서 구세주로 불렸다.[342]

예수 그리스도는 우리와 똑같은 인간이 되었을 뿐 아니라 십자가에 매달려 죽기까지 모욕을 당했다.[343] 빌립보서 2장 6-8절에서 문장의 주어는 그리스도였지만, 빌립보서 2장 9-11절에서 주어는 하느님이다. 그리스도의 신분 변화는 이름에서부터 드러난다. 예수 이름은 모든 이름 위에 뛰어난 이름이다.(빌립보서 2:9b) 하늘과 땅 위와 땅 아래에 있는 모든 것이 예수 이름을 받들어 무릎을 꿇고 예수 그리스도가 주님이시라 찬미한다.(빌립보서 2:10) 예수 그리스도가 하느님과 본질이 같은 분(빌립보서 2:6a)으로 복귀하는 의미만 있는 것은 아니다. 십자가에 이르기까지 자신을 낮추었기 때문에 세상 통치자로 올라섰다는 뜻이 있다.[344] 예수 그리스도를 믿는 사람들은 로마 제국 시민이 아니라 하늘의 시민(빌립보서 3:20a)이다. 하늘의 시민이여, "주님을 믿으며 굳세게 살아가십시오."(빌립보서 4:1b)

빌립보서 3장 2-11절에서 바울은 공동체에 침투한 선교사들에 대해 말하고 있다. 바울은 그들을 개(빌립보서 3:2a)라고 불렀다. "나쁜 일꾼들을 조심하시오."(빌립보서 3:2b; 고린도후서 11:13) 일꾼ἐργάτης 은 예수 운동에서 선교사들이 자신을 가리킬 때 쓰던 호칭이었다.(마태복음 9:37, 10:10) 빌립보 공동체에 유다인 출신 예수 운동 선교사들이 들어와서 유다인 아닌 사람들에게 할례를 강요하고 있었다.[345] 바울은 그리스도를 얻고 그리스도 안에 머물기 위해(빌립보서 3:8b-9a) 모든 것을 잃었지만 그것을 쓰레기로 여겼다.(빌립보서 3:8b) 바울이나 빌립보 공동체 사람들이나 똑같이 예수 그리스도를 얻었고 다른 사회적, 정치적 특권을 다 포기했다는 뜻이다.[346]

옥중편지라서 그럴까? 바울의 어떤 다른 편지에서보다도 더 인간 바울의 모습이 빌립보서에서 드러나고 있다. 바울의 신념은 여전히 탄탄하지만, 염려와 초조함도 엿보이고 있다. 그렇지만 바울에게 힘을 주시는 분을 통해 바울은 모든 일을 해낼 수 있다.(빌립보서 4:13) "내 피가 제물로 쏟아지더라도 나는 이것을 기쁘게 생각하며 여러분 모두와 함께 즐거워하겠습니다."(빌립보서 2:17b) 그래서 바울은 빌립보 공동체 사람들에게 바울 자신을 본받으라고 권고한다.(빌립보서 3:17a) 고맙게도 빌립보 공동체는 바울의 환난에 동참했다.(빌립보서 4:14)

빌레몬서

빌레몬서와 빌립보서는 서로 멀지 않은 시간에 쓰여졌다. 빌레몬서를 쓸 때처럼 디모데와 다른 협력자들이 바울 곁에 있었고(빌레몬서 1, 23, 24), 바울은 옥중에 있었다.(빌레몬서 1, 9, 13) 당시 감옥 생활은 투옥보다는 가택 연금에 가까울 정도로 느슨한 상태였다. 그래서 바울은 옥중에서도 협력자들을 모으고(빌레몬서 1, 23) 선교 활동을 할 수 있었다.(빌레몬서 10) 주인 빌레몬 집을 벗어난 종 오네시모를 주인에게 돌려보내며 쓴 편지다.

빌레몬서는 언제 어디에서 쓰여졌을까? 로마[347] 체사레아[348] 에베소[349]가 후보로 거론된다. 에베소에서 썼다면, 53년에서 55년 사이[350] 로마에서 썼다면 61년[351]으로 추측된다.

빌레몬서를 받는 사람은 빌레몬이다. 압비아, 아킵보, 빌레몬 집에 모이는 공동체 사람들이 공동 수신인이다.(빌레몬서 2) 바울은 빌레몬을 형제ἀδελφός, 협력자συνεργός라고 불렀다.(빌레몬서 1) 빌레몬은 예수 운동에 참여했고(빌레몬서 5, 7), 종을 소유했고, 자기 집을 공동체 모임에 사용하도록 배려했다. 바울이 빌레몬에게 선교한 듯하다.(빌레몬서 19b) 바울은 빌레몬의 마음을 얻으려고 정중하게 말한다.(빌레몬서 4-7) 종 오네시모는 어떤 까닭에서 빌레몬 집에서 벗어나 바울에게 피신한 듯하다. 종 오네시모는 주인 빌레몬에게 잘못

한 일이 있었을 수 있다.(빌레몬서 18) 바울이 오네시모에게 복음을 전했다.(빌레몬서 10)

종 오네시모가 도망친 노예fugitivus라면, 그는 주인의 처벌을 기다려야 한다. 바울은 빌레몬에게 선처를 요청한다. 오네시모가 도망쳤다면, 그는 왜 멀리 외국으로 달아나 자유를 찾지 않고 옥중의 바울에게 왔을까? 오네시모가 도망친 노예가 아니라면, 주인 빌레몬에게 무사히 돌아가려고 바울의 중재를 요청했던 것일까? 그렇다면, 오네시모는 왜 빨리 주인에게 돌아가지 않고 바울 곁에 꽤 오래 머물렀을까? 오네시모가 왜 바울을 만났는지 우리는 확실히 알기 어렵다. 주인 집에 무슨 안 좋은 일이 있었고, 그 일로 의심받던 오네시모는 자신의 무죄를 확신하고 바울에게 와서 하소연을 한 것[352]일까?

바울은 왜 빌레몬서를 썼을까? 빌레몬과 그의 종 오네시모는 주인과 종 사이지만, 똑같이 예수 그리스도를 믿는다. 오네시모가 예수 그리스도를 믿음으로써 자신의 생각이 달라졌지만, 또한 같은 성도이며 주인인 빌레몬과 사이도 달라지게 되었다. 공동체 안에서는 믿음의 형제지만, 공동체 밖에서는 여전히 주인과 노예 사이다. 오늘 남미에서도 흔히 볼 수 있는 풍경이다. 주인 빌레몬은 믿음 안에서 사랑하는 형제로서 노예 오네시모의 달라진 신분을 인간적으로 보나 주님 안에서 보나 $ἐν\ σαρκὶ\ καὶ\ ἐν\ κυρίῳ$(빌레몬서 16) 받아들여야 한다. 그런데 오네시모와 한 마음인 바울(빌레몬서 12, 16, 17-20)은 오네시모를 왜 주인에게 돌려보내려 했을까? "주인의 손을 벗어나 너희에게 피신해 온 종을 너희는 본 주인에게 내주지 못한다."(신명기 23:16)는 구절을 바울은 몰랐을까?

바울은 이런 생각도 했다. "내가 복음을 위하여 일하다가 갇혀 있는 터이니, 그를 내 곁에 두어 그대를 대신해서 내 시중을 들게 하려고도 나는 생각해 보았습니다."(빌레몬서 13) 그러나 오네시모의 주인 빌레몬의 승낙 없이는 바울은 아무것도 하지 않기로 했다.(빌레몬서 14a) 빌레몬이 자진해서 선을 행하는 것이 되어야 했기 때문이다.(빌레몬서 14) 바울은 노예 오네시모의 해방을 빌레몬에게 요구한 것 같진 않다.[353] 바울이 노예 해방을 외치지 않았으니, 그리스도교도 노예 해방을 외치지 말라는 뜻이 아니다. 바울이 생각하지 못하고 실천하지 못한 것을 그리스도교는 보충해야 한다. 그리스도교는 바울보다 더 잘해야 한다.

6부
——
바울의 편지(2)

로마 공동체

예수 운동 로마 공동체를 알려면 먼저 유다교 로마 공동체를 알아야 한다. 유다교 로마 공동체는 공통년 이전 139년 처음으로 언급되었다.[1] 예수 운동 로마 공동체보다 적어도 150년 앞선 역사를 갖고 있다. 헤롯 왕 죽음 이후 유다인 8,000명이 로마로 추방되었다.[2] 로마 황제는 유다인에게 호의를 베풀어 유다교 로마 공동체를 합법적인 공동체collegia licita로 인정했다.[3] 유다인은 로마에 여러 공동체를 만들고 독자적인 모임 공간을 확보하여 자치 활동을 했다.[4] 로마 황제 클라우디우스는 공통년 41년에 유다교 로마 공동체에 집회금지 명령을 내렸다.[5] 공통년 19년 티베리우스 황제의 유다인 추방령으로 이집트 종교와 유다교를 믿는 4,000명이 사르디니엔으로 추방되어 현지 범죄자 소탕작전에 투입되었다.[6] 유다교 회당에서 그리스도를 믿는 일부 유다인과 그렇지 않은 유다인 사이에 생긴 갈등 때문에, 클라우디우스 황제는 49년에 로마에서 유다인 추방령을 내렸다.[7]

이탈리아에서 예수 운동 공동체는 보디올(사도행전 28:13)과 로마(사도행전 28:15; 로마서 1:7)에 세워졌다. 로마 제국 동쪽에서 로마로 가는 도로는 보디올을 거친다. 보디올과 로마에 큰 유다인 공동체가 있었다. 역사에 이름을 남기지 못한 예수 운동 선교사들이 교역로를 따라 로마에 와서 복음을 전하고 공동체를 세운 것 같다. 49년 클라우디우스 황제의 유다인 추방령은 로마에 예수 운동 사람들이 있었다는 사실을 전제한다. 예수 믿는 유다인이 로마를 떠나면서, 예수 운동 로마 공동체에서 유다인 아닌 사람들이 소수파가 아니라 다수파가 되었다. 로마서가 쓰여지던 56년 초 유다인 아닌 사람들은 이미 다수를 차지했다.(로마서 1:13-15, 10:1-3, 15:15) 유다인 추방령 때문에 유다교와 예수 운동 사이가 벌어지게 되었다. 바울이 로마에 가려던 계획은 클라우디우스 추방령 때문에 방해받았던 듯하다.(로마서 1:13, 15:22) 64년 네로 황제 때 예수 운동 박해는 관리들이 유다교와 예수 운동을 독립된 조직으로 인정하고 구분하였음을 가리킨다.[8]

그러나 예수 운동 로마 공동체에 예수 믿는 유다인은 여전히 있었고 영향력을 발휘했다.(로마서 9-11장, 16:7, 11) 로마 공동체에서 있었던 강한 사람들과 약한 사람들 갈등(로마서 14:1-15:13)에 유다인이 끼어 있었다. 로마 공동체에 어떤 계급의 사람들이 참여했는지 로마서 16장 3-16절에서 엿볼 수 있다. 로마서 16장이 에베소 공동체에 보내는 편지였다는 의견은 더 이상 나오지 않는다.[9] 로마서 16장 3-16절에서 28명을 언급하는데, 26명은 이름이 나와 있다. 12명은 로마 제국 동쪽에서 온 사람들이고, 바울은 그들을 알고 있다. 정치·경제적 이유로 로마 제국 동쪽에서 많은 사람이 로마로 이주했음을 알 수 있다.

브리스가와 아굴라(로마서 16:3)는 유다인 부부로서 일꾼들과 노예를 채용한 자영업자였다.[10] 아리스도불로 가족(로마서 16:10b)과 나깃

수 가족(로마서 16:11b)에게 전하는 안부 인사는 두 가족의 주인 아리스도불로와 나깃수는 예수 운동에 참여하지 않았고, 그 집에 사는 노예나 노예에서 풀려난 사람들이 참여했음을 가리킨다. 로마서 16장 3-16절에서 이름으로 보면, 4명은 노예에서 풀려난 사람이고, 9명은 노예로 추측된다.[11] 여성들은 로마 공동체에서 여러 임무를 맡았다.(로마서 16;6, 12, 13b)

로마에 예수 운동 공동체는 하나가 아니라 여럿 있었던 듯하다.(로마서 16:5, 14, 15)[12] 로마에 도착한 뒤 바울은 자기 숙소에 예수 운동 사람들을 모았다.(사도행전 28:30) 한 장소에 로마 공동체 사람들을 다 모을 수 없었다. 그래서 바울은 편지에 공동체ἐκκλησία라는 단어를 쓰지 않고, "로마에 살면서 하느님께 사랑받고 그 부르심으로 거룩하게 된 모든 이에게"(로마서 1:7a)라고 인사했다. 로마서가 쓰여질 무렵 예수 운동 로마 공동체는 바울이 스페인 선교에 필요한 돈과 인력을 도와달라고 요청할 정도로 커진 듯하다. 64년 네로 황제 때 박해도 로마 시내 전역에 예수 운동이 퍼지고 알려졌음을 전제한다.

로마서

56년 초 바울은 예루살렘으로 떠나기 전에 고린도의 가이오 집에서 로마 공동체에 보내는 편지를 받아 적게 했다.(사도행전 20:2; 로마서 16:1; 고린도전서 1:14)[13] 로마서를 로마 공동체에 전달한 사람은 뵈뵈(로마서 16:1) 같다. 바울은 자기가 세우지도 않았던 로마 공동체에 보내는 편지를 왜 썼을까? 바울이 처했던 상황은 로마서를 쓴 동기와 목적과 관계 있다. 로마서는 바울 활동의 커다란 전환기에 쓰여졌다.[14]

바울은 로마 제국 동쪽 지역에서 자신의 선교 활동이 끝났다고 생각했고, 로마 제국 서쪽 특히 스페인에서 활동하려고 계획했다.(로마서 15:23) 스페인 선교에 필요한 돈과 사람을 로마 공동체에 요청하려 했다. 그런데 바울은 로마에 가본 적도 없고, 로마 공동체 사람들을 잘 알지도 못한다. 그래서 바울은 자신이 누구이며 어떤 생각을 가지고 있는지 소개하는 편지를 써서 로마 공동체에 보낸 것이다. 로마 방문 이전에 바울은 마케도니아와 아가야 지방에서 모은 헌금을 예루살렘에 직접 전달하려 했다.(로마서 15:28) 그런데 예루살렘 공동체가 바울이 들고 갈 헌금을 받아줄지 분명하지 않았다. 그래서 바울은 자신의 고민을 로마 공동체가 이해해주고 함께 기도해줄 것을 부탁하고 싶었다.(로마서 15:30-31)

헌금은 예루살렘 공동체의 가난한 성도들을 도울 수 있다. 또한 예루살렘 공동체가 예수 운동에서 지니는 구원 역사에서의 지위를 다른 예수 운동 공동체들이 존중하는 의미도 있었다. "유다인 아닌 사람들은 예루살렘에 있는 성도들의 정신적인 축복을 나누어 가졌으니 이제는 물질적인 것을 가지고 그들을 도울 의무가 있지 않겠습니까?"(로마서 15:27) 헌금은 예루살렘 사도회의 합의를 지키며 예수 믿는 유다인과 유다인 아닌 사람들의 연대를 강화하는 일이었다.(갈라디아서 2:9) 바울이 세운 공동체에서 바울을 반대하는 유다인 선교사들이 예루살렘 공동체에 상당한 영향력을 가졌다고 바울은 생각할 수 있었다. 바울이 예루살렘 공동체를 방문하면 그들과 충돌할 수 있었다. 로마 공동체 사람들도 바울에 대한 소문을, 바울을 반대하는 유다인 선교사들에게 들었을 수도 있다.(로마서 3:8, 6:1, 7:7)

그 무렵 예루살렘 공동체나 로마 공동체 상황도 평안하진 않았다. 49년 클라우디우스 추방령과 64년 네로 황제 때 예수 운동 박해 사이에 로마 공동체는 규모가 커졌고 외부 사람들의 눈에 띄었다. 로마서 12장 9-21절은 로마 공동체 상황을 알려준다.[15] "여러분을 박해하는 사람들을 축복하십시오. 저주하지 말고 복을 빌어주십시오."(로마서 12:14), "여러분 자신이 복수할 생각을 하지 말고 하느님의 진노에 맡기십시오. 성서에도 '원수 갚는 것은 내가 할 일이니 내가 갚아주겠다.' 하신 주님의 말씀이 있습니다. 그러니 '원수가 배고파하면 먹을 것을 주고 목말라하면 마실 것을 주십시오. 그렇게 하면 그의 머리에 숯불을 쌓아놓는 셈이 될 것입니다.' 악에게 굴복하지 말고 선으로써 악을 이겨내십시오."(로마서 12:19-21)는 예수 운동 로마 공동체가 유다교와 로마 제국 시민들과 관리들에게 받는 압력과 관계있다. 로마 제국이 예수 운동 로마 공동체에 가하는 탄압이 로마서를 쓸 무렵 공식화된 것은 아직 아니었다. 그러나 로마서 13장 1-7절은 예수 운동이 로마 제국이라는 국가에 어떤 입장을 가져야 하느냐를 두고 공동체 안에 여러 엇갈리는 의견이 있었음을 보여준다.[16] 로마 제국은 예수 운동 로마 공동체를 감시했다.

바울의 생각이 반대자들에게 오해받거나 무시당하는 경우도 있었다. 로마서 9-11장은 바울의 칭의론이 유다인에게 어떤 의미를 갖는지 밝히고 있다. 하느님 앞에서 누구나 죄인(로마서 2:1)이고 아무도 자기 행동을 하느님 앞에 내세울 수 없다면, 인간이 꼭 윤리적으로 모범적으로 살려고 애쓸 필요와 가치가 있는 것일까? 이처럼 하느님의 은혜를 강조하는 바울의 칭의론이 인간의 노력을 무시하는 것은 아닌가 오해할 수도 있었다. 바울은 자기 생각을 분명히 해명할 필요도 있었다. 이처럼 흥미로운 로마서가 쓰여진 목적에 대해 성서학자들이 오래 토론해왔음은 당연한 일이다.

로마에 바울을 반대하는 예수 운동 그룹이 있었다는 의견이 19세기 바우르Baur에게서 나왔다.[17] 바울은 유다인 아닌 사람을 복음의 은혜에서 제외시키려는 유다인 선교사들 그룹에 맞서기 위해 로마서를 썼다는 것이다.[18] 바우르의 의견을 잇는 학자들은 오늘도 있다.[19] 로마서 1-15장에서 공동체ἐκκλησία 단어가 없는 사실에 주목하여, 로마 공동체에 부족한 사도적 기초와 근거를 바울이 놓아주는 편지로 이해하는 의견이 있다.[20] 로마서 전체는 예루살렘 공동체가 헌금을 받아주지 않을까 하는 염려에 뒤덮혀 있다는 의견이 있다.[21] 유다 독립전쟁(공통년 66-70) 전에 로마 제국과 예루살렘 유다인 사이에 증가하는 갈등 상황에서 로마서를 이해하는 의견이 있다. 유다인과 유다인 아닌 사람의 평등을 주장하는 로마서는 로마 제국과 예루살렘 유다인에게 화해의 몸짓으로 보자는 것이다.[22] 로마서를 시대 상황과 관계없이 바울 복음의 종합으로 보자는 의견도 있다.[23] 바울은 로마서에서 복음을 전하는 외교관처럼 처신하고 있다는 의견도 있다.[24]

로마서에서 바울이 스페인 선교에 필요한 도움을 로마 공동체에 요청했음은 분명하다. 바울 당시 유다인이 없었던 것으로 추측되는 스페인에 바울은 왜 선교하려 했을까? 다시스(이사야 66:19)를 스페인 타르테소소로 보는 의견이 있다.[25] 주로 로마 제국 식민지 지역을 선교했던 바울에 주목하여, 바울의 스페인 선교 계획을 이해하는 의견도 있다.[26] 예루살렘 공동체가 헌금을 받아주기를 기도하고 도와달라고 바울이 로마 공동체에 부탁한 것도 확실하다. 고린도후서부터 갈라디아서까지 바울 반대자들의 활동, 예루살렘 공동체와 로마 공동체에서 그들의 영향이 로마서 집필에 자극이 되었음도 부인할 수 없다. 바울은 강자와 약자의 갈등, 즉 유다인 아닌 성도들과 유다인 성도들 사이에 생긴 갈등(로마서 14:1-15:13)을 완화시켜야 했다.[27] 로마 유다교 공동체와 로마 제국에서 오는 압력과 바울 신학의 해명도 로마서를 쓰게 한 자극에 포함된다. 로마서에는 여러 위기와 여러 문제가 복합적으로 둘러싸고 있다. 로마서는 바울 개인과 공동체들이 만난 위기 상황을 이겨내기 위해 쓰여진 편지라고 볼 수 있다.[28]

인간의 죄와 하느님의 구원

로마서 첫 문장은 이렇게 시작된다. "그리스도 예수의 종, 나 바울이 이 편지를 씁니다. 나는 사도로 부르심을 받아 하느님의 복음을 전하는 특별한 사명을 띤 사람입니다."(로마서 1:1) 바울은 자신이 누구인지 먼저 밝히고 그 다음 자신의 임무를 드러냈다. 예언자 예레미아(예레미야 1:5), 제2 이사야(이사야 49:1)처럼 바울은 하느님에게 선택받은 인물이다. 모든 민족에게 하느님의 복음을 전하기 위한 선택[29]이었다. 선택 안에서 하느님의 예언자들을 통하여 약속하신 복음이 이루어진다.(로마서 1:2-5) 복음은 하느님의 아들 예수 그리스도를 소개한다. 하느님은 다윗 후손 나사렛 예수를 죽은 사람들 가운데 부활시키고 주님으로 드높이셨다.

나사렛 예수의 운명이 하느님에 의해 정해진 것처럼, 바울의 운명도 하느님에 의해 정해졌다.[30] 하느님의 구원 활동이 예수와 바울로 이어진다. 또한 로마 공동체는 로마서를 복음의 연속으로 읽으라는 말이다. 바울 복음은 바울이 멋대로 말하는 것이 아니고 하느님에 의해 정해졌기 때문이다. "그 사명은 내가 유다인 아닌 사람들을 위한 그리스도 예수의 일꾼으로서 하느님의 복음을 전하는 사제의 직무를 맡아 성령으로 거룩하게 된 유다인 아닌 사람들을 하느님께서 기쁘게 받아주실 제물이 되게 하는 것입니다."(로마서 15:15b) 예루살렘 성전에서 희생제물을 바치는 레위족 사제들과 달리, 바울은 그리스도 믿음에 참여하는 유다인 아닌 사람들을 하느님께 바친다. 복음은 믿는 사람이면 누구에게나 구원을 가져다 주시는 하느님의 능력이다.(로마서 1:16)

바울은 복음을 하느님의 능력δύναμις θεοῦ(로마서 1:16)이라고 표현했다. 능력은 구약성서에서 하느님의 특징 중 하나다. "야훼 나의 주께서 힘이 되어주시고 사슴처럼 날랜 다리를 주시어 나로 하여금 산등성이를 마구 치닫게 하십니다."(하바국 3:19) "야훼는 나의 주, 내 구원의 힘"(시편 140:7)처럼, 하느님의 능력은 인간 구원을 위해 있다. 복음은 하느님의 구원 계획을 단순히 알려줌에 그치지 않고 구원을 실현하는 능력이라는 뜻이다. 죄의 힘 아래 신음하고 있는 인간을 향해 다가오는 하느님 심판 앞에서 모든 민족에게 복음을 전파하여 그들을 구출해야 한다.

바울은 기적과 놀라운 일을 할 수 있는 성령의 힘을 받아 말과 활동으로 그리스도의 복음을 전파하였다.(로마서 15:19) 바울은 예루살렘에서 일루리곤(로마서 15:19b)까지, 그리고 로마를 거쳐 스페인(로마서 15:28)까지 복음을 전하려 한다. 예루살렘은 예수 그리스도의 복음이 시작한 곳으로 바울이 여기서 언급했다. 바울 선교가 예루살렘에서 시작한 것은 아니다.(갈라디아서 1:17)[31] 오늘날 슬로베니아, 크로아티아, 세르비아, 알바니아에 걸친 일루리곤 지역에서 바울의 선교 활동은 전혀 알려지지 않았다. 바울이 마케도니아에 머물렀을 때 일루리곤 지역을 방문했으리라 추측할 따름이다.[32] 먼저 유다인들에게, 그리고 그리스인들Ἰουδαίῳ τε πρῶτον καὶ Ἕλληνι(로마서 1:16b)이라는 표현은 모든 인류를 가리킨다. '먼저 유다인들에게' 표현은 로마서 9-11장에서 다룰 유다인 주제를 말한다.

바울은 의로움 주제를 곧장 하느님과 연결하였다. 하느님의 의로움은 믿음에서 믿음으로 나타난다.δικαιοσύνη γὰρ θεοῦ ἐν αὐτῷ ἀποκαλύπτεται ἐκ πίστεως εἰς πίστιν(로마서 1:17a) 하느님은 모든 인간이 예수 그리스도를 믿기를 바란다는 뜻이다. 동사 현재형 나타나다 ἀποκαλύπτεται는 하느님의 의로움이 미래에 나타나는 것이 아니라 십자가에서 죽고 부활한 예수 그리스도를 전하는 복음을 바울이 전하는 지금 나타나고 있다는 뜻이다. 바울은 율법을 지켜서 의로움을 얻는다는 예언자들의 전승에 의지하지 않았다. 하느님의 의로움은 율법의 행업이 아니라[33] 믿음을 통해서 이루어진다. 바울은 갈라디아서 3장 11절처럼 율법의 행업과 그리스도에 대한 믿음을 날카롭게 구별하였다. 로마서 1장 16-17절은 로마서를 요약하는 구절로 보아도 좋겠다. 로마서는 복음, 믿음과 의로움, 삶 순서로 소개된다.[34]

로마서 1장 18절-3장 20절은 바울이 전하는 복음이 누구를 향하는지 설명한다.[35] 하느님의 의로움(로마서 1:17)과 하느님의 심판(로마서 1:18)이 나란히 나타나지만, 하느님의 심판이 복음의 일부인 것은 아니다. 인간의 모든 불경과 불의 때문에 하느님의 분노가 하늘로부터 나타난다.(로마서 1:18) 인간은 하느님을 무시했기 때문에 인간 존재를 망가뜨렸다.[36] 지혜서 13장 1-9절을 떠올린 바울은 진리를 불의로 짓누르는 인간(로마서 1:18)이 피조물 안에서 피조물을 통해 드러나는 하느님의 능력과 신성을 무시했다고 비판했다.(로마서 1:20) 바울이 하느님의 존재를 증명하려는 것이 아니다. 인간의 불경과 불의를 증거하기 위해 하느님의 존재는 바울에게 이미 전제되어 있다.

유다인 아닌 사람들은 불멸의 하느님을 섬기는 대신 썩어 없어질 인간이나 새나 짐승이나 뱀 따위 우상을 섬기고 있다.(로마서 1:23) 하느님의 진리를 거짓과 바꾸고 창조주 대신에 피조물을 예배하고 섬겼다.(로마서 1:25a) 하느님은 인간이 계속 죄짓도록 내버려 두셨다(로마서 1:24, 26)는 놀라운 말을 하고 있다.[37] 인간이 창조주 하느님 자리를 넘보는 것을 하느님은 용납하지 않으신다. 인간은 창조주와의 관계에서 비로소 인간이 된다는 말이다. 그런데 하느님과 관계가 뒤틀린 인간은 일그러진 인간관을 낳고 만다. 또한 하느님과 관계 없는 자연은 바울에게 없다. 인간과 자연에 대한 바울의 생각이 유다인 아닌 사람들의 잘못을 바라보는 바울의 판단에 기초를 이루고 있다.[38] 바울은 동성애를 비판했다.(로마서 1:26-27)[39]

그리스어를 사용하던 바울과 해외 유다교Diaspora 유다인들이 동성애를 어떻게 생각했는지 알려면, 그리스인과 로마인이 동성애 활동을 어떻게 생각했는지 아는 것이 중요하다. 세 가지로 요약할 수 있다.[40] 동성의 두 사람이 성관계를 하는 것은 고대 사회에서 처벌받지 않았다. 성인 남자가 여성과 남성 성관계 상대자를 원하는 것은 자연스럽게 여겨졌다. 자유인 성인 남자는 동성애 관계에서 적극적 역할을 해야만 했고 수동적 역할을 해서는 안 되었다. 일부 자유인 남자들은 수동적 역할을 원하기도 했다.[41]

공통년 이전 480년에서 350년까지 그리스 아테네에서 소크라테스, 플라톤, 아리스토텔레스가 철학자로 활약했다. 공자와 노자가 활동했던 춘추 시대와 비슷한 무렵이다. 아네테에서 남자끼리 동성애는 자연스러웠고, 성인 남자가 어린 소년을 성적 상대로 후원하는 일도 자연스러웠다.[42] 1세기에 로마 소년은 어린 시절부터 단 하나의 의무인 세상 지배자가 되기 위한 교육을 받았다.[43] 동성애에 대한 당시 문헌은 남성 저자들이 남성의 동성애 활동만을 기록하였다.[44] 당시 여성들이 동성애를 어떻게 생각했는지 알 수 있는 자료가 우리에게 없다. 벽화나 도자기에 여성 동성애 그림이 남아 있긴 하다.[45]

바울은 하느님을 알아보지 못한 유다인 아닌 사람들(로마서 1:21-32) 뿐 아니라 죄에 빠진 유다인(로마서 2:1-3:8)도 비판했다. 유다인 아닌 사람들이 여러 신들을 섬겼다면, 유다인들은 믿음과 행동 사이에 모순을 범했다.(로마서 2:3) 토라를 가졌다는 사실이 유다인을 하느님 분노에서 제외시키지는 못한다. 유다인도 하느님의 심판을 기다려야 한다.(로마서 2:5-10) "하느님께서는 각 사람에게 그 행실대로 갚아주실 것입니다."(로마서 2:6) 토라를 가진 사실이 유다인에게 도움되기는커녕 오히려 심판에서 불리하게 되었다. 유다인이 토라를 제대로 지키지 못했기 때문이다. "그는 행실대로 사람에게 갚으신다."(잠언 24:12)[46] 행실이 따른 심판은 유다인이 유다인 아닌 사람들을 비판할 때 즐겨 쓰던 논리였는데[47] 바울은 이 논리를 유다인을 비판하는 데 썼다. "하느님과 올바른 관계를 가질 수 있는 사람은 율법을 듣기만 하는 사람이 아니라 율법대로 실행하는 사람입니다."(로마서 2:13b)

그런데 바울은 유다인이 율법을 실천해서 의로움을 얻을 수 있는 가능성을 인정한 셈이 되었다.(로마서 2:13b) 유다인 아닌 사람도 본성에 따라 율법이 명하는 것을 실천한다면 그리스도 사건 밖에서도 의로움을 얻을 가능성을 바울은 또한 인정한 셈이다.(로마서 2:14)

"할례를 받지 않은 사람이라도 율법이 명하는 것을 잘 지키기만 한다면 하느님께서는 그 사람도 할례받은 사람이나 다름없이 보아주실 것이 아닙니까?"(로마서 2:26)도 있다. 하느님의 의로움은 율법의 행업이 아니라 그리스도에 대한 믿음을 통해 이루어진다는 바울의 주장과 이 가능성들은 서로 모순 아닌가?

바울은 율법 실천이라는 이론적 가능성에 근거하지 않고 유다인과 유다인 아닌 사람들이 율법 실천에 실패한 사실을 주목한다. 율법 실천으로 의로움을 얻을 수 없을 뿐 아니라 얻어서는 안 된다는 의견[48]은 바울의 의도를 한참 벗어났다. 율법 실천에 실패한 사실이 결국 죄를 낳았다. 유다인들이나 이방인들이나 다같이 죄에 사로잡혀 있는 사람들이다.(로마서 3:9) 율법을 지키는 것으로는 아무도 하느님과 올바른 관계를 가질 수 없다.(로마서 3:20a) 죄의 힘 아래 있는 인간이 하느님의 심판 앞에 자신의 의로움을 주장할 수 있는 실천을 자신 있게 제출할 수는 없다. 그러니 예수 그리스도에 대한 믿음 말고 인간이 무엇을 하느님에게 내놓을 수 있겠느냐는 말이다. 인간 자신이 내놓을 것은 이제 없으니 하느님께 기대할 수밖에 더 있겠느냐는 것이 바울의 생각이다. 의로움의 근거를 인간이 조금 내놓고 하느님께서 많이 덧붙이시는 것이 아니다. 인간이 내놓을 것은 아무것도 없으니, 하느님께서 완전히 의로움을 선사하시는 것이다.[49] 하느님께서 주시는 의로움을 얻은 인간은 다가오는 심판에서 자신의 삶을 함부로 내팽개칠 수는 없다. 바울의 복음이 인간의 실천을 무시하는 것은 전혀 아니다.[50] 의로움을 얻기 위해 실천하라는 말이 아니라 의로움을 얻은 뒤에 하느님의 뜻에 맞게 자기 삶을 책임 있게 실천하라는 뜻이다.

유다인 아닌 사람들의 심장에 쓰여진 율법νόμος γραπτὸν ἐν ταῖς καρδίαις αὐτῶν(로마서 2:15a)이라는 표현이 나온다. 그리스 유다교에 널리 퍼졌고, 그리스 철학자들도 즐겨 쓰던 표현이다.[51] 심장에 쓰여진 율법은 글로 쓰여진 율법과 마찬가지라는 뜻이다. 글로 쓰여진 율법을 받은 유다인이 심장에 쓰여진 율법을 가진 유다인 아닌 사람에게 우월감을 가질 필요가 없다는 뜻이다. "유다인의 겉모양만 갖추었다 해서 참 유다인이 되는 것도 아니고 몸에 할례의 흔적을 지녔다고 해서 참 할례를 받았다고 할 수도 없습니다. 오히려 유다인의 속 마음을 가져야 진정한 유다인이 되며 할례도 법조문을 따라서가 아니라 성령으로 말미암아 마음에 받는 할례가 참 할례입니다."(로마서 2:27-28a) 유다인이나 유다인 아닌 사람이나 율법을 가졌으니, 율법을 따른 그 행실대로 하느님께 심판받게 된다. "할례는 율법을 지키는 사람에게만 가치가 있고, 율법을 지키지 않는 사람은 할례를 받았다 하더라도 받으나마나 한 것입니다."(로마서 2:25)

진정한 유다인은 그리스도를 믿는 사람[52]이라는 뜻이다. 그렇다면, 하느님에 대한 유다인의 독특한 관계는 어디에 있다는 말인가? 유다인은 하느님의 말씀들을 받았다.(로마서 3:2b) 이스라엘은 하느님께 선택받은 백성으로 계속 있지만, 유다인 아닌 사람들보다 구원에서 우선권은 더 이상 가지고 있지 않다. 하느님의 약속은 계속 유효하지만, 이스라엘의 우월감은 더 이상 근거 없다. "우리 유다인들이 뛰어난 게 있습니까? 전혀 없습니다."(로마서 3:9b) 바울은 구약성서에서 몇 구절을 뒤섞어 인용하면서(로마서 3:10-18)[53] 유다인과 유다인 아닌 사람이 하느님 앞에 평등하다는 논리를 뒷받침한다. 구약성서에 근거한 유다인의 독특함을 인정하지만, 그것은 과거 일에 지나지 않는다. 바울은 유다인의 우월성을 근본적으로 문제삼고 있다.(로마서 2:1-3:8)

유다인의 우월성은 그들이 받은 율법에 근거했다. 그런데 유다인 아닌 사람도 심장에 쓰여진 율법을 가지고 있다. 유다인이나 유다인 아닌 사람이나 똑같이 율법을 가지고 있다. 유다인은 율법을 가지고 있다는 사실을 내세워 우월성을 더 이상 주장할 수 없다는 것이다. 할례도 마찬가지다. 할례를 받은 유다인 못지 않게 유다인 아닌 사람은 마음에 받는 할례(로마서 2:28a)를 받았다. 유다인은 할례를 받는다는 사실을 내세워 유다인 아닌 사람보다 우월하다는 주장을 더 이상 펼칠 수 없다. 유다인이나 유다인 아닌 사람이나 이제 같은 차원에 있다. 로마서 2장 1절-3장 8절보다 유다인의 자의식을 더 비판하고 질문하는 구절을 바울에게서 찾을 수 있을까? 이스라엘에 주신 하느님의 약속은 예수 그리스도에게서 완성된다. 이스라엘 역사가 구원 역사가 아니고 예수 그리스도에게서 완성된다는 주장은 유다인들이 받아들일 수 없었다. 이스라엘 문제를 다룬 로마서 9-11장에도 불구하고, 로마서는 유다교와 예수 운동이 유다교에서 벗어나는 문헌으로 읽을 수밖에 없다.[54]

하느님의 의로움

유다인과 유다인 아닌 사람이 서로 평등하지만, 유다인이나 유다인 아닌 사람이나 불쌍한 처지에 똑같이 있다. 그들 모두 죄를 지었기 때문이다. 유다인은 다가오는 하느님 분노의 심판을 어찌 벗어날 수 있을까. 바울은 이 주제를 로마서 3장 21-31절에서 언급한다. 고린도후서 5장 21절에서 이미 나온 단어 하느님의 의로움 δικαιοσύνη θεοῦ은 로마서 전체에서 핵심 단어가 된다.

하느님의 의로움이 어떤 뜻인지 성서학계에서 여전히 논란이 되고 있다.[55] 의로움은 오직 하느님의 사랑에서 근거하기 때문에, 하느님의 의로움은 하느님에 의해 선사된 의로움이다.[56] 구원뿐 아니라 구원의 조건도 하느님에 의해 선사되었기 때문에 의로움을 말할 수 있다[57]는 것이다. "내가 율법을 지킴으로써 하느님과의 올바른 관계를 얻는 것이 아니라 내가 그리스도를 믿을 때 내 믿음을 보시고 하느님께서 나를 당신과의 올바른 관계에 놓아주시는 것"(빌립보서 3:9)이 하느님의 의로움을 이해하는 열쇠라는 의견이 있다.[58] 하느님께서 하느님의 의로움을 우선 개인에게 선물하신 것으로 보는 그런 이해는 창조와 역사 관점을 소홀히 했다는 비판이 있다. 하느님의 의로움은 유다교 묵시사상에서 빌어온 전문 용어다.[59] 바울 신학과 역사관이 개인만을 주로 향한다는 의견[60]을 나는 받아들이기 어렵다.

하느님 의로움에 대한 질문을 바울이 구약성서(신명기 33:21)[61]와 유다교 문헌[62]에서 빌려왔지만, 하느님의 의로움이 유다교 묵시사상에서 빌어온 전문 용어는 아니라는 의견[63]이 있다. 쿰란 문헌에서도 하느님 의로움에 대한 언급은 있지만, 바울 칭의론의 전제라고 보기는 어렵다.[64] 쿰란 문헌이 하느님께서 의로움을 주시는 행동을 표현하는 전문 용어로 하느님의 의로움을 사용하지 않았다.[65] 쿰

란 문헌이 유다교 묵시 신학의 핵심[66]이라고 여겨도 될 지 의문스럽다.[67]

바울의 편지들을 보면, 하느님의 의로움은 여러 차원이 섞여 있는 표현이라고 볼 수 있다. 하느님의 의로움은 선물(고린도후서 5:21)이다.[68] 하느님의 의로움은 힘, 능력(로마서 1:17)으로 나타나기도 한다.[69] 하느님의 특징, 본성(로마서 3:5)으로 나타나기도 한다.[70] 하느님의 의로움이 계시(로마서 3:21)로 나타나기도 한다.

세례와 연결된 로마서 3장 25절[71]은 하느님 의로움 이해와 바울 칭의론을 전체적으로 이해하는 데 특히 중요하다. "하느님은 그분을 세워 그분의 피를 통해서 믿음으로 얻는 화목和睦 제물ἱλαστήριον로 삼으셨으니, 과거에 저질러진 죄들을 너그럽게 눈감아주셔서 당신 의로움을 보여 주기 위함이었습니다."(로마서 3:25) 다마스쿠스 체험과 화목 개념에 기초하여 바울 기독론을 쓰고 펼쳤다는 의견[72]이 있다. 예루살렘 성전 예배와 희생 제사의 화목和睦(대속代贖) 개념이 바울 신학의 핵심에 속하진 않는다는 의견[73]도 있다.

바울은 화목ἱλαστήριον이라는 단어를 로마서 3장 25, 26a절에만 썼을 뿐이다. 화목은 바울 이전 유다인 색채가 짙은 예수 운동 그룹의 전승에서 빌어온 단어[74]일까? 그 단어가 어디서 왔고 무슨 뜻인지 논란이 되고 있다.[75] 두 가지 설명 모델이 제안되었다.[76] 유다교의 화해의 날Jom Kippur 전승(레위기 16장; 에스겔 43장)에서 왔다는 설명이 있다. 그리스도는 성소 휘장 안쪽 법궤 위에 있는 황금색 속죄판Kapporet을 가리킨다는 것이다. 대속 장소가 예루살렘 성전에서 십자가로 옮겨졌다는 말이다. 하느님은 구원이 지금 존재하는 장소로

그리스도를 정하셨다.[77]

순교자들의 희생 죽음에 대속 효과가 있다는 전승(마카베오하 7:30-38)과 로마서 3장 25절을 연결하는 설명[78]이 있다. 예수는 순교자들처럼(사도행전 22:3: 갈라디아서 1:14: 빌립보서 3:6) 자기 목숨을 바쳤고, 그 죽음에는 다른 사람의 죄를 사해 주는 효과가 있다는 것이다. 마카베오 하편 집필 시기를 1세기 말로 본다면[79] 이 설명은 곤란하겠다. 마카베오 하편은 그보다 앞서 쓰여졌다거나 시기를 잘 모른다는 의견[80]도 있다.

로마서 3장 25절의 화목ἱλαστήριον이라는 단어는 대속 수단[81]으로 이해하면 되겠다. 하느님의 의로움이 나타났다(로마서 3:21)라는 사실을 예수 운동에 참여한 사람들이 경험하도록 바울은 로마서 3장 25절을 세례 전승과 연결하였다. 하느님의 의로움은 하느님의 본성일 뿐만 아니라 십자가에서 드러났고 또한 세례에서 죄사함을 통해 실현되었다는 것이다. 예수 운동에 참여하는 사람들이 하느님의 의로움을 직접 체험한다고 바울은 강조하였다.

하느님의 의로움의 보편적 특징은 로마서 10장 3절에서 또 설명된다. 유다인들이 하느님의 의로움을 알아보지 못하고 존중하지 않은 탓에 자기 의로움을 세우려고 했다고 바울은 탄식했다.(로마서 10:3)[82] 하느님의 의로움은 모든 인간을 향하고 있다. 그리스도는 믿는 모든 이에게 의로움이 되어 주셨기 때문이다.(로마서 10:4) 하느님의 의로움이 믿는 개인만을 향할 뿐이고 보편적 차원을 소홀히 했다는 의견은 적절하지 않다.[83] 하느님의 의로움은 보편적으로 모든 인간에게 나타났다는 개념(로마서 1:17, 3:5, 10:3)이기도 하고, 예수 그리스도 안에서 드러난 하느님의 의로움에 믿는 모든 사람이 참여하는 개념(고린도후서 5:21; 로마서 3:22; 빌립보서 3:9)이기도 하다.[84]

하느님의 의로움δικαιοσύνη θεοῦ이란 표현은 바울 편지 전체에서 볼 때 예상 밖으로 드물게 사용되었다. 분명하게 쓰여진 곳은 일곱 군데에 불과하다.(고린도후서 5:21; 로마서 1:17; 3:5, 21, 22; 10:3; 빌립보서 3:9) 로마서에서 다섯 번 쓰였다. 하느님의 구원을 가리키는 단어들과 비교하면, 하느님의 의로움이라는 표현이 얼마나 드물게 사용되었는지 뚜렷해진다. 성령πνεῦμα 120번, 믿음πίστις 91번, 그리스도 안에서ἐν Χριστῷ 61번, 믿다πιστεύειν 42번, 주님 안에서ἐν κυρίῳ 37번, 생명ζωή 27번, 희망ἐλπίς 단어가 25번 나왔다. 하느님의 의로움은 다양한 뜻으로 언급되었고, 로마서 칭의론에서 쓰이는 뜻으로 쓰여진 경우는 다른 편지에서 찾기 어렵다. 하느님의 의로움은 바울 생애 말년에 신학적으로 발달한 개념이다.[85] 하느님의 의로움은 바울 신학 전체에서 핵심 단어는 아니다.[86] 바울은 하느님의 의로움 단어 없이도 자기 신학을 충분히 전개할 수 있었다. 갈라디아 공동체가 위기를 겪고 헌금 전달을 준비하는 과정에서 바울은 자신의 신학을 정교하게 정돈할 필요가 있었다. 그래서 그때 하느님의 의로움 용어를 사용한 것이다.

죄에 갇힌 인간의 궁색한 처지(로마서 3:20)와 예수 그리스도 안에 나타난 하느님의 구원 가능성(로마서 3:21-26)을 대조하면서, 바울은 믿음의 율법νόμος πίστεως(로마서 3:27)이란 용어를 등장시켰다. 여기서 νόμος는 유다교 율법을 가리키는가, 일반적 의미의 규칙이나 기준을 가리키는가?[87] 바울은 여기서 여러 νόμος가 있다고 전제한다.[88] 로마서 3장 27절에서 νόμος는 시내 산에서 받은 토라를 가리킬 수는 없고, 예수 그리스도 안에 드러난 하느님의 구원 활동을 믿는 규칙을 가리킨다.[89] 믿음을 통해 이루어진 하느님의 의로움 앞에서 인간이 자기 자신을 자랑할 수는 없겠다.

율법의 행업과 관계없이χωρὶς ἔργων νόμου, 인간은 믿음으로 의롭게 된다.δικαιοῦσθαι πίστει ἄνθρωπον(로마서 3:28) 율법의 행업으로는 어떤 사람도 그분 앞에서 의롭게 되지 못할 것이다.(로마서 3:20) 율법과 상관없이 율법과 예언자들에 의해 증언된 하느님의 의로움이 나타났기 때문이다.(로마서 3:21) 율법으로는 죄를 인식하게 될 뿐이다.(로마서 3:21b) 그분은 유다인들만의 하느님이 아니라 유다인 아닌 사람들의 하느님이시다.(로마서 3:29) 바울이 유다인이 하느님께 선택받았다는 역사를 무시하는 것은 아니다. 그러나 유다인 아닌 사람들도 예수 그리스도에 대한 믿음을 통해 하느님의 의로움에 참여할 수 있기 때문에, 유다인 구원의 특별함은 이제 사라졌다는 말이다. 하느님을 믿는 유다인뿐 아니라 모든 민족은 한 분이신 하느님 안에서 하나가 된다.

그러면 유다교 율법은 이제 예수 운동에서 없어지는가? "믿음으로 율법을 폐기하는 것은 아닙니다. 그럴 수 없습니다. 오히려 우리는 율법을 바로 세우는 것입니다."(로마서 3:31) "그가 야훼를 믿으니, 야훼께서 이를 갸륵하게 여기시어"(창세기 15:6), 즉 구약성서에 의로움은 믿음에서 온다는 말이 있었다. 바울은 그 말을 이렇게 해석하였다. "아브라함은 하느님을 믿었고 하느님은 그 믿음을 보시고 그를 올바른 사람으로 인정해 주셨다."(로마서 4:3) 아브라함을 보면, 믿음은 율법을 깨뜨리지 않는다.[90] 또한 바울에게 사랑의 계명이 곧 율법의 내용이요 중심이요 완성이다.(로마서 13:8-10) 율법이 사랑을 향하고 사랑에서 완성된다면, 율법의 성격이 바뀌는 셈이 된다.[91] 사랑의 계명으로 바뀌는 율법을 바울은 예수 운동 사람들에게 율법의 완성이라고 소개하였다.

바울과 구약성서

바울 논리를 따라가려면 바울이 구약성서를 어떻게 이해하고 인용하는지 살펴볼 필요가 있다. 요즘 말로 말하면, 바울은 구약성서 신학자다. 구약성서는 바울에게 성서다. 바울 당시에 신약성서는 아직 없었기 때문에, 바울에겐 구약성서라기보다 그냥 성서겠다. 이스라엘에 대한 하느님의 구원을 기록한 구약성서를 바울은 예수와 연결하여 이해하고 설명할 필요를 느꼈다. 유다인이 구약성서를 유다 민족과 연결하여 해석했다면, 바울은 구약성서를 예수와 연결하여 해석했다. 구약성서를 예수 사건을 증거(로마서 1:6, 3:21)하는 용도로 사용한 것이다.[92]

바울의 구약성서 사용법에서 아브라함과 하바국 예언서 2장 4b절이 핵심이었다. 창세기 15장 6절과 하바국 2장 4b절로 바울은 구약성서 전체를 사실상 무효화시켰다고 말할 수도 있다.[93] "그러니 아무도 율법으로는 하느님 앞에 의롭게 되지 못한다는 것이 분명합니다. 믿음으로 말미암은 의인이라야 살 것이기 때문입니다."(갈라디아서 3:11) "실상 이 복음 안에 하느님의 의로움이 믿음에서 믿음으로 계시됩니다. '믿음으로 말미암은 의인은 살 것이다.'라고 기록되어 있는 바와 같습니다."(로마서 1:17)에서 바울은 하바국 2장 4b절을 인용했다. 여기서 바울은 믿음을 토라를 따라 사는 유다인에 대한 하느님의 신실하심과 연결하지 않고 예수 그리스도에 대한 믿음을 하느님 의로움과 연결하였다.

바울은 자신의 칭의론이 구약성서에 걸맞다는 사실을 입증하기 위해 아브라함이라는 인물을 등장시켰다. 로마서 4장은 로마서에서 핵심 위치를 차지하며, 로마서 3장 21-31절의 바울 칭의론을 근거짓는 성서 구절이 소개되었다는 의견[94]이 있다. 아브라함은 하느님께 선택받은 사람으로 유다교에서 손꼽히는 인물이다.[95] 이스라엘 민족이 쓰여진 율법을 받기 전에 아브라함은 이미 율법을 따랐다.(창세기 26장)[96] 아브라함은 하느님께 여러 번 시험을 받았지만, 그때마다 진실하고 의로운 사람으로 인정받았다.(느헤미야 9:8) 특히 아들 이삭을 제물로 바치라는 하느님의 명령을 따르려는 모습(창세기 22:1-18)에서 아브라함의 진실함과 의로움은 칭송받았다.

바울은 아브라함 전승들에서 자신의 논리를 뒷받침해줄 구절만 인용한다. "하늘을 쳐다보아라. 셀 수 있거든 저 별들을 세어보아라. 네 자손이 저렇게 많이 불어날 것이다."(창세기 15:5, 17:5) "그가 야훼를 믿으니, 야훼께서 이를 가륵하게 여기시어."(창세기 15:6) "너는 내 계약을 지켜야 한다. 너뿐 아니라, 네 후손 대대로 지켜야 한다. 너희 남자들은 모두 할례를 받아라. 이것이 너와 네 후손과 나 사이에 세운 내 계약으로써 너희가 지켜야 할 일이다."(창세기 17:9-10) 세 구절이 바울이 선택한 아브라함 전승이다. 유다교는 의로움을 얻는 방식으로 율법과 행업, 믿음과 순종(존중), 존중과 봉사, 보상과 축복

의 일치를 강조하였다.[97]

그런데 바울은 아브라함이 하느님의 약속을 믿었기 때문에 의로움을 얻었다고 유다교 해석과는 다르게 말했다. "아브라함은 하느님을 믿었고 이것이 그의 의로움으로 인정되었습니다."(로마서 4:3b) "그러나 아무것도 한 일이 없지만, 경건하지 않은 자를 의롭게 하시는 분을 믿는 이는 그 믿음이 의로움으로 인정됩니다."(로마서 4:5) "그는 하느님의 언약에 대해 불신으로 의심하기는커녕 오히려 신앙에 굳세어져 하느님께 영광을 드렸습니다."(로마서 4:20b) 바울은 아브라함을 오직 믿음으로 하느님의 의로움을 얻는 인물로 그렸다.(로마서 4:9-12)

아브라함의 믿음(창세기 15:6)과 아브라함의 할례(창세기 17:9-10)를 바울은 멀찌감치 떨어뜨려 놓는다. 유다인이 보기에 하느님의 명령에 대한 아브라함의 충실함을 할례가 종합적으로 증거했다면, 바울은 할례를 믿음으로 의로움과 분리시켜 버렸다. 아브라함의 믿음이 시간적으로 먼저 있었고, 할례는 아브라함의 믿음으로 의로움을 그저 나중에 인정하는데 불과했다는 것이다. 아브라함은 먼저 할례를 받지 않고도 믿게 될 모든 이의 아버지(로마서 4:11b)였으며, 나중에야 할례의 아버지가 되었다.(로마서 4:12) 바울의 설명은 하느님의 구원 역사에 대한 관점에서 유다교와 크게 달랐다.[98] 예수 그리스도를 통한 선택이 이스라엘의 특별한 선택을 낮추어 평가하거나 대신하지 않으며, 또한 유다인 아닌 사람들의 예수 따름을 이스라엘과 하느님의 독특한 관계에 통합시키지도 않는다는 의견[99]도 있다.

바울은 이스라엘의 선택 사상 의미를 크게 약화시켜 버렸다. 그러면, 토라의 역할은 대체 무엇이란 말인가? 이 질문 앞에서 바울은 로마서보다 몇 달 전에 썼던 갈라디아서의 약속ἐπαγγελία(갈라디아서 3:6) 사상을 로마서에서 다시 돌아본다.[100] "세상의 상속자가 되리라는 약속이 아브라함이나 그 후손에게 주어진 것은 율법 때문이 아니라 믿음의 의로움 때문이었습니다."(로마서 4:13) 아브라함은 하느님의 약속을 믿는 사람으로서 받은 것이지 토라를 통해 받은 것이 아니라는 뜻이다. 약속과 토라를 갈라놓은 것이다. "만일 율법 때문에 상속자가 된다면 믿음은 무의미하고 약속도 무효가 됩니다."(로마서 4:14) 하느님 약속의 상속자는 믿는 모든 사람이다.(로마서 4:13, 16)

의로움은 믿음에서 오기 때문에, 아브라함은 모든 믿는 사람의 모범이요 아버지가 되었다.(로마서 4:16) 그런데 로마서 4장 16절에서 τῷ ἐκ τοῦ νόμου가 유다인 자체를 가리키는지 논란이 되고 있다.[101] "이렇게 하느님께서는 은총을 베푸시며 율법을 지키는 사람들τῷ ἐκ τοῦ νόμου에게만이 아니라 아브라함의 믿음을 따르는 사람들에게까지, 곧 아브라함의 모든 후손들에게 그 약속을 보장해 주십니다. 아브라함은 우리 모두의 조상입니다."(로마서 4:16) 우리말 번역에서는 율법 출신자《200주년 기념성서》, 율법을 지키는 사람들《공동 번역》, 율법에 속한 자《개역개정》로 옮겼다.

로마서 4장 16절은 어떤 두 그룹을 가리키는가? 크게 세 가지 의견이 있다.

첫째, 예수 그리스도를 믿지 않는 유다인과 믿는 유다인, 다른 편에 예수 그리스도를 믿는 유다인 아닌 사람들[102] 둘째, 예수 그리스도를 믿지 않는 유다인, 다른 편에 예수 그리스도를 믿는 유다인 아

닌 사람들[103] 셋째, 예수 그리스도를 믿는 유다인, 다른 편에 예수 그
리스도를 믿는 유다인 아닌 사람들[104]이다.

약속의 인물인 아브라함은 성취의 인물인 예수와 연결된다.[105] 바
울은 아브라함을 예수와 연결하기 위해 구약성서를 유다교와 다르
게 해석하였다. 하느님이 아브라함에게 하신 약속은 예수 그리스도
에게서 완성된다. 그런 바울의 생각이 로마서 4장 23-25절에서 뚜
렷이 나타난다.[106] 예수 그리스도를 믿는 유다인 아닌 사람들은 아
브라함의 약속뿐 아니라 예수 그리스도의 완성에 연결된다는 뜻이
다. 아브라함은 믿음으로 의로움을 얻는 사람들의 모범일 뿐만 아
니라 유다인 아닌 사람들에게 복음을 전파하는 사람들의 모범이기
도 하다.[107] 하느님의 약속은 아브라함과 예수를 거쳐 모든 민족에
게 퍼져나간다. 하느님은 구약성서와 신약성서를 연결하는 유일한
근거다.[108] 예수 운동이나 바울은 이 연속성을 외면하지 않고 존중
하고 주목했다.

세례와 의로움

바울이 주장한 예수 그리스도 안에서 새로운 구원은 어디서 어떻
게 체험할 수 있을까? 이제 바울은 이 질문에 답할 차례다. 바울이
어디서부터 이 주제를 다루기 시작하는지 성서학계에서 여전히 논
의하고 있다.[109] 로마서 5장 1절부터[110] 또는 로마서 6장 1절부터[111]
시작한다는 의견이 있다.

로마서 5-8장에서 바울은 복잡한 과정을 거쳐 설명한다고 볼 수
있다. "그러기에 믿음으로 의롭게 된 우리는 우리 주 예수 그리스도

를 통하여 하느님과 함께 평화를 누리고 있습니다."(로마서 5:1) 의로움은 예수 그리스도를 믿는 사람이 새로운 존재로서 느끼는 생생한 현실이라는 말이다. 이러한 현실은 새로운 존재가 희망을 통해서 움직인다는 사실로써 체험될 수밖에 없다.(로마서 5:2-4) 예수 그리스도를 믿는 사람에게 선사된 성령을 통하여 하느님의 사랑이 마음속에 있기 때문에, 희망은 부끄러움을 당하지 않는다.(로마서 5:5) "실상 우리가 하느님의 원수이던 때에도 그 아드님의 죽음을 통하여 그분과의 화해를 얻게 되었다면, 더구나 이미 화해를 얻은 우리는 그분의 생명 안에서 더욱 확실히 구원받을 것입니다."(로마서 5:10)

악한 세상에서 죽음이란 현실은 이러한 희망 앞에 있는 믿는 사람에게 더 치열한 질문을 하게 만든다. 믿는 사람은 죽음이라는 현실을 도대체 어떻게 해석해야 한단 말인가? 바울은 아담과 그리스도의 대조(고린도전서 15:22, 45)를 로마서에서 다시 맞세워(로마서 5:12-21) 이 질문에 답변을 시도한다. 어떻게 죽음이 세상에 왔으며, 어떻게 죽음이 예수 그리스도의 구원 사건에 의해 극복되었는지[112] 설명하고 있다. 아담과 예수는 시간적으로 공간적으로 멀리 떨어져 있기 때문에 날카롭게 대조된다.[113] "그러기에, 한 사람으로 말미암아 죄가 세상에 들어왔고 죄로 말미암아 죽음이 들어왔듯이, 또한 이렇게 모두 죄를 지었기 때문에 죽음이 모든 사람에게 뚫고 들어왔습니다."(로마서 5:12) 죄가 세상 밖에서 세상 안으로 들어온 것처럼 죽음도 세상 밖에서 세상 안으로 들어왔다고 바울은 생각했다. 죄도 죽음도 개인을 넘어서는 거대한 우주적 힘이라고 본 것이다.

죄도 죽음도 사람 탓인데, 왜 바울은 죄도 죽음도 세상 밖에서 세

상 안으로 들어왔다고 말했을까? 죄와 죽음을 이겨낼 또 다른 우주
적 힘도 세상 밖에서 세상 안으로 들어와야 한다고 말하고 싶은 것
이다. 그렇다고 바울이 죄를 저지른 개인의 책임을 외면하진 않는
다. 죄는 인간의 죄지음을 통해 세상에 들어왔다.[114] 바울은 한편으
로 아담을 통해 시작된 죄의 영향력을 인정하였고, 다른 편으로 죄
지은 개인의 책임을 보고 있다.[115] 개인의 범죄는 아담이 지은 죄에
운명적으로 영향받고 있다. 아담을 통해 시작된 죄의 영향력이 죄
지은 개인의 책임을 약화시키느냐의 주제가 로마서 5장 12절에 있
다.[116]

아담의 범죄는 모든 인간이 죄짓는다는 사실을 결정적으로 이미
정해버렸다.[117] 개인이 먼저 죄를 지었기 때문에 인류에게 죄가 들
어온 것은 아니고, 모든 인간의 죄지음에, 앞서 있었던 죄가 개인을
죄짓게 만든다는 설명이다. 개인이 죄짓기 전에 죄와 은혜가 시간
으로나 내용으로나 먼저 있었다[118]는 말이다. 여기서 아담과 그리스
도가 맞서 있다.[119] 아담이 죄와 죽음의 대표인 반면에, 그리스도를
통해 그리스도 안에서 죄와 죽음을 이기는 생명의 가능성이 나타났
다.(로마서 5:17, 18, 21) 율법은 죄를 증언하고 증가시키기 때문에, 아
담 편에 서 있다.(로마서 5:13, 20)[120] 죽음의 지배는 그리스도의 지배로
깨졌다.(로마서 5:17, 21) 지금 새로운 생명이 있다.(로마서 5:12-21)

그렇다면, 예수 그리스도를 믿는 사람은 죄와 죽음을 넘어 새로
운 삶에 어떻게 참여할 것인가? 로마서 5장 12-21절이 로마서 6장
의 전제라면, 로마서 6장은 로마서 5장 12-21을 설명하고 있다.[121]
바울은 로마서 6장에서 죄와 은혜의 관계부터 논증을 시작한다.[122]

"세례를 받고 그리스도 예수와 하나가 된 우리는 이미 예수와 함께 죽었다는 것을 모르십니까? 과연 우리는 세례를 받고 죽어서 그분과 함께 묻혔습니다. 그래서 그리스도께서 아버지의 영광스러운 능력으로 죽은 자들 가운데서 다시 살아나신 것처럼 우리도 새 생명을 얻어 살아가게 된 것입니다. 우리는 그리스도와 같이 죽어서 그분과 하나가 되었으니 그리스도와 같이 다시 살아나서 또한 그분과 하나가 될 것입니다."(로마서 6:3b-5)

바울이 직접 로마서 6장 3b-5절을 썼다는 의견[123]도 있지만, 로마서 6장 3b-5절은 바울 이전 전승에 속한다는 의견[124]이 더 우세하다. 그리스도 예수 안에서 세례받은 우리ὅσοι ἐβαπτίσθημεν εἰς Χριστὸν Ἰησοῦν(로마서 6:3)는 예수 그리스도의 구원 공간 안으로 들어섰음을 가리킨다. 전치사 εἰς는 우리가 어떻게 죄 안에서 살 수 있는지πῶς ἔτι ζήσομεν ἐν αὐτῇ(로마서 6:2b), 죽음 안으로εἰς τὸν θάνατον(로마서 6:3b, 4a)처럼, 전치사 εἰς는 사실적, 공간적 의미를 갖고 있다.[125] 예수 운동 사람들과 바울은 세례 안에 예수 그리스도의 죽음이 존재한다고 생각했다. 그래서 세례받음은 예수 그리스도의 죽음을 따라 사는 행동으로 이해되었다. 물론 골고다 언덕 십자가에서 나사렛 예수의 죽음과 세례 안에서 예수 그리스도의 죽음을 따름이 같지는 않다. 그러나 세례는 예수 그리스도의 죽음의 의미를 세례받는 사람이 생생하게 경험하는 계기가 되었다.

세례 안에서 예수 그리스도의 죽음에 참여한다는 사실은 로마서 6장 4절에서 접두사 συν(함께), ὥσπερ, οὕτως처럼, 또한 문장으로써 더 강조되었다. "과연 우리는 그 죽음 안으로 이끄는 세례를 통하여 그분과 함께 묻혔습니다."(로마서 6:4) 함께 묻혔다συνετάφημεν 는 단어는 세례가 지니는 구원의 성격을 종합적으로 나타낸다. 세례를 받고 죽어서 예수 그리스도와 함께 묻혔으니, 예수 그리스도와 함께 부활할 것이다.[126] 바울은 새로운 삶의 새로움으로 변화한 다ἐν καινότητι ζωῆς περιπατήσωμεν(로마서 6:4c)에서 세례받은 사람의 현재와 마래를 윤리적으로 미래적으로 그렸다. 로마서 6장 4c절은 세례에서 믿음 안에 이미 이루어진 부활을 강조한 곳(골로새서 2:12, 3:1-4; 에베소 2:6)과는 다르다.[127] 세례받고 죄에서 죽었다고 해서 세례받은 사람의 혈액형이나 DNA나 존재 자체가 바뀌진 않는다. 세례받은 후에도 여전히 이전 인간 관계와 사회 환경에서 계속 살아간다. 예수 그리스도를 믿고 세례받은 사람이 벌써 부활한 것은 아니다. 이러한 차분한 설명이 세례받은 사람의 변화를 무시하는 것은 아니다.[128]

로마서 6장 3-8절은 고대 신비제의Mysterienkult를 연상하게 한다.[129] 그 의견에 거리를 두는 학자도 있다.[130] 당시 사람들은 로마서 6장 3-8절을 신비제의 또는 신비종교 맥락에서 이해했을 수 있다. 바울의 세례 설명이 역사의 예수와 연결되기도 한다. '예수처럼, 믿는 사람들도' 문장은 예수 운동 초기에도 있었다.(데살로니가전서 4:14)[131] 예수가 자신의 죽음을 세례라고 말했던 것처럼, 바울도 그리스도의 죽음에 참여하는 세례를 구원의 시작으로 말할 수 있었다.[132]

세례는 그리스도 사건에 효과적으로 종합적으로 참여하는 계기라고 볼 수 있다. 믿고 세례받은 사람들이 예수 그리스도의 운명을 따라간다는 생각은 로마서 6장 5절에서 하나 되다σύμφυτος, 같음

ὠμοίωμα 단어로 표현하였다.[133] 바울은 세례가 죄와 분리된다는 생각을 강조했다. "예전의 우리는 ὁ παλαιὸς ἡμῶν ἄνθρωπος 그분과 함께 십자가에 못박혀서 죄에 물든 육체는 죽어버리고 이제는 죄의 종살이에서 벗어나게 되었다는 것을 우리는 알고 있습니다."(로마서 6:6) 세례에서 죽음은 죄의 힘에서 해방으로 비유되었다. "이미 죽은 사람은 죄에서 해방된 것입니다."(로마서 6:7) 죽고 부활한 예수 그리스도의 구원 사건에 참여하는 세례받은 사람은 죽음과 죄의 힘 영역에서 해방되었다.(로마서 6:8-11) 그러나 세례받은 사람은 여전히 죽음과 죄가 지배하는 현실 안에 있다. 전투와 싸움 비유(로마서 6:12-23)에서 이 생생한 현실이 드러난다.

"이와 같이 여러분도 그리스도 예수와 함께 죽어서 죄의 권세를 벗어나 그와 함께 하느님을 위해서 살아야 한다고 생각하십시오."(로마서 6:11) 세례받은 사람은 자신의 새로운 존재를 윤리적으로 행동으로 드러내야 한다. "우리가 이미 죽어서 죄의 권세에서 벗어난 이상 어떻게 그대로 죄를 지으며 살 수 있겠습니까?"(로마서 6:2) 욕심에 굴복하지 말고(로마서 6:12a), 악의 도구가 아니라(로마서 6:13a) 하느님을 위한 정의의 도구로 살아야 한다. 그런데 이미 죄의 권세에서 벗어난 세례받은 사람에게 바울은 이런 권고를 사실 더 이상할 필요가 없지 않은가?

세례받은 사람은 죄에 대해 죽었지만, 죄 자체가 죽은 것은 아니다. 죽은 것은 우리 이전 인간이요 죄의 몸(로마서 6:6)이지만, 세상의 죄 자체는 죽지 않았다.[134] 죄는 세례받은 사람을 계속 유혹하고 노리고 있다. 죄의 권세에서 벗어나지 못한 세례받지 않은 사람들을 죄는 계속 지배하고 있다. 세례받지 않은 사람들은 세례받은 사람 가까이에서 살고 있다. 금연한 사람은 담배 연기 가득한 세상에서 흡연자들의 유혹에 여전히 시달린다. 흡연자 근처에 사는 금연한 사람은 자신도 모르게 담배 냄새가 몸에 밸 수 있다.

바울은 로마서 6장에서 믿음으로 의로움 표현을 쓰지 않았다. 믿음으로 의로움은 로마서 6장에서 세례와 연결되고 있다. 죄άμαρτία 단어가 로마서 6장에 16번, 로마서 7장에 15번 나온다. 로마서 6장과 7장은 연결되어 읽어야 한다는 뜻이다. 바울은 죄에서 벗어나 새로운 존재로 전환한다는 중요한 주제를 여기서 다루고 있다. 로마서 6장에는 참여를 나타내는 전치사 σὺν(로마서 6:8)과 접두사 σὺν-(로마서 6:4, 5, 6, 8)이 자주 나온다. 세례받은 사람은 그리스도 예수와 함께 사는 영원한 생명(로마서 6:23)의 영역에 들어섰다. 율법의 지배를 받는 것이 아니라 은총의 지배를 받고 있다.(로마서 6:14) 그렇다면, 죄에서 벗어났을 뿐만 아니라 새로운 존재로 전환한 세례받은 사람은 어떻게 살고 행동하여 영원한 생명에 참여할 것인가? 죄에서 해방된 새로운 존재는 이제 죄의 세력과 싸워야 한다. 로마서에서 믿음으로 의로움뿐만 아니라 새로운 존재로서 행동하는 삶이 또한 중요한 주제다. 하느님의 의로움δικαιοσύνη θεοῦ 주제가 로마서의 유일한 핵심이라고 주장하는 사람은 로마서를 절반만 본 셈이다.

성령과 자유

"여러분은 율법의 지배를 받는 것이 아니라 은총의 지배를 받고 있다."(로마서 6:14)는 표현은 바울 신학에서 거의 해결할 수 없는 문제를 던져주었다.[135] 율법은 이제 어떤 역할을 할 수 있는가? 왜 율법은 자신의 역할을 다 하지 못하게 되었는가? 죄, 율법, 성령 단어가 자주 등장하는 로마서 7장과 8장이 이 주제를 다룰 참이다. 갈라디아서에서 이 주제는 온통 부정적으로 설명하였지만, 로마서에서는 조금 달라진다. 바울은 율법을 죄와 연결(고린도전서 15:56: 갈라디아서 3:22)하여 설명하려는 것이다. 죄와 예수 그리스도의 적대 관계가 바울의 다른 편지에서보다 강하게 소개된다. 바울의 논의는 율법이 아니라 예수 그리스도에 대한 믿음(로마서 3:21)에서 시작하고 있다.

죄ἁμαρτία 단어는 신약성서에서 모두 173번 나온다. 바울의 일곱 편지에 59번 나오는데, 로마서에만 48번 있다. 죄와 관련되는 의로움δικαιοσύνη 단어는 신약성서에 91번, 바울 편지에 49번, 로마서에 34번 나온다. 하느님의 의로움δικαιοσύνη θεοῦ 단어는 신약성서에 7번 있다. 모두 바울 편지에만 나오고, 로마서에만 5번 있다. 율법νόμος 단어는 신약성서에 195번, 바울 편지에 118번, 로마서에만 74번 있다. 율법의 행업ἔργα νόμου 단어는 신약성서에 9번 있는데, 모두 바울 편지에만 있다. 갈라디아서에 6번, 로마서에 2번 있다. 은혜χάρις 단어는 신약성서에 156번, 바울 편지에 65번, 로마서에만 24번 있다. 바울의 제자들이 바울의 이름을 빌어 쓴 편지에서 하느님의 의로움이란 표현은 자취를 감추었다. 율법의 행업 단어도 사라졌다. 바울이 세상을 떠난 뒤 쓰여진 네 복음서에서 하느님의 의로움이나 율법의 행업이란 표현은 한 번도 나오지 않는다. 바울의 칭의론은 바울이 세상을 떠난 뒤 바울의 제자들도 외면했고, 예수 운동에서도 빠르게 잊혀져갔다.

바울은 로마서에서 율법의 약점을 증명해야 했다. 로마서는 죄의 상대로 예수 그리스도를 앞장세웠다. 마치 우주에서 죄와 예수 그리스도 단 둘이 싸우는 듯한 모습(로마서 1:16, 1:18-3:20)을 바울은 기획했다. 유다인은 이론과 실천 사이의 모순(로마서 2:1-3:8)으로, 유다인 아닌 사람은 다신론 숭배(로마서 1:23)로 바울에게 비판받았다. 유다인이 이론적으로 율법 행업을 실천할 수 있느냐가 바울 논의의 핵심은 아니다. 유다인이 인간이 율법 행업을 실천하는데 실패했다는 사실을 바울은 주목했다. 유다인 아닌 사람이나 유다인이나 인간은 모두 죄 아래 있다.πάντας ὑφ' ἁμαρτίαν εἶναι(로마서 3:9b) 바울은 죄를 인간을 넘어서는 세력으로, 지배자요 억압자라는 정치 개념으로 비유했다. 바울 당시에는 노예들이 아주 많았다. 죄는 로마서 5장과 6장에서 아담과 그리스도라는 신화적, 우주적 대결 차원과 세례라는 개인적 차원에서 드러났다. 로마서 7장에서 죄는 한 개인이 저항할 수 없는 엄청난 세력으로 묘사되었다. 죄 문제는 인간이 해결할 수 없다는 말을 바울은 하고 싶었던 것이다.

율법의 역할과 한계를 설명하기 위해 바울은 유다교의 혼인법과 죽음을 사례로 들어 설명하기 시작한다.(로마서 7:1-4)[136] 죽은 사람에게 율법은 더 이상 적용되지 못하므로(로마서 7:2-3), 그리스도의 죽음과 세례받은 사람이 그리스도와 함께 죽음은 율법에서 해방을 뜻한다는 것이다. "여러분도 이와 같이 그리스도와 한몸이 되어 죽음으로써 율법의 제약에서 벗어나"(로마서 7:4a)처럼, 세례는 죄에서의 해방 뿐 아니라 율법에서의 해방을 말한다. 예수 그리스도를 믿기 전 시대를 바울은 육 안에 있던 때ἐν τῇ σαρκί(로마서 7:5a)로 표현한다.

몸을 경멸하는 것이 아니라 예수 그리스도를 믿지 않았던 때를 가리킨다. 죄는 인간 밖에서 인간 안으로 침투했을 뿐만 아니라 인간 안에 자리잡고 산다.ἡ οἰκοῦσα ἐν ἐμοὶ ἁμαρτία(로마서 7:17b, 20b) 그 결과는 인간의 죽음이다. 그러나 이제νυνὶ δὲ(로마서 7:6a, 3:21a) 성령의 은사를 통해 세례받은 사람은 율법과 죄와 죽음의 영역에서 해방되었다. 죽은 글자, 즉 율법이 아니라 살아계신 성령에 의해 인도된다. "우리는 낡은 율법 문자를 따라 섬기지 않고 새로운 영을 따라 섬길 수 있게 되었습니다."(로마서 7:6b) 로마서 7장 1~4절은 이렇게 요약할 수 있다. 세례받은 사람의 과거는 율법과 죄와 죽음이 지배했지만, 하느님, 그리스도, 성령이 세례받은 사람의 현재를 이끌고 있다.[137]

바울이 율법과 죄가 아주 가깝다고 여러 차례 설명(로마서 3:20, 4:15, 5:13b, 7:5)했기 때문에, 율법과 죄를 동일시할 위험이 충분히 있었다. 그렇지 않다는 것을 바울은 보여주어야 했다. "율법이 죄란 말입니까? 그럴 수 없습니다.ὁ νόμος ἁμαρτία; μὴ γένοιτο"(로마서 7:7b)[138] 율법이 죄는 아니지만, 율법이 없었다면 죄가 무엇인지 몰랐을 것이다.(로마서 7:7b) 율법이 사람을 죄짓게 만들었다는 말이 아니라, 율법 덕분에 죄를 죄라고 비로소 알게 되었다. 도둑질을 벌하는 법이 있었기 때문에 도둑질을 한 것이 아니라, 도둑질을 벌하는 법이 있었던 덕택에 도둑질을 죄라고 알게 되었다. 도둑질을 벌하는 법이 없었다면, 인간 세상에서 도둑질이 아예 없었을 것이라는 말이 전혀 아니다.

율법과 죄가 같진 않지만 서로 실제로 연결된다는 사실을 설명하기 위해 바울은 에덴 동산 이야기[139]를 꺼내고 욕심ἐπιθυμία이란 단어를 등장시킨다.[140] 그리스 철학도 욕심을 부정적으로 평가하였다.[141] 로마서 7장 7절에서 주어 1인칭 단수 '나'는 아담 뿐 아니라 유다인과 모든 인간을 포함한다.[142] 율법은 계명에서, 죄는 욕심에서 구체화되기 때문에, 율법 덕분에 죄를 죄라고 알아차릴 수 있다. "그러나 죄는 그 틈을 타 계명을 통하여 내 안에 갖가지 욕정을 부추겨 놓았습니다. 실상 율법이 없으면 죄란 죽은 것입니다."(로마서 7:8) 하느님이 율법과 계명에서 원하시는 것과 반대 방향으로 죄는 율법과 계명을 악용할 수 있다는 말이다. 죄와 욕심에 물든 법조인은 법을 악용할 수 있다.

사람이 죄를 지었는데, 죄가 사람을 유혹한 것처럼 설명되었다. 죄지은 개인의 책임을 바울이 외면하는 것은 아니다. 죄가 인간 개인을 넘어서는 엄청난 힘이라고 바울이 이미 묘사했기 때문이다. 아침에 일어나 '해가 떴다'고 말하는 천체학자는 지구가 한 바퀴 회전했음을 모르지 않는다. "나는 그 전에 율법 없이 살고 있었습니다. 계명이 오자 죄가 살아났습니다."(로마서 7:9) 율법 없이 살았을 때, 나는 죄짓지 않았다는 말이 아니다. 계명 탓에 죄가 날뛰게 되었다는 말은 아니다. 최신 의료 기계가 전에 없었던 병을 생기게 만든 것은 아니고, 전에 있었지만 알아내지 못했던 병을 드디어 찾아냈을 뿐이다. 최신 의료기계 때문에 없었던 병이 새로 생겼다는 말이 아니다.

율법과 계명이 있기 전에도 죄는 있었고, 율법과 계명이 없었다 하더라도 죄는 있었다. 죄와 욕심이 문제지 율법과 계명이 문제인 것은 아니다. 죄와 욕심에 휘둘려 율법과 계명을 악용하는 사람이 문제지 율법과 계명이 문제인 것은 아니다. 율법과 계명이 있었기 때문에, 죄는 율법과 계명을 이용하여 자신의 존재를 세상에 널리 알리게 되었다. 바울은 죄ἁμαρτία의 보편성을 로마서 7장 8-11절에서 율법νόμος과 계명ἐντολή 단어를 등장시켜 해설한다.[143] 계명은 에덴 동산의 아담과, 율법은 시내 산의 모세와 연결되었다. 죄에 물든 인간의 처참한 현실을 바울은 이렇게 한탄했다. "죄가 그 틈을 타 계명을 통하여 나를 속였고 또 그것을 통하여 나를 죽였기 때문입니다."(로마서 7:11) 욕심이라는 단어는 바울의 죄 해설을 이해하는 열쇠다. 욕심 단어 덕분에, 죄에 가깝다는 인상을 주는 율법과 계명에도 긍정적인 모습이 있다고 바울은 분별력 있게 말할 수 있었다. "물론 율법은 거룩하며, 계명 역시 거룩하고 의롭고 선한 것입니다."(로마서 7:12) 그렇게 거룩하고 의롭고 선한 율법과 계명이 결국 죽음을 낳게 만든 원흉은 죄다.

죄가 문제다. 인간이 자신의 피부 밖으로 탈출할 수 없는 것처럼, 인간은 자신의 힘으로는 죄에서 벗어날 수 없다. 율법과 계명 탓이 아니다. 죄의 힘에 억눌린 인간의 처지를 설명하고 율법과 계명을 악마시하지 않기 위해 바울은 노력한다.(로마서 7:14-25a)[144] 로마서 7장 14-25a절 단락에서 바울은 인간의 지식, 의지, 행동에 대한 유다교와 그리스 철학의 생각을 참고한다.[145] "우리가 알기로, 율법은 영적인 것입니다. 그러나 나는 육적이요 죄의 종으로 팔린 몸입니다."(로마서 7:14) 율법은 영적으로, 죄의 종인 나는 육적으로 표현되고 서로 대립되었다.

영πνευματικός과 육σαρκινός을 대립시켜 놓는 구조는 바울 인간학의 특징 중 하나다. 로마서 7장 7-25절은 주로 바울 인간학을 논의한다[146]고 보거나 율법을 논의한다[147]는 의견이 있다. 7장 7-25절은 인간학을 더 논하느냐, 율법을 더 논하느냐 선택할 필요는 없다는 의견[148]도 있다. 바울이 영과 육이라는 단어로 인간 존재를 분석하고 있음은 분명하다. 인간 존재 나ἐγώ(로마서 7:14)[149]는 1인칭 단수로서 시편 22편 7절과 쿰란 문헌[150]에 등장한다. 1인칭 단수 나ἐγώ는 믿음의 관점에서 관찰되는 일반적인 인간 존재(로마서 8:1)와 현실을 가리킨다.[151] 로마서 7장에서 인간은 예수 전에 그리고 예수 없이 율법 아래 있는 인간을 나타낸다.[152]

죄에 팔린 인간의 현실을 바울은 이렇게 그렸다. "사실 나는 내가 하는 일을 알 수 없습니다. 내가 원하는 것은 실천하지 않고 도리어 내가 미워하는 것을 행하니 말입니다."(로마서 7:15) 의지와 행동이 분열된 인간의 모습은 그리스 철학[153]이나 유다교 문헌[154]도 이미 알고 있었다.[155] 율법 자체는 선하지만, 죄가 의지와 행동이 모순된 인간을 조종한다고 바울은 생각했다. "그런데 내가 원하지 않는 것을 행한다면 나는 율법이 좋다는 것을 시인하는 것입니다."(로마서 7:16) 죄가 마치 인간 안에 자리잡고 살면서 인간에게 명령을 내린다. "그렇다면 그와 같은 일을 하는 자는 이미 내가 아니라 내 안에 깃들어 있는 죄입니다."(로마서 1:17) 예수 그리스도를 믿는 사람 안에는 하느님의 영이 자리잡고 산다. "그러나 하느님의 영이 여러분 안에 살고 계시기만 한다면, 여러분은 육 안에 있지 않고 영 안에 있습니다. 그러나 누가 만일 그리스도의 영을 모시지 않고 있다면 그는 그분의 사람이 아닙니다."(로마서 8:9) 인간 안에서 죄와 그리스도가 다투는 로마서 7장은 예수 그리스도를 믿는 사람에게만 해당되고 이해되는 그림이다.[156]

바울은 탈출구 없는 비참한 인간 현실을 로마서 7장 18-20절에서 그렸다. "나는 내가 원하는 선은 행하지 않고 원하지 않는 악을 저지르기 때문입니다"(로마서 7:19) 인간 안에 똬리를 틀고 있는 죄는 인간이 선을 실천하지 못하게 방해하고 악을 저지르도록 부추긴다. 인간의 선한 의지가 오히려 악한 행동으로 구체화되어 버린다. "나는 좋은 일을 행하기를 원하는 내게서 한 가지 법칙νόμος을 발견합니다. 바로 악이 내게 붙어 있다는 것입니다."(로마서 7:21) 여기서 νόμος는 율법이 아니라 법칙으로 번역해야 옳다.[157] 하느님의 법과 죄의 법, 내 이성의 법과 내 지체 안의 또 다른 법, 내적 인간과 외적 인간이 인간 안에서 서로 대립하며 인간을 지배하기 위해 싸우고 있다.(로마서 7:22-25)[158] 하느님의 법νόμος τοῦ θεοῦ(로마서 7:22a)은 시내 산의 토라뿐 아니라 창조 이야기를 포함한다. 하느님의 법은 유다인 아닌 사람에게도 주어졌다.(로마서 1:19, 2:14, 7:7-13)[159] 내적 인간과 외적 인간이란 단어는 바울이 플라톤 철학의 영향을 받았음을 알려주고 있다.[160] 죄의 법νόμος τῆς ἁμαρτίας(로마서 7:23b)이 율법을 가리킨다고[161] 볼 수는 없다.

인간 안에 자리잡고 사는 죄가 인간을 지배하고 통제하기 때문에, 인간은 스스로 선을 선택하고 악을 저버릴 수 없다. "나는 내 지체 안에서 또 다른 법을 알아봅니다. 그것은 내 이성의 법을 거슬러 싸우며 내 지체 안에 있는 죄의 법 안에 나를 사로잡고 있습니다."(로마서 7:23) 분열된 인간은 스스로 자신을 다시 통합할 수 없는 처지에 있다.[162] "비참한 인간, 그것은 바로 나입니다. 누가 이 죽음의 몸에서 나를 구해 내겠습니까?"(로마서 7:23) 로마서 7장 논리에 따르면, 아무도 비참한 인간을 죽음의 몸에서 구해줄 수 없다. 바울과 그리스 철학의 답변은 여기에서 결정적으로 다르다. 에펙테투스는 인간의 모순을 이성에게 있는 그대로 보여주라고 조언[163]했을 뿐이다. 바울은 인간 이성에 대한 절대적 신뢰를 갖고 있지 않다. "누가 이 죽음의 몸에서 나를 구해 내겠습니까?"(로마서 7:23) 말한 바울은 곧이어 "우리 주 예수 그리스도를 통하여 하느님께 감사합니다."(로마서 7:25a)라고 고백하고 있다. 감사할 만한 이유를 알고 있다는 말이다.

그런데 하느님께 감사한다고 말한 바울이 곧바로 이렇게 말한 것은 자연스럽게 보이진 않는다. "그러므로 나 자신은 이성으로는 하느님의 법을 섬기지만 육으로는 죄의 법을 섬기고 있습니다."(로마서 7:25b) 이 구절이 바울의 저작[164]이라고 보아야 하는가? 아니면 후대에 어느 성서 필사자가 써넣은 구절[165]일까? 문맥의 흐름으로 보아 바울이 쓴 구절이 아니라고 나는 추측한다. 좌우간 바울은 비참한 인간을 죽음의 몸에서 구해줄 해답을 갖고 있는 듯하다. 죄는 인간이 어찌할 수 없는 우주적 힘(로마서 5:12)이므로, 또 다른 어떤 우주적 힘이 죄를 극복하고 이겨낼 수 있다고 바울은 말하려는 듯하다. 그것이 바로 죽은 사람 중에서 부활한 예수 그리스도다. 이 설명은 로마서 8장에 나온다. 로마서 7장은 로마서 8장을 안내하고 있다.

로마서 8장은 예수 그리스도를 믿는 사람들이 성령 안에서 살아간다고 소개한다. 앞에서 바울은 한편으로 율법을 사실상 죄처럼 부정적으로 묘사했고(로마서 3:20, 4:15, 6:14, 7:7-11), 다른 편으로 율법은 거룩하며, 계명 역시 거룩하고 의롭고 선한 것(로마서 7:12)으로 해설했었다. 이제 바울은 νόμος τοῦ πνεύματος(로마서 8:3a)라는 새로운 표현을 등장시킨다. 여기서 νόμος는 토라[166]가 아니라 규칙이나 원리[167]를 가리킨다. 영의 율법보다 영의 법이라고 번역하는 것이 옳겠다.

단어 νόμος가 시내 산 토라를 가리키는 곳은 로마서 8장 3절부터 시작한다. 그리스도는 부활하심으로 죄와 죽음의 힘을 이기셨다.(로마서 8:3) 죄와 죽음에서의 해방은 예수 그리스도를 믿는 사람의 삶에서 성령을 통해 실현되며 성령 안에 존재한다. 하느님께서 당신 아들을 보내셔서 우리 안에서 율법의 요구δικαίωμα τοῦ νόμου(로마서 8:4)가 채워졌다. 율법의 요구는 사랑의 완성을 가리킨다.[168] "남을 사랑하는 사람은 이미 율법을 완성했습니다."(로마서 13:8) 예수 그리스도 안에서 하느님의 사랑을 통해 죄의 힘이 무너졌고, 율법이 완성되었다. 예수 그리스도를 믿는 사람이 믿기 전과 후에 인간 존재의 구조가 어땠는지 바울이 뒤돌아본 곳이 로마서 7장 7절-8장 4절이다.

예수 그리스도를 믿는 사람은 이제 자신이 육의 영역에서 벗어나고 영의 원칙 아래 있음을 안다. 바울은 이 사실을 로마서 8장 5-8절에서 설명한다.[169] 여기서 육σάρξ, 영πνεῦμα 단어가 서로 배척하고 대립하는 관계로 등장한다.(로마서 8:5) 하느님의 영이 예수 그리스도를 믿는 사람 안에 살아있기 때문에(로마서 8:9), 예수 그리스도를 믿는 사람은 아직 육 안에서ἐν σαρκì(로마서 8:8a) 살고 있지만 육에 따라 κατὰ σάρκα(로마서 8:5a) 살지는 않는다. 육은 죽음을, 영은 생명을 목표로 한다.(로마서 8:13)

영육 이원론은 유다교 지혜문학에서 시작된 듯하다.(지혜서 7:1, 6:14, 9:5, 15, 17)[170] 바울 이전에 이스라엘 밖 예수 운동 전승에서도 영육 이원론을 찾을 수 있다.(로마서 1:3b-4a; 갈라디아서 5:16)[171] 영육 이원론은 바울에게 형이상학적 이원론이 아니라 역사적 이원론이다.[172] 인간의 몸과 마음이 어떻게 이루어졌느냐가 아니라, 인간이 하느님을 따라 사느냐 따라 살지 않느냐를 다룬다는 뜻이다.

인간에 대한 하느님의 행동은 인간의 몸과 무관하지 않다. 인간이 하느님을 따라 사느냐, 따라 살지 않느냐 잘 드러나는 곳이 인간의 몸이다. 세례받기 전 죽음의 사슬에 시달리던 몸은 세례받은 후 생명을 주시는 영에 봉사하는 도구가 된다. 몸이 새로운 창조물이 된 것이다.(고린도후서 5:17) 세례받은 사람은 성령의 법에 따라 산다. "그리고 예수를 죽은 자들 가운데서 다시 살리신 분의 성령께서 여러분 안에 계시면, 그리스도를 죽은 자들 가운데서 다시 살리신 분께서 여러분 안에 살아 계신 당신의 성령을 시켜 여러분의 죽을 몸까지도 살려주실 것입니다."(로마서 8:11)

세례 받은 사람은 이제 세상과 역사를 어떻게 보아야 하는가? 세례 사건이 개인을 넘어 우주적 차원까지 어떻게 연결되고 어떤 의미가 있는지(로마서 8:18-30) 바울은 승리의 찬가(로마서 8:31-39)를 통해 소개한다. 세례를 개인적 사건으로 좁혀 해석하면 안 된다는 뜻이다. 로마서 8장에 피조물κτίσις 단어가 성령πνεῦμα(로마서 8:13, 14,

15, 16, 23, 26, 27)과 연결되어 자주 나온다.(로마서 8:19, 20, 21, 22, 39) 피조물 단어는 신약성서에 19번 있는데, 그 중 9번이 바울 편지에, 7번이 로마서에 있다.

로마서 8장에서 피조물κτίσις 뜻이 무엇인지 알기가 쉽지 않다.[173] "모든 피조물은 하느님의 자녀들이 나타나기를 간절히 기다리고 있습니다."(로마서 8:19)를 보면, 하느님의 자녀들은 피조물에서 제외된 듯 보인다. "곧 피조물에게도 멸망의 사슬에서 풀려나서 하느님의 자녀들이 누리는 영광스러운 자유에 참여할 날이 올 것입니다."(로마서 8:21)에서도 마찬가지다. 그런데 "피조물만이 아니라 성령을 하느님의 첫 선물로 받은 우리 자신도 하느님의 자녀가 되는 날과 우리의 몸이 해방될 날을 고대하면서 속으로 신음하고 있습니다."(로마서 8:23)에서는 세례받은 사람이 하느님의 자녀가 되는 날을 기다린다고 나와 있다. 피조물κτίσις은 예수 그리스도를 믿지 않는 사람과 인간 아닌 피조물을 가리킨다는 의견[174]과 주로 인간 아닌 피조물을 가리킨다는 의견[175]이 있다.

"장차 우리에게 나타날 영광에 비추어 보면 지금 우리가 겪고 있는 고통은 아무것도 아니라고 생각합니다."(로마서 8:18) 바울은 유다교 묵시문학(다니엘 7:21-22, 25-27; 4에즈라 13:16-19), 로마 제국 황제 숭배 사상[176]에서 널리 퍼졌던 영광의 시대가 다가온다는 생각을 빌려 썼다. 모든 피조물은 예수 그리스도 오심과 함께 시작되는 하느님 영광의 드러남에 받아들여질 것이다. 그러나 "우리는 모든 피조물이 오늘날까지 다 함께 신음하며 진통을 겪고 있다는 것을 알고 있습니다."(로마서 8:22) 희망ἐλπίς(로마서 5:2, 4; 8:20, 24), 사랑ἀγάπη(로마서 5:5, 8; 8:35, 39), 영πνεῦμα(로마서 5:5; 8:2, 23, 26), 생명(로마서 5:10, 17, 20; 8:2, 10, 38) 등 로마서 5장에서 사용했던 주요 단어들이 8장에 다시 나온다.[177] 피조물이 제 구실을 못하게 된 것(로마서 8:20a)은 아담과 연결되었다. "한 사람이 죄를 지어 이 세상에 죄가 들어왔고 죄는 또한 죽음을 불러들인 것 같이 모든 사람이 죄를 지어 죽음이 온 인류에게 미치게 되었습니다."(로마서 5:12)

죽음에서의 해방(로마서 5장), 죄에서의 해방(로마서 6장), 율법에서의 해방(로마서 7장)은 예수 그리스도를 믿는 사람이 희망을 향하도록 하는 구원ἐλπίδι ἐσώθημεν(로마서 8:24)의 근거다. 예수 그리스도를 믿는 사람은 곧 다가올 하느님의 심판을 의식하지 않을 수 없다. 그러나 하느님은 미리 알아 택하신 이들을 당신 아드님 모습과 한 모양이 되도록(로마서 8:29a), 그리스도 예수가 우리를 위해 대신 기도하도록 정해놓으셨다.(로마서 8:34b) 그러니 "누가 우리를 그리스도의 사랑에서 갈라놓겠습니까?"(로마서 8:35a) 환난, 궁핍, 핍박, 굶주림, 헐벗음, 위험, 칼(로마서 8:35b) 등 현재와 미래의 고통이 그리스도의 사랑에서 인간을 갈라놓을 수 없다.

예수의 부활로 죄와 죽음에서 해방된 예수 그리스도를 믿는 사람은 자기 자신의 삶뿐만 아니라 우주까지 영향이 미친다는 것이 바울의 해설이다. 우주의 그 변혁 과정에 지금 우리가 참여하고 있다. 바울 편지 어디에도 로마서 8장 31-39절보다 바울의 우주적 보편적 관점이 더 잘 드러난 곳은 없다.[178] 현재의 고통과 하느님 심판도 예수 그리스도를 믿는 사람을 두렵게 만들 수는 없다. "죽음이나 생명도, 천사들이나 권세자들도, 현재 일이나 장래 일도, 능력도, 높이나 깊이도, 다른 어떠한 피조물도 우리 주 예수 그리스도 안에 있는 하느님의 이 사랑에서 우리를 갈라 놓을 수 없을 것입니다."(로마서 8:38-39) 바울은 당시 지식 수준에 근거하여 우주의 모든 존재를 신화적인 어법으로 통털어 표현하고 있다. 바울은 창조부터 종말까지 두루 보며 말한다. 인간과 자연은 하느님이라는 근원에서 공통점이 있을 뿐만 아니라 그 운명에서도 하느님 안에 서로 연결되어 있다. 인간과 자연은 형제자매다. 창조의 하느님은 구원의 하느님이요 완성의 하느님이다.

로마서에서 죄에 대한 바울의 생각은 크게 세 가지 모습으로 등장했다.[179] 죄는 인간이 스스로 잘못 생각하고 행동한 결과다.(로마서 1:18-3:20) 죄는 또한 개인의 행동에 앞서 있는 보편적인 세력이요 힘이다.(로마서 5:12-21) 보편적인 세력이요 힘인 죄는 또한 개인의 경험에 연결된다.(로마서 7:14-25) 세상 처음(로마서 5장)과 마지막에 (로마서 8장) 멸망의 죄와 구원의 예수 그리스도가 우주적 싸움을 벌인다. 죄가 무엇이냐? 예수 그리스도는 누구인가? 두 주제가 바울에게 연결되어 있다. 바울의 이전 편지에서는 볼 수 없는 대결 모습이다. 바울은 죄를 예수 그리스도와 대결시켜서 결국 죄에 대한 예수 그리스도의 승리를 로마서에서 이끌어내고 있다. 죄와 예수 그리스도와의 대결에서 승자는 예수 그리스도다.

이스라엘 문제

예수 그리스도와 이스라엘 관계는 어떻게 되는 것일까? 예수 그리스도 안에서 하느님의 의로움이 나타났다면, 이스라엘에 주어진 하느님의 약속은 어떻게 되는 것일까?(로마서 9:14; 10:3)[180] 이스라엘에 주어진 하느님 약속 주제는 로마서 3장 1-8절에서 다루어졌고[181] 로마서 9-11장에서 자세히 언급된다. 바울은 이스라엘 문제를 모든 피조물과 모든 인간의 구원을 다룬 로마서 8장 18-39절 뒤로 배치했다. 이스라엘의 운명은 마지막 시대에 하느님 구원 행동의 일부이기 때문이다.[182]

바울이 언급하는 이스라엘은 누구를 가리킬까? 로마서에서 이스라엘 Ἰσραὴλ 단어는 9-11장에서만 나타나고, 모두 11번 있다. 이스라엘을 가리키는 단어 하느님의 백성ὁ θεὸς τὸν λαὸν αὑτοῦ도 로마서 9-11장에 있다.(로마서 9:25, 10:21, 11:1, 2) 바울 편지들에서 다섯 가지로 나눌 수 있다.[183] 첫째, 모든 유다인, 즉 예수 그리스도를 믿는 유다인과 그렇지 않은 유다인을 모두 포함하여 가리킨다.(로마서 9:6ab., 7a; 11:7b, 25, 26) 둘째, 예수 그리스도를 믿지 않는 유다인을 가리킨다.(로마서 9:31, 10:19, 11:7c) 셋째, 과거의 유다인을 가리킨다.(로마서 11:2) 넷째, 예수 그리스도를 믿는 유다인을 가리킨다.(로마서 9:6b, 27c; 11:5, 7) 다섯째, 예수 그리스도를 믿는 유다인과 유다인 아닌 사람들을 가리킨다.(갈라디아서 3:26, 29; 6:16)

바울은 이미 "복음은 먼저 유다인들에게Ἰουδαίῳ τε πρῶτον, 그리고 이방인들에게까지 믿는 사람이면 누구에게나 구원을 가져다 주시는 하느님의 능력입니다."(로마서 1:16b)라고 말했었다. 복음은 먼저 유다인을 향한다는 것이다. 그러면, 유다인의 나은 점은 무엇일까? 바울 생각에, 여러모로 많이 있다.πολὺ κατὰ πάντα(로마서 3:2a) 무엇보다도 하느님께서 유다인들에게 당신의 말씀을τὰ λόγια τοῦ θεοῦ

맡겨주셨다.(로마서 3:2b) 그런데 바울은 "우리 유다인들이 뛰어난 게 있습니까? 전혀 없습니다."(로마서 3:9b)라고 유다인의 나은 점을 부인하며 앞에서 했던 논의를 갑자기 흐트려 놓았다.[184] 바울은 하느님에 대한 유다인의 충실하지 못함을 보여주려 한다.

유다인이 하느님께 충실하지 못했다면, 유다인에 대한 하느님의 충실함은 어떻게 되는 것일까? 바울의 마음에 우선 크나큰 슬픔과 끊임없는 아픔이 있다.(로마서 9:2) 바울의 동족 유다인 대부분이 예수 그리스도 안에서 나타난 하느님의 계시를 받아들이지 않았기 때문이다. 바울은 동족 형제자매들을 위해서라면 그리스도로부터 갈라져 기꺼이 저주라도 받고 싶은 심정이다.(로마서 9:3) 동족 이스라엘 사람들에게 하느님의 자녀가 되는 자격과 영광과 계약들과 율법의 제정과 예배와 언약들이 있다.(로마서 9:4) 바울 선조들도, 그리스도 또한 바울처럼 이스라엘 사람 아닌가?(로마서 9:5a)

그렇다고 하느님의 말씀이 무효가 된 것은 아니다.(로마서 9:6a) 하느님에 대한 유다인의 충실하지 못함이 유다인에 대한 하느님의 신의를 무력하게 만들 수는 없다.(로마서 3:3b)[185] 하느님은 의로우신 분이기 때문이다. 바울은 로마서 9장 6절부터 여러 근거로 하느님의 말씀이 무효가 되지 않는다고 설명한다. 바울에 따르면, 이스라엘 태생이라고 해서 모두 이스라엘은 아니다.(로마서 9:6b)[186] 같은 생각이 쿰란 문헌에도 보인다. 핏줄로 자녀가 곧바로 하느님의 자녀가 아니라, 약속의 자녀이라야 후손으로 간주된다.(로마서 8:8) 바울은 약속의 백성 개념을 새롭게 정의하여 하느님의 충실함을 역설할 여유를 마련했다.[187]

이스라엘 태생이라고 모두 이스라엘은 아니다라는 주장(로마서 9:6b)을 로마서 9장 7-9절은 뒷받침한다. 진짜 이스라엘은 이스마엘 후손이 아니라 이삭의 후손들이다.(로마서 9:7b) 이스라엘의 일부만 진짜 이스라엘이라는 말이다. 야곱과 에서는 같은 부모에게서 나왔지만, 그들이 태어나기도 전에 하느님은 야곱은 사랑했지만 에서는 미워했다.(로마서 9:13; 창세기 21:12) 누구를 부르시느냐 여부는 오직 하느님의 자유로운 결단에 달려 있다.[188] 누구도 출신이나 행업을 근거로 하느님의 결단을 요구할 수는 없다. "나는 내가 불쌍히 여기는 자를 불쌍히 여기겠고 가엾이 여기는 자를 가엾이 여기겠다."(출애굽기 33:19) 그러면, 하느님이 불공정하시다고 말해야 할까?(로마서 9:14b) 그럴 수는 없다. "하느님의 선택을 받고 안 받는 것은 인간의 의지나 노력에 달려 있는 것이 아니라 오직 하느님의 자비에 달려 있습니다."(로마서 9:16) 하느님은 당신이 원하시는 자를 불쌍히 여기시고 당신이 원하시는 자를 완고하게 하신다.(로마서 9:18; 출애굽기 9:16)

하느님 멋대로 결정하신다면, 인간은 아무 책임도 질 필요가 없다는 말일까? 하느님이 당신 맘대로 결정하신다면, 하느님은 왜 죄인을 벌하시고 나무라시는가? "그렇다면 그분은 왜 아직도 꾸짖으시는가? 사실 누가 그분의 뜻을 거역할 수 있겠는가?"(로마서 9:19b) 바울은 로마서 9장 19-21절에서 이 질문에 응답한다. 작품이 제작자에게 "왜 나를 이렇게 만들었습니까?" 하고 말할 수 있을까?(로마서 9:20b) 옹기장이가 같은 흙덩이를 가지고 어떤 것은 귀한 데 쓰는 그릇으로 만들고 어떤 것은 천한 데 쓰는 그릇으로 만들 권리가 없다는 것일까.(로마서 9:21) 하느님과 인간은 같은 차원에 있지 않다는 사실을 바울은 근거로 내세우고 있다.[189]

바울은 이스라엘의 잘못을 로마서 9장 30절-10장 21절에서 말하고 있다. 로마서 9장 30-33절에서 유다인 아닌 사람의 믿음으로 이루어진 의로움과 유다인의 율법으로 구하려는 의로움이 맞서 있다. 바울은 유다인이 믿음을 통해 의로움을 얻으려 하지 않고 행업을 통해 얻으려고 한 것이 잘못이라고 말한다.(로마서 9:32b) 하느님께서 걸림돌 하나를 율법으로 의로움을 구하려는 길에 놓으셨다.(로마서 9:33a) 로마서 9장 1-29절에서 누가 예수 그리스도를 믿고 안 믿을지 하느님이 멋대로 결정하셨기 때문에, 유다인이 예수 그리스도를 받아들이지 못한 것처럼 들렸었다. 그런데 로마서 9장 30-33절에서는 유다인이 자기 잘못으로 예수 그리스도를 믿지 않은 것처럼 들린다. 유다인에게도 예수 그리스도를 믿을 기회가 충분히 있었다는 듯 말이다.

바울은 좌우간 동족이 구원받기를 간절히 원하고 하느님께 바라고 있다.(로마서 10:1) 바울은 한편으로 하느님께 대한 유다인의 열성은 충분히 인정하지만, 그 열성이 제대로 알고서 내는 열정은 아니라고 말한다.(로마서 10:2) 하느님의 의로움을 알아보지 못한 탓에 자기 나름의 의로움을 세우려고 했지, 하느님의 의로움을 존중하지 않았다는 것이다.(로마서 10:3) 그리스도는 율법의 마침이 되어 믿는 모든 이에게 의로움이 되어 주셨기 때문이다.(로마서 10:4) 유다인이 그리스도를 믿고 받아들여야 했다는 말이다. 자기 나름의 의로움을 세우려고 했던 것은 헛된 수고였다는 것이다.[190]

Τέλος γὰρ νόμου Χριστός(로마서 10:4a)를 어떻게 번역할까? 크게 네 가지 제안이 있다.[191]

첫째, 그리스도는 율법의 완성이다. 루터Luther[192]와 칼뱅Calvin[193]이 그렇게 주장하였고 최근에도 그렇게 생각하는 학자도 있다.[194]

둘째, 그리스도는 율법의 목표다. 율법의 완성에서 율법의 목표를 볼 수 있기 때문에 첫째 의견과 가깝게 연결된다. 이 의견을 함께하는 학자들이 최근에 늘고 있다.[195] 로마서 9장 30절-10장 21절을 전체적으로 본다면, 이 의견이 적절하다.[196]

셋째, 그리스도는 율법의 끝이다. 구원의 길로서 율법을 그리스도가 극복했다.[197] 또는 토라의 역할이 그리스도에 의해 끝났다.[198] 율법의 끝은 예수 그리스도를 믿고 사는 사람에게만 해당된다[199]는 사실이 중요하다. 예수 그리스도를 믿지 않는 유다인들은 여전히 율법을 구원의 길로 믿고 살아가고 있고, 그들에게 율법의 역할은 없어지지 않았다.[200]

넷째, 그리스도는 율법의 완성이고 목표이고 끝이다. 셋을 모두 포함하는 의견이다.[201] 목표 지점을 통과하면 달리기는 끝난다.(로마서 9:31-32)[202]

Τέλος 단어로 바울은 무슨 말을 하고 싶었을까? 율법과 그리스도의 연결을 강조하려 했을까? 단절을 강조하려 했을까?[203] 율법 역할이 끝장났다고 말하려는 것이 아니라 율법이 예수에게 연결되고 완성되었다고 바울은 말하고 싶었다.

로마서 10장 4절에서 주어와 술어는 무엇이냐도 중요하다. 대부분의 번역과 주석서에서 그리스도Χριστὸς는 주어로, 율법의 목표요 끝τέλος νόμου은 술어로 여겨졌다.[204] 그런데 율법의 목표요 끝τέλος νόμου은 주어로, 그리스도Χριστὸς는 술어로 보자는 의견이 있었다.[205] 율법의 목표요 끝τέλος νόμου이 주제고, 그리스도Χριστὸς는 해설이라는 이유에서다. 이 제안을 지지하는 의견[206]이 반대 의견[207]보다 강하다.

바울은 그리스도를 통해 율법의 목표요 끝τέλος을 설명하려 했는가, 아니면 율법의 목표요 끝τέλος을 통해 그리스도를 설명하려 했는가. 로마서 10장 4절은 그리스도에 대한 문장인가, 아니면 토라에 대한 문장인가.[208] 율법의 목표요 끝τέλος νόμου은 주어요 그리스도 Χριστὸς는 술어로 보는 편이 적절하다.[209]

바울은 율법과 복음 사이에 연결이 있다는 사실을 몰랐기 때문에 많은 유다인이 예수 그리스도를 믿지 않았다고 생각한 것이다. 율법과 복음 사이에 연결이 있다고 바울은 분명히 강조하고 있다.

하느님의 의로움은 예수 그리스도에 대한 믿음을 통해 누구나 이를 수 있다. 유다인은 예수 그리스도를 믿으면 하느님의 의로움에 이를 수 있다. 유다인 아닌 사람은, 율법을 지키거나 유다인이 될 필요 없이, 예수 그리스도를 믿으면 하느님의 의로움에 이를 수 있다. 유다인은 율법과 예수 그리스도가 연결되고, 유다인 아닌 사람은 율법을 알 필요 없이 예수 그리스도만 믿으면 된다.

유다인은 하느님의 의로움에 이르는 길이라고 배웠던 그 길을 꾸준히 걸었는데, 결국 도달하지 못했다. 유다인 아닌 사람은 하느님의 의로움에 이르는 길을 생각하지도 않았고 찾지도 않았는데, 걷다 보니 어느덧 하느님의 의로움에 이르게 되었다. 두 길에서 핵심은 예수 그리스도라는 돌을 만나는 일이다. 예수 그리스도를 믿는 사람은 누구나 구원 받지만, 믿는 사람만 구원 받는다.[210] 바울이 이스라엘의 잘못이라고 길게 설명한 것을 한마디로 요약하면 "유다교는 그리스도교가 아니기 때문이다."[211]

바울은 로마서 10장 5-13절에서 의로움이 율법의 행업을 통해 얻지 못한다는 주장을 구약성서를 빌어 다시 설명한다. 토라를 향한 구약성서 구절을 토라를 반대하는 뜻으로 해석하고 있다. 온 세상을 돌아다니며 예수 그리스도를 전하는 사람들이 있다.(로마서 10:14-17) 그러니 이스라엘은 복음을 듣지 못했다고 변명할 수도 없다. 그러면 이스라엘은 왜 복음을 받아들이지 않았을까? 구약성서가 이미 답을 내놓았다는 것이다. "이스라엘에 대해서는 '나는 온 종일 내 팔을 벌려 이 백성을 기다렸으나 그들은 순종하지 않고 오히려 나를 거역하고 있다.' 하고 말하였습니다."(로마서 10:21) 이스라엘은 자기 잘못으로 하느님을 존중하지 않았다는 것이다. 이스라엘은 책임져야 한다는 바울의 이 설명은 로마서 9장 1-29절 설명과 잘 어울리지는 않는다.[212] 한편으로 하느님이 이스라엘을 그렇게 만들어 놓으셨다고 하고, 다른 편으로는 이스라엘은 책임져야 한다니 말이다.

바울의 두 논증에 빈 틈이 있다. 하느님께 선택받은 이스라엘 백성이 어떻게 예수 그리스도 안에서 나타난 하느님의 뜻을 받아들이지 않았을까? 바울의 힘으로는 도저히 설명할 수 없는 이 질문에 바울은 답해야만 했고, 또한 답하려 애썼다. 결국 바울은 답을 찾아내지 못하고 하느님께 떠넘기게 된다. 하느님께 선택받은 이스라엘 백성이 하느님의 뜻을 받아들이지 않았다는 모순과 현실 앞에서 바울은 고뇌했다. 자신이 생각할 수 있는 모든 논리를 짜내어 바울은 이 충격을 해명하려 했다. 이해할 수 없는 현실과 어떻게든 이 현실을 돌파하려는 노력을 바울은 복음을 전파하면서 처절하게 느꼈다.

이스라엘의 구원

로마서 11장은 바울이 하느님께 공을 떠넘기는 단락이다. "하느님께서 당신의 백성을 버리셨다고 할 수 있겠습니까? 절대로 그렇지 않습니다."(로마서 11:1a) 유다인 바울 자신이 하느님께서 당신 백성을 버리시지 않았다는 살아있는 증인이다.(로마서 11:1b) 다 망할 것 같았던 엘리야 시대에도 바알 신 앞에 무릎을 꿇지 않은 사람이 이스라엘에 칠천 명이나 있지 않았던가.(로마서 11:4) 은총으로 뽑힌 사람들이λεῖμμα κατ' ἐκλογὴν χάριτος(로마서 11:5) 지금도 남아 있다. 하느님의 결정으로 대부분의 이스라엘이 예수 그리스도를 받아들이지 않았고, 하느님의 자비로 일부 유다인이 받아들였다는 바울의 설명이다.[213] 예수 그리스도를 받아들인 일부 유다인이 곧 하느님께서 당신 백성을 다 버리지는 않으셨다는 증언이다. 이스라엘은 뽑힌 사람들ἡ ἐκλογή과 나머지 사람들οἱ δὲ λοιποί로 분열되었다.(로마서 11:7) 하느님이 친히 이 분열을 결정하셨다. 바울에 따르면, 대부분의 이스라엘은 하느님의 뜻에 따라 예수 그리스도를 받아들이지 않았다. "하느님께서 그들에게 혼미한 정신을 주셔서 오늘날까지 그들은 눈을 가지고도 보지 못하고 귀를 가지고도 듣지 못하게 되었다." 하신 성서의 말씀대로 되었습니다."(로마서 11:8)

이스라엘의 구원을 본격적으로 설명하는 로마서 11장 11-32절은 네 부분으로 나눌 수 있다.[214] "오히려 그들의 범법으로 구원이 유다인 아닌 민족들에게까지 이르렀으니, 그것은 그들로 하여금 질투하게 하려는 것이었습니다."(로마서 11:11b) 대부분의 이스라엘이 예수 그리스도를 받아들이지 않았던 사실이 오히려 유다인 아닌 민족들의 구원에 결국 도움이 되었다는 논리다. 대부분 이스라엘의 완고함이 도리어 긍정적인 평가를 받게 되었다. 예수 그리스도를 받아들이지 않았던 대부분의 이스라엘은 기획자 하느님에 의해 유다인 아닌 민족들의 구원을 위한 악역을 맡았다는 뜻이다.

유다인 아닌 민족에 대한 바울 선교는 결국 유다인의 구원을 위한 일이기도 하다. "내가 나의 혈육에게 질투심을 일으켜 혹시 그들 가운데서 다만 몇이라도 구원할 수 있지 않을까 해서입니다."(로마서 11:14) 그런데 로마서 11장 14절은 유다인 아닌 민족들의 구원을 위해 자신이 뽑혔다는 설명(갈라디아서 1:15)과 똑같지는 않다. 바울은 유다인 아닌 사람들에게만 복음을 전하기로 했다는 말(갈라디아서 2:9)과 모순되기도 한다. 바울의 이 새로운 설명은 뒤늦게야 덧붙인 합리화[215]라고 볼 수밖에 없다. 율법에 대한 바울의 태도가 유다인이 예수 그리스도를 받아들이지 못하게 방해한 이유 아니냐는 항의(사도행전 21:21, 28)에 바울은 해명해야 했다.

"신 아닌 것을 모시어 내 질투심을 터뜨리고 허수아비를 섬겨 내 속을 썩여주었으니, 나 또한 사람이라고 할 수 없는 것들을 돌봐주어 그들로 하여금 질투를 하게 하고 무지한 민족을 돌봐주어 그들의 속을 썩여주리라."(신명기 32:21) 구절을 바울은 복음 전파 과정에서 깊이 사색한 것은 아닐까?[216] 신명기 32장 21절은 로마서 10장 10절, 11장 11, 14절과 연결되었다. "그들이 버림받은 결과로 하느님과 세상 사이에 화해가 이루어졌다면, 하느님께서 그들을 다시 받아주실 때 어떻게 되겠습니까? 죽었던 사람들에게 생명을 주실 것이 분명합니다."(로마서 11:15)

로마서 11장 16절에 두 비유가 등장한다. "떡 반죽에서 떼낸 첫 부분을 하느님께 드리면 그 반죽덩어리 전체도 거룩합니다."(로마서 11:16a)는 "처음 반죽한 떡반죽에서 한 덩이를 떼어 야훼께 예물로 바쳐야 한다."(민수기 15:20)에서 온 듯하다. 반죽 어느 부분이나 모두 같은 품질이니, 첫 부분이나 마지막 부분이나 똑같이 거룩하다. "또 나무 뿌리가 거룩하면 그 가지도 다 거룩합니다."(로마서 11:16b)는 "뿌리가 물을 마음껏 빨아들여 키는 크고 가지는 멋있게 뻗었다."(에스겔 31:7; 호세아 14:6-7)에서 온 듯하다. 뿌리가 가지를 지탱하고 가지는 뿌리에 의지하는 모습을 그렸다.

반죽 첫 부분ἀπαρχή과 뿌리ῥίζα는 모두 이스라엘 선조들을 가리킨다고 보는 것이 적절하겠다.[217]

로마서 11장 11-32절의 둘째 부분인 로마서 11장 17-24절에서 올리브나무 비유가 등장한다. 여기서 유다인은 하느님 백성으로, 유다인 아닌 사람은 유다 백성을 가까이 하고 싶은 사람으로 설정되었다.[218] 유다인은 올리브나무요, 잘려나간 올리브나무 가지에 접붙일 야생 올리브나무 가지다.(로마서 11:17) 유다인은 모든 민족에게 구원을 줄 뿌리다.(로마서 11:18b) 몇 가지 잘려나갔다고 해서 유다인이 더 이상 올리브나무가 아닌 것은 아니다. 접붙여진 야생 올리브나무 가지가 자기 자신을 자랑할 것은 없다.(로마서 11:20b) 바울은 접붙여진 야생 올리브나무 가지, 즉 예수 그리스도를 믿는 유다인 아닌 사람들에게 올리브나무인 이스라엘을 무시하지 말라고 경고하고 있다. 예수 그리스도를 믿는 유다인 아닌 사람들이 믿음과 사랑을 버린다면, 하느님에 의해 잘려나갈 수 있다.(로마서 11:20-22)

"믿지 않았던 탓에 잘려 나갔던 가지들이 믿게 되면, 하느님께서는 그 가지들도 접붙여 주실 것입니다."(로마서 11:23a) 이스라엘의 완고함은 시간적으로 한계가 있을 것이다.[219]

로마서 11장 17-22절은 예수 그리스도를 믿는 유다인 아닌 사람의 운명을, 로마서 11장 23-24절은 예수 그리스도를 믿지 않는 유다인의 운명을 다루고 있다. 잘려 나간 올리브 가지는 예수 그리스도를 믿지 않는 유다인을, 접붙여진 야생 올리브나무 가지는 예수 그리스도를 믿는 유다인 아닌 사람을 가리킨다.

바울은 재배 올리브나무와 야생 올리브나무를 구분하였다.[220] 야생 올리브나무는 나무보다 덤불에 가깝고, 그 열매는 아주 작고 많아서 먹기 곤란하다. 바울은 야생 올리브나무 가지를 재배 올리브나무 가지에 접붙인다고 했지만, 실제 농사짓는 사람들은 재배 올리브나무 가지를 야생 올리브나무 가지에 접붙인다.

로마서 11장 17절에서 올리브나무는 이스라엘(예레미야 11:16; 호세아 14:6-7)을 가리킨다는 의견[221]이 있다. 예수 그리스도[222] 하느님[223] 예수 그리스도를 믿는 유다인[224] 예수 그리스도를 믿는 모든 사람들[225]을 가리킨다는 의견이 있다.

뿌리는 아브라함 또는 이스라엘 선조들을 가리킨다는 의견[226]이 있다. 하느님[227] 그리스도[228] 예수 그리스도를 믿는 유다인[229] 예수 그리스도를 믿는 모든 사람들[230] 이스라엘[231]을 가리킨다는 의견도 있다. 비유의 개방성을 존중하자는 의견[232]도 있다.

잘려나갔다ἐξεκλάσθησαν(로마서 11:17a)는 하느님이 그렇게 하셨다는 말이다. 바울 편지에만 보이는 공동 소유자συγκοινωνὸς(로마서 11:17b; 고린도전서 9:23; 빌립보서 1:7) 단어는 뿌리와 연결된 유다인 아닌 사람을 가리킨다. 두터움πιότης(로마서 11:17c)은 뿌리의 풍요로움[233] 이 아니라 올리브나무의 풍요로움(사사기 9:9)[234]을 가리킨다.

자랑하다κατακαυχᾶσαι(로마서 11:18a)는 승리하다는 뜻에 가깝다. 예수 그리스도를 믿는 유다인 아닌 사람들에게 무시당할 수 있는 가지들τῶν κλάδων(로마서 11:18a)은 예수 그리스도를 믿지 않는 유다인을 가리킨다.

올리브나무 농사에서 가지가 잘려 나가느냐 여부는 농부가 정한다. 붙어 있는 가지는 전적으로 하느님 덕분이다. 하느님이 이스라엘을 일방적으로 사랑하셨기 때문에 이스라엘을 뽑으셨다. 그러나 예수 그리스도를 믿는 유다인 아닌 사람들은 예수 그리스도를 믿었기 때문에 올리브나무에 접붙여졌다. 예수 그리스도를 믿든 안 믿든, 유다인은 하느님의 사랑에서 제외되지 않는다는 말을 바울은 곧 하고 싶었다.

"그러므로 하느님의 인자하심과 엄격하심을 알아보시오."(로마서 11:22a)에서 자비χρηστότης는 하느님의 성품이기도 하지만 인간에게 선사하시는 구원의 선물(지혜서 15:1; 마카베오하 1:24)이기도 하다. 예수 그리스도를 믿는 사람에 대한 하느님의 자비와 예수 그리스도를 믿지 않는 유다인에 대한 하느님의 엄격하심을 바울은 대조하고 있다. 유다인 아닌 사람이 예수 그리스도를 믿었기 때문에 가지에 접붙여졌다면, 예수 그리스도를 믿는다는 조건에서 가지에 접붙여졌기도 하다.

예수 그리스도를 믿지 않는 유다인의 운명에 바울은 관심이 많다. 바울은 무엇보다도 먼저, 예수 그리스도를 유다인에게 알리고 싶었다. 한 번 올리브나무에서 잘려나간 가지를 다시 접목하려고 생각하는 농부나 정원사는 없을 것이다. 잘려나간 곳에 다른 가지를 접붙였다면, 잘려나간 가지는 보통 버려지거나 불태워진다. 그러나 하느님은 잘려나간 가지를 다시 붙여 주실 생각과 능력이 있다. 돌에서 아브라함의 자손을 만들 수 있고(누가복음 3:8), 늙은 여인에게 자녀를 선사하고(창세기 18:14), 죽은 사람을 살려내는 하느님(히브리서 11:19)이 잘려나간 가지를 다시 접붙이지 못하겠는가.

불신에 머물지 않고 믿음을 찾는다면, 잘려나간 가지는 다시 나무에 붙여질 수 있다.[235] "복음은, 믿는 이라면 누구를 막론하고 먼저 유대인 그 다음에는 헬라인도 구원으로 인도하는 하느님의 능력이기 때문입니다."(로마서 1:16) 가정법 문장인 로마서 11장 23절에서 바울은 예수 그리스도를 믿지 않는 유다인 대부분에게 하느님이 믿음을 선사할 것이라는 확신[236]을 말한 것은 아니다. 예수 그리스도를 믿지 않는 대부분 유다인은 결국 불신앙에 계속 머무르며 구경만 할 것이라는 추측[237]은 적절하지 않다. 예수 그리스도를 믿지 않는 대부분 유다인이 결국 불신앙을 포기할지, 하느님이 그들을 다시 접붙이실지 로마서 11장 23절은 말하지 않는다.[238]

유다인이 유다인 아닌 사람보다 하느님에게 가깝다는 전제가 바울의 두 설명에 전제되었다. 예수 그리스도를 믿는 유다인 아닌 사람은 자신의 노력, 즉 믿음의 결단으로 나무에 접붙여진다면, 유다인은 자신의 노력이 아니라 하느님의 자유 의지와 선택으로 가지가 되었다. 로마서 11장 17-24절은 예수 운동 로마 공동체에서 예수 그리스도를 믿는 유다인 아닌 사람과 예수 그리스도를 믿는 유다인 사이의 갈등을 언급하고 있지는 않다.

로마서 11장 11-32절의 셋째 부분인 11장 25-27절은 모든 이스라엘도 구원받게 되리라는 희망을 노래한다. 유다인 아닌 사람들이 모두 예수 그리스도를 믿게 될 때, 유다인도 예수 그리스도를 받아들일 것이다. "따라서 온 이스라엘도 구원받게 되리라는 것입니다. καὶ οὕτως πᾶς Ἰσραὴλ σωθήσεται"(로마서 11:26a)[239] 언제 모든 이스라엘도 구원받게 될까? "시온에서 해방자가 나와 야곱의 후손으로부터 사악을 제거하리라."(로마서 11:26b; 데살로니가전서 1:10)는 예수 재림을 가리킨다.[240] "믿지 않았던 탓으로 잘려 나갔던 가지들이 믿게 되면 하느님께서는 그 가지들도 접붙여 주실 것입니다."(로마서 11:23)는 "따라서 온 이스라엘도 구원받게 되리라는 것입니다."(로마서 11:26a)와 연결된다.

믿지 않았던 탓으로 잘려 나갔던 가지들이 믿게 되면 하느님은 그 가지들도 접붙여 주실 것(로마서 11:23)은 무슨 뜻일까? 이스라엘이 구원에 이르는 특별한 길을 하느님이 따로 준비하신다[241]는 말일까? 이스라엘이 예수 그리스도를 반드시 믿지 않고도 구원에 이르는 방법을 하느님이 마련하신다는 뜻[242]일까? 재림 예수가 이스라엘에게 복음을 전해주신다[243]는 말일까? 그런 뜻은 아닌 듯하다.[244] 믿음 말고 이스라엘을 구원으로 이끄는 길은 바울에게 없다.[245] 바울은 로마서 11장 25-27절에서 하느님은 마지막 날에 이스라엘을 복음이 이끄시리라는 희망을 말하고 있다. 바울은 모든 이스라엘의 회개를 틀림없이 기다리고 있고, 모든 이스라엘의 구원이 먼저 유다인 아닌 사람들에게 간다는 사실과 연결되어 있다.[246]

로마서 11장 25-32절은 모든 이스라엘이 구원받을 것이라는 바울의 예언과 확신(로마서 11:25-27), 예수 그리스도를 믿지 않는 유다인이 하느님의 선택에서 제외되지 않는다는 사실과 이유(로마서 11:28-29), 예수 그리스도를 믿지 않는 유다인이 가진 긍정적 의미(로마서 11:30-32) 세 부분으로 이루어졌다. 바울이 알려주고 싶은 신비 μυστήριον(로마서 11:26a)는 로마서 11장 26b-27절이다. 바울은 그 신비를 어떻게 알았을까? 하느님께 계시를 통해 받았다.[247] 바울에게 예언적 통찰력이 있었다.[248] 바울의 성경 연구 덕분이다.[249] 등의 의견이 있다. 바울이 즉흥적으로 꺼낸 말[250]이라는 의견도 있다.

이스라엘의 일부, 즉 예수 그리스도를 믿지 않는 유다인이(로마서 9:6b, 27a, 11:7b, 25, 26) 완고하게 되었다고 바울은 말한다. 유다인 아닌 사람들이 어디로 들어올지 바울은 말하지 않았다. 하느님 나라 또는 생명[251] 마지막 시대의 이스라엘 구원 공동체[252] 시온으로 오는 순례[253] 등의 해석이 있다. 바울이 구체적으로 말하지 않은 사실을 존중하여, 믿음과 구원[254]을 가리킨다고 보기도 한다. 바울의 이 말은 야생 올리브가지가 재배 올리브나무에 접붙여지는 과정(로마서 11:17, 18, 24)에 해당한다.

모든 이스라엘은(로마서 11:26a) 유다인과 유다인 아닌 사람으로 이루어진 그리스도교 공동체, 즉 하느님의 이스라엘(갈라디아서 6:16)[255]이라는 의견은 로마서 11장 26절과 관계없다.[256] 어떤 유다인이 모든 이스라엘에서 제외되느냐 하는 질문은 로마서 11장 27a절 의도와 관계없다.[257] 바울에게 중요한 것은 대부분 유다인의 불신이 끝나고 그들도 구원받으리라는 확신이다. 대부분 유다인의 불신이 끝나는 것과 그들의 구원이 어떻게 연결되는지에 대해 성서학자들의 의견은 아직 일치하지 않고 있다. 그 토론의 핵심에 καὶ οὕτως 뜻이 무엇인가 하는 질문이 있다.[258]

시간 의미에서 '그리고 나서'(사도행전 28:13)[259] 시간 의미이긴 하지만 전제한다는 뜻을 포함하는 '계속해서'[260]라는 의견이 있다. 유다인 아닌 사람들이 들어왔기 때문에 대부분 유다인의 완고함이 끝났고, 그들의 완고함이 끝났기 때문에 모든 이스라엘이 구원받는다는 논리다. 이 두 의견에 시간 개념이 공통으로 있다. 시간이 아니라 방법을 나타내는 '이런 방식으로'[261] 번역하는 학자도 있다. 유다인 아닌 사람들이 들어올 때까지 지속되는 대부분 유다인의 완고함은 모든 이스라엘이 구원받는 방법이다. 이 의견은 설득력이 적다.[262] 시간적 연결뿐 아니라 논리적 연결을 포함하는 둘째 의견이 가장 적절한 듯하다.[263]

구원자ὁ ῥυόμενος(로마서 11:26c)는 하느님을 가리키는가[264] 그리스도를 가리키는가.[265] 올 것이다ἥξει(로마서 11:26c)는 다시 오시는 예수를 가리키는가[266] 이미 왔던 나사렛 예수를 가리키는가.[267] 다시 오실 예수와 이미 왔던 나사렛 예수, 둘 다를 가리키는가.[268]

시온으로부터ἐκ Σιών라는 표현은 구약성서와 초대 유다교 문헌에 드물다.(시편 19:3, 49:2, 109:2 이사야 2:3) 그곳 모두 이스라엘을 구원으로 이끄는 하느님을 노래하고 있다. 바울이 로마서 11장 26c절에서 예수 그리스도를 믿지 않은 유다인이 어떻게 모든 이스라엘의 구원으로 연결되는지 방법을 설명하는 것은 아니다. 바울은 모든 이스라엘이 구원받으리라는 사실만 말하고 있다.[269]

로마서 11장 28절의 주어는 예수 그리스도를 믿지 않은 유다인이지 이스라엘 사람들(《공동번역》)이 아니다. 복음εὐαγγέλιον(로마서 11:28a)은 바울이 전하는 예수 그리스도의 메시지뿐 아니라 예수 그리스도의 메시지를 전하는 사건과 경과를 포함한다. 바울 생각에, 예수 그리스도를 믿지 않은 유다인은 결국 하느님의 복음(로마서 1:1)을 받아들이지 않은 것과 같다. 사랑받는 사람들ἀγαπητοί(로마서 11:28b)은 하느님께 선택받은 사람들이다.(신명기 7:8; 호세아 11:1; 시편 60/59:7) 하느님은 이스라엘을 사랑했기 때문에 이스라엘을 선택했다. 예수 그리스도를 믿지 않는 유다인도 이스라엘에 속하기 때문에, 즉 조상 덕택으로διὰ τοὺς πατέρας(로마서 11:28b), 하느님께 계속 사랑받는 것이다.

바울이 하느님의 약속이 실패로 돌아갔다는 말을 하려는 것은 아니다.(로마서 9:6a) 유다인들이 신의를 저버렸다 해서 하느님도 신의를 저버릴 수는 없다.(로마서 3:3-4) 하느님은 하느님이시기 때문이다. "야훼께서 너희를 택하신 것은 너희가 어느 민족들보다 수효가 많아서 거기에 마음이 끌리셨기 때문이 아니다. 사실 너희는 어느 민족보다도 작은 민족이다. 다만 너희를 사랑하시고 너희 선조들에게 맹세하신 그 맹세를 지키시려고 야훼께서는 당신의 강한 손으로 너희를 이끌어내신 것이다."(신명기 7:7-8a)

취소될 수 없는ἀμεταμέλητος(로마서 11:29a) 단어는 신약성서에서 고린도후서 7장 10절에 한 번 더 나온다. 하느님께서 당신의 행동을 후회할 수 있다는 표현도 물론 있다.(창세기 6:6; 사무엘상 15:11; 예레미야 18:10) "너, 이스라엘, 나의 종, 너, 내가 뽑은 자, 야곱아, 나의 친구 아브라함의 후예야, 나는 너를 땅끝에서 데려왔다. 먼 곳에서 너를 불러 세우며 일렀다. 너는 나의 종이다. 내가 너를 뽑아 세워놓고 버리겠느냐?"(이사야 41:8-9)

이스라엘 사람들이 하느님을 존중하지 않은 덕분에 유다인 아닌 사람이 하느님께 자비를 얻게 되었다. 이스라엘 사람들이 결과적으로 유다인 아닌 사람들에게 하느님의 자비를 받게 하였다면, 예수 그리스도를 믿는 유다인 아닌 사람들은 유다인들에게 어떻게 은혜를 갚아야 할까? 유다인의 태도가 유다인 아닌 사람이 하느님의 자비를 받는데 영향을 주었다면, 유다인 아닌 사람의 태도가 유다인이 하느님의 자비를 받는데 영향을 준다.(로마서 11:31)

바울은 모든 사람이 하느님을 존중하지 않은 원인이 결국 하느님에게 있다고 로마서 11장 32a절에서 설명한다. 존중하지 않게 가두다συνέκλεισεν εἰς ἀπείθειαν(로마서 11:32a)는 그리스 문화에서 유행한 비유에 속한다. 로마서 5장 12-21절이 토라를 존중하지 않음을 다룬다면, 로마서 11장 30-32절은 복음을 존중하지 않음을 다루고 있다. 11장 17-24절과 11장 25-32절에서 지금 예수 그리스도를 믿지 않는 유다인에 대한 바울의 태도가 크게 달라졌다. 지금 예수 그리스도를 믿지 않는 유다인은 자신의 불신을 스스로 버려야만 다시 올리브나무에 붙을 수 있다고 바울은 생각했다.(로마서 11:23a-b) 그런데 로마서 11장 25-32절에서 지금 예수 그리스도를 믿지 않는 유다인이 하느님의 자비를 얻을 가능성은 거의 확실해졌다. 한때 하느님을 존중하지 않았던 유다인 아닌 사람에게 하느님은 자비의 길을 열어주셨듯이, 지금 예수 그리스도를 믿지 않는 유다인에게도 그렇게 하실 것이다.(로마서 11:30-32)

한때 하느님을 존중하지 않았지만 예수 그리스도를 믿은 유다인 아닌 사람에게 하느님은 자비를 베푸신다. 지금 예수 그리스도를 믿지 않는 유다인에게도 하느님은 어떻게든 자비를 베푸실 것이다. 지금 예수 그리스도를 믿지 않는 유다인이 구원받는 것은 인간의 노력 때문이 아니라 오직 하느님의 자비 덕분이다. 바울은 로마서 11장 25-32절에서 예수 운동, 교회, 이스라엘 선교, 심지어 예수 그리스도에 대해서도 전혀 언급하지 않았다. 지금 예수 그리스도를 믿지 않는 유다인이 어떤 방식으로 하느님의 자비를 얻게 될지 바울은 말하지 않았다. 바울도 감히 풀지 못한 신비를, 감히 말하지 못한 내용을 그리스도교 성서학자가 아는 체 할 수는 없다.

바울은 로마서 11장뿐 아니라 9-11장을 하느님 찬미가로 끝맺고 있다. 11장 33-36절을 찬미의 노래로 보는 의견이 있다.[270] 11장 33-36절은 바울이 유다교와 그리스 철학을 참조하긴 했지만, 결국 바울 스스로 창작한 노래 같다.[271] 동의하지 않는 의견도 있다.[272] 하느님의 숨은 계획을 찬미하는 노래들은 유다교 문헌에도 있었다.(지혜서 9:13-17; 욥기 11:7-8; 이사야 40:13-14) 하느님께서 지금 예수 그리스도를 믿지 않는 유다인에게 어떻게 자비를 베푸실지 인간이 충분히 이해할 수는 없다.(로마서 11:33-36)

풍요의πλούτου, 지혜의σοφίας, 지식의γνώσεως(로마서 11:33a) 세 소유격 명사는 주격 소유격으로서 깊음βάθος을 수식한다. 하느님의 풍요와 지혜와 지식은 심오하다는 뜻이다. 깊음βάθος이 무엇을 뜻하는지 뚜렷하지는 않다. 하느님의 풍요는 경제 개념이 아니다. 하느님의 구원 의지와 능력의 엄청남을 가리킨다.(에베소서 3:8; 로마서 10:12) 지혜와 지식은 같이 언급된 경우가 있다.(전도서 1:16; 2:21; 골로새서 2:3) 감탄문은 구약성서에도 많이 있다.(창세기 28:17; 민수기 24:5; 시편 72:1) 헤아릴 수 없는ἀνεξεραύνητος, 찾아낼 수 없는ἀνεξιχνίαστος(로마서 11:33b) 형용사는 하느님의 행동을 인간은 알아차릴 수 없음을 말한다.(이사야 40:28; 지혜서 9:16; 다니엘 3:27) 지금 예수 그리스도를 믿지 않는 대부분의 유다인을 하느님께서 미래에 어떻게 구원하실지 인간은 알 수 없다.

로마서 11장 34-35절은 구약성서 두 곳에서 따온 말이지만, 독자들은 인용된 문장인지 모를 수 있다. 11장 34절의 두 질문은 이사야 40장 13절에 의지하고 있다. 11장 35절은 욥기 41장 3a절을 인용했는데, 바울은 히브리어 원본에서 발췌한 그리스어 번역본을 사용한 듯하다.[273]

하느님의 풍요와 지혜와 지식은 심오하고, 인간이 그것을 알기 어려운 이유가 어디에 있는지 바울은 노래한다. 로마서 11장 36a절은 전치사 세 개를 쓴다. 근원ἐξ과 목적εἰς 사이에 그를 통하여δι' αὐτοῦ가 나왔다. 창조와 완성 사이의 역사에 개입하시는 하느님을 바울은 강조한 것이다. 로마서 11장 36b절은 하느님 찬미 노래다. 찬미받으실 분이 누구인지 먼저 밝히고, 찬미하는 단어를 쓰고, 영원히 찬미받음을 드러내고, 찬미를 다짐하는 단어 '아멘'으로 마친다. 하느님 찬미 노래는 예수 운동 빵나눔 모임에서 함께 낭송했던 기도를 기초로 하는 듯하다.[274] 로마서 11장 36b절은 로마서 9-11장 내용을 마무리하는 발언이기도 하다. "하느님의 말씀이 무효가 된 것은 아닙니다."(로마서 9:6a)

로마서 9-11장은 하느님께 뽑힌 이스라엘 백성이 구원에서 멀어진 현실 모순에서 논의를 시작했다.(로마서 9:1-5) 예수 그리스도를 믿지 않는 유다인이 지금은 그리스도와 갈라서고(로마서 9:3) 하느님의 원수가 되었지만(로마서 11:28a), 그들은 이스라엘 사람이기 때문에(로마서 9:4) 여전히 하느님께 사랑받고 있다.(로마서 11:28b) 하느님은 그들의 완고함(로마서 11:7, 25)과 존중하지 않음(로마서 10:21, 11:30-32)을 없애시고 그리스도 믿음으로 이끄실 것이다.(로마서 11:25-27, 31-32) 바울의 이 해법은 로마서 1-8장에서 이미 드러났다. 하느님은 유다인과 유다인 아닌 사람을 그리스도 믿음으로 이끄실 것이다.(로마서 1:16-17, 3:28-30, 11:30-32) 그래서 로마서 1-8장과 9-11장은 하느님의 사랑으로 연결된다. 또한 예수 그리스도를 믿는 사람을 하느님의 사랑에서 떼어놓을 수 없다.(로마서 1:7, 5:5, 8:35) 그러면 예수 그리스도 안에 나타난 하느님의 사랑은 이스라엘 백성을 사랑하고 선택하신 하느님의 사랑과 어떻게 연결되는가? 바울은 이 질문을 떼어놓을 수 없었다. 바울의 정답은 이것이다. 이스라엘 백성을 사랑하고 선택하신 하느님은 그들을 예수 그리스도를 믿도록 이끄실 것이다.

하느님이 예수 그리스도를 믿지 않는 대부분 유다인의 완고함을 어떻게 누그러뜨리고 어떻게 예수 그리스도를 믿게 하실 것인지 바울은 설명하지 못했다. 하느님이 하실 것이라는 확신과 희망을 말했을 따름이다. 로마서 9-11장은 하느님과 이스라엘의 관계만 다루었다. 예수 그리스도는 전혀 논의되지 않았다. 이스라엘과 예수 운동 관계를 다루지도 않았다. 이스라엘과 예수 운동이, 이스라엘과 교회가 대립되지도 않았다. 예수 운동이나 교회가 이스라엘을 대신하거나 대체하지도 않았다. 이스라엘이 예수 운동으로 바뀌져야만 하느님의 백성으로 유지된다는 의견[275]은 적절하지 못하다. 이스라엘이 더 이상 하느님의 백성이 아닐 수 있다는 가능성은 신학적으로 불가능하다. "하느님의 은사와 부르심은 취소될 수 없기 때문입니다."(로마서 11:29)

바울의 모순이 로마서에서 드러나기도 했다. 바울은 유다인과 유다인 아닌 사람 사이에 아무런 차이도 없다고 세 번이나 강조했다.(로마서 2:6-11, 3:22-23, 10:12-13) 그들은 출신이 아니라 행동에 따라 심판받을 것이고(로마서 2:6-11), 그들 모두 죄인이며(로마 3:9, 22), 하느님은 그들 모두 예수 그리스도에 대한 믿음만으로 의롭게 하실 것이다.(로마서 3:30, 10:12-13) 그렇게 주장했던 바울은 유다인과 유다인 아닌 사람 사이에 신학적으로 분명한 차이가 있다고 전제했다.(로마서 11:23-24, 25-29) 하느님은 예수 그리스도를 믿지 않는 대부분의 유다인을 그들의 출신 성분으로 보아 여전히 사랑하신다고 바울은 설명했다. 유다인과 유다인 아닌 사람 사이에 신학적으로 차이가 있다. 바울의 논리를 따르면, 하느님은 유다인을 유다인이기 때문에 사랑하시고, 유다인 아닌 사람은 예수 그리스도를 믿은 후에야 비로소 사랑하신다.

그렇다면, 바울은 이스라엘 문제에 대해 로마서에서 확실한 해답을 찾았을까? 그렇지 못했다는 의견이 있다.[276] 유다인으로 출생하고 성장한 바울 앞에 예수 그리스도를 믿는 유다인과 믿지 않는 유다인이 있었다. 바울 앞에 예수 그리스도를 믿는 유다인 아닌 사람과 믿지 않는 유다인 아닌 사람이 있었다. 바울은 예수 그리스도를 유다인에게도 유다인 아닌 사람에게도 전하고 다녔다. 이러한 바울에게 정체성의 혼란이 전혀 없었다고 말할 수 있을까? 바울은 유다인이자 또한 예수 운동 사람이었고, 예수 운동 사람이자 또한 유다인이었다. 바울은 이스라엘 문제에 해답을 주지 못하고 하느님께 해답을 의뢰했다고 나는 생각한다.

그리스도인이자 유다인 바울과 오늘 그리스도교 신학자들 사이에 어떤 차이가 있을까? 오늘 그리스도교 신학자 대부분은 유다인이 아니고, 로마서 9-11장의 이스라엘 문제를 바울처럼 심각하게 여기지도 않는다. 그들은 바울이 부딪쳤던 이스라엘 백성의 곤란했던 처지를 이해할 수 있는 실존적 상황에 있지 않다. 예수 그리스도를 믿지 않는 대부분 유다인의 구원 문제를 바울처럼 애타게 느끼거나 희망하고 있지도 못하다. 오늘날 신학자들은 그리스도인이자 유다인인 바울을 그리스도인이자 개신교인으로 착각할 위험 앞에 있다. 바울 입장에서 로마서를 보기보다 루터 입장에서 로마서를 보고 바울을 해석할 위험 앞에 있기도 하다. 바울이 감히 갖지 못했던 이스라엘 문제의 해답을 마치 찾은 듯이 덤빌 위험도 있다.

하느님이 이스라엘에 주신 구원 약속과 예수 그리스도 안에서 보여주신 구원이 어떤 관계에 있는가? 구원에 두 가지 길이 주어진 셈이다. 어느 길이 궁극적으로 절대적으로 옳은가? 이 풀 수 없는 문제를 예수 운동 초기에 처음으로 본격적으로 설명한 사람이 바울이다. 바울의 이 고뇌와 논증과 딜레마를 함께 보여주었던 로마서 9-11장은 세 가지 설명[277]을 제안했다.

첫째, 하느님은 대부분 이스라엘 사람들을 완고하게 만드시고 일부만 예수 그리스도를 믿도록 정하셨다.(로마서 9:6-29, 11:3-10)

둘째, 이스라엘은 예수 그리스도 안에서 나타난 하느님의 계시를 받아들이지 않고 거절했다.(로마서 9:30-10:21)

셋째, 하느님은 당신 백성 이스라엘을 마지막 날에 구원하실 것이다.(로마서 11:1-2, 11-36)

로마서 1-8장과 12장과 로마서 11장의 논증 사이에 있는 긴장을 바울은 숨길 수 없었다. 더 이상 자신의 논증으로는 해결할 수 없음을 깨닫고, 바울은 답을 하느님께 결국 미루었다. 11장 28-31절은 바울이 이미 가르친 내용에 무엇인가 새로 추가한 것이 아니다.[278] 바울은 하느님의 생각을 신비μυστήριον(로마서 11:25a)라고 표현한다. 바울은 11장 28-31절에서 하느님이 주시는 정답이요 신비를 찬양한다.[279] 바울은 여기서 신학의 강을 건너 예언자의 길로 들어섰다. 신학이 멈춘 곳에서 신비는 시작된다.

예수 그리스도를 믿는 사람의 새로운 삶

바울은 이스라엘 문제를 로마서 9-11장에서 다루고 마쳤다. 예수 그리스도를 믿는 사람은 어떻게 살아야 하는가? 바울은 이 주제를 로마서 거의 마지막 부분인 12-15장에서 다룬다. "여러분은 여러분의 몸을 하느님께서 기뻐하실 거룩한 산 제물로 바치시오. 이것이 곧 여러분의 정신적 예배입니다."(로마서 12:1b)는 로마서 12-15장을 대표하고 요약하는 문장이다.[280] "여러분의 몸을 불의의 무기로써 죄에 내맡기지 말고 오히려 여러분은 죽은 자들 가운데서 살아난 이들인 만큼 여러분 자신을 하느님께 바치고 여러분의 몸을 의로움의 무기로써 하느님께 드리시오."(로마서 6:13)에서 이미 비슷하게 말했었다.[281] 바울은 예수 운동 로마 공동체 사람들이 하느님께서 기뻐하실 거룩한 산 제물로 살라고 요청한다. 일상 생활에서 주변 사회 눈밖에 벗어나지 않도록 살라는 말이다. 그것이 곧 로고스에 맞는 합리적 예배λογικὴν λατρείαν(로마서 12:1b)다.[282] 그렇다고 예수 그리스도를 믿는 사람의 특징과 자부심을 잃어서는 안 된다. 공동체 내부에서도 외부에서도 그리스도를 믿는 사람답게 하느님의 뜻에 맞게 살려고 애써야 한다. 어떤 생각과 행동이 하느님의 뜻에 맞는지 알려고 애쓰는 노력과 실천이 곧 합리적 예배다.

바울은 그런 윤리적 생각을 로마서 12장 3절-15장 13절에서 줄곧 펼치고 있다. 그리스도를 믿는 사람은 세례받은 후 어떻게 살아야 할 것이냐가 그 주제다. 먼저 공동체에서 어떻게 살 것인가(로마서 12:3-9) 언급된다. 바울은 분수에 넘치는 생각을 하지 말고, 하느님께서 각자에게 믿음의 몫을 나누어 주신 대로 살라고 권고한다.(로마서 12:3b)[283] 공동체 빵나눔 예배에서 예언, 식탁 봉사, 가르침, 그리고 공동체 운영에서 자선, 병자 구호 등이 있었다는 사실이 드러났다.(로마서 12:6-8)

그리스도를 믿는 사람은 세례받은 후 어떻게 살 것이냐(로마서 12:3-15:13)에서 핵심은 사랑 계명(로마서 12:9, 13:8)이다. "형제자매의 사랑으로 서로 다정하게 지내고, 서로 남을 존경하는 데 앞장서시오."(로마서 12:10), "성도들의 어려움을 함께 나누며 나그네 대접에 성의를 다하시오"(로마서 12:13), "기뻐하는 이들과는 함께 기뻐하고 우는 이들과는 함께 우시오."(로마서 12:15) 가르침이 공동체 안에서 성도들의 삶에 강조되었다. 공동체 안에서 중요한 덕목이 세상 사람들과 잘 지내는 데 중요할 수 있다. "아무에게도 악을 악으로 갚지 마시오. 모든 사람에게 좋은 일을 해 줄 생각을 품으시오."(로마서 12:17), "힘 닿는 데까지 모든 사람들과 화목하게 지내시오."(로마서 12:18), "원수가 굶주리거든 먹여 주고 목말라하거든 마시게 해 주시오."(로마서 12:20a)가 권고되었다. 보복하지 말라는 권고는 예수 운동 로마 공동체가 외부 압력에 많이 시달렸음을 전제한다. 로마서가 쓰여지기 몇 년 전인 49년에 발표된 클라우디우스 황제 칙령으로 로마 유다인 공동체와 예수 운동 로마 공동체의 갈등은 더 늘어났다. 그 상황에서 로마서 13장 1-7절을 살펴보아야 한다.

예수 운동과 국가 권력

예수 운동은 국가에 대해 어떤 태도를 취할 것인가?(로마서 13:1-7)[284] 이제 자라나는 예수 운동이 로마 제국에서 어떻게 생존할 것인가? 로마 제국의 감시와 탄압이 늘어가는 위기 상황에서[285] 바울은 예수 운동 로마 공동체에게 살아남을 수 있는 비결을 조언한다. 로마서 13장 1-7절은 윤리적 권고Paränese이지 교리Dogmatik는 아니다.[286] 로마서가 쓰여지고 겨우 8년 후 시작된 네로 황제의 예수 운동 박해는 로마 당국과 예수 운동 로마 공동체가 얼마나 큰 긴장과 갈등 속에 있었는지 잘 보여준다.

그리스도교 역사에서 로마서 13장 1-7절처럼 많이 오해되고 악용되는 구절이 또 있었을까? 바울은 로마서 13장 1-7절만으로도 수없이 오해되고 미움까지 받았다. 세상의 독재자들이 가장 좋아하는 성서 구절이 로마서 13장 1-7절이고, 생각하며 사는 그리스도인을 가장 곤혹스럽게 만드는 성서구절이 바로 이 구절이다. 로마서 13장 1-7절에서 여러 번 넘어지지 않은 성서학자가 어디 있을까? 로마서 13장 1-7절을 성서에서 없애버리고 싶다는 생각을 하지 않은 그리스도인이 어디 있을까? 이 구절을 제대로 알고 설교하는 목사, 신부는 몇이나 될까? 로마서 13장 1-7절을 제대로 이해하는 사람은 교회와 성당에 몇이나 될까?

로마서 13장 1a절은 13장 1-7절의 주제 문장이다. 13장 1절은 예수 운동 공동체뿐 아니라 모든 사람에게πᾶσα ψυχή(로마서 13:1a) 주는 말이다. 특정 지역 사람들, 특히 예수 운동 로마 공동체에게만 주는 말[287]이라는 의견도 있다. 바울이 모든 사람에게 명령을 내릴 권한을 갖고 있지는 않다. 위에 있는 권력을 존중하는 것은 예수 그리스도를 믿지 않는 사람에게도 의무라고 바울은 말하고 있다. 그래서 바울은 "그들을 존중해야 합니다.ὑποτασσέσθω"(로마서 13:1a)라고

3인칭 명령형을 썼다.

권력ἐξουσίαι(로마서 13:1a)을 위에 있는ὑπερέχουσαι(로마서 13:1a) 것으로 표현한 것으로 보아, 권력은 개인보다 높다고 바울은 말하는 듯하다. 권력ἐξουσίαι이 로마 제국에서 서로 다른 권력 관계에 있는 권력 기관들을 가리킨 것[288] 같지는 않다.[289] 개인보다 낮은 권력 기관이 실제로 있고, 그런 기관을 존중할 필요는 없다[290]는 말은 아니다. 모든 권력 기관은 개인보다 높기 때문에, 개인은 모든 권력 기관을 존중해야 한다는 뜻이다.[291] 위에 있는 국가 권력(로마서 13:1a)은 보통 사람이 접촉하는 공무원부터[292] 로마 황제까지 모두 포함한다. 국가 권력을 공무원과 기관으로 나누어 보는 의견[293]도 있다. 아래 있다ὑποτάσσεσθαι(로마서 13:1a)는 위에 있다ὑπερέχειν(로마서 13:1a)와 반대 뜻이다. 남자와 여자(골로새서 3:18; 디도서 2:5; 베드로전서 3:1, 5), 종과 주인(디도서 2:9; 베드로전서 2:18), 자녀와 부모(누가복음 2:51; 히브리서 12:9; 디모데전서 3:4), 청년과 노인(베드로전서 5:5) 사이도 아래 있다와 위에 있다 관계로 표현되었다. 그런 생각이 통용되던 가혹한 시대를 예수, 바울, 성서 저자들이 살았다.

로마서 13장 1b-c절은 모든 사람이 왜 권력 기관을 존중해야 하는지 설명한다. 통치자는 권력을 신에게서 받았다는 사상이 고대 사회에 퍼져 있었다.[294] 바울은 그 통념을 로마서에 들여왔다. 구약성서(사무엘하 12:7; 다니엘 2:37; 지혜서 6:1-3)에도 그 사상은 자취를 남겼다. 중요한 내용이 여기에 있다. 하느님이 권력을 만드셨다면, 권력은 오직 하느님에게만 속한다. 권력을 하느님께 받은 권력자는 하느님 같은 권위를 가진 것이 아니다.

유다교는 권력자가 하느님을 대표한다는 생각을 허용하지 않았다.[295] 권력자는 하느님의 도구일 뿐이고 하느님을 대표하는 사람은 아니다. 권력자는 하느님이 아니고, 수많은 사람 중에 겨우 하나일 뿐이다.

사람들이 권력자를 존중하는 것처럼, 권력자는 하느님을 존중해야 한다. 권력자는 피지배자보다 하느님에게 더 가까이 있지는 않다. 권력자와 피지배자는 하느님에게서 똑같은 거리를 두고 있다.

하느님이 권력을 만드셨다면, 사람이 권력을 존중해야 할 의무가 있다. 하느님의 명령에 저항하는 사람들은 하느님 심판을 받게 된다. 반항하다ἀντιτάσσομαι(로마서 13:2a)는 아래 있다ὑποτάσσεσθαι(로마서 13:1a)와 반대 뜻이다. 하느님의 명령ἡ τοῦ θεοῦ διαταγή(로마서 13:2a)은 하느님께서 세워주신 것ὑπὸ θεοῦ τεταγμέναι(로마서 13:1c)을 가리킨다. 명령διαταγή은 특별한 법률적, 정치적 표현[296]은 아니고, 일반적인 규정[297]을 가리킨다. 국가 권력은 무엇인가? 정의하는 것이 아니라 통치자와 피지배자의 관계를 다루고 있을 뿐이다. 하느님이 만드신 국가 권력에 반항하는 것은 하느님의 원수(마카베오하 7:19; 사도행전 5:39)[298]가 되는 셈이다. 심판을 가져오다κρίμα λήμψεσται(로마서 13:2b; 마가복음 12:40; 야고보서 3:1)는 하느님께 맞서는 사람들이 자신을 스스로 심판한다는 뜻은 아니고 심판을 불러들였다는 뜻이다.

하느님께 맞서는 사람이 하느님의 심판을 불러온다면, 하느님께 맞서는 국가 권력도 심판을 불러온다.[299] 모든 권력은 자신이 하느님께 반항하는 정권인지 정직하게 보라는 말이다. 독재정권을 하느님이 세우신 것이라고 주장하면 안 된다.

국가 권력을 존중할 의무로서 바울은 두 근거를 로마서 13장 3-4절에서 내세웠다. 통치자들은 선을 권장하고 악을 처벌하는 존재라는 윤리적 설명이 먼저 나왔다. 국가 권력은 하느님의 도구로 사용된다는 신학적 설명이 뒤따른다. 이론상 그렇다는 말이다. 실제는 그렇지 않은 경우가 역사에 많았다. 공무원ἄρχοντες(로마서 13:3a)은 일선 공무원과 군인을 포함하여 로마 황제에 이르기까지 국가 권력ἐξουσία(로마서 13:3b)을 행사하는 모든 사람(마태복음 20:25; 누가복음 23:35; 고린도전서 2:6)을 가리킨다. 로마서 13장 3-4절에서 무엇이 선행인지 로마서 12장 9-21절에서 설명되었다.

바울은 정치학자가 아니었고, 민주주의를 주장한 사람도 아니었다. 국가 권력에 대한 바울의 설명은 당시 그리스로마 사회에서 통용되던 국가 이념에서 나왔다.[300] 선한 국가 권력은 선행을 격려하고 악행을 벌한다[301]는 생각이었다.[302] 칭찬ἔπαινος(로마서 13:3d)은 비석을 세우거나 돈을 주는 것처럼 선행을 격려하는 모든 일을 가리킨다.[303] 바울이 여기서 구체적으로 무엇을 가리키는지 알 수 없다. 갖고 있는 칼τὴν μάχαιραν φορεῖ(로마서 13:4e)은 사형을 포함하여 국가 권력이 악행을 저지른 사람을 처벌하는 행위를 가리킨다. 로마서가 쓰이기 2년 전에 등장한 네로 황제가 칼 없는 평화의 시대를 열 것이라는 사람들의 기대를 바울이 경계하는 뜻이 담긴 말[304]일까? 본문에서 그 근거를 찾기는 어렵다.

국가 권력이 선행하는 사람을 칭찬하고 악행하는 사람을 처벌한다면, 그 국가 권력은 하느님의 도구θεοῦ διάκονός(로마서 13:4a)라고 불릴 만하다. 모든 국가 권력이 하느님의 도구인 것은 아니다. 국가 권력이 하느님을 대신하는 것도 아니고 대표하는 것도 아니다. 국가 권력은 하느님의 도구이지 하느님의 대표는 아니다.[305] 악한 도구도 있고 선한 도구도 있다. 바울이 국가 권력을 지배가 아니라 봉사하는 종의 역할로도 생각했다[306]고 볼 수 있을까? 여러분 이익을 위해σοὶ εἰς τὸ ἀγαθόν(로마서 13:4b) 번역은 논란이 없지 않다. 자신의 선행이 결국 자신에게 이익이 된다고 국가 권력이 칭찬한다[307]는 말이 아니고, 국가 권력의 칭찬으로 개인이 선행하도록 격려한다[308]는 뜻인가? 어떤 국가 권력 아래 있든, 악행을 하는 사람은 국가 권력이 두려워 떨어야 할 것이고, 선행을 하는 사람은 국가 권력을 두려워 떨 필요가 없다. 그런데 현실은 그렇지 못할 수 있다. 부패한 국가 권력 아래 있으면, 아무리 악행을 해도 전혀 두려워하지 않는 사람이 있고, 선행을 해도 악행으로 몰릴까 두려워하는 사람도 있다.

로마서 12장 5a절은 로마서 1-4장의 결론이다. 12장 5a절에 숨어 있는 주어는 모든 사람πᾶσα ψυχή(로마서 13:1a)이고, 숨어 있는 목적어는 위에 있는 국가 권력ἐξουσίαι ὑπερέχουσαι(로마서 13:1a)이다. 국가 권력의 분노와 자기 양심 중에 하나를 선택하는 것[309]은 아니고, 국가 권력의 분노에 양심을 같은 비중으로 추가한 것[310]도 아니다. 로마서 12장 5b절은 국가 권력을 존중할 의무로 국가 권력의 분노와 자기 양심 둘을 제안하지만, 양심에 따른 존중을 더 강조하고 있다. 국가 권력의 처벌이 무서워서가 아니라 양심의 소리를 더 들어야 하기 때문이라는 말이다. 분노는 여기서 하느님의 분노가 아니라 국가 권력의 분노를 가리킨다.[311] 양심은 꼭 그리스도교적 양심만 가리키는 것[312]은 아니다. 바울은 재판에서 원고, 증인, 판사 세

역할을 양심이 모두 하는 것처럼 비유한 적이 있다.(로마서 2:15) 외부의 눈보다 인간 내면의 양심이 더 의미 있다는 생각(로마서 2:28-29, 7:22: 고린도후서 4:16)을 바울은 재확인하였다.

로마서 13장 6절에서 바울은 다시 예수 운동 로마 공동체 사람들에게 말한다. 세금을 내다φόρους τελεῖτε(로마서 13:6a)는 표현을 이해하기는 쉽지 않다. 단어 τελεῖτε는 내다(직설법) 또는 내라(명령법)도 가능하다. 문법으로 보아 직설법이라고 보는 의견[313]이 많지만, 문맥으로 보아 명령법[314]으로 이해하는 편이 더 낫다. 단어 τελεῖτε를 직설법 또는 명령법으로 보느냐보다 더 심각한 문제가 있다. 어느 쪽으로 해석하든, 예수 운동 로마 공동체 사람들에게 φόροι는 해당되지 않기 때문이다.

로마 제국은 정복지 주민들에게 세금을 내라고 강요했다.(마카베오상 8:2) 로마서가 쓰여질 무렵 로마 제국에서 φόροι는 총독들이 다스리는 점령지 주민에게만 토지세tributum soli/stipendium, 주민세 tributum capitis로 부과되었다.[315] 단어 φόροι(로마서 13:6a)는 세금이 아니라 조공朝貢tribute을 가리킨다. 로마 시내에 사는 사람들에게 조공은 요구되지 않았다. 로마와 이탈리아 반도에 사는 사람들은 공통년 이전 167년부터 조공이 면제되었고, 간접세vectigalia, τέλη(로마서 13:7c)만 내면 되었다.[316] 로마서 13장 6a절은 로마 시민들이 세금 인상에 항의하는 시위[317]를 반영하였다는 해석[318]은 오해다. 세금 인상이 아니라 세금 징수하는 사람들publicani의 부패immodestia에 대한 시위였다. 네로 황제는 그 시위 이후 모든 간접세를 없애버렸다고 한다.[319]

단어 φόροι를 세금(《공동번역》), 조세(《개역개정》, 《200주년 기념성서》)로 번역하면, 21세기를 사는 독자들은 오해할 수 있다. 로마에서 태어나고 살던 예수 운동 사람이 아니라 로마로 이주해서 예수 운동에 참여한 사람에게 바울이 하는 말이라는 해설[320]도 근거 없다. 로마 당국은 사람에 관계된 세금을 도입하지 않았기 때문이다. 점령지에서 행해지던 조공을 로마 시내로 확장할 형편도 못되었다. 로마 시내로 이주해온 사람이 관청에 등록할 의무도 없었고, 외국인 상대 업무를 보는 관청도 없었고, 요즘 말로 여권도 없었다.[321] 로마 시내 사정을 잘 모르던 바울이 로마 제국에게 정복당한 땅에 사는 식민지 백성이 내던 조공을 로마 시내에 사는 사람들에게 잘못 적용하여 말했을 수 있다.

바울이 실수로 그렇게 말했다 하더라도, 로마서 13장 6a절 뜻은 분명하다. 로마 제국 점령지 백성들이 로마 제국에 조공을 바치는 것처럼, 예수 운동 로마 공동체 사람들이 로마 제국의 통치를 존중하고 시키는 대로 잘 따르기를 바울은 원했다. 세금을 바치라는 말은 로마 제국의 통치를 존중하라는 뜻으로 표현했을 수 있다. 예수 운동 로마 공동체 사람들이 로마 제국 영토 안에 산다 하더라도 로마 제국을 모국으로 생각하지는 말라는 뜻일까? "우리는 하늘의 시민입니다. 우리는 거기에서 오실 구세주 되시는 주 예수 그리스도를 고대하고 있습니다."(빌립보서 3:20) 로마 시내에 살지만 로마 황제가 아니라 예수 그리스도를 주님으로 모시라는 격려일까?(로마서 10:9) 로마 황제는 하느님의 도구에 불과하지만, 예수 그리스도는 하느님을 대표하는 분임을 명심하라는 말 같다.

바울은 국가 권력을 하느님의 봉사자라고 표현했었다.(로마서 13:4a, f) 하느님의 일꾼들λειτουργοὶ θεοῦ(로마서 13:6b)이라는 표현이 새롭게 나왔다. 행정 용어나 정치 용어[322]는 아니고 왕을 돕는 사람들(사무엘하 13:18; 열왕기상 10:5; 역대기하 9:4), 예언자(열왕기하 4:43, 6:15) 등 구약성서에서 가져온 단어인 듯하다. 하느님이 그렇게 맡기셨기 때문에 통치자들은 하느님의 일꾼들이다. 통치자들은 하느님의 뜻을 반드시 따라야 한다는 말이 전제되어 있다. 하느님의 뜻을 따르지 않는 통치자들은 하느님의 일꾼이 아니라 하느님의 원수요 적이다.

바울은 국가 권력을 집행하는 사람들을 어떤 모양으로 존중할지 세 가지 사례를 든다.(로마서 13:7) 모든 이πᾶσιν(로마서 13:7a)는 국가 권력을 포함한다. 즉, 국가 권력에게만 의무들ὀφειλαί(로마서 13:7a)을 다하라는 말이 아니다. 국가 권력 말고도 개인이 의무 관계에 있는 사람은 많다. 의무에는 조공 바치는 일이 포함되었다. 조공 바치는 일만 의무에 속하는 것은 아니다. 바울이 예를 든 네 경우만 해당되는 것이 아니다. 그밖에도 있다는 뜻이다. 의무를 다할 사람이 누구냐는 설명에 바울은 관심이 없다. 의무를 다해야 한다는 말을 하고 싶을 뿐이다. 예수 운동 사람들과 독자들은 의무를 진 사람이라는 사실을 강조한다. 그들이 누구인지 각자 알아내야 한다. 모든 사람에게 조공을 바칠 의무는 없다. 의무를 진 사람에게 해당하는 의무만 실행하면 된다. 의무를 지지 않은 사람에게 의무를 실행할 필요는 없다. "로마 황제 것은 로마 황제에게 돌리고 하느님의 것은 하느님께 돌리시오."(마가복음 12:17), "하느님을 두려워하고 황제를 존경하십시오."(베드로전서 2:17)는 하느님과 로마 황제라는 두 대상을 대하는 태도를 분명히 구분하고 있다. 로마서 13장 7a절과 경우가 다르다.

로마서 13장 1-7절은 12장 17-21절처럼 예수 운동 사람들이 예수 운동 외부 세계와 어떻게 지내야 좋은지 설명하였다. 예수 운동을 부정적으로 보는 사람들이나(로마서 12:17-21), 예수 운동이 자리 잡은 국가의 권력과 예수 운동은 가능한 한 어떻게 평화롭게 살 것인가?(로마 12,18) 하는 문제는 당시 예수 운동 사람들에게는 생생하고 심각한 생존 문제였다. 바울은 그들에게 다수 사회의 규칙과 질서를 존중하고 적응하며 어떻게든 살아남으라고 권고하였다. 소수파 종교 집단이 자신의 신학적 근거를 갖추기 전에 먼저 생존 전략의 문제이기도 하다.[323]

바울은 악을 행하는 국가 권력이 있다는 사실을 로마서 13장 1-7절에서 언급하지 않았다. 이 사실을 그리스도교와 신학자들은 놓치면 안 된다. 로마서 13장 1-7절을 인용하면서 어떤 성격의 국가 권력에든 무조건 존중해야 한다고 말하거나 가르치면 안 된다. 바울은 그리스도교 역사에서 자주 일어난 그런 사례들[324]을 전혀 찬성하지 못할 것이다. 권력을 세우신 유일한 분 하느님은 모든 종류의 지상 권력을 상대화시킨다. 하느님을 믿고 따르는 사람은 모든 종류의 지상 권력을 절대화하지 않는다. 바울은 하느님이 특정한 인물을 통치자로 점찍었다고 말하지도 않았다. 특정 통치자에 대한 존중이나 숭배는 하느님이나 바울과 하나도 관계없다. 하느님은 국가 권력을 세우셨지 통치자를 세우신 것이 아니다. 통치자와 시민의 관계에서 통치자와 시민은 다를지 모르지만, 하느님과의 관계에서

통치자와 시민은 똑같은 지위에 있다.[325]

바울은 예수 운동 로마 공동체 사람들에게 로마 제국에 조공을 바치라고 말했다. 바울이 모르고 했든 알고 실수했든, 그 말은 결과적으로 예수 운동 로마 공동체 사람들이 점령지에 사는 식민지 백성이라는 사실을 깨닫게 해 주었다. 예수 운동 로마 공동체 사람들은 로마 제국 소속이 아니라 하늘의 시민(빌립보서 3:20)이다. 예수를 믿고 따르는 한국인도 하늘의 시민이다. 세상 정치 권력이 하느님에게 봉사하고(로마서 13:4a, f) 돕는다(로마서 13:6b) 하더라도, 예수를 믿고 따르는 사람은 어떤 정치 권력도 숭배하거나 절대화할 수 없다. 어떤 정치 권력에 협조하고 어떤 정치 권력에 저항해야 할지 우리 스스로 판단하고 결정해야 한다. 그 자유와 책임은 우리 자신에게 있다. 인간의 권리를 침해하는 정치 권력이나 독재자를 존중할 의무는 없다. 부패한 정치 권력이나 적폐세력에게 저항하는 것은 우리의 권리가 아니라 의무다.

로마서 13장 1-7절을 예수 운동 로마 공동체 처지에 비추어 해설하는 경우는 드물지 않았다. 국가 질서에 더 이상 얽매여 있지 않다고 주장하는 열광주의에 빠진 사람들을 바울은 반대한 것[326]일까? 예수 운동 로마 공동체 사람들이 로마에 사는 유다인들에게 잘 보이려고 로마 제국에 대한 유다인의 저항에 참여하는 것을 바울이 반대하고 경고한 것[327]일까? 세금 징수 공무원들의 부패와 높은 세금에 대한 시위들이 로마서 13장 1-7절이 나온 배경[328]일까? 그런 추측을 뒷받침할 근거를 로마서 13장 1-7절에서 찾기는 어렵다. 바울이 로마 시내 사정을 알긴 했을까? 바울은 로마에 간 적도 없었고, 로마에 자신이 세운 공동체도 없었다. 로마서를 누가 읽을 것인지 바울은 예상할 수도 없었다. 다른 편지를 쓰던 상황과 로마서를 쓴 바울의 상황은 상당히 달랐다.[329] 바울은 로마서가 로마 제국 권력층 손에 들어갔을 경우를 예상하고 대비하지 않았을까?[330] 로마 당국이나 로마에 사는, 예수를 받아들이지 않는 유다인을 바울이 자극할 필요는 없다. 바울은 곧 로마를 방문할 계획도 있지 않은가. 로마 당국을 안심시키려고 일부러 로마서 13장 1-7절을 썼을 수도 있겠다. 바울은 예수를 받아들이지 않는 유다인을 자극하지 않도록 배려한 것[331]은 아닐까?

로마서 13장 1-7절은 교회 권력에 대해 말하는 것이 아니다. 로마서 13장 1-7절에서 바울이 로마 제국 권력자들에게 강연한 것도 아니다. 바울이 로마 황제에게 편지를 썼거나 강연했다면, 로마서 13장 1-7절에 지혜서 6장 1-5절을 분명하게 인용하지 않았을까?

"그러면 왕들이여, 내가 하는 말을 듣고 깨달아라. 땅의 끝에서 끝까지를 다스리는 통치자들아, 배워라. 수많은 백성을 다스리며 헤아릴 수 없이 많은 신하들을 자랑하는 자들은 귀를 기울여라. 그대들이 휘두르는 권력은 주님께서 주신 선물이며, 그대들의 주권 또한 지극히 높으신 분께서 주신 것이다. 따라서 주님께서는 그대들의 업적을 굽어보시고 그대들의 계략을 낱낱이 살피실 것이다. 만일 주님의 나라를 맡은 통치자로서 그대들이 정의로 다스리지 않았거나 율법을 지키지 않았거나 하느님의 뜻에 맞게 처신하지 않았으면 주님께서 지체없이 무서운 힘으로 그대들을 엄습하실 것이다. 권세 있는 자들에게는 준엄한 심판이 기다리고 있다. 미천한 사

람들은 자비로운 용서를 받겠지만 권력자들은 엄한 벌을 받을 것이다."(지혜서 6:1-5)

사랑의 계명

로마서 13장 8절은 사랑이라는 계명을 통해 12장 9-21절에 이어진다. "남을 사랑하는 사람은 이미 율법을 완성했습니다."(로마서 13:8b)[332] 복음서 저자들도 같은 생각을 펼쳤다.(마가복음 12:28-34; 마태복음 5:43; 누가복음 10:27) 로마서 13장 8b절을 해설하는 13장 9절은 "네 이웃을 네 몸처럼 아껴라."(레위기 19:18b)를 연결하려고 네 계명(신명기 5:17-20, 21; 출애굽기 20:13-15, 17)을 인용한다. 로마서 13장 8-10절에서 바울이 율법을 이해하는 특징이 드러난다. 바울은 율법을 사랑의 계명으로 줄이고 구체화했다.[333] 바울이 사랑의 계명으로 율법을 극복한 것은 아니라는 의견도 있다.[334] 바울이 유효한 계명과 더 이상 유효하지 않은 계명을 구분하지는 않았지만, 실제로 계명을 지키지 않은 적은 있었다.(로마서 14:14, 20) 어느 계명을 지키고 다른 계명을 지키지 않으면 율법을 지키는 것이 아니라는 유다교 생각과 바울은 거리가 멀다. 율법을 사랑의 계명으로 줄인 것은 율법의 핵심을 존중하면서 동시에 그리스로마 사회의 법률 존중 사상을 받아들였다.

율법을 사랑이라는 계명(로마서 12:9-13:14)으로 줄인 뒤에 바울은 강자와 약자의 갈등에 사랑이 어떻게 적용되는지 설명한다.(로마서 14:1-15:13)[335] 로마 공동체의 내부 갈등은 고린도 공동체의 내부 갈등과 같지 않았다. 로마 공동체의 약자는 고기와 술의 출처를 몰라서 율법을 어기지 않으려고 삼가는 유다인 출신(로마서 14:2, 5, 21)이 많았다. 강자는 고기와 술의 출처에 관계없이 먹고 마시는 유다인 아닌 사람들이었다. 바울은 강자 입장에 있었지만(로마서 14:14, 20; 15:1), 강자는 사랑의 이름으로 약자를 배려하라고 권고했다. 사랑은 서로 비판함을 금지한다.(로마서 14:4, 10, 13) 바울은 공동체 안에 유다인과 유다인 아닌 사람이 함께 있을 때, 어떻게 서로 존중하고 배려해야 하는지 설명했다.(로마서 15:8)

헌금은 전달되었는가?

로마 제국 동쪽에서 복음을 전한 바울은 로마 제국 서쪽으로 가서 수도 로마에 가려고 했다. 그전에 해결할 과제가 하나 있었다. 예루살렘의 가난한 성도들을 위해 모금한 돈을 전달하는 일이었다. 그리고 나서 로마에 갈 계획이었다. 예루살렘으로 출발하기 전에 쓰여진 로마서에는 헌금을 전달하는 이야기가 당연히 없다. 로마서보다 약 30년 후 쓰여진 사도행전의 저자는 그 이야기를 어떻게 다루었을까?

사도행전 15장부터 마지막 28장까지 주인공은 바울이다. 바울의 예루살렘 도착, 체포와 재판(사도행전 21:15-26:32)과 로마로 압송(사도행전 27:1-28:15)하는 상황을 사도행전에 자세히 소개되었지만, 그동안 일어났던 많은 사건들은 어둠에 싸여 있다.[336] 바울의 예루살렘 도착부터 로마 도착까지 상세히 기록했던 사도행전 저자는 바울의 로마에서의 삶을 왜 그렇게 거의 침묵하듯 간단히 기록했을까?[337] 일부러 여운을 강하게 남기는 문학 기법을 고른 때문일까? 사도행전 저자는 끝을 제대로 마무리하지 않고 서둘러 미결 상태로 마친 듯하다. 예수의 삶과 말씀, 예루살렘 도착, 체포와 재판을 자세히 말한 복음서들이 예수 처형 사실을 간단히 보도한 사실이 떠오른다. 바울의 예루살렘 방문 목적(사도행전 24:17)과 바울의 죽음(사도행전 20:24, 25)을 사도행전 저자는 모르지 않았지만, 예루살렘 방문 목적과 바울의 죽음 사건을 거의 언급하지 않았다.

예루살렘의 가난한 성도들을 위해 바울과 공동체들이 모금한 돈을 전달하는 일은 중요했다. 처음에는 대표단이 헌금을 전달하기로 했다.(고린도전서 16:3) 그러다가 바울도 함께 가기로 했다.(고린도전서 16:4) 디도도 동행하기로 했다.(고린도후서 8:19) 막대한 헌금을 다루면서 아무에게도 뒷말을 듣지 않고 떳떳이 일하려 했기 때문이다.(고린도후서 8:20-21) 바울이 마지막으로 예루살렘을 방문하는 길에 들렸던 공동체들과 만남에서도 바울의 헌금 이야기는 없었다.(사도행전 20:1-21:14) 예수가 자신의 죽음을 예고하듯이, 바울은 자신의 고난을 예고하였다.(사도행전 20:23, 25; 21:11, 13) "내가 거기에 갔다가 로마에도 가봐야겠다. 하고 혼잣말을 하였다."(사도행전 19,21)는 예루살렘에 가기로 마음을 정했던 예수(누가복음 9:51)처럼 순교자의 죽음을 연상케 한다.[338]

바울의 심정은 이렇다. "나를 위해서 하느님께 기도를 드리며 나와 함께 싸워 주시오. 그것은 유다에 있는 믿지 않는 이들에게서 내가 구출되고 또한 내가 예루살렘으로 심부름 가는 일이 성도들에게 기꺼이 받아들여지기 위함입니다."(로마서 15:30b-31) 구출하다 ῥύσεται(로마서 15:31a) 단어는 죽음의 위험에서 구출하다(고린도후서

1:10), 또는 세상 끝날에 살아남다(데살로니가전서 1:10; 로마서 7:24, 11:26) 라는 뜻이 있다. 바울은 유다에 있는 예수 믿지 않는 동족 유다인에 게서 살해 위험을 느꼈다는 말인가? 예루살렘에서 예수를 믿지 않는 유다인과 믿는 유다인 사이의 갈등은 갈수록 심해지고 있었다.[339] 유다에 있는 믿지 않는 사람들에게만 바울이 두려움을 가진 것은 아니었다. 예수 운동 예루살렘 공동체가 헌금을 받아줄 것인지 바울은 걱정했다.

헌금을 전달하러 바울 자신이 갈 필요는 사실 없었다. 그런데 그런 위험한 일에 바울은 왜 꼭 끼려 했을까? 바울 자신에 대해 예수를 믿지 않는 유다인이 갖는 의심과 비판을 누그러뜨리고, 바울이 여전히 유다교 안에 머물러 있으며, 예수 운동 예루살렘 공동체와 관계를 개선하기 위해 결단하고 예루살렘에 가려 했던 것 같다.[340] 갈릴리에서 가난한 사람들이 자신을 떠나버린 후(요한복음 6:66) 예루살렘에 가려 결단했던 예수의 심정을 나는 문득 상상했다. 예수나 바울이나 자신의 삶과 진정성을 보여주고 확인받고 싶지 않았을까.

바울은 예루살렘에 도착하여 공동체 지도자(사도행전 21:18)인 예수의 형제 야고보와 원로들을 만난다.(사도행전 21:18) 바울이 유다인 아닌 사람에게 복음을 전파한 사실을 보고하자, 그들은 이렇게 말한다. "형제여, 보다시피 유다인들 가운데서 믿음을 갖게 된 이들이 아주 많습니다. 그들은 모두 율법을 지키는 데 열심한 사람입니다. 그런데 당신은 유다인 아닌 사람들 가운데서 사는 모든 유다인들에게 모세를 배척하고, 자식들에게 할례를 베풀지도 말고, 유다인의 풍속대로 살지도 말라고 가르친다는 말을 그들은 전해 듣고 있습니다."(사도행전 21:20b-21) 예수를 믿는 유다인이 바울을 어떻게 보고 있는지 요약한 말이다. 이 비판은 역사적으로 사실이었을 가능성이 크다.[341] 유다인 아닌 사람들 가운데서 사는 유다인 중에 아들에게 할례를 주지 않고, 율법을 멀리하는 유다인도 실제로 있었다.[342] 예수를 믿지 않는 유다인 뿐 아니라 예수를 믿은 유다인도 바울을 멀리하고 경계했다. 바울이 복음을 전했던 공동체에서도 사정은 크게 다르지 않았다.[343]

사도행전 저자는 바울의 예루살렘 방문 목적(사도행전 24:17)을 모르지 않았지만, 헌금 전달 주제를 언급하지 않았다. 사도행전 저자는 헌금 전달에 대해 사도행전 21장 19절과 21장 20절 사이에 멋지게 배치할 수 있었다. 사도행전 저자의 침묵에 대해 여러 의견이 있다.

첫째, 헌금은 여러 어려움 끝에 비공식적인 경로로, 바울의 참여 없이[344] 결국 전달되었다.[345]

둘째, 헌금은 나실인 서약을 하는 정결예식(사도행전 21:23-24, 26; 민수기 6:1-21)을 행하고 그 비싼 비용을 대는 과정에서 일부 또는 단계적으로 쓰여졌거나 전달되었다.[346]

셋째, 헌금은 전달되지 않았다.[347] 그래서 사도행전은 헌금에 대해 말이 없다는 것이다.

예루살렘 공동체는 헌금받기를 거절한 듯하다.[348] 사도행전 저자는 예수 운동 공동체의 일치라는 자신의 신학과 거리가 먼 이 사실을 애써 외면한 듯하다. 갈라디아서와 로마서에 나오는 바울의 율법에 대한 생각을 예수를 믿지 않는 유다인이나 믿는 유다인이나

결코 받아들일 수 없었다. 그들 눈에 바울은 유다교의 배신자Apostat
에 불과했다. 깨끗하지 않은 헌금은 받지 않는다는 유다교 정신[349]에
따라, 예루살렘 공동체는 바울이 전달하는 헌금을 받지 않았다.[350]
헌금받기를 거절한 예루살렘 공동체의 행동은 예수를 믿지 않는 유
다인이나 믿는 유다인에게 바울에 대한 그들의 승리로 해석되었을
것이다. 예수 운동 예루살렘 공동체는 예루살렘에서 체포된 바울을
돌보지도 않았고 바울의 석방을 위해 어떤 노력도 하지 않았다. 예
루살렘 공동체와 바울 사이의 간격이 그만큼 크고 넓었다. 예수 운
동 초기 역사는 일치가 아니라 분열로 장식되었다. 예루살렘 공동
체, 바울, 사도행전 저자, 복음서 저자 모두 예수 운동의 분열을 슬
퍼했을 것이다. 예수 운동 초기 역사를 바울이 주도하고 장악했다
는 생각은 역사적 사실과는 너무도 다른 오해요 편견이다.

바울 체포와 로마 압송

예수나 바울이나 예루살렘 성전에서 체포되었다. 기구한 운명이
다. 하느님의 말씀을 전하는 예수와 바울이 하느님이 계시는 예루
살렘 성전에서 하느님 말씀을 전한다는 사람들에 의해 체포된 것이
다. 바울이 유다인 아닌 사람을 예루살렘 성전으로 데리고 들어갔
다고 생각한 사람들이 바울을 붙잡아 성전 밖으로 끌어냈다.(사도행
전 21:27-30) 사도행전 저자는 사람들이 착각한 탓에 그런 행동을 했
다고 설명했다.(사도행전 21:29) 성전 안쪽 구역을 침범하는 유다인 아
닌 사람에게는 무자비한 사형 처벌이 내려졌다.[351]

"어디서든 누구에게나 우리 백성과 율법과 이 장소를 반대하라고

가르치는 사람입니다. 더군다나 헬라인들까지 성전으로 데리고 들어와서 이 거룩한 장소를 더럽혔습니다."(사도행전 21:28b)라고 사람들은 바울을 비난했다. 바울이 체포되고 로마 군대에 넘겨진 상황을 정확히 알기는 어렵다.[352] 사도행전 저자의 바울 재판 보도에 역사적으로 분명하지 않은 점이 여럿 있다.[353] 바울 체포에서 재판까지(사도행전 21:27-26:32) 기록은 하나의 전승에 기초했는지[354] 여러 전승이 얽혀 있는지[355] 논의되고 있다.

바울의 재판은 왜 그렇게 오래 진행되었을까? 벨릭스 총독은 바울에게 뇌물을 기대한 듯하다.(사도행전 24:26) 재판이 진행되던 58년에 벨릭스 총독이 떠나고 후임으로 베스도 총독이 와서 바울 사건을 맡게 되었다.(사도행전 25:1-12) 베스도 총독이 바울에게 예루살렘에서 재판받겠느냐는 제안(사도행전 25:9)은 법적으로 의아하다. 예루살렘에서, 즉 유다교 의회에서 열리는 재판에 로마 총독이 참석할 필요는 없기 때문이다. 베스도 총독은 왜 가이사랴에서 판결을 내리지 않았을까? 바울이 로마 황제에게 상소하겠다는 발언(사도행전 25:9-12)도 이상하다. 어떤 판결도 아직 받지 않은 바울이 어떻게 상소를 할까? 바울이 어떤 판결을 받았는지, 사도행전 저자가 로마 당국을 자극하지 않으려고 그 소식을 쓰지 않았을 수 있다. 그것은 바울의 체포와 재판의 책임을 유다인에게 돌리고 로마 제국은 책임이 없다고 말하려는 사도행전 저자의 생각에 어울리긴 한다.[356] 바울이 예루살렘에서 로마로, 유다인에게서 유다인 아닌 사람에게로 간다고 사도행전 저자는 말하고 싶었다.[357]

가이사랴 항구에서 로마로 압송되는 과정은 영웅의 모험 여행기처럼 꾸며져 기록되었다. 여정의 중심에 의롭고 당당한 사람 바울이 있다. 바울은 위험을 미리 예언(사도행전 27:10, 22)하고 사람들을 위험에서 건지고(사도행전 27:26), 함께 가는 사람을 보살핀다.(사도행전 27:10, 21-26, 31, 33-36)**358** 몰타 섬에서 자기 손에 달라붙은 독사뱀을 털어버리고(사도행전 28:3-6) 유력자의 아버지를 치유한 기적(사도행전 28:7-10)은 바울을 하느님 앞에 의로운 사람으로 묘사했다. 바울이 복음을 로마 제국 수도 로마로 전하러 가는 길은 하느님의 뜻을 따르는 일(사도행전 27:24)이다. 죄수로서 바울이 사회적 체면은 잃었지만**359** 사람들과 하느님 앞에 의로운 인간 바울은 로마에서 복음을 전하게 된다.

로마에서의 바울

만일 헌금이 전달되지 않았다면, 그 소식은 예루살렘뿐만 아니라 안디옥, 에베소, 고린도, 알렉산드리아, 로마 공동체에도 머지 않아 전해졌을 것이다. 헌금이 전달되지 못했다는 소식을 들은 로마에 사는 유다인이나 예수 운동 사람들은 바울을 어떤 인간으로 생각했을까? 바울이 로마에 도착했을 때, 예수 운동 로마 공동체 성도들은 바울을 호의적으로 대하려 했을까? 로마에 사는 유다인들은 바울을 좋게 생각했을까? 로마에서 바울의 선교 활동은 사람들에게 신뢰감을 주었을까? 로마로 가는 길에서 바울은 한순간도 헌금이 거절된 사건을 잊지 못했을 것이다. 그런데 헌금은 어디로 갔을까?

바울이 로마에 머무른 소식(사도행전 28:17-31)은 여러 의문을 낳고 있다. 죄수 신분의 바울은 감옥 밖에서 방을 임대하여 살면서(사도행전 28:16, 23, 30)[360] 방해받지 않고 비교적 자유로운 생활을 하며 복음을 전했다. 군인 한 사람만 바울을 감시했다.(사도행전 28:16) 로마 시민권을 가진 바울이기에 가능한 특혜받은 수감 생활이었다.[361] 바울은 로마에서 재판을 받았을까? 사도행전 저자는 침묵한다. 셋집에서의 2년 동안 생활(사도행전 28:30)은 재판과 아무 관계없는 듯하다.[362] 바울은 찾아오는 사람을 모두 만났다.(사도행전 28:30)

바울은 예수 운동 로마 공동체 사람들과 만났을까? 로마서에서 인사했던 사람들을 드디어 만났을까? 만남은 없었던 듯하다. 만일 만났다면, 사도행전 저자가 삭제했을 리 없다. 바울과 예수 운동 로마 공동체 사람들의 만남은 왜 이루어지지 않았을까? 수수께끼다. 로마에서 바울은 유다교 사람들을 만났다.(사도행전 28:17) 예수 운동과 유다교가 아직 분열되지 않았던 시절이다. 바울은 그들에게 이렇게 말했다. "형제 여러분, 나는 우리 백성에 대해서나 조상들의 관습에 대해서 거스르는 일은 아무것도 하지 않았습니다."(사도행전 28:17b) 동족 유다인들과의 만남에서 별다른 선교 성과를 거두지 못하자, 바울은 유다인 아닌 사람에게 복음을 전하기 시작했다. 사도행전 저자가 결국 말하고 싶은 사실은 이것이다. 유다인은 복음을 거절했고, 로마 제국은 바울의 선교 활동을 막지 않았다. 죄수로서 로마에 압송된 바울은 로마에서 방해받지 않고ἀκωλύτως(사도행전 28:31) 복음을 전파했다. 방해받지 않고ἀκωλύτως 단어는 사도행전에서 마지막에 있는 단어다.

바울 최후의 시간

59년 바울이 로마에 도착했을 때, 로마에 있던 유다인과 예수 운동 공동체는 사이가 더 벌어지기 시작했다. 예수 운동 로마 공동체에서 유다인 비율은 줄고 유다인 아닌 사람들이 다수를 차지하게 되었다. 로마 제국 관리들은 예수 운동 공동체를 유다교와 관계없는 독립적인 모임으로 알아차릴 수 있었다. 유다교는 로마 제국에 공인되고 법적으로 보호받는 모임이지만, 예수 운동은 아직 그렇지 못하다는 뜻이다. 60년대 로마에서 유다교와 예수 운동의 관계를 알려주는 문헌은 우리에게 없다. 당시 예수 믿는 사람은 유다인의 원수였다는 로마 철학자 세네카의 발언이 4세기 신학자 아우구스티누스 책에 인용되었다.[363] 예수 운동과 점점 거리를 두던 유다교의 처신은 예수 운동의 선교를 방해하는 결과를 낳았다. 64년 로마 화재 때, 네로 황제는 아무 근거 없이 그러나 로마 시민의 지지 속에 예수 운동을 박해했다.[364] 예수 믿는 사람이 많이 체포되고 목숨을 잃었다.(클레멘스1서 6:1)[365] 로마 시민들이 예수 운동의 존재를 알고 있었고, 예수 운동 박해를 찬성했다는 뜻이다.

로마 역사가 타키투스Tacitus는 로마 화재에 예수 운동 사람들이 책임 없다고 말했고 또 책임 있다고 말하기도 했다.[366] 로마 시내에는 예수 운동을 비밀 의식 등의 이유로 비난하는 소리가 있었다.[367] 십자가에 처형된 정치범을 하느님의 아들이라고 존중한다는 예수 운동에게 미신superstitio이란 비난이 언제나 따라다녔다.[368] 인류의 원수odium humani generis란 욕설도 듣곤 했다.[369]

로마 역사가이자 정치가 수에톤Sueton은 예수 운동을 사회에 위험한 미신이라고 비난했다.[370] 그러나 수에톤은 예수 운동을 로마 화재 사건과 연결하지는 않았다.[371] 로마 화재와 관계없이 네로 황제가 예수 운동을 위험한 정치 그룹으로 낙인찍었는지 의문이다. 그렇지 않다는 의견이 있다.[372] 네로 황제의 박해 이후 그리스도를 믿는다는Christianus sum 고백은 사형죄에 해당되었다.[373] 로마 시민권을 가지지 못했던 대부분 예수 운동 사람들은 발각되면 잔인한 방법으로 처형되었다.

바울의 운명에 대한 가장 오래된 전승은 바울이 순교했다고 말한다.(클레멘스1서 5:5-7)[374] "시기와 다툼 때문에 가장 위대하고 의로운 기둥들이 박해받고 죽기까지 싸웠습니다. 우리는 용기 있는 사도들을 우리 눈으로 보았습니다."(클레멘스1서 5:2-3) 베드로처럼(클레멘스1서 5:4), 바울도 예수 그리스도를 믿는 모든 사람이 따라야 할 모범으로 소개되었다.(클레멘스1서 5:5-7)

만일 바울이 스페인에 도착했었다면, 클레멘스1서는 그 사실을 언급했었을 것이다. 서쪽 끝(클레멘스1서 5:6)을 로마가 아니라 스페인으로 해석하고, 바울이 스페인에 도착했다고 여기는 의견이 있다.[375] 바울이 스페인에 도착했다는 의견에 동의하지 않는 의견도 있다.(클레멘스1서 5:5-7)[376]

클레멘스1서는 베드로와 바울의 순교 죽음을 로마 화재와 연결하지 않는다. 그런데 시기와 다툼(클레멘스1서 5:5)은 예수 운동 내부의 갈등뿐 아니라 예수 운동 로마 공동체와 유다교의 갈등을 말하는 것일까? 사도행전 28장은 둘 다 암시하는 듯하다. 바울은 예수 운동 로마 공동체에게 어떤 방식의 도움도 받지 못했고, 유다인 선교에도 별다른 성과를 거두지도 못했다. 로마에서 바울은 외로운 사람이었다.

"데마는 이 현세를 사랑한 나머지 나를 버리고 데살로니가로 가 버렸습니다. 그레스게는 갈라디아로 갔고 디도는 달마디아로 갔으며 누가만이 나와 함께 있습니다. 마가는 내가 하는 일에 꼭 필요한 사람이니 그를 데리고 오시오. 나는 두기고를 에베소로 보냈습니다. 그대가 이리로 올 때에 내가 드로아에 있는 가보의 집에 두고 온 내 외투와 책들을 가지고 오시오. 특히 양피지로 만든 책들을 꼭 가지고 오시오. 구리 세공을 하는 알렉산더가 나를 몹시 괴롭혔습니다. 그의 행실에 대하여 주님께서는 마땅한 벌을 내리실 것입니다. 그대도 그를 경계하시오. 그는 우리가 전도하는 것을 악착같이 반대한 사람입니다. 내가 처음으로 재판정에 나갔을 때에 한 사람도 나를 도와주지 않고 모두가 버리고 가버렸습니다. 그러나 나를 버리고 간 그들이 엄한 벌을 받지 않게 되기를 바랍니다. 주께서는 나와 함께 계시며 나에게 힘을 주셨습니다. 그리하여 나는 하느님의 말씀을 완전히 선포할 수 있었고 그 말씀이 모든 이방인들에게 미치게 되었습니다. 그리고 주께서 나를 사자의 입에서 구해 주셨습니다."(디모데후서 4:10-17)

로마(디모데후서 1:17)에서 쓰여진 디모데후서는 달리기 시합에 비유하여 바울의 순교를 표현했다. "나는 훌륭하게 싸웠고 달릴 길을 다 달렸으며 믿음을 지켰습니다. 이제는 정의의 월계관이 나를 기다리고 있을 뿐입니다. 그날에 정의의 재판장이신 주님께서 그 월계관을 나에게 주실 것이며, 나에게 뿐만 아니라, 다시 오실 주님을 사모하는 모든 사람에게도 주실 것입니다."(디모데후서 4:7-8) 사도행전 28장과 디모데후서는 누가만이 바울 곁에 남았다는 데 일치하고 있다. 생애 말년에 로마에서 외롭게 살았던 바울은 62년과 64년 사이에[377] 로마에서 처형되었던 것 같다. 60년 초에 처형되었다는 추측도 있다.[378]

미주

—

1부 유다인 바울

1   Philo, *Op Mund* p.105.

2   Schumacher, L, *Sklaverei in der Antike*, München, 2001, p.42.

3   Haacker, K, *Zum Werdegang des Apostels Paulus*, ANRW 26,2, Berlin/New York, 1995, pp.824-826.

4   Hengel, M, "Der vorchristliche Paulus", in: Hengel, M./Heckel, U, (Hg.), *Paulus und das antike Judentum*, WUNT 58, Tübingen, 1991, pp.177-293, pp.197-201.

5   Schnelle, U, *Paulus. Leben und Denken*, Berlin/Boston, 2014, 2판, p.44.

6   Hengel, M, "Der vorchristliche Paulus", ThBeitr 21 (1990), pp.174-195, pp.180-193; Hengel, M./Schwemer, A.M., *Paulus zwischen Damaskus und Antiochien*, WUNT 108, Tübingen, 1998, pp.251-267.

7   Delling, G, *Die Bewältigung der Diaspora-Situation durch das hellenistische Judentum*, Berlin, 1987, pp.49-55.

8   Hieronymus, *De viris illustribus* V.

9   Haacker, K, *Zum Werdegang des Apostels Paulus*, ANRW 26,2, Berlin/New York, 1995, p.823.

10   Trobisch, D, *War Paulus verheiratet? Und andere offene Fragen der Paulusecegese*, Gütersloh, 2011, pp.93-98.

11   Schnelle, U, *Paulus. Leben und Denken*, Berlin/Boston, 2014(2판), p.39, 주3.

12   Jeremias, J, "War Paulus Witwer?", ZNW 25 (1926), pp.310-312.

13   Schnelle, U, *Paulus. Leben und Denken*, Berlin/Boston, 2014(2판), p.40.

14   Omerzu, H, *Der Prozess des Paulus*, BZNW 115, Berlin/New York, 2002, pp.34-36.

15   Dio Chrysostomos, *Or* 34, pp.21-23.

16   Hengel, M, "Der vorchristliche Paulus", ThBeitr 21 (1990), pp.174-195, pp.188-193.

17   Sherwin-White, *Roman Society and Roman law*, Oxford, 1963, p.182.

18   Smallwood, E.M, *The jews under Roman Rule from Pompey to Diocletian*, SJLA 20, Leiden, 1981, p.127.

19   Philo, *Leg Gai*, p.155.

20   Omerzu, H, *Der Prozess des Paulus*, BZNW 115, Berlin/New York, 2002, pp.28-39.

21   Nippel, W, "Der Apostel Paulus - ein Jude als römischer Bürger", in: Hölkeskampf, K.-J, u. a. (Hg.), *Sinn (in) der Antike*, Mainz, 2003, pp.357-371, p.360.

22   Omerzu, H, *Der Prozess des Paulus*, BZNW 115, Berlin/New York, 2002, p.39.

23   Stegemann, W, "War der Apostel Paulus ein römischer Bürger?", ZNW 78 (1987), pp.200-229, p.213.

24 Schnelle, U, *Paulus. Leben und Denken*, Berlin/Boston, 2014(2판), p.43.

25 Noethlichs, K.L, "Der Jude Paulus-ein Tarser und Römer?", in: Haehling, R.v, (Hg.), *Rom und das himmlische Jerusalem. Die frühen Christen zwischen Anpassung und Ablehnung*, Darmstadt, 2000, pp.53-84, p.74.

26 Josephus, *Bell* II p.308; Cicero, *Verr* II 5 pp.161-167.

27 Schnelle, U, *Paulus. Leben und Denken*, Berlin/Boston, 2014(2판), p.45.

28 Vegge, T, *Paulus und das antike Schulwesen*, BZNW 134, Berlin, 2006, p.494.

29 Eckstein, P, *Gemeinde, Brief und Heilsbotschaft. Ein phänomenologischer Vergleich zwischen Paulus und Epikur*, HBS 42, Freiburg, 2004

30 Bauer, Th. J, *Paulus und die kaiserzeitliche Epistolographie*, WUNT 276, Tübingen, 2011, p.411.

31 Arzt-Grabner, P, "Gott als verlässlicher Käufer: Einige Papyrologische Anmerkungen und bibeltheologische Schlussfolgerungen zum Gottesbild des Paulusbriefe", NTS 57 (2011), pp.392-414, p.412.

32 Lüdemann, G, *Das frühe Christentum nach den Traditionen der Apoatelgeschichte*, Göttingen, 1987, p.209.

33 Lampe, P, "Paulus - Zeltmacher", BZ 31 (1987), pp.256-261, p.258.

34 Dio Chrysostomos, *Or* 34,21.23.

35 Epiktet, *Diss* III 12,9; Hock, R.F, *The Social Context of Paul's Ministry*, Philadelphia, 1980, p.33.

36 Hengel, M, "Der vorchristliche Paulus", in: Hengel, M,/Heckel, U,

(Hg.), *Paulus und das antike Judentum*, WUNT 58, Tübingen, 1991, pp.177-293, p.211.

37 Saldarini, A.J, *Pharisees, Scribes and Sadducees in Palestinian Society*, Edinburgh, 1988, p.140; Hengel, M, "Der vorchristliche Paulus", in: Hengel, M,/Heckel, U, (Hg.), *Paulus und das antike Judentum*, WUNT 58, Tübingen, 1991, pp.177-293, p.211.

38 Stegemann, E,/Stegemann, W, *Urchristliche Sozialgeschichte*, Stuttgart 1997(2판), p.260; Megitt, J.J, *Paul, Poverty and Survival*, Edinburgh, 2000, p.75.

39 Haacker, K, *Zum Werdegang des Apostels Paulus*, ANRW 26,2, Berlin/New York, 1995, p.847.

40 Classen, C.J, "Philologische Bemerkungen zur Sprache des Apostels Paulus", WSt 107/108 (1994/1995), pp.321-335, p.335.

41 Meyer, R, "Tradition und Neuschöpfung im antiken Judentum - Dargestellt an der Geschichte des Pharisäismus", in: Ders, *Zur Geschichte und Theologie des Judentums in hellenistisch-römischer Zeit*, Berlin, 1989, pp.130-187; Deines, R, *Die Pharisäer*, WUNT 101, Tübingen, 1997; Stemberger, G, *Pharisäer, Sadduzäer, Essener*, SBS 144, Stuttgart, 1991.

42 Schäfer, P, *Geschichte der Juden in der Antike*, Tübingen, 2010(2판), pp.271-281.

43 Josephus, *Ant* 13, pp.171-173.

44 Stemberger, G, *Pharisäer, Sadduzäer, Essener*, SBS 144, Stuttgart, 1991, p.98.

45 Josephus, *Ant* 13, pp.288-292.

46 Stemberger, G, *Pharisäer, Sadduzäer, Essener*, SBS 144, Stuttgart,

1991, pp.107-110.

47   Josephus, *Ant* 17, p.42; Schaller, B, "4000 Essener-6000 Pharisäer. Zum Hintergrund und Wert antiker Zahlenangaben", in: Kollmann, B,/Reinbold, W./Steudel, A, (Hg.), *Antikes Judentum und Frühes Christentum (FS Stegemann, H.)* BZNW 97, Berlin/New York, 1999, pp.172-182.

48   Stemberger, G, *Pharisäer, Sadduzäer, Essener*, SBS 144, Stuttgart, 1991, p.110.

49   Hengel, M, *Die Zeloten*, AGSU 1, Leiden, 1961, p.336.

50   Luz, U, "Jesus und die Pharisäer", Jud 38 (1982), pp.111-124.

51   Schwier, H, *Tempel und Tempelzerstörung*, NTOA 11, Freiburg (H)/ Göttingen, 1989, pp.4-54.

52   Stemberger, G, *Pharisäer, Sadduzäer, Essener*, SBS 144, Stuttgart, 1991, p.84; Wright, N.T, *Paul and the Faithfulness of God*, London, 2013, pp75-196.

53   Josephus, *Ant* 13, p.297.

54   Josephus, *Ant* 17, p.149.

55   Neusner, J, *Das pharisäische und talmudische Judentum*, TSAJ 4, Tübingen, 1984, p.24.

56   PsSal 3,12; 마가복음 12:18-27; 사도행전 23:6-8.

57   PsSal 17; 18.

58   PsSal 14.

59   Josephus, *Ant* 13, p.72; 18, p.13.

60   Neusner, J, *The Rabbinic Traditions about the Pharisees before 70* I, Leiden, 1971, pp.341-376.

61   v. Unnik, W.C, "'Tarsus or Jerusalem. The City of paul's Youth", in:

Ders, *Sparsa Collecta* I, NT.S 29, Leiden, 1973, pp.259-320.

62   Hengel, M, "Der vorchristliche Paulus", in: Hengel, M,/Heckel, U, (Hg.), *Paulus und das antike Judentum*, WUNT 58, Tübingen, 1991, pp.177-293, p.233.

63   Strecker, G, "Der vorchristliche Paulus", in: Fornberg, T,/Hellholm, D, (Hg.), *Texts and Contexts (FS Hartmann, I,)*, Oslo, 1996, pp.713-741, p.729.

64   Hengel, M, "Der vorchristliche Paulus", in: Hengel, M,/Heckel, U, (Hg.), *Paulus und das antike Judentum*, WUNT 58, Tübingen, 1991, pp.177-293, pp.225-232.

65   Neusner, J, *Judentum im frühchristlicher Zeit*, Stuttgart, 1988, pp.69-98;Goldenberg, R, Art. *"Hillel/Hillelschule(Schammaj/Schammajschule)"*, TRE 15, Berlin/New York, 1986, pp.326-330.

66   Haacker, K, "Die Berufung des Verfolgers und die Rechtfertigung des Gottlosen", ThBeitr 6 (1975), pp.1-19.

67   Hübner, H, *"Gal 3:10 und die Herkunft des Paulus"*, KuD 19 (1973), pp.215-231; Haacker, K, "Die Berufung des Verfolgers und die Rechtfertigung des Gottlosen", ThBeitr 6 (1975), pp.1-19, p.15.

68   Seybold, K, Art. *"Gericht I"*, TRE 12, Berlin/New York, 1985, pp.460-466; Brandenburger, E, Art. *"Gericht III"*, TRE 12, Berlin/New York, 1985, pp.469-483.

69   4Q521 2II12; Lichtenberger, H, "Auferstehung in den Qumrantexten", in: Avemarie, F,/Lichtenberger, H, (Hg.), *Auferstehung*, WUNT 135, Tübingen, 2001, pp.79-91.

70   Josephus, *Ant* 18, p.16.

71   Fiedler, M.J, "Δικαιοσύνη in der diaspora-jüdischen und inter-

testamentarischen Literatur", JST 1 (1970), pp.120-143; Otto, E, Art.
"Gerechtigkeit", RGG(4판) 3, Tübingen, 2000, pp.702-704.

72   Engberg-Pedersen, T, (Hg.), *Paul in His Hellenistic Context*, Minnea-
polis, 1995.

73   Schwankl, O, "'Lauft so, dass ihr gewinnt'. Zur Wettkampfmetaphorik
in 1Kor 9", BZ 41 (1997), pp.174-191

74   Schnelle, U, "Paulus und Epiktet-zwei ethische Modelle", in: Horn,
F.W./Zimmermann, R, (Hg.), *Jenseits von Indikativ und Imperativ*,
WUNT 238, Tübingen, 2009, pp.137-158.

75   Plutarch, *Mor* 116C.D.

76   Badiou, A, Paulus. *Die Begründung des Universalismus*, München
2002; Agamben, G, Die Zeit, *die bleibt. Ein Kommentar zum
Römerbrief*, Frankfurt 2006; Taubes, J, *Die politische Theologie des
Paulus*, München, 2003(3판).

77   Wright, N.T, *Paul and the Faithfulness of God*, London, 2013,
pp.1354-1383.

78   Epiktet, *Diss III*, 22, p.2.

79   Dio Chrysostomus, *Or* 72, pp.1-3.

80   Hahn, J, *Der Philosoph und die Gesellschaft. Selbstverständnis,
öffentliches Auftreten und populäre Erwartungen in der hohen
Kaiserzeit*, Stuttgart, 1989, pp.33-45; Malherbe, A.J, *Paul and the
Popular Philosophers*, Minneapolis, 1989, p.103.

81   Hahn, J, *Der Philosoph und die Gesellschaft. Selbstverständnis,
öffentliches Auftreten und populäre Erwartungen in der hohen
Kaiserzeit*, Stuttgart, 1989, pp.81-85.

82   Xenophon, *Apologia* p.16.

83   Malitz, J, "Philosophie und Politik im frühen Prinzipat", in; Schmidt, H.W./Wülfing, P, (Hg.), *Antikes Denken-Moderne Schule*, Heidelberg, 1988, 151-179.

84   Betz, H.D, *Paulus und die sokratische Tradition*, BHTh 45, Tübingen, 1972, p.43.

85   Forbes, Chr, "Comparison, Self-praise and Irony:Paul's Boasting and the Conventions of Hellenistic Rhetoric", NTS 32 (1986), pp.1-30, p.23.

86   Bultmann, R, *Der Stil der paulinischen Predigt und die kynisch-stoische Diatribe*, FRLANT 13, Göttingen, 1984(=1910); Schmeller, Th, *Paulus und die Diatribe*, NTA 19, Münster, 1987, p.423.

87   Ebner, M, *Leidenslisten und Apostelbrief*, fzb 66, Würzburg, 1991, pp.161-172.

88   Eckstein, H.-J, *Der Begriff Syneidesis bei Paulus*, WUNT 2.10, Tübingen, 1983, pp.35-104; Klauck, H.-J, "'Der Gott in Dir'(Ep 41,1). Autonomie des Gewissens bei Seneca und Paulus," in: Ders, *Alte Welt und neuer Glaube*, NTOA 29, Göttingen/Freiburg(H), 1994, pp.11-31, p.16.

89   Seneca, *Ep* p.47.

90   Jones, S, *"Freiheit" in den Briefen des Apostels Paulus*, GTA 34, Göttingen, 1987, p.43.

91   Gehrke, H.-J, *Geschichte des Hellenismus*, München, 1995(2판), pp.1-3.

92   Reiser, M, "Hat Paulus Heiden bekehrt?", BZ 39 (1995), pp.78-91, pp.77-83.

93   Schnelle, U, *Paulus. Leben und Denken*, Berlin/Boston, 2014(2판), p.72.

94   Hengel, M, "Das früheste Christentum als eine jüdische messianische und universalistische Bewegung", ThBeitr 28 (1997), pp.197-210, p.198.

95   Ebner, M, *Leidenslisten und Apostelbrief*, fzb 66, Würzburg, 1991, p.105.

96   Alkier, St, *Wunder und Wirklichkeit in den Briefen des Apostel Paulus*, WUNT 134, Tübingen, 2001, p.72.

97   Engberg-Pedersen, T, *Paul and the Stoics*, Louisville, 2000, p.79.

98   Wright, N.T, *Paul and the Faithfulness of God II*, London, 2013, pp.1383-1406.

99   Dietzfelbinger, Chr, *Die Berufung des Paulus als Ursprung seiner Theologie*, WMANT 58, Neukirchen, 1985, p.6.

100   Burchard, Chr, *Der dreizehnte Zeuge*, FRLANT 103, Göttingen, 1970, p.50; Löning, K, *Die Saulustradition in der Apostelgeschichte*, NTA 9, Münster, 1973, pp.12-25.

101   Hengel, M./Schwemer, A.M., *Paulus zwischen Damaskus und Antiochien*, WUNT 108, Tübingen, 1998, pp.60-63.

102   Niebuhr, K.-W, *Heidenapostel aus Israel*, WUNT 62, Tübingen, 1992, p.58; Kraus, W, *Zwischen Jerusalem und Antiochia*, SBS 179, Stuttgart, 1999, p.40.

103   Dietzfelbinger, Chr, *Die Berufung des Paulus als Ursprung seiner Theologie*, WMANT 58, Neukirchen, 1985, p.21.

104   Becker, J, Paulus. *Der Apostel der Völker*, Tübingen, 1989, p.40; Schenke, L, *Die Urgemeinde*, Stuttgart, 1990, p.186; Theissen, G, *Lokalkolorit und Zeitgeschichte in den Evangelien*, NTOA 8, Freiburg(H)/Göttingen, 1989, p.166.

105 Haenchen, E, *Die Apostelgeschichte*, KEK III, Göttingen, 1977(7판),
     p.289; Becker, J, *Paulus. Der Apostel der Völker*, Tübingen, 1989, p.63;
     Strecker, G, "Der vorchristliche Paulus", in: Fornberg, T,/Hellholm,
     D, (Hg.), *Texts and Contexts (FS Hartmann, I,)*, Oslo, 1996, pp.713-741,
     p.730.

106 Schröder, B, *Die 'väterlichen Gesetze'* TSAJ 53, Tübingen, 1996.

107 1QS 4,5,17.

108 Friedrich, G, *Die Verkündigung des Todes Jesu im Neuen Testament*,
     BThSt 6, Neukirchen, 1982, pp.122-130.

109 Philo, *Flacc* 72. pp.83-85.

2부 예수 운동 참여한 바울

1 Hurtado, L, "Convert, Apostate or Apostle to the Nations", SR 22
   (1993), pp.273-284; Strecker, G, *Die liminale Theologie des Paulus*,
   FRLANT 185, Göttingen, 1999, pp.81-96.

2 Heininger, B, *Paulus als Visionär*, HBS 9, Freiburg, 1996, pp.182-
   211.

3 Haacker, K, *Zum Werdegang des Apostels Paulus*, ANRW 26,2,
   Berlin/New York, 1995, pp.896-898; Strecker, G, *Die liminale
   Theologie des Paulus*, FRLANT 185, Göttingen, 1999, pp.155-157.

4 Stenger, W, "Biographisches und Idealbiographisches in Gal 1:11-
   2:14", in: Müller, P.G,/Stenger, W, (Hg.), *Kontinuität und Einheit (FS
   Mussner, F.)*, Freburg, 1981, pp.123-140.

5 Wilk, F, *Die Bedeutung des Jesajabuches für Paulus*, FRLANT 179,
   Göttingen, 1998, p.408; Sandnes, K.O, *Paul-One of the Prophets?*

A Contribution to the Apostle's Self-Understanding, WUNT 2.43, Tübingen, 1991, pp.48-70

6   Labahn, A,/Labahn, M, "Jesus als Sohn Gottes bei Paulus", in: Schnelle, U,/Södinh, Th,/Labahn, M, (Hg.), *Paulinische Christologie (FS Hüner, H,)*, Göttingen, 2000, pp.97-120.

7   Stuhlmacher, P, *Das paulinische Evangelium. Band I: Vorgeschichte*, FRLANT 95, Göttingen, 1968, p.71; Luck, U, "Die Bekehrung des Paulus und das Paulinische Evangelium", ZNW 76 (1985), pp.187-208, p.203.

8   Räisänen, H, "Paul's Call Experience and his later View of the Law", in: Ders, *The Torah and Christ*, SFEG 45, Helsinki, 1986, pp.55-92, 67; Kraus, W, *Zwischen Jerusalem und Antiochia*, SBS 179, Stuttgart, 1999, p.89.

9   Schnelle, U, *Paulus. Leben und Denken*, Berlin/Boston, 2014(2판), p.81.

10   Dietzfelbinger, Chr, *Die Berufung des Paulus als Ursprung seiner Theologie*, WMANT 58, Neukirchen, 1985, p.62; Hengel, M, "Der vorchristliche Paulus", in: Hengel, M,/Heckel, U, (Hg.), *Paulus und das antike Judentum*, WUNT 58, Tübingen, 1991, pp.177-293, p.283; Wolff, Chr, *Der zweite Brief des Paulus an die Korinther*, ThHK 8, Berlin, 1989, p.8.

11   Windisch, H, *Der zweite Korintherbrief*, KEK VI, Göttingen, 1924(9판), p.140; Furnish, V.P, *II Corinthians*, AncB 32 A, New York, 1984, p.250.

12   Rau, E, "Der urchristliche Kyrioskult und die Bekehrung des Paulus", in: Stoldt, P,/Grünberg, W,/Suhr, U, (Hg.), *Kulte, Kulturen, Gottesdienste (FS Cornel, P,)*, Göttingen, 1996, pp.156-171, p.157.

13   Gnilka, J, *Der Philipperbrief*, HThK X/3, Freiburg, 1980(3판), p.192.

14   Strecker, G, "Befreiung und Rechtfertigung. Zur Stellung der Rechtfertigungslehre in der Theologie des Paulus", in: Ders, *Eschaton und Historie. Aufsätze*, Göttingen, 1979, pp.229-259, p.237; Räisänen, H, "Paul's Call Experience and his later View of the Law", in: Ders, *The Torah and Christ*, SFEG 45, Helsinki, 1986, pp.55-92, p.72.

15   Becker, J, *Paulus. Der Apostel der Völker*, Tübingen, 1989, pp.73-86; Haacker, K, *Zum Werdegang des Apostels Paulus*, ANRW 26,2, Berlin/New York, 1995, pp.909-916.

16   Dietzfelbinger, Chr, *Die Berufung des Paulus als Ursprung seiner Theologie*, WMANT 58, Neukirchen, 1985, pp.75-82; Heininger, B, *Paulus als Visionär*, HBS 9, Freiburg, 1996, pp.211-234.

17   Lüdemann, G, *Das frühe Christentum nach den Traditionen der Apoatelgeschichte*, Göttingen, 1987, pp.111-121.

18   Löning, K, "Der Stephanuskreis und seine Mission", in: Becker, J, (Hg.), *Die Anfänge des Christentums*, Stuttgart, 1987, pp.80-101, 86.

19   Schneider, G, *Die Apostelgeschichte I*, HThK V/1-2, Freiburg, 1980, p.433, 주6.

20   Weiser, A, *Die Apostelgeschichte I*, ÖTK 5/1, Gütersloh, 1981, p.173.

21   Dietzfelbinger, Chr, *Die Berufung des Paulus als Ursprung seiner Theologie*, WMANT 58, Neukirchen, 1985, p.19; Klein, G, Art. "Gesetz III", TRE 13, Berlin/New York, 1984, pp.58-75, p.62.

22   Dietzfelbinger, Chr, *Die Berufung des Paulus als Ursprung seiner Theologie*, WMANT 58, Neukirchen, 1985, p.16, p.29.

23   Schnelle, U, *Paulus. Leben und Denken*, Berlin/Boston, 2014(2판),

p.87, 주48.

24 Rau, E, *Von Jesus zu Paulus. Entwicklung und Rezeption der antiochenischen Theologie im Urchristentum*, Stuttgart, 1994, pp.15-77.

25 Hübner, H, *Biblische Theologie des Neuen Testament II: Die Theologie des Paulus*, Göttingen, 1993, p.32.

26 Hengel, M, "Die Stellung des Apostels Paulus zum Gesetz in den unbekannten Jahren zwischen Damaskus und Antiochien", in: Dunn, J.D.G, (Hg.), *Paul and the Mosaic Law*, WUNT 89, Tübingen, 1996, pp.25-51, p.33.

27 Kollmann, B, "Die Berufung und Bekehrung zum Heidenmissionat", in: Horn, F.W, (Hg.), *Paulus-Handbuch*, Tübingen, 2013, pp.80-91, p.85.

28 Stuhlmacher, P, "Das Gesetz als Thema biblischer Theologie", in: Ders, *Versöhnung, Gesetz und Gerechtigkeit*, Göttingen, 1981, pp.136-165, p.155.

29 Haacker, K, "Der 'Antinomismus' des Paulus im Kontext antiker Gesetzestheorie", in: Lichtenberger, H, (Hg.), *Geschichte, Tradition, Reflexion III: Frühes Christentum (FS Hengel, M,)*, Tübingen, 1996, pp.387-404, p.394; Broer, I, *Einleitung in das Neue Testament*, Würzburg, 2016(4판), p.465.

30 Räisänen, H, *Paul and the Law*, WUNT 29, Tübingen, 1987(2판), p.256.

31 Berger, K, *Theologiegeschichte des Urchristentums*, Tübingen, 1994, p.436.

32 Gnilka, J, *Paulus vor Tarsus. Zeuge und Apostel*, HThK. S 6, Freiburg, 1996, p.45.

33   Broer, I, "Die Erscheinung des Auferstandenen vor Paulus bei
      Damaskus", in: Bachmann, M,/Kollmann, B, (Hg.), *Umstrittener
      Galaterbrief*, BThSt 106, Neukirchen, 2010, pp.57-93, p.91.

34   Wolter, M, *Paulus. Ein Grundriss seiner Theologie*, Neukirchen,
      2015(2판), p.29.

35   Schnelle, U, *Paulus. Leben und Denken*, Berlin/Boston, 2014(2판),
      pp.564-567.

36   Weiser, A, *Die Apostelgeschichte I*, ÖTK 5/1, Gütersloh, 1981, p.222.

37   Neirynck, F, "Paul and the Sayings of Jesus", in: Ders, *Evangelica
      II*, BETL 99, Leuven, 1991, pp.511-568; Walter, N, "Paulus und die
      urchristliche Jesustradition", NTS 31 (1985), pp.498-522; Riesner, R,
      "Paulus und die Jesus-Überlieferung", in: Adna J,/Haferman, S J,/
      Hofius, O, (Hg.), *Evagelium-Schriftauslegung-Kirche (FS Stuhlmacher, P.)*,
      Göttingen, 1997, pp.347-365.

38   Jeremias, J, *Die Abendmahlsworte Jesu*, Göttingen, 1967(4판), p.158.

39   Schnelle, U, *Paulus. Leben und Denken*, Berlin/Boston, 2014(2판),
      p.96.

40   Dunn, J.D.G, *The Theology of Paul the Apostle*, Grand Rapids/
      Cambridge, 1998, pp.185-189.

41   Schmeller, Th, "Kollege Paulus. Die Jesusüberlieferung und das
      Selbstverständnis des Völkerapostels", ZNW 88 (1997), pp.260-283.

42   Bultmann, R, "Die Bedeutung des geschichtlichen Jesus für
      die Theologie des Paulus", in: Ders, *Glauben und Verstehen I*,
      Tübingen, 1980(8판), pp.188-213, p.208.

43   Bultmann, R, *Theologie des Neuen Testaments*, Merk, O. (Hg.),
      Tübingen, 1984(9판), p.293.

44   Reinmuth, E, "Narratio und argumentatio-zur Auslegung der Jesus-
      Christus-Geschichte im Ersten Korintherbrief", ZThK 92 (1995),
      pp.13-27, p.21; Wedderburn, A.J.M, "Paul and the Story of Jesus", in:
      Ders, (Hg.), *Paul and Jesus*, JSNT.S 37, Sheffield, 1989, pp.161-189.

45   Schnelle, U, *Paulus. Leben und Denken*, Berlin/Boston, 2014(2판),
      p.98.

46   Blank, J, *Paulus und Jesus. Eine theologische Grundlegung*, StANT
      18, München, 1968, p.183.

47   Niehr, H, "Das Buch Daniel", in: Zenger, E, u.a. (Hg.), *Einleitung in
      das Alte Testament*, Stuttgart, 2016(9판), pp.618-629, p.624.

48   Pokorný, P./Heckel, U, *Einleitung in das Neue Testament*, Tübingen,
      2007, p.135, 주84; Hengel, M, "Das Begräbnis bei Paulus und die
      leibliche Auferstehung aus dem Grabe", in: Ders, *Studien zur
      Christologie*, WUNT 201, Tübingen, 2006, pp.417-439.

49   Pokorný, P, "In Honour of Josef B. Soucek" (1992), in: Pokorný, P./
      Soucek, J.B, *Bibelauslegung als Theologie*, WUNT 100, Tübingen,
      1997, pp.13-23, p.13.

50   Käsemann, E, "Die Anfänge christlicher Theologie", in: Ders,
      Exegetische Versuche und Besinnungen II, Göttingen, 1970(3판),
      pp.82-104, p.100.

51   Meeks, W.A, *Urchristentum und Stadtkultur*, Gütersloh, 1993,
      pp.187-191, pp.307-329.

52   1QS II,25-III,12.

53   Dunn, J.D.G, *The Theology of Paul the Apostle*, Grand Rapids/
      Cambridge, 1998, p.445; Hengel, M./Schwemer, A.M., *Paulus
      zwischen Damaskus und Antiochien*, WUNT 108, Tübingen, 1998,

pp.261-263, pp.416-418.

54 Theissen, G./Merz, A. *Der historische Jesus*, Göttingen, 1996, pp.184-198; Müller, U.B, *Johannes der Täufer*, BG 6, Leipzig, 2002, pp.38-44.; Dietzfelbinger, Chr, *Das Evangelium nach Johannes*, ZBK.NT 4,1, Zürich, 2004(2판), pp.46-50.

55 Lichtenberger, H, "Täufergemeinden und frühchristliche Täuferpolemik im letzten Drittel des 1. Jahrhunderts", ZThK 84 (1987), pp.36-57.

56 Müller, U.B, *Johannes der Täufer*, BG 6, Leipzig, 2002, pp.54-56.

57 Avemarie, F, *Die Täuferzählungen der Apostelgeschichte. Theologie und Geschichte*, WUNT 139, Tübingen 2002, 118; Heckel, U, *Hirtenamt und Herrschaftkritik. Die urchristlichen Ämter aus johanneischer Sicht*, BThSt 65, Neukirchen-Vluyn, 2004, p.24.

58 Hartman, L, *Auf den Namen des Herrn Jesus*, SBS148, Stuttgart, 1992, p.40; Avemarie, F, *Die Täuferzählungen der Apostelgeschichte. Theologie und Geschichte*, WUNT 139, Tübingen, 2002, pp.26-43.

59 Pokorný, P./Heckel, U, *Einleitung in das Neue Testament*, Tübingen, 2007, p.143.

60 Pokorný, P./Heckel, U, *Einleitung in das Neue Testament*, Tübingen, 2007, p.153.

61 Klauck, H.-J, *Herrenmahl und hellenistischer Kult*, NTA.NF 15, Münster, 1982(2판), p.8; Dunn, J.D.G, *The Theology of Paul the Apostle*, Grand Rapids/Cambridge, 1998, pp.601-606.

62 Theissen, G./Merz, A. *Der historische Jesus*, Göttingen, 1996, pp.359-386; Söding, T, "Das Mahl des Herrn", in: Hilberath, B.J, (Hg.), *Vorgeschmack. (FS Schneider, Th.)*, Mainz, 1995, pp.134-163; Hahn, F,

Theologie des Neuen Testament II, Tübingen, 2003, pp.533-564.

63   Stuhlmacher, P, *Biblische Theologie des Neuen Testament I*, Göttingen, 1992, pp.130-142; Söding, T, "Das Mahl des Herrn", in: Hilberath, B.J, (Hg,), *Vorgeschmack. (FS Schneider, Th,)*, Mainz, 1995, pp.134-163.

64   Theissen, G,/Merz, A. *Der historische Jesus*, Göttingen, 1996, pp.359-386; Wolff, Chr, *Der erste Brief des Paulus an die Korinther*, ThHK 7, Berlin, 1996, pp.265-273.

65   Jeremias, J, *Die Abendmahlsworte Jesu*, Göttingen, 1967(4판), p.35; Stuhlmacher, P, *Biblische Theologie des Neuen Testament I*, Göttingen, 1992, pp.54-57, pp.130-135.

66   Theissen, G,/Merz, A. *Der historische Jesus*, Göttingen, 1996, p.365, pp.373-376.

67   Heckel, U, *Der Segen im Neuen Testament. Begriff, Formeln, Gesten. Mit einem praktisch-theologischen Ausblick*, WUNT 150, Tübingen, 2002, p.35.

68   Riesner, R, *Die Frühzeit des Apostels Paulus*, WUNT 71, Tübingen, 1994, p.43; Theissen, G,/Merz, A. *Der historische Jesus*, Göttingen, 1996, pp.152-154.

69   Wolter, M, *Jesus von Nazaret*, Göttingen, 2019, p.59, 주18.

70   Schürmann, H, "'Pro-Existenz' als christologischer Grundbegriff", in: Ders, *Jesus-Gestalt und Geheimnis*, paderborn, 1994, pp.286-315.

71   Pokorný, P,/Heckel, U, *Einleitung in das Neue Testament*, Tübingen, 2007, p.159.

72   Schlund, Ch, "Deutungen des Todes Jesu im Rahmen der Pesach-Tradition", in: Frey, J,/Schröter, J, (Hg.), *Deutungen des Todes Jesu*,

pp.397-411; Janowski, B, *Sühne als Heilsgeschen*, WMANT 55, 2000(2판); Schaede, S, *Stellvertretung. Begriffsgeschichtliche Studien zur Soteriologie*, BHTh 126, Tübingen, 2004.

73   Pokorný, P./Heckel, U, *Einleitung in das Neue Testament*, Tübingen, 2007, pp.160-167.

74   Schnelle, U, "Heilsgegenwart. Christologische Hoheitstitel bei Paulus", in: Schnelle, U./Söding, T, (Hg.), *Paulinische Christologie (FS Hübner, H.)*, Göttingen, 2000, pp.178-193; Hurtado, L.W, *Lord Jesus Christ*, Grand Rapids/Cambridge, 2003, pp.98-134.

75   Schwemer, A.M, "Jesus Christ als Prophet", König und Priester. Das munus triplex und die frühe Christologie, in: Hengel, M./Schwemer, A.M., *Der messianische Anspruch und die Anfänge der Christologie*, WUNT 138, Tübingen, 2001, pp.165-230.

76   Theissen, G./Merz, A. *Der historische Jesus*, Göttingen, 1996, pp.462-470; Zimmermann, J, "Messiaserwartungen in den Schriftfunden von Qumran", ThBeitr 31 (2000), pp.125-144.

77   Hengel, M./Schwemer, A.M., *Der messianische Anspruch und die Anfänge der Christologie*, WUNT 138, Tübingen, 2001, pp.133-163; Horbury, W, *Messianism among Jews and Chr.istians*, London/New York, 2003, pp.1-21.

78   Siber, P, *Mit Christus leben*, AThANT 61, Zürich 1971, pp.94-97.

79   Rösel, M, *Adonaj-Warum Gott "Herr" genannt wird*, FAT 29, Tübingen, 1999, pp.1-15, pp.222-230.

80   Fitzmyer, J.A, "New Testament Kyrios and maranatha and their Aramaic Background", in: To Advance the Gospel, New York, 1981, pp.218-236, p.223.

81 Hahn, F, *Christologische Hoheitstitel*, FRLANT 83, Göttingen, 1963, p.109.

82 Kramer, W, *Christos Kyrios Gottessohn*, AThANT 44, Zürich, 1973, p.99.

83 Stuhlmacher, P, *Biblische Theologie des Neuen Testament I*, Göttingen, 1992, pp.107-125; Theissen, G,/Merz, A. *Der historische Jesus*, Göttingen, 1996, pp.470-480; Hengel, M, "Jesus der Messias Israels", in: Hengel, M,/Schwemer, A.M., *Der messianische Anspruch und die Anfänge der Christologie*, WUNT 138, Tübingen, 2001, pp.65-68.

84 Hanhart, R, "Die Bedeutung der Septuaginta in neutestamentlicher Zeit", ZThK 81 (1984), pp.395-416; Hengel, M,/Schwemer, A.M., (Hg.), *Die Septuaginta Zwischen Judentum und Christentum*, WUNT 72, Tübingen, 1994.

85 Hengel, M, "'Setze dich zu meiner Rechten!' Die Inthronisation Christi zur Rechten Gottes und Psalm 110:1", in: Hengel, M, *Studien zur Christologie, KS IV*, WUNT 201, Tübingen, 2006, pp.281-367.

86 Heckel, U, *Der Segen im Neuen Testament. Begriff, Formeln, Gesten. Mit einem praktisch-theologischen Ausblick*, WUNT 150, Tübingen, 2002, pp.238-241.

87 "Walter, N, *Alttestamentliche Bezüge in christologischen Ausführung des Paulus*", in: Schnelle, U,/Söding, T, (Hg.), *Paulinische Christologie (FS Hübner, H.)*, Göttingen, 2000, pp.246-271.

88 Koch, D. A., *Die Schrift als Zeuge des Evangeliums*, BHTh 69, Tübingen, 1986, pp.57-81.

89 Koch, D. A., *Die Schrift als Zeuge des Evangeliums*, BHTh 69,

Tübingen, 1986, pp.21-23.

90   Koch, D. A., *Die Schrift als Zeuge des Evangeliums*, BHTh 69, Tübingen, 1986, p.33.

91   Koch, D. A., "'…bezeugt durch das Gesetz und die Propheten'. Zur Funktion der Schrift bei Paulus", in: Schmid,H.H.,/Mehlhausen,J, (Hg.), *Sola Scriptura*, Gütersloh, 1991, pp.169-179.

92   Stanley, C.D, *Paul and the Language of Scripture*, MSSNTS 69, Cambridge, 1992, pp.267-360; Brewer, D.I, "Techniques and Assumptions in Jewish Exegesis before 70 CE", TSAJ 30, 1992.

93   Koch, D. A., *Die Schrift als Zeuge des Evangeliums*, BHTh 69, Tübingen, 1986; Wilk, F, *Die Bedeutung des Jesajabuches für Paulus*, FRLANT 179, Göttingen, 1998.

94   Koch, D. A., *Die Schrift als Zeuge des Evangeliums*, BHTh 69, Tübingen, 1986, p.90.

95   v. Lips, H, "Paulus und die Tradition", VuF 36 (1991), pp.27-49, p.35; Hengel, M, "Der vorchristliche Paulus", in: Hengel, M.,/Heckel, U, (Hg.), *Paulus und das antike Judentum*, WUNT 58, Tübingen, 1991, pp.177-293, pp.233-235.

96   Hoffmann, P.,/Heil, Ch, (Hg.), *Die Spruchquelle Q*, Darmstadt u.a., 2002; Brandenburger, S.H.,/Hieke, Th, (Hg.), *Wenn drei das Gleiche sagen*, Th 14, Münster, 1998, pp.103-121.

97   Pokorný, P.,/Heckel, U, *Einleitung in das Neue Testament*, Tübingen, 2007, p.344.

98   Schnelle, U, *Einleitung in das Neue Testament*, Göttingen, 2017(9판), p.250.

3부 예수 운동 전파한 바울

1   Hengel, M, "Die Stellung des Apostels Paulus zum Gesetz in den
     unbeknnten Jahren zwischen Damaskus und Antiochien", in: Dunn,
     J.D.G, (Hg.), *Paul and the Mosaic Law*, WUNT 89, Tübingen, 1996,
     pp.25-51, p.38.

2   Hengel, M, "Die Stellung des Apostels Paulus zum Gesetz in den
     unbekannten Jahren zwischen Damaskus und Antiochien", in:
     Dunn, J.D.G, (Hg.), *Paul and the Mosaic Law*, WUNT 89, Tübingen,
     1996, pp.25-51, p.37.

3   Murphy-O'Connor, J, *Paul in Arabia*, CBQ 55 (1993), pp.732-737.

4   Riesner, R, *Die Frühzeit des Apostels Paulus*, WUNT 71, Tübingen,
     1994, pp.66-79; Knauf, A, "Die Arabienreise des Apostels Paulus",
     in: Hengel, M./Schwemer, A.M., (Hg.), *Paulus zwischen Damaskus
     und Antiochien*, WUNT 108, Tübingen, 1998, pp.465-471.

5   Josephus, *Bell II* p.561; *VII* p.368.

6   Knauf, A, "Zum Ethnarchen des Aretas 2Kor 11:21", ZNW 74 (1983),
     pp.145-147.

7   Josephus, *Ant* 18, p.109.

8   Hengel, M./Schwemer, A.M., (Hg.), *Paulus zwischen Damaskus und
     Antiochien*, WUNT 108, Tübingen, 1998, pp.214-226.

9   Betz, H.D, *Der Galaterbrief*, München, 1988, p.157; Riesner, R, *Die
     Frühzeit des Apostels Paulus*, WUNT 71, Tübingen, 1994, pp.234-
     243.

10   Josephus, *Bell* 3, p.29.

11   Kolb, F, "Antiochia in der frühen Kaiserzeit", in: Canick, H,/

Lichtenberger, H./Schäfer, P, (Hg.), *Geschichte-Tradition-Reflexion II* (FS Hengel, M,), Tübingen, 1996, pp.97-118.

12   Norris, F.W, "Antiochien I", TRE 3, Berlin/New York, 1978, pp.99-103, p.99.

13   Josephus, *Bell* 7, pp.43-45.

14   Josephus, *Bell* 7,45; Hengel, M./Schwemer, A.M., (Hg.), *Paulus zwischen Damaskus und Antiochien*, WUNT 108, Tübingen, 1998, pp.274-299.

15   Weiser, A, *Die Apostelgeschichte I*, ÖTK 5/1, Gütersloh, 1981, pp.273-280.

16   Hengel, M./Schwemer, A.M., (Hg.), *Paulus zwischen Damaskus und Antiochien*, WUNT 108, Tübingen, 1998, p.300.

17   Lüdemann, G, *Das frühe Christentum nach den Traditionen der Apoatelgeschichte*, Göttingen, 1987, p.153.

18   Kollmann, B, *Joseph Barnabas*, SBS 175, Stuttgart, 1998.

19   Hengel, M./Schwemer, A.M., (Hg.), *Paulus zwischen Damaskus und Antiochien*, WUNT 108, Tübingen, 1998, p.307.

20   Bousset, W, *Kyrios Christos*, Göttingen, 1967(6판), p.90.

21   Bultmann, R, *Theologie des Neuen Testaments*, Merk, O. (Hg.), Tübingen, 1984(9판), p.188.

22   Hengel, M. "Die Ursprünge der Gnosis und das Urchristentum", in: Âdna, J./Hafemann, S.J./Hofius, O, (Hg.), *Evangelium-Schriftauslegung-Kirche (FS Stuhlmacher, P.)*, Tübingen, 1997, pp.190-223.

23   Schnelle, U, *Paulus. Leben und Denken*, Berlin/Boston, 2014(2판), p.109.

24   Becker, J, *Paulus. Der Apostel der Völker*, Tübingen, 1989, p.109.

25 Becker, J, *Paulus. Der Apostel der Völker*, Tübingen, 1989, p.117.

26 Becker, J, *Paulus. Der Apostel der Völker*, Tübingen, 1989, pp.107-119.

27 Rau, E, *Von Jesus zu Paulus. Entwicklung und Rezeption der antiochenischen Theologie im Urchristentum*, Stuttgart, 1994, p.114.

28 Berger, K, *Theologiegeschichte des Urchristentums*, Tübingen, 1994, p.177.

29 Hengel, M./Schwemer, A.M., (Hg.), *Paulus zwischen Damaskus und Antiochien*, WUNT 108, Tübingen, 1998, pp.432-438.

30 Söding, T, "Der Erste Thessalonischerbrief und die frühe paulinische Evangeliumsverkündigung. Zur Frage einer Entwicklung der paulinischen Theologie", BZ 35 (1991), pp.180-203, p.202.

31 Schnelle, U, *Paulus. Leben und Denken*, Berlin/Boston, 2014(2판), p.111.

32 Lüdemann, G, *Das frühe Christentum nach den Traditionen der Apoatelgeschichte*, Göttingen, 1987, pp.154-158.

33 Radl, W, *Paulus und Lukas im lukanischen Doppelwerk*, EHS 49, Bern/Frankfur,t 1975, pp.82-100.

34 Weiss, A, "Sergius Paulus, Statthalter von Zypern", ZPE 169 (2009), pp.188-192.

35 Riesner, R, *Die Frühzeit des Apostels Paulus*, WUNT 71, Tübingen, 1994, p.242

36 Lüdemann, G, *Das frühe Christentum nach den Traditionen der Apoatelgeschichte*, Göttingen, 1987, p.169.

37 Holtz, T, "Die Bedeutung des Apostelkonzils für Paulus", in: Ders, *Geschichte und Theologie des Urchrisitentums. Gesammelte*

Aufsätze, WUNT 57, Tübingen, 1991, pp.140-160, p.149.

38   Kraus, W, *Zwischen Jerusalem und Antiochia*, SBS 179, Stuttgart, 1999, pp.134-139.

39   Pratscher, W, *Der Herrenbruder Jakobus und die Jakobustradition*, FRLANT 139, Göttingen, 1987; Hengel, M, "Jakobus der Herren-bruder-der erste 'Papst?'", in: Ders, *Jakobus der Herrenbruder. Kleine Schriften III*, WUNT 141, Tübingen, 2002, pp.549-582.

40   Josephus, *Ant* 20, pp.199-203; Lüdemann, G, *Paulus, der Heidena-postel II*, FRLANT 130, Göttingen, 1983, pp.99-102.

41   Mussner, F, *Der Galaterbrief*, HThK IX, Freiburg 1981(4판), 128-132; Lüdemann, G, *Das frühe Christentum nach den Traditionen der Apoatelgeschichte*, Göttingen, 1987, pp.177-179.

42   Wehnert, J, *Die Reinheit des "christlichen Gottesvolkes" aus Juden und Heiden:Studien zum historischen und theologischen Hintergrund des sogenannten Aposteldekrets*, FRLANT 173, Göttingen, 1997, p.235.

43   Böttrich, Chr, Art. "Der Apostelkonvent und der Antiochenische Konflikt", in F.W, (Hg.), *Paulus Handbuch*, Tübingen, 2013, pp.103-109, p.107.

44   Kraus, W, *Das Volk Gottes*, WUNT 85, Tübingen, 1996, pp.96-107.

45   Schnelle, U, *Paulus. Leben und Denken*, Berlin/Boston, 2014(2판), p.117.

46   Mussner, F, *Der Galaterbrief*, HThK IX, Freiburg, 1981(4판), pp.115-118; Rohde, J, *Der Brief des Paulus an die Galater*, ThHK 9, Berlin, 1989, p.88.

47   Schnelle, U, *Paulus. Leben und Denken*, Berlin/Boston, 2014(2판),

p.121, 주24; Theissen, G, *"Judentum und Christentum bei Paulus"*, in: Hengel, M,/Heckel, U, (Hg.), *Paulus und das antike Judentum*, WUNT 58, Tübingen, 1991, pp.331-356, p.339, 주17.

48   Wehr, A, *Petrus und Paulus-Kontrahenten und Partner*, NTA 50, Münster, 1996, p.53; Wehnert, J, *Die Reinheit des "christlichen Gottesvolkes" aus Juden und Heiden: Studien zum historischen und theologischen Hintergrund des sogenannten Aposteldekrets*, FRLANT 173, Göttingen, 1997, p.120.

49   Philo, *Migr* pp.89-93; Hay, D.M, "Philo's References to other Allegorists", StPhilo 6 (1979/80), pp.41-75.

50   Lüdemann, G, *Paulus, der Heidenapostel I*, FRLANT 123, Göttingen, 1980, pp.95-101; Rohde, J, *Der Brief des Paulus an die Galater*, ThHK 9, Berlin, 1989, pp.99-101.

51   Roloff, J, *Die Apostelgeschichte*, NTD 5, Göttingen, 1981, p.227; Schneider, G, *Die Apostelgeschichte II*, HThK V/2, Freiburg, 1982, p.189 주3; Klauck, H.-J, *1. Korintherbrief*, NEB, Würzburg, 1992(3판), p.75.

52   Schnelle, U, *Paulus. Leben und Denken*, Berlin/Boston, 2014(2판), p.124.

53   Weiser, A, *Die Apostelgeschichte II*, ÖTK 5/2, Gütersloh, 1985, pp.375-377.

54   Wechsler, A, *Geschichtsbild und Apostelstreit*, BZNW 62, Berlin/New York, 1991, pp.297-305.

55   Schnelle, U, *Paulus. Leben und Denken*, Berlin/Boston, 2014(2판), p.38.

56   Konradt, M, "Zur Datierung des sogenannten antiochenischen Zwi-

schenfall", ZNW 102 (2011), pp.19-39, p.28.

57   Betz, H.D, *Der Galaterbrief*, München, 1988, p.203.

58   Heil, Chr, *Die Ablehnung der Speisegebote durch Paulus*, BBB 96, Weinheim, 1994, p.299.

59   Dunn, J.D.G, "The Incident at Antioch(Gal 2:11-18)", JSNT 18 (1983), pp.3 - 57, p.15.

60   Wehnert, J, *Die Reinheit des "christlichen Gottesvolkes" aus Juden und Heiden: Studien zum historischen und theologischen Hintergrund des sogenannten Aposteldekrets*, FRLANT 173, Göttingen, 1997, p.255.

61   Wehnert, J, *Die Reinheit des "christlichen Gottesvolkes" aus Juden und Heiden: Studien zum historischen und theologischen Hintergrund des sogenannten Aposteldekrets*, FRLANT 173, Göttingen, 1997, p.126.

62   Hahn, F, "Die Bedeutung des Apostelkonvents für die Einheit der Christenheit", in: Ders, *Exegetische Beiträge zum ökumenischen Gespräch*, Göttingen, 1986, pp.95-115, p.107.

63   Räisänen, H, *Paul and the Law*, WUNT 29, Tübingen, 1987(2판), p.259.

64   Schnelle, U, *Paulus. Leben und Denken*, Berlin/Boston, 2014(2판), p.131.

4부 예수 운동 선교사 바울

1   Schnelle, U, *Paulus. Leben und Denken*, Berlin/Boston, 2014(2판), p.132.

2   Speyer, W, "Hellenistisch-römische Voraussetzungen der Verbrei-

tung des Christentums", in: Beutler J, (Hg.), *Der neue Mensch in Christus*, QD 190, Freiburg, 2001, pp.25-35.

3   Rosen, H.B, "Die Sprachsituation im Römischen Palästina", in: Neumann, G,/Untermann, J, (Hg.), *Die Sprachen im Römischen Reich der Kaiserzeit*, Köln/Bonn, 1980, pp.215-239, p.236; Millard, A.R, *Pergament und Papyrus, Tafeln und Ton. Lesen und Schreiben zur Zeit Jesu*, Giessen, 2000, pp.81-114.

4   Neumann, G, *"Kleinasien"*, in: Neumann, G,/Untermann, J, (Hg.), *Die Sprachen im Römischen Reich der Kaiserzeit*, Köln/Bonn, 1980, pp.167-185.

5   Cicero, *Pro Arch* p.23.

6   Riesner, R, *Die Frühzeit des Apostels Paulus*, WUNT 71, Tübingen, 1994, pp.273-282.

7   Reck, R, *Kommunikation und Gemeindeaufbau*, SBB 22, Stuttgart, 1991, p.82.

8   Giebel, M, *Reisen in der Antike*, Darmstadt, 1999, pp.131-214.

9   Klauck, H.-J, *Die religiöse Umwelt des Urchristentums II*, Stuttgart, 1996, pp.107-113.

10   Rüpke, J, *Die Religion der Römer*, München, 2001.

11   Klauck, H.-J, *Die religiöse Umwelt des Urchristentums I*, Stuttgart, 1995, pp.77-128.

12   Wengst, K, *Pax Romana. Anspruch und Wirklichkeit*, München, 1986, pp.19-71.

13   Gülzow, H, "Pontifikalreligion und Gesellschaft", in: Ders, *Kirchengeschichte und Gegenwart*, Münster, 1999, pp.13-34.

14   Maier, J, Zwischen den Testamenten, NEB.AT EB 3, Würzburg, 1990,

pp.176-183; Barclay, J.M.G, *Jews in the mediterranean Diaspora. From Alexander to Trajan (323 BCE - 117 CE)*, Ediburgh, 1996.

15 Kasher, A, Art. "Diaspora" I/2, TRE 8, Berlin/New York, 1981, p.711; Stemberger, G, Art. "Juden", RAC 19, 1998, pp.160-245, p.172.

16 Philo, *Flacc* 43; Stemberger, G, Art. "Juden", RAC 19, 1998, pp.160-245, pp.162-165.

17 Stemberger, G, Art. "Juden", RAC 19, 1998, p.169. pp.211-213.

18 Schäfer, P, "Der synagogale Gottesdienst", in: Maier, J./Schreiner, J, (Hg.), *Literatur und Religion des Frühjudentums*, Würzburg, 1973, pp.391-413.

19 Reiser, M, "Hat Paulus Heiden bekehrt?", BZ 39 (1995), pp.78-91, pp.83-91.

20 Reinbold, W, *Propaganda und Mission im ältesten Christentum*, FRLANT 188, Göttingen, 2000, pp.164-182.

21 Gehring, R.W, *Hausgemeinde und Mission. Die Bedeutung antiker Häuser und Hausgemeinschaften von Jesus bis Paulus*, Giessen, 2000, pp.311-328.

22 Hock, R.F, *Social Context of Paul's Ministry*, Philadelphia, 1980, pp.37-42.

23 Stowers, S.K, "Social Status, Public Speaking and Private teaching: the Circumstances of Paul's Preaching Activity", NT 16 (1984), pp.59-82.

24 Reiser, M, "Hat Paulus Heiden bekehrt?", BZ 39 (1995), pp.78-91.

25 Aune, D.E, "Romans as a Logos Protreptikos in the Context of Ancient Religious and Philosophical Propaganda", in: Hengel, M./Heckel, U, (Hg.), *Paulus und das Judentum*, WUNT 58, Tübingen,

1991, pp.91-124, p.113.

26   Reinbold, W, *Propaganda und Mission im ältesten Christentum*, FRLANT 188, Göttingen, 2000, pp.182-225.

27   Ebner, M, *Leidenslisten und Apostelbrief*, fzb 66, Würzburg, 1991, p.70.

28   Gehring, R.W, *Hausgemeinde und Mission. Die Bedeutung antiker Häuser und Hausgemeinschaften von Jesus bis Paulus*, Giessen, 2000, pp.339-380.

29   Philhofer, P, *Philippi. Die erste Christliche gemeinde Europas I*, WUNT 87, Tübingen, 1995, pp.234-240.

30   Riesner, R, *Die Frühzeit des Apostels Paulus*, WUNT 71, Tübingen, 1994, p.323.

31   Lüdemann, G, *Das frühe Christentum nach den Traditionen der Apoatelgeschichte*, Göttingen, 1987, pp.196-202.

32   Schnelle, U, *Paulus. Leben und Denken*, Berlin/Boston, 2014(2판), p.140.

33   Klauck, H.-J, *Hausgemeinde und Hauskirche im frühen Christentum*, SBS 103, Stuttgart, 1981, pp.83-97.

34   Gehring, R.W, *Hausgemeinde und Mission. Die Bedeutung antiker Häuser und Hausgemeinschaften von Jesus bis Paulus*, Giessen, 2000, pp.238-274.

35   Öhler, M, "Römisches Vereinsrecht und christliche Gemeinden", in: Labahn, M,/Zangenberg, J, (Hg.), *Zwischen den Reichen. Neues Testament und Römische Herrschaft*, TANZ 36, Tübingen, 2002, pp.51-71, 61; Ebel, E, *Die Attraktivität früher christlicher Gemeinden*, WUNT 2. p.178, Tübingen, 2004, p.151; Ebner, M, *Die*

Stadt als Lebensraum der ersten Christen, Göttingen, 2012, p.228.

36 Klauck, H.-J, *Die religiöse Umwelt des Urchristentums I*, Stuttgart, 1995, pp.49-58; Stegemann, E./Stegemann, W, *Urchristliche Sozialgeschichte*, Stuttgart, 1997(2판), pp.237-248.

37 Ebner, M, *Die Stadt als Lebensraum der ersten Christen*, Göttingen, 2012, pp.151-180; Klinghardt, M, *Gemeinschaftsmahl und Mahlgemeinschaft. Soziologie und Liturgie frühchristlicher Mahlfeiern*, TANZ 13, Tübingen 1996, 21-174.

38 Ebel, E, *Die Attraktivität früher christlicher Gemeinden*, WUNT 2. 178, Tübingen, 2004, p.163.

39 Gehring, R.W, *Hausgemeinde und Mission. Die Bedeutung antiker Häuser und Hausgemeinschaften von Jesus bis Paulus*, Giessen, 2000, pp.252-254; Murphy-O'Connor, J, *St. Paul's Corinth*, Collegeville, 2002(3판), pp.178-191.

40 Hansen, B, *'All of you are in One'. The Social Vision of Gal 3:28, 1Cor 12:13 and Col. 3:11*, LNTS 409, London/New York, 2010.

41 Stegemann, E./Stegemann, W, *Urchristliche Sozialgeschichte*, Stuttgart, 1997(2판), p.243.

42 Schnelle, U, *Paulus. Leben und Denken*, Berlin/Boston, 2014(2판), p.150, 주70.

43 Stegemann, E./Stegemann, W, *Urchristliche Sozialgeschichte*, Stuttgart, 1997(2판), p.249; Gehring, R.W, *Hausgemeinde und Mission. Die Bedeutung antiker Häuser und Hausgemeinschaften von Jesus bis Paulus*, Giessen, 2000, pp.291-299.

44 Meeks, W.A, *Urchristentum und Stadtkultur*, Gütersloh, 1993, pp.111-157.

45   Stegemann, E,/Stegemann, W, *Urchristliche Sozialgeschichte*, Stuttgart, 1997(2판), p.255.

46   Megitt, J.J, *Paul, Poverty and Survival*, Edinburgh, 2000, p.75.

47   Theissen, G, "Soziale Schichtung in der korinthischen Gemeinde", in: Ders, *Studien zur Soziologie des Urchristentums*, WUNT 19, 1983(2판), pp.231-271, pp.240-245.

48   Garnsey, P,/Saller, R, "Patronal Power Relations", in: Horsley, R.A, (Hg.), *Paul and Empire. Religion and Power in Roman Imperial Society*, Harrisburg, 1997, pp.96-103.

49   Alföldy, G, *Römische Sozialgeschichte*, Wiesbaden, 1984(3판), pp.94-132.

50   Christ, K, "Grundfragen der römischen Sozialstruktur, in: Ders, *Römische Geschichte und Wissenschaftsgeschichte 3*, Darmstadt, 1983, pp.152-176; Vittinghofff, F, Art. "Gesellschaft", in: Ders, (Hg.), *Handbuch der Europäischen Wirtschafts- und Sozialgeschichte I*, Stuttgart, 1990, pp.163-277.

51   Schumacher, L, *Sklaverei in der Antike*, München, 2001, p.42.

52   Bauer, Th. J, *Paulus und die kaiserzeitliche Epistolographie*, WUNT 276, Tübingen, 2011, p.404.

53   Stowers, S.K, *Letter Writing in Greco-Roman Antiquity*, Philadelphia, 1986, p.49.

54   Hoegen-Rohls, Chr, *Zwischen Augenblickskorrespondenz und Ewigkeittexten. Eine Einführung in die paulinische Epistolographie*, BThSt 135, Neukirchen, 2013, pp.25-39.

55   Schnelle, U, "Heilsgegenwart. Christologische Hoheitstitel bei Paulus", in: Schnelle, U,/Söding, T, (Hg.), *Paulinische Christologie (FS*

Hübner, H.), Göttingen, 2000, pp.178-193.

56 Schnelle, U, "Denkender Glaube. Schulen im Neuen Testament", in: Gemeinhardt, P./Günter, S, (Hg.), *Von Rom nach Bagdad*, Tübingen, 2013, pp.81-110.

57 Schmeller, Th, *Schulen im Neuen Testament? Zur Stellung des Urchristentums in der Bildungswelt seiner Zeit*, HBS 30, Freiburg, 2001, p.182.

58 Conzelmann, H, *"Paulus und die Weisheit"*, in: Ders, *Theologie als Schriftauslegung*, BEvTh 65, München, 1974, pp.177-190, p.179.

59 Pokorný, P./Heckel, U, *Einleitung in das Neue Testament*, Tübingen, 2007, p.576.

60 Schnelle, U, "Paulus und die Anfänge einer christlichen Überlieferungskultur", in: Lang, M, (Hg.), *Paulus und Paulusbilder*, ABG 31, Leipzig, 2013, pp.191-218.

61 Philo, *Spec Leg* 2,61; Safari, S, "Education and the Study of the Torah", in: Safari, S./Stern, M, (Hg.), The Jewish People in the First Century, CRINT I/2, Assen/Amsterdam, 1976, pp.945-970.

62 Schmeller, Th, *Schulen im Neuen Testament? Zur Stellung des Urchristentums in der Bildungswelt seiner Zeit*, HBS 30, Freiburg, 2001, pp.46-92; Alexander, L, "Paul and the Hellenistic Schools: The Evidence of Galen", in: Engberg-Pedersen, T, (Hg.), *Paul in His Hellenistic Context*, Minneapolis, 1995, pp.60-83.

63 Scholtissek, K, "Paulus als Lehrer", in: Ders, *Christologie in der Paulus-Schule*, SBS 181, Stuttgart, 2000, pp.11-36, p.34.

64 Backhaus, K, "Mitteilhaber am Evangelium"(1Kor 9:23). Zur christologischen Grundlegung einer "Paulus-Schule bei Paulus", in:

Scholtissek, K, (Hg.), *Christologie in der Paulus-Schule*, SBS 181, Stuttgart, 2000, pp.44-71, pp.46-69.

65　Schnelle, U, *Paulus. Leben und Denken*, Berlin/Boston, 2014(2판), p.143, 주45.

66　Bauer, Th. J, Paulus und die kaiserzeitliche Epistolographie, WUNT 276, Tübingen, 2011, p.386.

67　Heckel, U, "Paulus als 'Visitator' und die heutige Visitationspraxis", KuD 41 (1995), pp.252-291.

68　Conzelmann, H, "Die Schule des Paulus", in: Andresen, C./Klein, G, (Hg.), *Theologia Crucis-Signum Crucis (FS Dinkler, E.)*, Tübingen, 1979, pp.85-96; Standhartinger, A, *Studien zur Entstehungsgeschichte und Intention des Kolosserbriefes*, NT.S 94, Leiden, 1999, pp.1-10, pp.277-289.

69　Heininger, B, "Einmal Tarsus und zurück (Apg 9:30; 11:25-26). Paulus als Lehrer nach der Apostelgeschichte", MThZ 49 (19980, pp.125-143.

70　Luz, U, "Rechtfertigung bei den Paulusschülern", in: Friedrich, J./ Pöhlmann, W./Stuhlmacher, P, (Hg.), *Rechtfertigung (FS Käsemann, E.)*, Tübingen, 1976, pp.365-383.

71　Luz, U, "Das 'Auseinandergehen der Wege'. Über die Trennung des Christentums vonm Judentum", in: Dietrich, W./George, M./Luz, U, (Hg.), *Antijudaismus-christliche Erblast*, Stuttgart, 1999, pp.56-73; Molthagen, J, "Die ersten Konflikte der Chrisiten in der griechisch-römischen Welt", Historia 40 (1991), pp.42-76.

72　Schmeller, Th, "Neutestamentliches Gruppenethos", in: Beutler, J, (Hg.), *Der neue Mensch in Christus*, QD 190, Freiburg, 2001, pp.120-134.

73 Schnelle, U, *Paulus. Leben und Denken*, Berlin/Boston, 2014(2판), p.161.

74 Riesner, R, *Die Frühzeit des Apostels Paulus*, WUNT 71, Tübingen, 1994, pp.177-179.

75 Noethlichs, K.L, *Das Judentum und der römische Staat*, Darmstadt, 1996, p.10.

76 Brändle, R./Stegemann, E, "Die Entstehung der ersten 'christlichen Gemeinde' Roms im Kontext der jüdischen Gemeinden", NTS 42 (1996), pp.1-11, p.4.

77 Josephus, *Ant* 14, pp.259-260.

78 Stemberger, G, "Die Juden im Römisch Reich: Unterdrückung und Privilegien einer Minderheit", in: Frohnhofen, H, (Hg.), *Christlicher Antijudaismus und jüdischer Antipaganismus*, HTS 3, Hamburg, 1990, pp.6-22; Alvarez Cineira, D, *Die Religionspolitik des Kaisers Claudius und die paulinische Mission*, HBS 19, Freiburg, 1999, pp.165-170.

79 Berner, U, "Religio und Superstitio", in: Sundermeier, Th, (Hg.), *Den Fremden wahrnehmen*, Gütersloh, 1992, pp.45-64.

80 Riesner, R, *Die Frühzeit des Apostels Paulus*, WUNT 71, Tübingen, 1994, pp.93-95.

81 Alvarez Cineira, D, *Die Religionspolitik des Kaisers Claudius und die paulinische Mission*, HBS 19, Freiburg, 1999, p.268.

82 Bammel, E, *"Judenverfolgung und Naherwartung"*, ZThK 56 (1959), pp.294-315.

83 Donfried, K.P, "The Imperial Cults of Thessalonica and Political Conflict in 1 Thessalonians", in: Horsley, R.A, (Hg.), *Paul and Empire*.

Religion and power in Roman Imperial Society, Harrisburg, 1997, pp.215-223.

84   Wander, B, *Trennungsprozesse zwischen Frühen Christentum und Judentum im 1. jh. n. Chr*, TANZ 16, Tübingen, 1997(2판), pp.212-230; Schnelle, U, *Paulus. Leben und Denken*, Berlin/Boston, 2014(2판), p.166.

85   Josephus, *Ant* 20, pp.197-203; Wander, B, *Trennungsprozesse zwischen Frühen Christentu im und Judentum im 1. jh. n. Chr*, TANZ 16, Tübingen, 1997(2판), pp.263-272.

86   Wolter, M, *Paulus. Ein Grundriss seiner Theologie*, Neukirchen, 2015(2판), p.23.

87   Schnelle, U, *Paulus. Leben und Denken*, Berlin/Boston, 2014(2판), p.174.

88   Kehrer, G, "Religiöse Gruppenbildungen", in: Zinser, H, (Hg.), *Religionwissenschaft*, Berlin, 1988, pp.97-113; Saliba, J.A, *Understanding New Religious Movements*, Grand Rapids, 1995.

89   Schnelle, U, *Paulus. Leben und Denken*, Berlin/Boston, 2014(2판), p.168.

90   Stark, A, *Der Aufstieg des Christentums*, Weinheim, 1997, pp.237-243; Vouga, F, "Die religiöse Attraktivität des frühen Christentums", ThGl 88 (1998), pp.26-38.

91   Horrell, D.G, "No longer Jew or Greek. Paul's Corporate Christology and the Construction of Christian Community", in: Horrell, D.G./Tuckett, Chr, (Hg.), *Christology, Controversy and Community (FS Catchpole, D.R.)*, Leiden, 2000, pp.321-344.

92   Kraus, W, *Das Volk Gottes*, WUNT 85, Tübingen, 1996, pp.16-110;

Holtz, G, *Damit Gott sei alles in allem*, BZNW 149, Belin, 2007, pp.87-167.

93   Hengel, M./Schwemer, A.M., (Hg.), *Paulus zwischen Damaskus und Antiochien*, WUNT 108, Tübingen, 1998, pp.129-132; Holtz, G, *Damit Gott sei alles in allem*, BZNW 149, Belin, 2007, p.559.

94   Theissen, G, "Judentum und Christentum bei Paulus", in: Hengel, M./Heckel, U, (Hg.), *Paulus und das antike Judentum*, WUNT 58, Tübingen, 1991, pp.331-356, p.332.

95   Schnelle, U, *Paulus. Leben und Denken*, Berlin/Boston, 2014(2판), p.171.

96   Boyarin, D, "Als Christen noch Juden waren. Überlegungen zu den jüdisch-christlichen Ursprüngen", Kul 16 (2001), pp.112-129, p.121.

97   Lüdemann, G, *Paulus, der Gründer des Christentums*, Lüneburg, 2001, pp.199-216.

98   Schnelle, U, *Paulus. Leben und Denken*, Berlin/Boston, 2014(2판), p.172, 주145.

99   Theissen, G, "Die urchristliche Taufe und die soziale Konstruktion des neuen Menschen", in: Assmann, J./Stroumsa, G.G, (Hg.), *Transformation of the Inner Self in Ancient Religions*, SHR 83, Leiden, 1999, pp.87-114, p.90.

100   Wolter, M, *Paulus. Ein Grundriss seiner Theologie*, Neukirchen 2015(2판), pp.362-364; Tiwald, M, *Hebräer von Hebräern, Hebräer von Hebräern: Paulus auf dem Hintergrund frühjüdischer Argumentation und biblischer Interpretation*, Freiburg, 2008, p.456.

101   Gager, J.G, *Reinventing Paul*, Oxford, 2000, p.54.

102   Wright, N.T, *Paul and the Faithfulness of God II*, London, 2013,

p.1408.

103 Tacitus, *Annalen XV* 44,4.

5부 바울의 편지(1)

1   vom Brocke, Chr, *Thessaloniki-Stadt des Kassander und Gemeinde des Paulus*, WUNT 2.125, Tübingen, 2001, pp.12-101; Riesner, R, *Die Frühzeit des Apostels Paulus*, WUNT 71, Tübingen, 1994, pp.297-301.

2   Holtz, T, *Der erste Brief an die Thessalonicher*, EKK XIII, Neukirchen, 1986, 19; Haufe, G, *Der erste Brief des Paulus an die Thessalonicher*, ThHK 12/I, Leipzig, 1999, p.15.

3   Pantelis, M.N, "Synagoge(n) und Gemeinde der Juden in Thessaloniki: Fragen auf grund einer neuen jüdischen Grabinschrift der Kaiserzeit", ZPE 102 (1994), pp.297-306.

4   Riesner, R, *Die Frühzeit des Apostels* Paulus, WUNT 71, Tübingen, 1994, pp.304-308; vom Brocke, Chr, *Thessaloniki-Stadt des Kassander und Gemeinde des Paulus*, WUNT 2.125, Tübingen, 2001, pp.207-233.

5   vom Brocke, Chr, *Thessaloniki-Stadt des Kassander und Gemeinde des Paulus*, WUNT 2.125, Tübingen, 2001, p.249.

6   Schnelle, U, *Paulus. Leben und Denken*, Berlin/Boston, 2014(2판), p.177.

7   Plevnik, J, "Pauline Presuppositions", in: Collins, R.R, (Hg.), *Thessalonian Correspondence*, BETL 87, Leuven, 1990, pp.50-61; Börschel, R, *Die Konstruktion einer christlichen Identität. Paulus*

und die gemeinde von Thessalonich in ihrer hellenistisch-römischen Umwelt, BBB 128, Berlin, 2001, pp.91-137.

8   Horn, F.W, *Das Angeld des Geistes*, FRLANT 154, Göttingen, 1992, pp.120-123.

9   Bussmann, C, *Themen der paulinischen Missionspredigt auf dem Hintergrund der spätjüdisch-hellenistischen Missionliteratur*, EHS.T 3, Bern/Frankfurt, 1971, pp.38-56.

10   Breytenbach, C, "Der Danksagungsbericht des Paulus über den Gottesglauben der Thessalonicher(1Thess 1:2-10)", in: Hooker, M.D, (Hg.), *Not in the World Alone. The First Epistle to the Thessalonians*, MSBen 15, Rom, 2003, pp.3-24, pp.17-21.

11   Söding, Th, *Die Trias Glaube, Hoffnung, Liebe bei Paulus*, SBS 150, Stuttgart, 1992, pp.38-64.

12   Schade, H.H, *Apokalyptische Christologie bei Paulus*, GTA 18, Göttingen, 1984(2판), p.117.

13   Marxsen, W, *Der erste Brief an die Thessalonicher*, ZBK NT 11.1, Zürich, 1979, 21; Söding, Th, "Der erste Thessalonicherbrief und die frühe paulinische Evangeliumsverkündigung. Zur Frage einer Entwicklung der paulinischen Theologie", BZ 35 (1991), pp.180-203, p.187.

14   Köster, H, "Imperial Ideology and Paul's Eschatology in 1 Thessalonians", in: Horsley, R.A, (Hg.), *Paul and the Empire. Religion and Power in Roman Imperial Society*, Harrisburg, 1997, pp.158-166.

15   Radl, W, Art. "παρουσία", EWNT 3, Stuttgart, 1992(3판), pp.102-105, 103.

16   Bickmann, J, *Kommunikation gegen den Tod*, fzB 86, Würzburg, 1998, p.89.

17   Schreiber, St, "Aus der Geschichte einer Beziehung", ZNW 103 (2012), pp.212-234.

18   vom Brocke, Chr, *Thessaloniki-Stadt des Kassander und Gemeinde des Paulus*, WUNT 2.125, Tübingen, 2001, p.157.

19   Koch, D. A., *"Die Christen als neue Randgruppe in Makedonien und Achaia im 1. Jahrhundert n. Chr"*, in: Müller, H.-P./Siegert, F, (Hg.), *Antike Randgesellschaften und Randgruppe im Mittelmeerraum*, Münster, 2000, pp.158-188, p.174, 주28.

20   Conzelmann, H, *Heiden-Juden-Christen*, BHTh 62, Tübingen, 1981, p.43.

21   Schade, H.H, *Apokalyptische Christologie bei Paulus*, GTA 18, Göttingen, 1984(2판), p.127.

22   Lüdemann, G, *Paulus und das Judentum*, TEH 215, München, 1983, pp.25-27; Broer, I, "'Antisemitismus' und Judenpolemik im Neuen Testament. Ein Beitrag zum besseren Verständnis von 1. Thess. 2:14-16", in: Gemper, B.B, (Hg.), *Religion und Verantwortung als Elemente gesellschaftlicher Ordnung (FS Klein, K.)*, Siegener Studien, Siegen, 1983(2판), pp.734-772, pp.739-746.

23   Schnelle, U, *Paulus. Leben und Denken*, Berlin/Boston, 2014(2판), p.185.

24   Merklein, H, "Der Theologe als Prophet", in: Ders, *Studien zu Jesus und Paulus II*, WUNT 105, Tübingen, 1998, pp.377-404, p.378; Lindemann, A, "Paulus und die korinthische Eschatologie", in: Ders, *Paulus, Apostel und Lehrer der Kirche*, Tübingen, 1999, pp.64-90,

p.68.

25   Luz, U, *Das Geschichtsverständnis des Paulus*, BEvTh 49, München,
     1968, pp.318-331.

26   Siber, P, *Mit Christus leben*, AThANT 61, Zürich, 1971, p.35;
     Lüdemann, G, *Paulus, der Heidenapostel I*, FRLANT 123, Göttingen,
     1980, p.242.

27   Haufe, G, *Der erste Brief des Paulus an die Thessalonicher*, ThHK
     12/I, Leipzig, 1999, p.80; Konradt, M, *Gericht und Gemeinde. Eine
     Studie zur Bedeutung und Funktion von Gerichtsaussagen im
     Rahmen der paulinischen Ekklesiologie und Ethik im 1Thess und
     1Kor*, BZNW 117, Berlin, 2003, pp.128-134.

28   Schnelle, U, *Paulus. Leben und Denken*, Berlin/Boston, 2014(2판),
     p.188.

29   Marxsen, W, *Der erste Brief an die Thessalonicher*, ZBK NT 11.1,
     Zürich, 1979, p.65; Bornkamm, G, *Paulus*, Stuttgart, 1983(5판), p.228.

30   Schreiber, St, "Eine neue Jenseitshoffnung in Thessalonich und ihre
     Probleme(1Thess 4:13-18)", Bib 88 (2007), pp.326-350.

31   Börschel, R, *Die Konstruktion einer christlichen Identität. Paulus
     und die Gemeinde von Thessalonich in ihrer hellenistisch-
     römischen Umwelt*, BBB 128, Berlin, 2001, pp.151-156.

32   Wengst, K, *Pax Romana. Anspruch und Wirklichkeit*, München,
     1986, pp.97-99; vom Brocke, Chr, *Thessaloniki-Stadt des Kassander
     und Gemeinde des Paulus*, WUNT 2.125, Tübingen, 2001, pp.167-
     185.

33   Schnelle, U, *Paulus. Leben und Denken*, Berlin/Boston, 2014(2판),
     p.189.

34   Schnelle, U, "Die Ethik des 1Thessalonicherbriefes", in: Collins, R.F,
     (Hg.), *The Thessalonian Correspondence*, BEThL LXXXVII, Leuven,
     1990, pp.295-305.

35   Schmidt, E.D, *Heilig ins Eschaton. Heiligung und Heiligkeit als
     eschatologische Konzeption im 1Thessalonicherbrief*, BZNW 167,
     Berlin, 2010.

36   Söding, Th, "Der Erste Thessalonischerbrief und die frühe
     paulinische Evangeliumsverkündigung. Zur Frage einer Entwicklung
     der paulinischen Theologie", BZ 35 (1991), pp.180-203, p.196.

37   Söding, Th, *Das Liebesgebot bei Paulus*, NTA 26, Münster, 1994,
     pp.68-100.

38   Schulz, S, *Neutestamentliche Ethik*, Zürich, 1987, p.303.

39   Schnelle, U, *Gerechtigkeit und Christusgegenwart. Vorpaulinische
     und paulinische Tauftheologie*, GTA 24, Göttingen, 1986(2판), p.62,
     p.89.

40   v. Bendemann, R, *"'Frühpaulinisch' und/oder 'spätpaulinisch?'
     Erwägungen zu der These einer Entwicklung der paulinischen
     Theologie am Beispiel des Gesetzesverständnisses"*, EvTh 60 (2000),
     pp.210-229, p.225.

41   Hahn, F, "Gibt es eine Entwicklung in den Aussagen über die
     Rechtfertigung bei Paulus?", EvTh 53 (1993), pp.342-366, p.344.

42   Riesner, R, *Die Frühzeit des Apostels Paulus*, WUNT 71, Tübingen,
     1994, p.356.

43   Hübner, H, *Biblische Theologie des Neuen Testaments II: Die
     Theologie des Paulus*, Göttingen, 1993, p.51.

44   Schnelle, U, *Paulus. Leben und Denken*, Berlin/Boston, 2014(2판),

p.194, 주73.

45   Schnelle, U, *Paulus. Leben und Denken*, Berlin/Boston, 2014(2판),
      p.195.

46   Richard, E, "Early Pauline Thought: An Analysis of 1 Thessalonians",
      in: Bassler, J.M, (Hg.), *Pauline Theology I*, Minneapolis, 1991, pp.39-
      52; Horn, F.W, "Paulusforschung", in: Horn, F.W, (Hg.), *Bilanz und
      Perspektiven gegenwärtiger Auslegung des Neuen Testaments.
      Symposion zum 65. Geburtstag v. G. Strecker*, BZNW 75, Berlin/
      New York, 1995, pp.30-59, p.51, 주79.

47   Schnelle, U, *Paulus. Leben und Denken*, Berlin/Boston, 2014(2판),
      p.196.

48   Elliger, W, *Paulus in Griechenland*, Stuttgart, 1987, pp.200-251; Gill,
      D.W.J, "Corinth: a Roman Colony in Achaea", BZ 37 (1993), pp.259-
      264.

49   Philo, *Leg Gai* p.281.

50   Klauck, H.-J, *Herrenmahl und hellenistischer Kult*, NTA.NF 15,
      Münster, 1982(2판), p.234, 주3.

51   Murphy-O'Connor, J, *St. Paul's Corinth*, Collegeville, 2002(3판),
      pp.161-167.

52   Schrage, W, *Der erste Brief an die Korinther*, EKK VII/1,
      Neukirchen, 1991, p.34.

53   Meeks, W.A, *Urchristentum und Stadtkultur*, Gütersloh, 1993, p.157;
      Merklein, H, *Der erste Brief an die Korinther*, ÖTK 7/1, Gütersloh,
      1992, pp.31-42.

54   Gehring, R.W, *Hausgemeinde und Mission. Die Bedeutung antiker
      Häuser und Hausgemeinschaften von Jesus bis Paulus*, Giessen,

2000, pp.243-256.

55   Klauck, H.-J, *1. Korintherbrief*, NEB, Würzburg, 1992(3판), p.8;
      Gehring, R.W, *Hausgemeinde und Mission. Die Bedeutung antiker
      Häuser und Hausgemeinschaften von Jesus bis Paulus*, Giessen,
      2000, p.252.

56   Merklein, H, "Die Einheitlichkeit des ersten Korintherbriefes", in:
      Ders, *Studien zu Jesus und Paulus*, WUNT 43, Tübingen, 1987,
      pp.345-375; Lührmann, D, "Freundschaftsbrief trotz Spannungen",
      in: Schrage, W, (HG.), *Studien zum Text und zur Ethik des Neuen
      Testaments (FS Greeven, H,)*, BZNW 47, Berlin/New York, 1986,
      pp.298-314; Becker, J, *Paulus. Der Apostel der Völker*, Tübingen,
      1989, pp.198-208.

57   Schrage, W, *Der erste Brief an die Korinther*, EKK VII/1, Neukir-
      chen, 1991, pp.71-94; Mitchell, M.M, *Paul and the Rhetoric of
      Reconciliation*, HUTh 28, Tübingen, 1991, pp.20-64; Horsley,
      R.A, "Rhetoric and Empire-and 1 Corinthians", in: Ders, *Paul
      and Politics, Ekklesia, Israel, Imperium, Interpretation. Essays in
      Honour of K. Stendahl*, Harrisburg, 2000, pp.72-102.

58   Baird, W, "'One against the other'. Intra-Church Conflict in 1
      Corinthians", in: Fortna, R,/Gaventa, B.R, (Hg.), *Studies in Paul and
      John (FS Martyn, J.L,)*, Nashville, 1990, pp.116-136; Horsley, R.A, "1
      Corinthians: A Case Study of Paul's Assembly as an Alternative
      Society", in: Ders, (Hg.), *Paul and the Empire. Religion and Power in
      Roman Imperial Society*, Harrisburg, 1997, pp.242-252.

59   Schnelle, U, *Paulus. Leben und Denken*, Berlin/Boston, 2014(2판),
      p.202.

60   Chow, J.K, "Patronage in Roman Corinth", in: Horsley, R.A, (Hg.),
      *Paul and the Empire. Religion and Power in Roman Imperial
      Society*, Harrisburg, 1997, pp.104-125.

61   Horsley, R.A, "1 Corinthians: A Case Study of Paul's Assembly as an
      Alternative Society", in: Ders, (Hg.), *Paul and the Empire. Religion
      and Power in Roman Imperial Society*, Harrisburg, 1997, pp.42-252,
      p.250.

62   Fee, G.D, "oward a Theology of 1Corinthians", in: Hay, D.M, (Hg.),
      Pauline Theology II, Minneapolis, 1993, pp.37-58; Furnish, V.P,
      "Theology in 1Corinthians", in: Hay, D.M, (Hg.), *Pauline Theology II*,
      Minneapolis, 1993, pp.59-89.

63   Merklein, H, *Der erste Brief an die Korinther*, ÖTK 7/1, Gütersloh,
      1992, pp.115-119; Schrage, W, *Der erste Brief an die Korinther*, EKK
      VII/1, Neukirchen, 1991, pp.142-152.

64   Schrage, W, *Der erste Brief an die Korinther*, EKK VII/1, Neukirchen,
      1991, p.148.

65   Betz, H.D, "The Gospel and the Wisdom of the Barbarians. The
      Corinthians Question behind Their Questions", BiB 85 (2004),
      pp.585-594; Schmeller, Th, *Schulen im Neuen Testament? Zur
      Stellung des Urchristentums in der Bildungswelt seiner Zeit*, HBS
      30, Freiburg, 2001, pp.103-126.

66   Lietzmann, H, *An die Korinther I/II*, HNT 9, 1969(5판), p.9; Barth, G,
      Die Taufe in frühchristlicher Zeit, BThSt 4, Neukirchen, 1981, p.103;
      Weder, H, *Das Kreuz Jesu bei Paulus*, FRLANT 125, Göttingen, 1981,
      p.126.

67   Schnelle, U, *Paulus. Leben und Denken*, Berlin/Boston, 2014(2판),

p.204.

68   Friedrich, G, "Christus, Einheit und Norm der Christen", in: Ders,
      Auf das Wort kommt es an. Ges. Aufsätze, Göttingen, 1978, pp.147-
      170, p.153; Baumann, R, *Mitte und Norm des Christlichen. Eine
      Auslegung von 1Kor 1:1-3:4*, NTA 5, Münster, 1968, p.56.

69   Söding, Th, "Das Geheimnis Gottes im Kreuz Jesu (1Kor)",
      BZ 38 (1994), pp.174-194; Theis, J, *Paulus als Weisheitslehrer.
      Der Gekreuzigte und die Weisheit Gottes in 1 Kor 1-4*, BU 22,
      Regensburg, 1991; Wilckens, U, "Zu 1Kor 2:1-16", in: Andresen,
      C,/Klein, G, (Hg.), *Signum Crucis-Theologia Crucis* (FS Dinkler, E,),
      Tübingen, 1979, pp.501-537.

70   Schnelle, U, *Paulus. Leben und Denken*, Berlin/Boston, 2014(2판),
      p.205.

71   Schnelle, U, *Paulus. Leben und Denken*, Berlin/Boston, 2014(2판),
      p.208, 주36.

72   Theissen, G, *Psychologische Aspekte paulinischer Theologie*, FRLANT
      131, Göttingen, 1983, pp.343-363; Voss, F, *Das Wort vom Kreuz und
      die menschliche Vernunft*, FRLANT 199, Göttingen, 2002, p.13.

73   Merklein, H, *Der erste Brief an die Korinther*, ÖTK 7/1, Gütersloh,
      1992, p.219.

74   Söding, Th, "Das Geheimnis Gottes im Kreuz Jesu(1Kor)", BZ 38 (1994),
      pp.174-194, p.178.

75   Synofzik, E, *Gerichts-und Vergeltungsaussagen bei Paulus*, GTA 8,
      Göttingen, pp.39-41.

76   Horsley, R.A, "Wisdom of Word and Words of Wisdom in Corinth",
      CBQ 39 (1977), pp.224-239; Voss, F, *Das Wort vom Kreuz und die*

menschliche Vernunft, FRLANT 199, Göttingen, 2002, pp.146-152.

77   Cicero, *Parad*, p.33.

78   Seneca, *Ben VII* p.2, p.5.

79   Sellin, G, *Der Streit um die Auferstehung der Toten*, FRLANT 138, Göttingen, 1986, p.68.

80   Söding, Th, "Das Geheimnis Gottes im Kreuz Jesu(1Kor)", BZ 38 (1994), pp.174-194, p.181.

81   Marshall, P, *Enmity in Corinth*, WUNT 2.23, Tübingen, 1987.

82   Horn, F.W, *Das Angeld des Geistes*, FRLANT 154, Göttingen, 1992, p.248.

83   Winter, B.W, *After paul left Corinth: The Influence of Secular Ethics and Social Change*, Grand Rapids, 2001, p.74.

84   Strecker, G, "Befreiung und Rechtfertigung. Zur Stellung der Rechtfertigungslehre in der Theologie des Paulus", in: Ders, *Eschaton und Historie. Aufsätze*, Göttingen, 1979, pp.229-259, p.254.

85   Horsley, R.A, "Rhetoric and Empire - and 1 Corinthians", in: Ders, *Paul and Politics, Ekklesia, Israel, Imperium, Interpretation. Essays in Honour of K. Stendahl*, Harrisburg, 2000, pp.72-102, p.100.

86   Schrage, W, *Der erste Brief an die Korinther*, EKK VII/1, Neukirchen, 1991, pp.367-378; Umbach, H, *In Christus getauft-von der Sünde befreit. Die Gemeinde als sündenfreier Raum bei Paulus*, FRLANT 181, Göttingen, 1999, pp.106-135.

87   Winter, B.W, *After paul left Corinth: The Influence of Secular Ethics and Social Change*, Grand Rapids, 2001, p.55.

88   Käsemann, E, "Sätze heiligen Rechts im Neuen Testament", in: Ders, *Exegetische Versuche und Besinnungen II*, Göttingen, 1970(3판),

pp.69-82, p.74.

89 Schnelle, U, *Paulus. Leben und Denken*, Berlin/Boston, 2014(2판), p.215.

90 Kirchhoff, R, *Die Sünde ggen den eigenen Leib*, StUNT 18, Göttingen, 1994; Winter, B.W, *After paul left Corinth: The Influence of Secular Ethics and Social Change*, Grand Rapids, 2001, pp.86-93.

91 Koch, D. A., "Seid unanstössig für Juden und für Griechen und für die Gemeinde(1Kor 10:32)", in: Trowitzsch, M, (Hg.), *Paulus, Apostel Jesu Christi (FS Klein, G.)*, Tübingen, 1998, pp.35-54; Gäckle, V, *Die Starken und die Schwachen in Korinth und in Rom*, WUNT 200, Tübingen, 2005, pp.183-218.

92 Theissen, G, "Die Starken und die Schwachen in Korinth", in: Ders, *Studien zur Soziologie des Urchristentums*, WUNT 19, 1983(2판), pp.272-289, p.282.

93 Gäckle, V, *Die Starken und die Schwachen in Korinth und in Rom*, WUNT 200, Tübingen, 2005, p.197.

94 Gäckle, V, *Die Starken und die Schwachen in Korinth und in Rom*, WUNT 200, Tübingen, 2005, p.203.

95 Schnelle, U, *Paulus. Leben und Denken*, Berlin/Boston, 2014(2판), p.218.

96 Epiktet, *Diss III*, p.22, p.50; Jones, S, *"Freiheit" in den Briefen des Apostels Paulus*, GTA 34, Göttingen, 1987, pp.59-61.

97 Söding, Th, "Starke und Schwache", ZNW 85 (1994), pp.69-92, pp.70-75.

98 Söding, Th, "Starke und Schwache", ZNW 85 (1994), pp.69-92, pp.75-77.

99   Gäckle, V, *Die Starken und die Schwachen in Korinth und in Rom*, WUNT 200, Tübingen, 2005, pp.205-215.

100   Theissen, G, "Die Starken und die Schwachen in Korinth", in: Ders, *Studien zur Soziologie des Urchristentums*, WUNT 19, 1983(2판), pp.272-289, pp.276-279.

101   Horn, F.W, *Das Angeld des Geistes*, FRLANT 154, Göttingen, 1992, pp.167-171; Schrage, W, *Der erste Brief an die Korinther*, EKK VII/2, Neukirchen, 1995, pp.380-429.

102   Mitchell, M.M, *Paul and the Rhetoric of Reconciliation*, HUTh 28, Tübingen, 1991, pp.243-250; Schrage, W, *Der erste Brief an die Korinther*, EKK VII/2, Neukirchen, 1995, pp.213-215.

103   Xenophon, *Memorabilia I*, p.2, p.5-7; Seneca, *Ep*, p.108, p.36.

104   Schrage, W, *Der erste Brief an die Korinther*, EKK VII/2, Neukirchen, 1995, pp.138-144; Vollenweider, S, *Freiheit als neue Schöpfung*, FRLANT 147, Göttingen, 1989, pp.233-246.

105   Schnelle, U, *Paulus. Leben und Denken*, Berlin/Boston, 2014(2판), p.223.

106   Merklein, H, *Der erste Brief an die Korinther*, ÖTK 7/2, Gütersloh, 2000, p.133; Schrage, W, *Der erste Brief an die Korinther*, EKK VII/2, Neukirchen, 1995, p.139; Harrill, J.A, *The Manumission of Slaves in Early Christianity*, HUTh 32, Tübingen, 1995, p.127.

107   Lietzmann, H, *An die Korinther II*, HNT 9, Tübingen, 1969(5판), p.32; Conzelmann, *Der erste Brief an die Korinther*, KEK V, Göttingen, 1969, p.152.

108   Lindemann, A, *Der Erste Korintherbrief*, HNT 9/1, Tübingen, 2000, p.173.

109 Epiktet, *Diss I*, p.9, p.24.

110 Jones, S, *"Freiheit" in den Briefen des Apostels Paulus*, GTA 34, Göttingen, 1987, pp.27-37.

111 Schnelle, U, *Paulus. Leben und Denken*, Berlin/Boston, 2014(2판), p.225.

112 Wolff, Chr, *Der erste Brief des Paulus an die Korinther*, ThHK 7, Berlin, 1996, pp.282-348; Schrage, W, *Der erste Brief an die Korinther*, EKK VII/3, Neukirchen, 1999, p.108; Lindemann, A, D*er Erste Korintherbrief*, HNT 9/1, Tübingen, 2000, pp.261-316.

113 Alkier, St, *Wunder und Wirklichkeit in den Briefen des Apostel Paulu*s, WUNT 134, Tübingen, 2001, pp.191-205.

114 Brockhaus, U, *Charisma und Amt*, Wuppertal, 1987, pp.128-142; Schürmann, H, "Die geistlichen Gnadengaben in den paulinischen Gemeinden", in: Kertelge, K, (Hg.), *Das kirchliche Amt im Neuen Testament*, Darmstadt, 1977, pp.362-412.

115 Horn, F.W, *Das Angeld des Geistes*, FRLANT 154, Göttingen, 1992, pp.281-291.

116 Walter, M, *Gemeinde als Leib Christi*, NTOA 49, Freiburg, (H)/ Göttingen, 2001, pp.70-104.

117 Conzelmann, *Der erste Brief an die Korinther*, KEK V, Göttingen, 1969, p.252.

118 Horn, F.W, *Das Angeld des Geistes*, FRLANT 154, Göttingen, 1992, pp.172-175.

119 Hahn, F, "Einheit der Kirche und Kirchengemeinschaft in neutestamentlicher Sicht", in: Ders, *Exegetische Beiträge zum ökumenischen Gespräch*, Göttingen, 1986, pp.116-158, p.144.

120 Söding, Th, *Das Liebesgebot bei Paulus*, NTA 26, Münster, 1994, pp.127-146; Voss, F, *Das Wort vom Kreuz und die menschliche Vernunft*, FRLANT 199, Göttingen, 2002, pp.239-271.

121 Käsemann, E, "Das theologische Problem des Motivs vom Leib Christi", in: Ders, *Paulinische Perspektiven*, Tübingen, 1972(2판), pp.178-210, p.195.

122 Wischmeyer, O, "1.Korinther 15. Der Traktat des Paulus über die Auferstehung der Toten", in: Ders,/Becker, E.-M, *Was ist ein Text?*, NET 1, Tübingen, 2001, pp.171-209, pp.172-178.

123 Schrage, W, *Der erste Brief an die Korinther*, EKK VII/4, Neukirchen, 2001, pp.31-53; Lindemann, A, *Der Erste Korintherbrief*, HNT 9/1, Tübingen, 2000, pp.328-333; Sellin, G, *Der Streit um die Auferstehung der Toten*, FRLANT 138, Göttingen, 1986, pp.231-255.

124 Wolff, Chr, *Der erste Brief des Paulus an die Korinther*, ThHK 7, Berlin, 1996, pp.364-367; Karrer, M, *Jesus Christus im Neuen Testament*, GNT 11, Göttingen, 1998, p.42.

125 Wolff, Chr, *Der erste Brief des Paulus an die Korinther*, ThHK 7, Berlin, 1996, p.368.

126 Alkier, St, *Wunder und Wirklichkeit in den Briefen des Apostel Paulus*, WUNT 134, Tübingen, 2001, p.212.

127 Karrer, M, *Jesus Christus im Neuen Testament*, GNT 11, Göttingen, 1998, pp.335-337.

128 Schnelle, U, *Paulus. Leben und Denken*, Berlin/Boston, 2014(2판), p.232; Sellin, G, Der Streit um die Auferstehung der Toten, FRLANT 138, Göttingen, 1986, pp.17-37.

129 Schrage, W, *Der erste Brief an die Korinther*, EKK VII/4, Neukirchen,

2001, p.118; Sellin, G, *Der Streit um die Auferstehung der Toten*, FRLANT 138, Göttingen, 1986, p.30.

130   Schade, H.H, *Apokalyptische Christologie bei Paulus*, GTA 18, Göttingen, 1984(2판), 192.

131   Wischmeyer, O, "1.Korinther 15. Der Traktat des Paulus über die Auferstehung der Toten", in: Ders./Becker, E.-M, *Was ist ein Text?*, NET 1, Tübingen, 2001, pp.171-209, p.193.

132   Wolff, Chr, *Der erste Brief des Paulus an die Korinther*, ThHK 7, Berlin, 1996, p.214.

133   Sellin, G, *Der Streit um die Auferstehung der Toten*, FRLANT 138, Göttingen, 1986, p.292.

134   Garcilazo, A.V, *The Corinthian Dissenters and the Stoics*, Leiden, 2007, pp.176-181.

135   Schnelle, U, *Gerechtigkeit und Christusgegenwart. Vorpaulinische und paulinische Tauftheologie*, GTA 24, Göttingen, 1986(2판), pp.150-152; Sellin, G, *Der Streit um die Auferstehung der Toten*, FRLANT 138, Göttingen, 1986, pp.277-284; Wolff, Chr, *Der erste Brief des Paulus an die Korinther*, ThHK 7, Berlin, 1996, pp.392-397.

136   Lindemann, A, *Der Erste Korintherbrief*, HNT 9/1, Tübingen, 2000, p.354; Schrage, W, *Der erste Brief an die Korinther*, EKK VII/4, Neukirchen, 2001, p.266.

137   Lietzmann, H, *An die Korinther I/II*, HNT 9, 1969(5판), p.83.

138   Schnelle, U, *Paulus. Leben und Denken*, Berlin/Boston, 2014(2판), p.235, 주136.

139   Philo, *Op* 134-147; Horn, F.W, *Das Angeld des Geistes*, FRLANT 154, Göttingen, 1992, pp.194-198; Horsley, R.A, "Pneumatikos vs

Psychikos", HThR 69 (1976), pp.269-288.

140 Lüdemann, G, *Paulus, der Heidenapostel I*, FRLANT 123, Göttingen, 1980, p.268.

141 Klauck, H.-J, *1. Korintherbrief*, NEB, Würzburg, 1992(3판), p.123; Lindemann, A, "Paulus und die korinthische Eschatologie", in: Ders, *Paulus, Apostel und Lehrer der Kirche*, Tübingen, 1999, pp.64-90, p.79.

142 Schnelle, U, *Paulus. Leben und Denken*, Berlin/Boston, 2014(2판), p.237.

143 Koch, D. A., *Die Schrift als Zeuge des Evangeliums*, BHTh 69, Tübingen, 1986, pp.63-66.

144 Horn, F.W, "1Korinther 15:56 - ein exegetischer Stachel", ZNW 82 (1991), pp.88-105.

145 Schnelle, U, *Paulus. Leben und Denken*, Berlin/Boston, 2014(2판), p.239.

146 Thielmann, F, "The Coherence of Paul's View of the Law: The Evidence of First Corinthians", NTS 38 (1992), pp.232-253.

147 Söding, Th, "Die Kraft der Sünde ist das Gesetz(1Kor 15:56). Anmerkungen zum Hintergrund und zur Pointe einer gesetzeskritischen Sentenz des Apostels Paulus", ZNW 83 (1992), pp.74-84.

148 Schnelle, U, *Paulus. Leben und Denken*, Berlin/Boston, 2014(2판), p.242; Seifrid, M.A, Justification by Faith, NT.S 68, Leiden, 1992, p.262.

149 Berger, K, *Theologiegeschichte des Urchristentums*, Tübingen, 1994, p.482.

150 Hübner, H, *Biblische Theologie des Neuen Testament II: Die*

Theologie des Paulus, Göttingen, 1993, p.139; Stuhlmacher, P, "Das Gesetz als Thema biblischer Theologie", in: Ders, *Versöhnung, Gesetz und Gerechtigkeit*, Göttingen, 1981, pp.136-165, p.156.

151 Lietzmann, H, *An die Korinther II*, HNT 9, Tübingen, 1969(5판), p.135; Wolff, Chr, *Der zweite Brief des Paulus an die Korinther*, ThHK 8, Berlin, 1989, p.10.

152 Finegan, J, *Handbook of Biblical Chronology*, Peabody, 1998(2판), p.51; Lietzmann, H, *An die Korinther II*, HNT 9, Tübingen, 1969(5판), p.135.

153 Windisch, H, *Der zweite Korintherbrief*, KEK VI, Göttingen, 1924(9판), p.255; Lüdemann, G, *Paulus, der Heidenapostel I*, FRLANT 123, Göttingen, 1980, p.134.

154 Bieringer, R, "Teilungshypothesen zum 2. Korintherbrief. Ein Forschungsüberblick", in: Bieringer, R,/Lambrecht, J, *Studies on 2 Corinthians*, BETL CXII, Leuven, 1994, pp.67-105; Thrall, M.E, *The Second Epistle to the Corinthians I*, ICC, Edinburgh, 1993, p.1-76.

155 Klauck, H.-J, *2. Korintherbrief*, NEB, Würzburg, 1994(3판), p.9; Strecker, G, "Die Legitimität des paulinischen Apostolates nach 2Korinther 10-13", NTS 38 (1992), pp.566-586, p.566.

156 Barrett, C.K, *A Commentary on the Second Epistle to the Corinthians*, BNTC, London, 1979(2판), p.21; Furnish, V.P, *II Corinthians*, AncB 32 A, New York, 1984, pp.30-48.

157 Bultmann, R, "*Exegetische* probleme des zweiten Korintherbriefes", in: Ders, Exegetica, Tübingen, 1967, pp.298-322.

158 Bornkamm, G, "Die Vorgeschichte des sogenanten Zweiten Korintherbriefes", in: Ders, *Geschichte und Glaube*, BevTh 53, München,

1971, pp.162-194; Grässer, E, *Der zweite Brief an die Korinther*, ÖTK 8/1, Gütersloh, 2002, pp.29-35.

159 Schnelle, U, *Paulus. Leben und Denken*, Berlin/Boston, 2014(2판), p.248.

160 Wolff, Chr, *Der zweite Brief des Paulus an die Korinther*, ThHK 8, Berlin, 1989, p.155.

161 Fitzmyer, J.A, "Qumran and the Interpolated Paragraph in Cor 6:14-7:1", CBQ 23 (1961), pp.271-280; Gnilka, J, "2Kor 6:14-7:1 im Lichte der Qumranschriften und der Zwölf-Patriarchen-Testamente", in: Blinzler, J, u. a. (Hg.), *Neutestamentliche Aufsätze (FS Schmid, J.)*, Regensburg, 1963, pp.86-99.

162 Murphy-O'Connor, J, "Philo and 2Cor 6:14-7:1", in: de Lorenzi, L, (Hg.), *The Diakonia of the Spirit(2Co 4:-7:4)*, SMBen 10, Rom, 1989, pp.133-146; Sass, G, "Noch einmal: 2Kor 6:14-7:1", ZNW 84 (1993), pp.36-64.

163 Bieringer, R, "Der 2. Korintherbrief als ursprüngliche Einheit. Ein Forschungsüberblick", in: Bieringer, R,/Lambrecht, J, *Studies on 2 Corinthians*, BETL CXII, Leuven, 1994, pp.107-130; Schnelle, U, *Einleitung in das Neue Testament*, 9판, Göttingen, 2017(9판), p.109; Schmeller, Th, *Der 2Korintherbrief*, EKK VIII/1, Neukirchen, 2010, p.37.

164 Wilckens, U, *Theologie des Neuen Testaments I/3*, Neukirchen, 2005, p.45.

165 Hotze, G, *Paradoxien bei Paulus*, NTA 33, Münster, 1997, pp.300-340; Krug, J, *Die Kraft des Schwachen*, TANZ 37, Tübingen, 2001, pp.179-197.

166 Schnelle, U, *Paulus. Leben und Denken*, Berlin/Boston, 2014(2판), p.253.

167 Ebner, M, *Leidenslisten und Apostelbrief*, fzb 66, Würzburg, 1991, p.196; Schiefer-Ferrari, M, *Die Sprache des Leids in den paulinischen Peristasenkatalogen*, SBB 23, Stuttgart, 1991, p.201.

168 Scornaienchi, L, *Sarx und Soma bei Paulus*, NTOA 67, Göttingen, 2008, pp.260-279.

169 Plato, *Phaidon* 81C.

170 Lietzmann, H, *An die Korinther I/II*, HNT 9, Tübingen, 1969(5판), p.118; Wiefel, W, "Die Hauptrichtung des Wandels im eschatologischen Denken des Paulus", ThZ 30 (1974), pp.65-81, p.75.

171 Schnelle, U, *Paulus. Leben und Denken*, Berlin/Boston, 2014(2판), p.257.

172 Wiefel, W, "Die Hauptrichtung des Wandels im eschatologischen Denken des Paulus", ThZ 30 (1974), pp.65-81, p.75.

173 Betz, H.D, "The concept of the 'Inner Human Being'(ὁ ἔσω ἄνθρωπος) in the Anthropology of Paul", NTS 46 (2000), pp.317-324.

174 Epikter, *Diss I*, 9:12-14; Lietzmann, H, *An die Korinther I/II*, HNT 9, Tübingen, 1969(5판), pp.117-123.

175 Schnelle, U, *Paulus. Leben und Denken*, Berlin/Boston, 2014(2판), p.258.

176 Strecker, G./Schnelle, U, (Hg.), *Neuer Wettstein. Texte zum Neuen Testament aus Griechentum und Hellenismus*, Berlin u.a., 1996; Pokorny, P, "Griechische Sprichtwörter im Neuen Testament", in: Pokorny, P./Soucek, J.B, *Bibelauslegung als Theologie*, WUNT 100, Tübingen, p.197, pp.147-154.

177 Jones, S, *"Freiheit"in den Briefen des Apostels Paulus*, GTA 34, Göttingen, 1987, p.61.

178 Hulmi, S, *Paulus und Mose. Argumentation und Polemik in 2Kor 3*, SFEG 77, Helsinki/Göttingen, 1999, pp.4-16.

179 Horn, F.W, *Das Angeld des Geistes*, FRLANT 154, Göttingen, 1992, p.317.

180 Grässer, E, "Der Alte Bund im Neuen", in: Ders, *Der Alte Bund im Neuen*, WUNT 35, Tübingen, 1985, pp.1-134, p.80; Räisänen, H, *Paul and the Law*, WUNT 29, Tübingen, 1987(2판), p.244.

181 Vogel, M, *Das Heil des Bundes. Bundestheologie im Frühjudentum und im frühen Christentum*, TANZ 18, Tübingen, 1996, pp.184-197; Schröter, J, "Schriftauslegung und Hermeneutik in 2 Korinther 3", NT 40 (1998), pp.231-275, p.236.

182 Hofius, O, "Gesetz und Evangelium nach 2. Korinther 3", in: Ders, *Paulusstudien*, WUNT 51, Tübingen, 1989, pp.75-120, pp.75-78; Hafemann, S.J, *Paul, Moses, and the History of Israel*, WUNT 81, Tübingen, 1995, p.437.

183 Hafemann, S.J, *Paul, Moses, and the History of Israel*, WUNT 81, Tübingen, 1995, p.255; Koch, D. A., *Die Schrift als Zeuge des Evangeliums*, BHTh 69, Tübingen, 1986, p.332.

184 Hulmi, S, *Paulus und Mose. Argumentation und Polemik in 2Kor 3*, SFEG 77, Helsinki/Göttingen, 1999, pp.96-98.

185 Lietzmann, H, *An die Korinther I/II*, HNT 9, Tübingen, 1969(5판), p.111; Wolff, Chr, *Der zweite Brief des Paulus an die Korinther*, ThHK 8, Berlin, 1989, p.68.

186 Schröter, J, "Schriftauslegung und Hermeneutik in 2 Korinther 3",

NT 40 (1998), pp.231-275, p.249.

187 Schnelle, U, *Paulus. Leben und Denken*, Berlin/Boston, 2014(2판), p.261.

188 Vollenweider, S, *Freiheit als neue Schöpfung*, FRLANT 147, Göttingen, 1989, pp.247-284.

189 Dautzenberg, G, "Striet um Freifeit und Gesetz", JBTh 5 (1990), pp.265-276, p.270; Berger, K, *Theologiegeschichte des Urchristentums*, Tübingen, 1994, p.463.

190 Schnackenburg, R, *Das Heilsgeschehen bei der Taufe nach dem Apostel Paulus*, MThS.H 1, München, 1950, p.110; Wolter, M, *Rechtfertigung und zukünftiges Heil*, BZNW 43, Berlin, 1978, p.74, 주174.

191 Wolff, Chr, *Der zweite Brief des Paulus an die Korinther*, ThHK 8, Berlin, 1989, pp.123-127.

192 Bultmann, R, *Der zweite Brief an die Korinther*, Dinkler, E, (Hg.), Göttingen, 1976, p.156.

193 Klauck, H.-J, *2. Korintherbrief,* NEB, Würzburg, 1994(3판), p.54.

194 Wolff, Chr, *Der zweite Brief des Paulus an die Korinther*, ThHK 8, Berlin, 1989, p.127.

195 Schnelle, U, *Paulus. Leben und Denken*, Berlin/Boston, 2014(2판), pp.264-265, 주71.

196 Breytenbach, C, *Versöhnung*, WMANT 60, Neukirchen, 1989, p.197.

197 Bultmann, R, *Theologie des Neuen Testaments*, Merk, O. (Hg.), Tübingen, 1984(9판), p.301.

198 Kertelge, K, *"Rechtfertigung" bei Paulus. Studien zur Struktur und zum Bedeutungsgehalt des paulinischen Rechtfertigungsbegriffs*,

NTA 3, Münster, 1971(2판), p.106, 주223; Hübner, H, *Das Gesetz bei Paulus. Ein Beitrag zum Werden der paulinischen Theologie*, FRLANT 119, Göttingen, 1982(3판), p.105.

199   Heckel, U, *Kraft in Schwachheit*, WUNT 2.56, Tübingen, 1993, pp.6-142.

200   Xenophon, *Memorabilia I*, p.6, 12.

201   Summey, J.L, *Identifying Paul's Opponents*, JSOT.S 40, Sheffield, 1990, pp.13-73; Bieringer, R, "Die Gegner des Paulus im 2 Korintherbrie'", in: Bieringer, R,/Lambrecht, J, *Studies on 2 Corinthians*, BETL CXII, Leuven, 1994, pp.181-221; Hulmi, S, *Paulus und Mose. Argumentation und Polemik in 2Kor 3*, SFEG 77, Helsinki/Göttingen, 1999, pp.18-23.

202   Bultmann, R, *Der zweite Brief an die Korinther*, Dinkler, E, (Hg.), Göttingen, 1976, p.216; Schmithals, W, *Gnosis und Neues Testament*, Darmstadt, 1984, pp.28-33.

203   Lüdemann, G, *Paulus, der Heidenapostel II*, FRLANT 130, Göttingen, 1983, pp.125-143; Klauck, H.-J, *2. Korintherbrief*, NEB, Würzburg, 1994(3판), p.11.

204   Furnish, V.P, *II Corinthians*, AncB 32 A, NewYork, 1984, p.53; Lang, F, *Die Briefe an die Korinther*, NTD 7, Göttingen, 1986, pp.357-359.

205   Summey, J.L, *Identifying Paul's Opponents*, JSOT.S 40, Sheffield, 1990, p.190.

206   Schnelle, U, *Paulus. Leben und Denken*, Berlin/Boston, 2014(2판), p.270.

207   Heckel, U, *Kraft in Schwachheit*, WUNT 2.56, Tübingen, 1993, p.22; Hotze, G, *Paradoxien bei Paulus*, NTA 33, Münster, 1997, pp.159-

227.

208   Heckel, U, *Kraft in Schwachheit*, WUNT 2.56, Tübingen, 1993, pp.56-120.

209   Heckel, U, "Der Dorn im Fleisch. Die Krankheit des Paulus in 2Kor 12:7 und Gal 4:13f", ZNW 84 (1993), pp.65-92.

210   Kollmann, B, "Paulus als Wundertäter", in: Schnelle, U,/Söding, T, (Hg.), *Paulinische Christologie. Exegetische Beiträge (FS Hübner, H,)*, Göttingen, 2000, pp.76-96, pp.84-87.

211   Nielsen, H.K, "Paulu's Verwendung des Begriffes Δύναμις. Eine Replik zur Kreuzestheologie", in: Pedersen, S, (Hg.), *Die paulinische Literatur und Theologie*, TeolSt 7, Arhus, 1980, pp.137-158, p.153.

212   Käsemann, E, "Die Legitimität des Apostels. Eine Untersuchung zu II Korinther 10 – 13", ZNW 41 (1942), pp.33 – 71 (=in: Rengstorf, K.H, (Hg.), *Das Paulusbild in der neueren deutschen Forschung, Darmstadt*, 1969(2판), pp.475-521, p.511; Heckel, U, *Kraft in Schwachheit*, WUNT 2.56, Tübingen, 1993, p.298.

213   Schnelle, U, "Der 2. Korintherbrief und die Mission gegen Paulus", in: Sänger, D, (Hg.), *Der zweite Korintherbrief. Literarische Gestalt - historische Situation-theologische Argumentation. (FS Koch, D.-A,)*, FRLANT 250, Göttingen, 2012, pp.300-322.

214   Sumney, J.L, "Studying Paul's Opponent: Advances and Challenges", in: Porter, St.E, (Hg.), *Paul and His Opponents*, Leiden, 2005, pp.7-58.

215   Theissen, G, "Kirche oder Sekte? Über Einheit und Konflikte im frühen Urchristentum", in: Alexeev, A.A u.a. (Hg.), Einheit der Kirche, WUNT 218, Tübingen, 2008, pp.81-101.

216   Schnelle, U, *Paulus. Leben und Denken*, Berlin/Boston, 2014(2판),

p.274.

217 Stuhlmacher, P, *Biblische Theologie des Neuen Testament I*, Göttingen, 1992, p.226; Riesner, R, *Die Frühzeit des Apostels Paulus*, WUNT 71, Tübingen, 1994, pp.250–259; Wittulski, Th, *Die Adressaten des Gakaterbriefes*, FRLANT 193, Göttingen, 2000, p.224.

218 Ollrog, W.H, *Paulus und seine Mitarbeiter*, WMANT 50, Neukirchen, 1979, p.55.

219 Vielhauer, Ph, *Geschichte der urchristlichen Literatur*, Berlin/New York, 1975, pp.104–108.

220 Vouga, F, *An die Galater*, HNT 10, Tübingen, 1998, p.11.

221 Rohde, J, *Der Brief des Paulus an die Galater*, ThHK 9, Berlin, 1989, p.1.

222 Strobel, K, *Die Galater. Geschichte und Eigenart der keltischen Staatenbildung auf dem Boden des hellenistischen Kleinasien, Bd. 1: Untersuchungen zur Geschichte und historischen geographie des hellenistischen und römisch Kleinasien*, Berlin, 1996, p.117.

223 Breytenbach, C, *Paulus und Barnabas in der Provinz Galatien*, AGJU 38, Leiden, 1996, p.154; Sänger, D, "Die Adresse des Galaterbriefes", in: Bachmann, M,/Kollmann, B, (Hg.), *Umstrittener Galaterbrief. Studien zur. Situierung der Theologie des Paulusschreibens*, BThSt 106, Neukirchen, 2010, pp.1–56, p.19.

224 de Boer, M.C, *Galatians. A Commentary*, NTL, Loiusville, 2011, p.5.

225 Breytenbach, C, *Paulus und Barnabas in der Provinz Galatien*, AGJU 38, Leiden, 1996, pp.144–146; Mitchell, St, *Anatolia: Land, Men, and Gods in Asia Minor II*, Oxford, 1993, pp.31–37.

226 Betz, H.D, *Der Galaterbrief*, München, 1988, pp.34–40; Koch, D.–

A, Barnabas, "Paulus und die Adressaten des Galaterbriefes", in: Mell, U./Müller, U.B, (Hg.), *Das Urchristentum in seiner literarischen Geschichte (FS Becker, J.)*, BZNW 100, Berlin/New York, 1999, pp.85-106, p.106.

227 Schnelle, U, *Paulus. Leben und Denken*, Berlin/Boston, 2014(2판), p.278.

228 Schlier, H, *Der Brief an die Galater*, KEK VII, Göttingen, 1971(5판), p.17; Mussner, F, *Der Galaterbrief*, HThK IX, Freiburg, 1981(4판), p.3.

229 Schnelle, U, *Paulus. Leben und Denken*, Berlin/Boston, 2014(2판), p.280.

230 Schlier, H, *Der Brief an die Galater*, KEK VII, Göttingen, 1971(5판), p.18; Vielhauer, Ph, *Geschichte der urchristlichen Literatur*, Berlin/New York, 1975, p.110.

231 Becker, J, *Der Brief an die Galater*, 1998, 14-16; Söding, Th, "Zur Chronologie der paulinischen Briefe:, BN 56 (1991), pp.31-59, p.58; Theobald, M, "Der Galaterbrief", in: Ebner, M./Schreiner, St, (Hg.), *Einleitung in das Neue Testament*, Stuttgart, 2008, p.359.

232 Rohde, J, *Der Brief des Paulus an die Galater*, ThHK 9, Berlin, 1989, p.94.

233 Schnelle, U, *Paulus. Leben und Denken*, Berlin/Boston, 2014(2판), p.282.

234 Theobald, M, "Der Galaterbrief", in: Ebner, M./Schreiner, St, (Hg.), *Einleitung in das Neue Testament*, Stuttgart, 2008, p.358.

235 Breytenbach, C, *Paulus und Barnabas in der Provinz Galatien*, AGJU 38, Leiden, 1996, p.143.

236 Kümmel, W.G, *Einleitung in das Neue Testament*, Heidelberg,

1978(19판), pp.260-263; Merk, O, *Wissenschaftsgeschichte und Exegese*, BZNW 95, Berlin/New York, 1998, p.250.

237 Rusam, D, "Neue Belege zu den στοιχεῖα τοῦ κόσμου", ZNW 83 (1992), pp.119-125.

238 Lührmann, D, "Tage, Monate, Jahreszeiten, Jahre(Gal 4:10)", in: Albertz, R, u.a. (Hg.), *Werden und Wirken des Alten Testaments (FS Westermann, C.)*, Göttingen, 1980, pp.428-445; Kuhn, H.-W, "Die Bedeutung der Qumrantexte für das Verständnis des Galater-briefes", in: Brooke, G.J, (Hg.), *New Qumran Texts and Studies*, StTDJ XV, Leiden, 1994, pp.169-224, pp.195-202.

239 1QS 1:13-15; CD 3:12-16; 1QH 12:4-9.

240 Söding, Th, "Die Gegner des Paulus in Galatien", MThZ 42 (1991), pp.305-321, p.315.

241 Barclay, J.M.G, *Obeying the Truth. Paul's Ethics in Galatians*, Edinburgh, 1988, pp.36-74.

242 Oepke, A, *Der Brief des Paulus an die Galater*, bearbeitet v. Rohde, J, ThHK 9, Berlin, 1973(3판), p.212; Lüdemann, G, *Paulus, der Heidenapostel II*, FRLANT 130, Göttingen, 1983, pp.148-152.

243 Schnelle, U, *Paulus. Leben und Denken*, Berlin/Boston, 2014(2판), p.286.

244 Schnelle, U, *Paulus. Leben und Denken*, Berlin/Boston, 2014(2판), p.287.

245 Watson, F, *Paul, Judaism and the Gentiles*, SNTSMS 56, Cambridge, 1986, p.69.

246 Betz, H.D, *Der Galaterbrief*, München, 1988, pp.54-72.

247 Brucker, R, "Versuche Ich denn jetzt, Menschen zu überreden …?"

- Rhetorik und Exegese am Beispiel des Galaterbriefes, in: Alkier, St./Brucker, R, (Hg.), *Exegese und Methodendiskussion*, TANZ 23, Tübingen, 1998, pp.211-236.

248 Bauer, Th. J, *Paulus und die kaiserzeitliche Epistolographie*, WUNT 276, Tübingen, 2011, p.386.

249 Classen, C.J, "Paulus und die antike Rhetorik", ZNW 82 (1991), 1-33; Sänger, D, "'Vergeblich bemüht' (Gal 4,11)?; Zur paulinischen Argumentationsstrategie im Galaterbrief", ZNW 93 (2002), pp.377-399.

250 Aune, D.E, *The New Testament in Its Literary Environment*, Philadelphia, 1987, p.203.

251 Borse, U, *Der Standort des Galaterbriefes*, BBB 41, Köln, 1972, pp.120-135; Broer, J, *Einleitung in das Neue Testament II*, NEBNT EB 2/II, Würzburg, 2001, p.442; Wilckens, U, *Der Brief an die Römer*, EKK VI/1, Neukirchen, 1978, p.48.

252 Alkier, St, *Wunder und Wirklichkeit in den Briefen des Apostel Paulus*, WUNT 134, Tübingen, 2001, pp.125-131.

253 Hübner, H, *Biblische Theologie des Neuen Testament II: Die Theologie des Paulus*, Göttingen 1993, 64-68; Mussner, F, *Der Galaterbrief*, HThK IX, Freiburg, 1981(4판), p.174.

254 Schnelle, U, *Paulus. Leben und Denken*, Berlin/Boston, 2014(2판), p.289, 주48.

255 Räisänen, H, *Paul and the Law*, WUNT 29, Tübingen, 1987(2판), pp. 16-18.

256 Schreiner, Th.R, *The Law and Its Fulfilment*, Grand Rapids, 1993, p.33; Dunn, J.D.G, *The Theology of Paul the Apostle*, Grand Rapids/Cambridge, 1998, pp.131-133.

257   Wilckens, U, "Was heisst bei Paulus: 'Aus Werken des Gesetzes wird kein Menschen gerecht?'", in: Ders, *Rechtfertigung als Freiheit*, Neukirchen, 1974, pp.77-109; Hübner, H, "Was heisst bei Paulus 'Werke des Gesetzes?'" in: Ders, *Biblische Theologie als Hermeneutik. Gesammelte Aufsätze*, hg. v. Labahn, A,/ Labahn, M, Göttingen, 1995, pp.166-174; Schreiner, Th.R, "'Works of Law' in Paul", NT 33 (1991), pp.217-244.

258   1QS 5,21; 6,18; CD 20,6; Kuhn, H.-W, "Die Bedeutung der Qumrant-exte für das Verständnis des Galaterbriefes", in: Brooke, G.J, (Hg.), *New Qumran Texts and Studies*, StTDJ XV, Leiden, 1994, pp.169-224, p.207.

259   Schnelle, U, *Paulus. Leben und Denken*, Berlin/Boston, 2014(2판), pp.291-292.

260   Bultmann, R, *Theologie des Neuen Testaments*, Merk, O. (Hg.), Tübingen, 1984(9판), p.264.

261   Wilckens, U, "Was heisst bei Paulus: 'Aus Werken des Gesetzes wird kein Menschen gerecht?'", in: Ders, *Rechtfertigung als Freiheit*, Neukirchen, 1974, pp.77-109, p.107.

262   Sanders, E.P, *Paul and Palestinian Judaism: A Comparison of Patterens of Religion*, Minneapolis, 1977, p.482.

263   Dunn, J.D.G, "Yet once more - 'The Works of Law': A Response", JSNT 46 (1992), pp.99-117; Ders, *The Epistle to the Galatians*, BNTC, London, 1993, pp.131-150.

264   Watson, F, *Paul, Judaism and the Gentiles*, SNTSMS 56, Cambridge, 1986, p.47.

265   Bachmann, M, "Rechtfertigung und Gesetzeswerke bei Paulus", ThZ

49 (1993), pp.1-33, p.30.

266 Hübner, H, *Das Gesetz bei Paulus. Ein Beitrag zum Werden der paulinischen Theologie*, FRLANT 119, Göttingen, 1982(3판), p.20.

267 Schnelle, U, *Paulus. Leben und Denken*, Berlin/Boston, 2014(2판), p.293.

268 Avemarie, F, *Tora und Leben*, TSAJ 55, Tübingen, 1996, p.578.

269 솔로몬 시편 14; 4에스라 7:70-74, 105.

270 1QS XI 9-12; 4에스라 8:32, 36.

271 Sanders, E.P, *Paul and Palestinian Judaism: A Comparison of Patterens of Religion*, Minneapolis, 1977, p.482.

272 Mussner, F, *Der Galaterbrief*, HThK IX, Freiburg, 1981(4판), p.180; Schnelle, U, *Gerechtigkeit und Christusgegenwart. Vorpaulinische und paulinische Tauftheologie*, GTA 24, Göttingen, 1986(2판), pp.54-56.

273 Vollenweider, S, "Grosser Tod und grosses Leben", EvTh 51 (1991), pp.365-382, p.373.

274 Berger, K, *Theologiegeschichte des Urchristentums*, Tübingen 1994, 457

275 Schnelle, U, *Paulus. Leben und Denken*, Berlin/Boston, 2014(2판), p.298.

276 Kuhn, H.-W, "Die Bedeutung der Qumrantexte für das Verständnis des Galaterbriefes", in: Brooke, G.J, (Hg.), *New Qumran Texts and Studies*, StTDJ XV, Leiden, 1994, pp.169-224, p.177.

277 Koch, D. A., *Die Schrift als Zeuge des Evangeliums*, BHTh 69, Tübingen, 1986, pp.163-165.

278 1QpHab 7, 17-8.3.

279 Kuhn, H.-W, "Die drei wichtigsten Qumranparallen zum Gala-terbrief", in: Bartelmus,R,/Krüger, Th,/Utzschneider, H, (Hg.), *Konsequente Traditionsgeschichte (FS Baltzer, K,)*, OBO 126, Göttingen, 1993, pp.227-254, p.249.

280 Hübner, H, *Das Gesetz bei Paulus. Ein Beitrag zum Werden der paulinischen Theologie*, FRLANT 119, Göttingen, 1982(3판), p.27.

281 Mach, M, :"Tora-Verleihung durch Engel", in: Augustin, M,/Kegler, J, (Hg.), *Das Alte Testament als geisitige Heimat (FS Wolff, H.-W,)*, Frankfurt, 1982, pp.51-70.

282 Martyn, J.L, *Galatians*, AncB 33 A, New York, 1997, pp.354-356, p.364)

283 Schnelle, U, *Paulus. Leben und Denken*, Berlin/Boston, 2014(2판), p.301, 주91.

284 Luz, U, *Das Geschichtsverständnis des Paulus*, BEvTh 49, München, 1968, p.190; Räisänen, H, *Paul and the Law*, WUNT 29, Tübingen, 1987(2판), 130; Sanders, E.P, *Paul, the Law, and the Jewish People*, Minneapolis, 1983, p.83.

285 Martyn, J.L, *Galatians*, AncB 33 A, New York, 1997, p.364.

286 Tiwald, M, *Hebräer von Hebräern, Hebräer von Hebräern: Paulus auf dem Hintergrund frühjüdischer Argumentation und biblischer Interpretation*, Freiburg, 2008, p.320.

287 Wright, N.T, *Paul and the Faithfulness of God I-II*, London, 2013, p.871.

288 Schnelle, U, *Gerechtigkeit und Christusgegenwart. Vorpaulinische und paulinische Tauftheologie*, GTA 24, Göttingen, 1986(2판), pp.57-62; Strecker, G, *Die liminale Theologie des Paulus*, FRLANT 185,

Göttingen, 1999, pp.351-359.

289   Dahl, N.A.,/Hellholm, M.M, "Garment-Metaphors: the Old and the
       New Human Being", in: Collins, A.Y,/Mitchell, M.M, (Hg.), *Antiquity
       and Humanity (FS Betz, H.D.)*, Tübingen, 2001, pp.139-158.

290   Dautzenberg, G, "'Da ist nicht männlich noch weiblich'. Zur
       Interpretation von Gal 3:28", in: Ders, *Studien zur paulinischen
       Theologie und zur frühchristlichen Rezeption des Alten Testaments*,
       Giessen, 1999, pp.69-99).

291   Gülzow, H, *Christentum und Sklaverei in den ersten drei
       Jahrhunderten*, Münster, 1999, pp.9-21.

292   Schumacher, L, *Sklaverei in der Antike*, München, 2001.

293   Stegemann, E,/Stegemann, W, *Urchristliche Sozialgeschichte*,
       Stuttgart, 1997(2판), pp.311-346.

294   Diogenes Laeritus, 1,33.

295   Diogenes Laeritus 6,63; Musonius, *Dissertationes* 3; Downing, F.G, "A
       Cynic Preparation for Paul's Gospel for Jew and Greek, Slave and
       Free, Male and Female", NTS 42 (1996), pp.454-462.

296   Strecker, G, *Die liminale Theologie des Paulus*, FRLANT 185,
       Göttingen, 1999, pp.193-211.

297   de Boer, M.C, "The Meaning of the Phrase ὑπὸ τὰ στοιχεῖα τοῦ
       κόσμου in Galatians", NTS 53 (2007), pp.204-224.

298   Sellin, G, "Hagar und Sara. Religionsgeschichtliche Hintergründe
       der Schriftallegorese Gal 4:21-31", in: Mell, U,/Müller, U.B, (Hg.),
       Das Urchristentum in seiner Literarischen Geschichte (FS Becker, J.),
       Berlin, 1999, pp.59-84.

299   Sellin, G, "Hagar und Sara. Religionsgeschichtliche Hintergründe

der Schriftallegorese Gal 4:21-31˝, in: Mell, U./Müller, U.B, (Hg.),
Das Urchristentum in seiner Literarischen Geschichte (FS Becker, J.),
Berlin, 1999, pp.59-84, p.75.

300   Hübner, H, *Das Gesetz bei Paulus. Ein Beitrag zum Werden der
      paulinischen Theologie*, FRLANT 119, Göttingen, 1982(3판), p.37.

301   Eckert, J, *Die urchristliche Verkündigung im Streit zwischen Paulus
      und seinen Gegnern im Galaterbrief,,* BU 6, Regensburg, 1971,
      p.160.

302   Hahn, F, "Das Gesetzesverständnis im Römer- und Galaterbrief",
      ZNW 67 (1976), pp.29-63, p.57, 주89.

303   Eckert, J, *Die urchristliche Verkündigung im Streit zwischen Paulus
      und seinen Gegnern im Galaterbrief*, BU 6, Regensburg, 1971, p.160.

304   Mussner, F, *Der Galaterbrief*, HThK IX, Freiburg, 1981(4판), p.373.

305   Schnelle, U, *Paulus. Leben und Denken*, Berlin/Boston, 2014(2판),
      p.307.

306   Schweitzer, A, *Die Mystik des Apostels Paulus*, Tübingen, 1954(2판),
      p.184; de Boer, M.C, *Galatians. A Commentary*, NTL, Loiusville,
      2011, p.380.

307   Horn, F.W, *Das Angeld des Geistes*, FRLANT 154, Göttingen, 1992,
      pp.352-374.

308   Kuula, K, *The Law, the Covenant and God's Plan I*, SFEG 72,
      Helsinki/Göttingen, 1999, p.45.

309   Merk, O, "Der Beginn der Paränese im Galaterbrief", in: Ders,
      Wissenschaftsgeschichte und Exegese, BZNW 95, Berlin/New York,
      1998, pp.238-259; Becker, J, *Der Brief an die Galater*, 1998, p.83.

310   Betz, H.D, *Der Galaterbrief*, München, 1988, p.435.

311 Jones, S, *"Freiheit" in den Briefen des Apostels Paulus*, GTA 34, Göttingen, 1987, pp.96-102; Kertelge, K, "Gesetz und Freiheit im Galaterbrief", in: Ders, *Grundthemen paulinischer Theologie*, Freiburg, 1991, pp.184-196.

312 Kertelge, K, "Freiheitsbotschaft und Liebesgebot im Galaterbrief", in: Ders, *Grundthemen paulinischer Theologie*, Freiburg, 1991, pp.197-208.

313 Barclay, J.M.G, *Obeying the Truth. Paul's Ethics in Galatians*, Edinburgh, 1988, p.106; Harnisch, W, "Einübung des neuen Seins. Paulinische Paränese am Beispiel des Galaterbriefes", in: Ders, *Die Zumutung des Liebe. Gesammelte Aufsätze*, FRLANT 187, Göttingen, 1999, pp.149-168; Weder, H, "Die Normativität der Freiheit", in: Trowitzsch, M, (Hg.), *Paulus, der Aposel Jesu Christi (FS Klein, G,)*, Tübingen, 1998, pp.129-145, p.130.

314 Harnisch, W, "Einübung des neuen Seins. Paulinische Paränese am Beispiel des Galaterbriefes", in: Ders, *Die Zumutung des Liebe. Gesammelte Aufsätze*, FRLANT 187, Göttingen, 1999, pp.149-168, p.163.

315 Wilckens, U, *Theologie des Neuen Testaments I/3*, Neukirchen, 2005, p.133.

316 Schnelle, U, *Paulus. Leben und Denken*, Berlin/Boston, 2014(2판), p.310.

317 Wilckens, U, "Zur Entwicklung des paulinischen Gesetzesverständnisses", NTS 28 (1982), pp.154-190, p.158; Räisänen, H, *Paul and the Law*, WUNT 29, Tübingen, 1987(2판), pp.73-83.

318 Theissen, G, *Die Religion der ersten Christen. Eine Theorie des*

Urchristentums, Gütersloh, 2000, p.298.

319 Wolter, M, *Paulus. Ein Grundriss seiner Theologie*, Neukirchen, 2015(2판), p.404.

320 Wilckens, U, *Theologie des Neuen Testaments I/3*, Neukirchen, 2005, p.131; Schnelle, U, *Paulus. Leben und Denken*, Berlin/Boston, 2014(2판), p.312, 주131.

321 Schweitzer, A, *Die Mystik des Apostels Paulus*, Tübingen, 1954(2판), p.216; Gnilka, J, *Paulus vor Tarsus. Zeuge und Apostel*, HThK. S 6, Freiburg, 1996, pp.237-244; Räisänen, H, *Paul and the Law*, WUNT 29, Tübingen, 1987(2판), p.9.

322 Schnelle, U, *Paulus. Leben und Denken*, Berlin/Boston, 2014(2판), p.313.

323 Räisänen, H, "Paul's Theological Difficulties with the Law", in: Ders, *The Torah and Christ*, SFEG 45, Helsinki, 1986, pp.3-24.

324 Schnelle, U, *Paulus. Leben und Denken*, Berlin/Boston, 2014(2판), pp.313-314.

325 Philo, *Migr* pp.89-93; Josephus, *Ant 4*, pp.145-149; 4에즈라 8:20-36.

326 Pollmann, I, *Gesetzeskritische Motive im Judentum und die Gesetzeskritik des Paulus*, NTOA 98, Göttingen, 2012, p.233.

327 Schnelle, U, *Paulus. Leben und Denken*, Berlin/Boston, 2014(2판), p.314, 주134.

328 Luz, U, Art. "Gerechtigkeit", EKL II, Göttingen, 1992(3판), pp.90-92, p.91.

329 Schnelle, U, *Paulus. Leben und Denken*, Berlin/Boston, 2014(2판), p.314.

330 Powers, D.G, *Salvation through Participation*, Keiden, 2001, p.121.

331 Schnelle, U, *Paulus. Leben und Denken*, Berlin/Boston, 2014(2판), pp.313-314.

332 Elliger, W, *Paulus in Griechenland*, Stuttgart 1987, 23-77)

333 Philhofer, P, *Philippi. Die erste Christliche Gemeinde Europas I*, WUNT 87, Tübingen, 1995, pp.85-92.

334 Deissmann, A, *Paulus*, Tübingen, 1925(2판), p.13, 주2; Gnilka, J, *Der Philipperbrief*, HThK X/3, Freiburg, 1980(3판), p.199; Pokorný, P./ Heckel, U, *Einleitung in das Neue Testament*, Tübingen, 2007, p.288.

335 Lohmeyer, E, *Der Brief an die Philipper*, KEK IX/1, Göttingen, 1974(14판), p.3.

336 Lüdemann, G, *Paulus, der Heidenapostel I*, FRLANT 123, Göttingen, 1980, p.142; Gielen, M, "Paulus - Gefangener in Ephesus?", BN 133 (2007), pp.63-77; Schnelle, U, *Paulus. Leben und Denken*, Berlin/ Boston, 2014(2판), p.393.

337 Brucker, R, *'Christushymnus' oder 'epideiktische Passagen'?*, FRLANT 176, Göttingen, 1997, p.304, 319.

338 Habermann, J, *Präexistenzaussagen im Neuen Testament*, EHS 23.362, Frankfurt, 1990, pp.91-157.

339 Vollenweider, S, "Die Metamorphose des Gottessohnes", in: Mell, U,/Müller, U.B, (Hg.), *Das Urchristentum in seiner literarischen Geschichte (FS Becker, J)*, BZNW 100, Berlin/New York, 1999, pp.107-131.

340 Strecker, G, *Die liminale Theologie des Paulus*, FRLANT 185, Göttingen, 1999, p.163.

341 Vollenweider, S, "Der 'Raub'der Gottgleichheit: Ein religions-geschichtlicher Vorschlag zu Phil 2:6-11", NTS 45 (1999), pp.413-

433, p.431.

342 Labahn, M, "'Heiland der Welt'. Der gesandte Gottessohn und der römische Kaiser – ein Thema johanneischer Christologie?", in: Labahn, M,/Zangenberg, J, (Hg.), *Zwischen den Reichen: Neues Testament und Römische Herrschaft*, TANZ 36, Tübingen/Basel, 2002, pp.147 – 173, p.149.

343 Müller, U.B, *Der Brief des Paulus an die Philipper*, ThHK 11/I, Leipzig, 1993, p.105; Hofius, O, *Der Christushymnus Philipper 2:6-11*, WUNT 17, Tübingen, 1976, p.63.

344 Strecker, G, *Die liminale Theologie des Paulus*, FRLANT 185, Göttingen, 1999, p.171.

345 Müller, U.B, *Der Brief des Paulus an die Philipper*, ThHK 11/I, Leipzig, 1993, pp.186-191; Klein, G, "Antipaulinismus in Philippi. Eine Problemskizze.", in: Koch, D.-A,/Sellin, G,/Lindemann, A, (Hg.), *Jesu Rede von Gott und ihre Nachgeschichte im frühen Christentum (FS Marxsen, W,)*, Gütersloh, 1989, pp.297 – 313, pp.297-300.

346 Tellbe, M, "The sociological Factors behind Philippians 3:1-11 and the Conflict at Philippi", JSNT 55 (1994), pp.97-121.

347 Gülzow, H, *Christentum und Sklaverei in den ersten drei Jahrhunderten*, Münster, 1999, 29; Schenke, H.-M,/Fischer, K.M, *Einleitung in die Schriften des Neuen Testaments I*, Berlin, 1978, p.156.

348 Lohmeyer, E, *An Philemon*, KEK 9/2, Göttingen, 1953(9판), p.172; Kümmel, W.G, *Einleitung in das Neue Testament*, Heidelberg, 1978(19판), p.307.

349 Gnilka, J, *Der Philemonbrief*, HThK X/4, Freiburg, 1982, p.4; Wolter,

M, *Der Brief an Philemon*, ÖTK 12, Gütersloh, 1993, p.238.

350   Pokorný, P./Heckel, U, *Einleitung in das Neue Testament*, Tübingen, 2007, p.290.

351   Schnelle, U, *Paulus. Leben und Denken*, Berlin/Boston, 2014(2판), p.407.

352   Wolter, M, *Der Brief an Philemon*, ÖTK 12, Gütersloh, 1993, p.231; Müller, P, *Der Brief an Philemon*, KEK 9/3, Göttingen, 2012, 128; p.9.

353   Schnelle, U, *Paulus. Leben und Denken*, Berlin/Boston, 2014(2판), 411; Wolter, M, *Der Brief an Philemon*, ÖTK 12, Gütersloh, 1993, p.233.

6부 바울의 편지(2)

1   Josephus, *Ant* 17, p.300.

2   Josephus, *Ant* 17, p.300.

3   Philo, *Leg Gai*, p.156.

4   Lampe, P, *Die stadtrömischen Christen in den ersten beiden Jahrhunderten*, WUNT 2.18, Tübingen, 1987, p.367; Lichtenberger, H, "Josephus und Paulus in Rom", in: Koch, D.-A./Lichtenberger, H, (Hg.), *Begegnungen zwischen Christentum und Judentum in Antike und Mittelalter (FS Schreckenberg, H,)*, Göttingen, 1993, pp.245-261, p.247.

5   Dio Cassius LX 6, p.6.

6   Tacitus, *Annalen II*,p. 85.

7   Donfried, K.P./Richardson, P, (Hg.), *Judaism and Christianity in First-Century Rome*, Grand Rapids, 1998.

8   Tacitus, *Annalen* 15, p.44.

9   Schnelle, U, *Einleitung in das Neue Testament*, Göttingen, 2017(9판), p.144.

10   Lampe, P, *Die stadtrömischen Christen in den ersten beiden Jahrhunderten*, WUNT 2.18, Tübingen, 1987, pp.156-164.

11   Lampe, P, *Die stadtrömischen Christen in den ersten beiden Jahrhunderten*, WUNT 2.18, Tübingen, 1987, pp.141-153.

12   Klauck, H.-J, *Hausgemeinde und Hauskirche im frühen Christentum*, SBS 103, Stuttgart, 1981, p.26; Lampe, P, *"Urchristliche Missionwege nach Rom: Haushalte paganer Herrschaft als jüdisch-christliche Keimzellen"*, ZNW 92 (2001), pp.123-127.

13   Stuhlmacher, P, *Der Brief an die Römer*, NTD 6, Göttingen, 1989, 11; Zeller, D, *Der Brief an die Römer*, RNT, Regensburg, 1985, p.15.

14   Schnelle, U, "Der Römerbrief und die Aporien des paulinischen Denkens", in: Ders, (Hg.), *The Letter to the Romans*, BETL 226, Leuven, 2009, pp.3-23.

15   Alvarez Cineira, D, *Die Religionspolitik des Kaisers Claudius und die paulinische Mission*, HBS 19, Freiburg, 1999, pp.390-395.

16   Schnelle, U, *Paulus. Leben und Denken*, Berlin/Boston, 2014(2판), 17 Baur, F.Chr, "Über Zweck und Veranlassung des Römerbriefes und die damit zusammenhängenden Verhätnisse der römischen Gemeinde", in: ders, *Ausgewählte Werke I*, hg. v. Scholder, K, Stuttgart, 19639=1836), pp.147-266.

18   Wedderburn, A.J.M, *The Reasons for Romans*, Edinburgh, 1988; Brändle, R./Stegemann, E, "Die Entstehung der ersten 'christlichen Gemeinde' Roms im Kontext der jüdischen Gemeinde", NTS 42

(1996), pp.1-11.

19 Theobald, M, *Der Römerbrief*, EdF 294, Darmstadt, 2000, pp.27-42; Reichert, A, *Der Römerbrief als Gratwanderung*, FRLANT 194, Göttingen, 2001, pp.13-75.

20 Klein, G, "Der Abfassungszweck des Römerbriefes", in: Ders, *Rekonstruktion und Interpretation*, BEvTh 50, München, 1969, pp.129-144.

21 Bornkamm, G, "Der Römerbrief als Testament des Paulus", in: Ders, *Geschichte und Glaube II*, BevTh 53, München, 1971, pp.120-139, pp.136-139; Wilckens, U, *"Über Abfassungszweck und Aufbau des Römerbriefes"*, in: Ders, *Rechtfertigung als Freiheit*, Neukirchen, 1974, pp.110-170.

22 Haacker, K, "Der Römerbrief als Friedensmemorandum", NTS 36 (1990), pp.25-41, p.36.

23 Lohse, E, "Summa Evangelii - zu Veranlassung und Thematik des Römerbriefes", NAWG.PH 3 (1993), pp.91-119, p.113.

24 Jewett, R, *Romans*, Minneapolis, 2007, p.44.

25 Aus, R.D, "Paul's Travel Plans to Spain and the 'Full Number of the Gentiles' of Rom XI.25", NT 21 (1979), pp.232-262.

26 Philhofer, P, "Städtische Wurzeln des frühen Christentums", ThPQ 161 (2013), pp.158-165.

27 Hartwig, Ch./Theissen, G, "Die korintische Gemeinde als Nebenadressat des Römerbriefes", NovT 46 (2004), pp.229-252, p.250; Esler, Ph.F, *Conflict and Identity in Romans. The Social Setting of Paul's Letter*, Philadelphia, 2003.

28 Schnelle, U, *Paulus. Leben und Denken*, Berlin/Boston, 2014(2판),

p.323.

29 Hofius, O, "Paulus - Missionar und Theolog", in: Ders, *Paulusstudien II*, WUNT 143, Tübingen, 2002, pp.1-16.

30 Alkier, St, *Wunder und Wirklichkeit in den Briefen des Apostel Paulus*, WUNT 134, Tübingen, 2001, p.263.

31 Wilckens, U, *Der Brief an die Römer*, EKK VI/3, Neukirchen, 1982. p.119.

32 Schnelle, U, *Paulus. Leben und Denken*, Berlin/Boston, 2014(2판), p.326, 주30.

333 Wilckens, U, *Der Brief an die Römer*, EKK VI/1, Neukirchen, 1978, p.84.

34 Schnelle, U, *Paulus. Leben und Denken*, Berlin/Boston, 2014(2판), p.327.

35 Bornkamm, G, "Die Offenbarung des Zornes Gottes", in: Ders, *Das Ende des Gesetzes*, BEvTh 16, München 1963(4판), pp.9-33; Bussmann, C, *Themen der paulinischen Missionspredigt auf dem Hintergrund der spätjüdisch-hellenistischen Missionsliteratur*, EHS. T 3, Bern/Frankfurt, 1971, pp.108-122.

36 Hübner, H, *Biblische Theologie des Neuen Testament II: Die Theologie des Paulus*, Göttingen, 1993, p.63.

37 Käsemann, E, *An die Römer*, HNT 8a, Tübingen, 1980(4판), p.39.

38 Schnelle, U, *Neutestamentliche Anthropologie. Jesus - Paulus - Johannes*, BThSt 18, Neukirchen, 1991, p.44.

39 Sanders, E.P, *Paul. The Apostle's Life, Letters, and Thought*, Minneapolis, 2015, p.747.

40 Sanders, E.P, *Paul. The Apostle's Life, Letters, and Thought*,

Minneapolis, 2015, pp.346-368, pp.746-747.

41   Cantarella, E, *Bisexuality in the Ancient World*, New haven, 1992, p.155.

42   Dover, K.J, *Greek Homosexuality*, Cambridge, 1978,p.3.

43   Cantarella, E, *Bisexuality in the Ancient World*, New haven, 1992, p.98.

44   Sanders, E.P, Paul. *The Apostle's Life, Letters, and Thought*, Minneapolis, 2015, p.728.

45   Hubbard, T.K, (ed.), *Homosexuality in Greece and Rome: A Sourcebook of basic Documents*, Berkeley, 2003, p.267.

46   Wilckens, U, *Der Brief an die Römer*, EKK VI/1, Neukirchen, 1978, pp.127-131.

47   솔로몬 시편 2:16-18.

48   Bultmann, R, *Theologie des Neuen Testaments*, Merk, O. (Hg.), Tübingen, 1984(9판), p.264.

49   Conzelmann, H, *Grundriss der Theologie des Neuen Testaments*, Tübingen, 1987(4판), p.275.

50   Wilckens, U, *Der Brief an die Römer*, EKK VI/1, Neukirchen, 1978, p.145.

51   Aristoteles, *Ethica Nicomachia* 1128a; Politica 1284a.

52   Wilckens, U, *Der Brief an die Römer*, EKK VI/1, Neukirchen, 1978, p.157.

53   Hübner, H, *Biblische Theologie des Neuen Testament II: Die Theologie des Paulus*, Göttingen, 1993, pp.272-274.

54   Schnelle, U, *Paulus. Leben und Denken*, Berlin/Boston, 2014(2판), p.332.

55   Bieringer, R, "Sünde und Gerechtigkeit in 2 Korinther 5:21", in:
Bieringer, R./Lambrecht, J, *Studies on 2 Corinthians*, BETL CXII,
Leuven, 1994, pp.461-514, pp.494-501; Seifrid, M.A, *Justification by
faith*, NT.S 68, Leiden, 1992, pp.1-75; Theobald, M, *Der Römerbrief*,
EdF 294, Darmstadt, 2000, pp.206-212.

56   Bultmann, R, *Theologie des Neuen Testaments*, Merk, O. (Hg.),
Tübingen, 1984(9판), p.285.

57   Bultmann, R, *Theologie des Neuen Testaments*, Merk, O. (Hg.),
Tübingen, 1984(9판), p.272.

58   Conzelmann, H, *Grundriss der Theologie des Neuen Testaments*,
Tübingen, 1987(4판), p.244.

59   Käsemann, E, "Gottesgerechtigkeit bei Paulus", in: Ders, *Exegetische
Versuche und Besinnungen II*, Göttingen, 1970(3판), pp.181-193,
p.185; Stuhlmacher, P, *Gerechtigkeit Gottes bei Paulus*, FRLANT 87,
Göttingen, 1966(2판), 73; Stuhlmacher, P, *Der Brief an die Römer*,
NTD 6, Göttingen, 1989, pp.30-33.

60   Käsemann, E, "Gottesgerechtigkeit bei Paulus", in: Ders, *Exegetische
Versuche und Besinnungen II*, Göttingen, 1970(3판), pp.181-193,
p.188.

61   Hossfeld, F.-L, "Gedanken zum alttestamentlichen Vorfeld
paulinischer Rechtfertigungslehre", in: Söding, Th, (Hg.), *Worum geht
es in der Rechtfertigungslehre?*, QD 180, Freiburg, 1999, pp.13-26.

62   1QS 10,25; 1QM 4,6; Seifrid, M.A, *Justification by faith*, NT.S 68,
Leiden, 1992, pp.78-133, p.133.

63   Becker, J, *Paulus. Der Apostel der Völker*, Tübingen, 1989, p.388;
Schnelle, U, *Gerechtigkeit und Christusgegenwart. Vorpaulinische*

und paulinische Tauftheologie, GTA 24, Göttingen, 1986(2판), pp.93-96, pp.217-219.

64   Braun, H, *Qumran und das NT II*, Tübingen, 1966, p.166; Fitzmyer, J.A, "Paul and the Dead Sea Scrolls", in: Flint, P.W./Vanderkam, J.C, (Hg.), *The Dead Sea Scrolls After Fifty Years II*, Leiden, 1999, pp.599-621.

65   Thyen, H, *Studien zur Sündenvergebung im Neuen Testament*, FRLANT 96, Göttingen, 1970, p.57; Lohse, E, "Die Gerechtigkeit Gottes in der paulinischen Theologie", in: Ders, *Die Einheit des Neuen Testaments. Gesammelte Aufsätzte*, Göttingen, 1973, pp.209-227, p.216.

66   Stuhlmacher, P, *Gerechtigkeit Gottes bei Paulus*, FRLANT 87, Göttingen, 1966(2판), p.148.

67   Schnelle, U, *Paulus. Leben und Denken*, Berlin/Boston, 2014(2판), p.334, 주59; Stegemann, H, "Die Bedeutung der Qumranfunde für die Erforschung der Apokalyptik", in: Hellholm, D, (Hg.), *Apokalypticism in the Mediterranean World and the Ancient Near East*, Tübingen, 1983, pp.495-530.

68   Bultmann, R, *Theologie des Neuen Testaments*, Merk, O. (Hg.), Tübingen, 1984(9판), p.278; Cranfield, C.E.B, *The Epistle to the Romans I*, ICC, Edinburgh, 1975, p.97; Theobald, M, *Der Römerbrief*, EdF 294, Darmstadt, 2000, p.207)

69   Stuhlmacher, P, *Gerechtigkeit Gottes bei Paulus*, FRLANT 87, Göttingen, 1966(2판), pp.78-84.

70   Zeller, D, *Der Brief an die Römer*, RNT, Regensburg, 1985, p.78.

71   Schnelle, U, *Gerechtigkeit und Christusgegenwart. Vorpaulinische*

und paulinische Tauftheologie, GTA 24, Göttingen, 1986(2판), pp.67-72, p.197-201.

72   Gaukesbrink, M, *Die Sühnetradition bei Paulus*, fzB 82, Würzburg, 1999, p.283.

73   Schnelle, U, *Paulus. Leben und Denken*, Berlin/Boston, 2014(2판), p.481.

74   Schnelle, U, *Gerechtigkeit und Christusgegenwart. Vorpaulinische und paulinische Tauftheologie*, GTA 24, Göttingen, 1986(2판), p.68.

75   Breytenbach, C, Art. "Sühne", TBLNT 2, Neukirchen-Vluyn u.a., 2000(2판), pp.1685-1693, p.1686.

76   Kraus, W, *Der Tod Jesu als Heiligtumsweihe*, WMANT 66, Neukirchen, 1991, pp.1-9.

77   Wilckens, U, *Der Brief an die Römer*, EKK VI/1, Neukirchen, 1978, p.193; Knöppler, Th, *Sühne im Neuen Testament*, WMANT 88, Neukirchen, 2001, pp.113-117; Gaukesbrink, M, *Die Sühnetradition bei Paulus*, fzB 82, Würzburg, 1999, pp.229-245.

78   Haacker, K, *Der Brief des Paulus an die Römer*, ThHK 6, Leipzig, 2012(4판), p.90; Lohse, E, *Märtyrer und Gottesknecht*, FRLANT 64, Göttingen, 1963(2판), p.151; 90; van Henten, J.W, "The Tradition-Historical Background of Romans 3:25: A Search for Pagan and Jewish Parallels", in: de Boer, m, (Hg.), *From Jesus to John (FS de Jonge, M,)*, JSNT.S 84, Sheffield, 1993, pp.101-128.

79   Kraus, W,, "Der Jom Kippur, der Tod Jesu und die 'Biblische Theologie'", JBTh 6 (1991), pp.155-172, p.158.

80   Schunck, K.-D, Art. "*Makkabäer/Makkabäerbücher*", TRE 21, Berlin/New York, 1991, pp.736-745, p.742.

81 Barth, G, *Der Tod Jesu Christi im Verständnis des Neuen Testaments*, Neukirchen, 1992, pp.38-41; Lietzmann, H, *An die Römer*, HNT 8, Tübingen, 1971(5판), p.49; Schnelle, U, *Gerechtigkeit und Christusgegenwart. Vorpaulinische und paulinische Tauftheologie*, GTA 24, Göttingen, 1986(2판), p.70.

82 Wilckens, U, *Der Brief an die Römer*, EKK VI/2, Neukirchen, 1980, p.220.

83 Stuhlmacher, P, *Gerechtigkeit Gottes bei Paulus*, FRLANT 87, Göttingen, 1966(2판), p.93.

84 Schnelle, U, *Paulus. Leben und Denken*, Berlin/Boston, 2014(2판), p.336.

85 Hübner, H, *Biblische Theologie des Neuen Testament I: Prolegomena*, Göttingen, 1990, p.177.

86 Schnelle, U, *Paulus. Leben und Denken*, Berlin/Boston, 2014(2판), p.337.

87 Räisänen, H, "Sprachliches zum Spiel des Paulus mit Nomos", in: *Glaube und Gerechtigkeit (FS Gyllenberg, R.)*, SFEG 38, Helsinki, 1983, pp.134-149.

88 Haacker, K, *Der Brief des Paulus an die Römer*, ThHK 6, Leipzig, 2012(4판), p.93.

89 Schnelle, U, *Paulus. Leben und Denken*, Berlin/Boston, 2014(2판), p.338.

90 Hübner, H, *Biblische Theologie des Neuen Testament II: Die Theologie des Paulus*, Göttingen, 1993, p.287.

91 Hübner, H, *Das Gesetz bei Paulus. Ein Beitrag zum Werden der paulinischen Theologie*, FRLANT 119, Göttingen, 1982(3판), p.78.

92   Koch, D. A., *Die Schrift als Zeuge des Evangeliums*, BHTh 69, Tübingen, 1986, p.341.

93   Schweitzer, A, *Die Mystik des Apostels Paulus*, Tübingen, 1954(2판), p.204.

94   Käsemann, E, "Der Glaube Abrahams in Römer 4", in: Ders, *Paulinische Perspektiven*, Tübingen, 1972(2판), pp.140-177, p.140.

95   Berger, K, Art. "Abraham", TRE 1, Berlin/New York, 1977, pp.372-388.

96   syrBar 57:2; TestBen 10:4.

97   PsSal 9:2-7; 13:5-12; 14.

98   Schnelle, U, *Paulus. Leben und Denken*, Berlin/Boston, 2014(2판), p.341.

99   Neubrand, M, *Abraham-Vater von Juden und Nichtjuden. Eine exegetische Studie zu Röm 4*, fzB 85, Würzburg, 1997, p.293.

100   Hübner, H, *Das Gesetz bei Paulus. Ein Beitrag zum Werden der paulinischen Theologie*, FRLANT 119, Göttingen, 1982(3판), pp.16-21, pp.44-53; Sass, G, *Leben aus den Verheissungen*, FRLANT 164, Göttingen, 1995, p.370.

101   Wilckens, U, *Der Brief an die Römer*, EKK VI/1, Neukirchen, 1978, p.272.

102   Jewett, R., *Romans: A Commentary, Hermeneia*, Minneapolis, 2006, p.331; Neubrand, M, *Abraham-Vater von Juden und Nichtjuden. Eine exegetische Studie zu Röm 4*, fzB 85, Würzburg 1997, 270; Schlier, H., *Der Römerbrief*, HKNT 6, Freiburg, 1977(2판), p.131.

103   Hultgren, A. J., *Paul's Letter to the Romans*, Gran Rapids/Cambridge, 2011, p.186; Mussner, F, "Wer ist 'Der ganze Samen' in Röm 4:16",

in: *Begegnungen mit dem Wort (FS Zimmermann, H.)*, BBB 53, Bonn, 1980, pp.213-217; Wolter, M, *Der Brief an die Römer*, EKK VI/1, Neukirchen-Vluyn, 2014, p.301.

104 Käsemann, E., *An die Römer*, HNT 8, Tübingen, 1974(2판), p.114; Haacker, K., *Der Brief des Paulus an die Römer*, ThHK 6, Leipzig, 2012(4판), p.127; Lohse, E., *Der Brief an Die Römer*, KEK, Göttingen, 2003, p.155.

105 Sass G, *Leben aus den Verheissungen*, FRLANT 164, Göttingen, 1995, pp.22-24, pp.508-510.

106 Luz, U, *Das Geschichtsverständnis des Paulus*, BEvTh 49, München, 1968, pp.113-116.

107 Alkier, St, *Wunder und Wirklichkeit in den Briefen des Apostel Paulus*, WUNT 134, Tübingen, 2001, p.273.

108 Hübner, H, *Biblische Theologie des Neuen Testament II: Die Theologie des Paulus*, Göttingen, 1993, p.344; Koch, D. A., *Die Schrift als Zeuge des Evangeliums*, BHTh 69, Tübingen, 1986, p.348.

109 Luz, U, "Zum Aufbau von Röm. 1-8", ThZ 25 (1969), pp.161-181; Theobald, M, *Der Römerbrief*, EdF 294, Darmstadt, 2000, pp.42-47.

110 Schnelle, U, *Paulus. Leben und Denken*, Berlin/Boston, 2014(2판), p.343, 주92.

111 Wolter, M., *Der Brief an die Römer: Teilband 1: Röm 1-8*, EKK VI/1, Neukirchen-Vluyn, 2014, pp.69-71.

112 Wilckens, U., *Der Brief an die Römer*, EKK, Bd 6/1, Zürich/Neukirchen-Vluyn, 1978, pp.305-337; Wolter, M., *Der Brief an die Römer: Teilband 1: Röm 1-8*, EKK VI/1, Neukirchen-Vluyn, 2014, pp.341-363.

113 Umbach, H, *In Christus getauft-von der Sünde befreit. Die Gemeinde als sündenfreier Raum bei Paulus*, FRLANT 181, Göttingen, 1999, p.197.

114 Bultmann, R, *Theologie des Neuen Testaments*, Merk, O. (Hg.), Tübingen, 1984(9판), p.251; Lohse, E., *Der Brief an Die Römer*, KEK, Göttingen, 2003, p.174.

115 Jewett, R., *Romans: A Commentary*, Hermeneia, Minneapolis, 2006, p.376.

116 Käsemann, E., *An die Römer*, HNT 8, Tübingen, 1974(2판), p.139.

117 Hofius, O, "Die Adam-Christus-Antithese und das Gesetz. Erwägungen zu Röm 5:12-21", in: Ders, *Paulusstudien II*, WUNT 143, Tübingen, 2002, pp.62-103, p.81.

118 Käsemann, E., *An die Römer*, HNT 8, Tübingen, 1974(2판), p.134.

119 Umbach, H, *In Christus getauft-von der Sünde befreit. Die Gemeinde als sündenfreier Raum bei Paulus*, FRLANT 181, Göttingen, 1999, p.203.

120 Hofius, O, "Die Adam-Christus-Antithese und das Gesetz. Erwägungen zu Röm 5:12-21", in: Ders, *Paulusstudien II*, WUNT 143, Tübingen, 2002, pp.62-103, pp.89-102.

121 Schnackenburg, R, "Die Adam-Christus-Typologie (Röm 5:12-21) als Voraussetzung für das Taufverständnis in Röm 6:1-14", in: De Lorenzi, L, (Hg.), *Battesimo e Giustizia in Rom 6 e 8*, SMBen 2, Rom 1974, pp.37-55.

122 Schnelle, U, *Gerechtigkeit und Christusgegenwart. Vorpaulinische und paulinische Tauftheologie*, GTA 24, Göttingen, 1986(2판), pp.74-88, pp.203-215; Strecker, G, *Die liminale Theologie des Paulus*,

FRLANT 185, Göttingen, 1999, pp.177-189.

123 Eckstein, H.-J, "Auferstehung und gegenwärtiges Leben nach Röm 6;1-11", ThBeitr 28 (1997), pp.8-23, p.15.

124 Käsemann, E., *An die Römer*, HNT 8, Tübingen, 1974(2판), p.157; Lietzmann, H., *An die Römer*, HNT 8, Tübingen, 1971(5판), p.67.

125 Dinkler, E, "Römer 6:1-14 und das Verhältnis von Taufe und Rechtfertigung bei Paulus", in: De Lorenzi, L, (Hg.), *Battesimo e Giustizia in Rom 6 e 8*, SMBen 2, Rom, 1974, pp.83-126, p.87; Käsemann, E., *An die Römer*, HNT 8, Tübingen, 1974(2판), p.156.

126 Bultmann, R, *Theologie des Neuen Testaments*, Merk, O. (Hg.), Tübingen, 1984(9판), p.143.

127 Grässer, E, "Kolosser 3:1-4 als Beispiel einer Interpretation secundum homines recipientes", in: Ders, *Text und Situation*, Gütersloh, 1973, pp.123-151, p.129.

128 Umbach, H, *In Christus getauft-von der Sünde befreit. Die Gemeinde als sündenfreier Raum bei Paulus*, FRLANT 181, Göttingen, 1999, p.247.

129 Bultmann, R, *Theologie des Neuen Testaments*, Merk, O. (Hg.), Tübingen, 1984(9판), p.142; Zeller, D, "Die Mysterienreligionen und die paulinische Soteriologie", in: Siller, H.P, (Hg.), *Suchbewegungen*, Darmstadt, 1991, pp.42-61.

130 Wedderburn, A.J.M, *Baptism and Resurrection*, WUNT 44, Tübingen, 1987, pp.90-163.

131 Schnelle, U, *Gerechtigkeit und Christusgegenwart. Vorpaulinische und paulinische Tauftheologie*, GTA 24, Göttingen, 1986(2판), pp.78-81.

132 Dunn, J.D.G, *The Theology of Paul the Apostle*, Grand Rapids/ Cambridge, 1998, p.446, 451.

133 Schnelle, U, *Gerechtigkeit und Christusgegenwart. Vorpaulinische und paulinische Tauftheologie*, GTA 24, Göttingen, 1986(2판), pp.81-83.

134 Umbach, H, *In Christus getauft-von der Sünde befreit. Die Gemeinde als sündenfreier Raum bei Paulus*, FRLANT 181, Göttingen, 1999, p.250.

135 Schnelle, U, *Paulus. Leben und Denken*, Berlin/Boston, 2014(2판), p.351.

136 Hofius, O, "Der Mensch im Schatten Adams", in: Ders, *Paulusstudien II*, WUNT 143, Tübingen, 2002, pp.104-154, pp.107-110; Wilckens, U., *Der Brief an die Römer*, EKK, Bd 6/2, Zürich/ Neukirchen-Vluyn, 1980, pp.62-67; Wolter, M., *Der Brief an die Römer: Teilband 1: Röm 1-8*, EKK VI/1, Neukirchen-Vluyn, 2014, pp.408-417.

137 Umbach, H, *In Christus getauft-von der Sünde befreit. Die Gemeinde als sündenfreier Raum bei Paulus*, FRLANT 181, Göttingen, 1999, p.270.

138 Hübner, H, *Das Gesetz bei Paulus. Ein Beitrag zum Werden der paulinischen Theologie*, FRLANT 119, Göttingen, 1982(3판), pp.63-65.

139 Luz, U, *Das Geschichtsverständnis des Paulus*, BEvTh 49, München, 1968, p.166.

140 Weber, R, "Die Geschichte des Gesetzes und des Ich in 7:7-8:4", NZSTh 29 (1987), pp.147-179, p.154.

141 Diogenes Laertius 7, p.113.

142 Weber, R, "Die Geschichte des Gesetzes und des Ich in 7:7-8:4",
     NZSTh 29 (1987), pp.147-179, p.157; Hofius, O, "Der Mensch im
     Schatten Adams", in: Ders, *Paulusstudien II*, WUNT 143, Tübingen,
     2002, pp.104-154, pp.110-121.

143 Hübner, H, *Das Gesetz bei Paulus. Ein Beitrag zum Werden der
     paulinischen Theologie*, FRLANT 119, Göttingen, 1982(3판), pp.67-
     69; Weber, R, "Die Geschichte des Gesetzes und des Ich in 7:7-8:4",
     NZSTh 29 (1987), pp.147-179, pp.155-157.

144 Hofius, O, "Der Mensch im Schatten Adams", in: Ders, *Paulusstudien
     II*, WUNT 143, Tübingen, 2002, pp.104-154, pp.135-152; Stolle, V,
     Luther und Paulus, ABG 10, Leipzig, 2002, pp.210-232.

145 v. Bendemann, R, "Die kritische Diastase von Wissen, Wollen,
     Handeln", ZNW 95 (2004), pp.35-63; Wassermannn, E, "The Death
     of the Soul in Romans 7: Revisiting Paul's Anthropology in Light of
     Hellenistic Moral psychology, JBL 126 (2007), pp.793-816; Schröter,
     J, "Der Mensch zwischen Wollen und Tun", in: Klumbies, P.-G,/
     du Toit, D.S, (Hg.), *Paulus-Werk und Wirkung (FS Lindemann, A.)*,
     Tübingen, 2013, pp.195-223, pp.214-218.

146 Kertelge, K, "Exegetische Versuche Überlegungen zum Verständnis
     der paulinischen Anthropologie nach Röm 7", ZNW 62 (1971),
     pp.105-114, p.105.

147 Wilckens, U., *Der Brief an die Römer*, EKK, Bd 6/2, Zürich/
     Neukirchen-Vluyn, 1980, p.75.

148 Weber, R, "Die Geschichte des Gesetzes und des Ich in 7:7-8:4",
     NZSTh 29 (1987), pp.147-179, p.149.

149 Kümmel, W.G, *Römer 7 und das Bild des Menschen im Neuen*

Testament. Zwei Studien, TB 53, München, 1974, pp.127-131;

Theissen, G, *Psychologische Aspekte paulinischer Theologie*, FRLANT 131, Göttingen, 1983, pp.194-204.

150 1QH 1,21; 1QS 11,9

151 Kümmel, W.G, *Römer 7 und das Bild des Menschen im Neuen Testament. Zwei Studien*, TB 53, München, 1974, p.74.

152 Althaus, P, *Paulus und Luther*, Gütersloh, 1951(2판), p.39.

153 Euripides, *Medea* 1077-1080; Plato, *Pol* 9,577e; Hommel, H, "Das 7. Kapitel des Römerbriefes im Lichte antiker Überlieferung", in: Ders, *Sebasmata II*, WUNT 32, Tübingen, 1984, pp.141-173, pp.157-164.

154 1QS 4,20; 11,5.

155 v. Bendemann, R, "Die kritische Diastase von Wissen, Wollen, Handeln", ZNW 95 (2004), pp.35-63, p.62.

156 Laato, T, *Paulus und das Judentum*, Åbo, 1991, p.163.

157 Zeller, D., *Der Brief an die Römer*, RNT, Regensburg, 1985, p.142; Hofius, O, "Der Mensch im Schatten Adams", in: Ders, *Paulusstudien II*, WUNT 143, Tübingen, 2002, pp.104-154, p.142.

158 Weber, R, "Die Geschichte des Gesetzes und des Ich in 7:7-8:4", NZSTh 29 (1987), pp.147-179, p.160.

159 Schmithals, W, *Die theologische Anthropologie des Paulus*, Stuttgart, 1980, p.66.

160 Schnelle, U, *Paulus. Leben und Denken*, Berlin/Boston, 2014(2판), p.359.

161 Wilckens, U., *Der Brief an die Römer*, EKK, Bd 6/2, Zürich/Neukirchen-Vluyn, 1980, p.90.

162 Weber, R, "Die Geschichte des Gesetzes und des Ich in 7:7-8:4",

NZSTh 29 (1987), pp.147-179, p.159.

163 Epiktet, *Diss I* 28,8.

164 Stuhlmacher, P., *Der Brief an die Römer*, NTD 6, Göttingen, 1998(2판), p.104.

165 Schnelle, U, *Paulus. Leben und Denken*, Berlin/Boston, 2014(2판), p.360, 주149.

166 Wilckens, U., Der Brief an die Römer, EKK, Bd 6/2, Zürich/ Neukirchen-Vluyn, 1980, p.122; Hübner, H, *Das Gesetz bei Paulus. Ein Beitrag zum Werden der paulinischen Theologie*, FRLANT 119, Göttingen, 1982(3판), p.125.

167 Käsemann, E., *An die Römer*, HNT 8, Tübingen, 1974(2판), p.207; Räisänen, H, "Das 'Gesetz des Glaubens'(Röm 3:27) und das 'Gesetz des Geistes'(Röm 8:2)", NTS 26 (1980), pp.101-117, p.113; Luz, U./ Smend, R, *Gesetz*, Stuttgart, 1981, p.104.

168 Paulsen, H, *Überlieferung und Auslegung in Römer 8*, Neukirchen, 1974, p.65.

169 Schmithals, W, *Die theologische Anthropologie des Paulus*, Stuttgart, 1980, p.104; Umbach, H, *In Christus getauft-von der Sünde befreit. Die Gemeinde als sündenfreier Raum bei Paulus*, FRLANT 181, Göttingen, 1999, pp.293-298.

170 Frey, J, "Die paulinische Antithese von 'Fleisch' und 'Geist' und die palästinisch-jüdische Weisheitstradition", ZNW 90 (1999), pp.45-77.

171 Paulsen, H, *Überlieferung und Auslegung in Römer 8*, Neukirchen, 1974, p.46.

172 Schnelle, U, *Paulus. Leben und Denken*, Berlin/Boston, 2014(2판), p.363.

173   Schnelle, U, *Paulus. Leben und Denken*, Berlin/Boston, 2014(2판), p.364, 주160.

174   Käsemann, E., *An die Römer*, HNT 8, Tübingen, 1974(2판), p.224; Lohse, E., *Der Brief an Die Römer*, KEK, Göttingen, 2003, p.246.

175   Dunn, J. D. G., *Romans I*, WBC 38A, Dallas, 1988, p.469; Jewett, R., *Romans: A Commentary*, Hermeneia, Minneapolis, 2006, p.511.

176   Vergil, *1.Ekloge* 43, 53, 65.

177   v. d. Osten-Sacken, P, *Römer 8 als Beispiel paulinischer Soteriologie*, FRLANT 112, Göttingen, 1975, pp.124-128.

178   Schnelle, U, *Paulus. Leben und Denken*, Berlin/Boston, 2014(2판), p.365.

179   Theobald, M, *Der Römerbrief*, EdF 294, Darmstadt, 2000, p.149.

180   Luz, U, *Das Geschichtsverständnis des Paulus*, BEvTh 49, München, 1968, p.36; Theobald, M, *Der Römerbrief*, EdF 294, Darmstadt, 2000, p.160.

181   Sänger, D, *Die Verkündigung des Gekreuzigten und Israel*, WUNT 75, Tübingen, 1994, pp.95-151; Kraus, W, *Das Volk Gottes*, WUNT 85, Tübingen, 1996, pp.272-290; Reichert, A, *Der Römerbrief als Gratwanderung*, FRLANT 194, Göttingen, 2001, pp.149-166.

182   Schnelle, U, *Paulus. Leben und Denken*, Berlin/Boston, 2014(2판), p.368.

183   Wolter, M., *Der Brief an die Römer: Teilband 2: Röm 9-16*, EKK VI/2, Neukirchen-Vluyn, 2019, p.49.

184   Luz, U, "Zum Aufbau von Röm. 1-8", ThZ 25 (1969), pp.161-181, p.169.

185   Wilckens, U., *Der Brief an die Römer*, EKK, Bd 6/1-3, Zürich/

Neukirchen-Vluyn, 1978, p.161.

186 Hübner, H, *Gottes Ich und Israel*, FRLANT 136, Göttingen, 1984, p.17.

187 Roloff, J, *Die Kirche im Neuen Testament*, GNT 10, Göttingen, 1993, p.127; Kraus, W, *Das Volk Gottes*, WUNT 85, Tübingen, 1996, p.298)

188 Michel, O., *Der Brief an die Römer*, KEK 4, Göttingen, 1978(5판), p.307.

189 Maier, J, *Mensch und freier Wille*, WUNT 12, Tübingen, 1971, p.337.

190 Bultmann, R, *Theologie des Neuen Testaments*, Merk, O. (Hg.), Tübingen, 1984(9판), p.264; Käsemann, E., *An die Römer*, HNT 8, Tübingen, 1974(2판), p.273; Räisänen, H, *Paul and the Law*, WUNT 29, Tübingen, 1987(2판), p.56)

191 Despotis, A, *Die "New Perspective on Paul" und die griechisch-orthodoxe Paulusinterpretation*, VIOT 11, Sankt Ottilien 2014, pp.334-338; Irons, Ch.L, "The Object of the Law is realized in Christ: Romans 10:4 and Paul's Justification Teaching", JStPL 6 (2016), pp.33-54; Wolter, M., *Der Brief an die Römer: Teilband 2: Röm 9-16*, EKK, Neukirchen-Vluyn, 2019, p.108.

192 WA 56, 99, 5-6.

193 215, 24-26

194 Kundert, L, "Christus als Inkorporation der Tora. τέλος γὰϱ νόμου Χϱιστὸς. Röm 10:4 vor dem Hintergrund einer erstaunlichen rabbinischen Argumentation", ThZ 55 (1999), pp.76-89; Oegema, G.S, "Versöhnung ohne Vollendung? Römer 10:4 und die Tora der messinischen Zeit", in: Avemarie, F./Lichtenberger, H, (Hg.), *Bund und Tora*, WUNT 92, Tübingen, 1996, pp.229-261.

195 Haacker, K., "'Ende des Gesetzes' und kein Ende? Zur Diskussion

über τέλος νόμου in Röm 10:4", in: *Ja und Nein. Christliche Theologie im Angesicht Israels.* (FS Schrage, W), Neukirchen-Vluyn, 1998, pp.127-138; Reinbold, W, "Das Ziel des Gesetzes nach Röm 10:4-13", in: Doering, L, u.a. (Hg.), *Judaistik und neutestamentliche Wissenschaft*, FRLANT 226, Göttingen, 2008, pp.297-312; Theissen, G,/v. Gemünden, *Der Römerbrief. Rechenschaft eines Reformators*, Göttingen, 2016, p.333.

196 Burchard, Ch, *Studien zur Theologie, Sprache und Umwelt des Neuen Testaments*, WUNT 107, Tübingen, 1998, p.257; Theobald, M, *Studien zum Römerbrief*, WUNT 136, Tübingen, 2001, p.218.

197 Bultmann, R., "Christus des Gesetzes Ende", in: ders., *Glauben und Verstehen II*, 1968(5판), pp.32-58, p.48; Heil, J.P, "Christ, the Termination of the Law(Romans 9:30-10:8)", CBQ 63 (2001), pp.484-498; Käsemann, E., *An die Römer*, HNT 8, Tübingen, 1974(2판), p.273.

198 Hofius, O., *Paulusstudien I*, WUNT 51, Tübingen, 1994, p.64; Wilckens, U., *Der Brief an die Römer*, EKK, Bd 6/2, Zürich/ Neukirchen-Vluyn, 1980, p.222.

199 Bultmann, R., "Christus des Gesetzes Ende", in: ders., *Glauben und Verstehen II*, 1968(5판), pp.32-58, p.48.

200 Hofius, O., *Paulusstudien I*, WUNT 51, Tübingen, 1994, p.65.

201 Wilckens, U., *Der Brief an die Römer*, EKK, Bd 6/2, Zürich/ Neukirchen-Vluyn, 1980, p.223.

202 Dunn, J. D. G., *Romans II*, WBC 38B, Dallas, 1988, p.589; Jolivet, I, "Christ the τέλος in Romans 10:4 as Both Fulfillment and Termination of the Law", RestQ 51 (2009), pp.13-30.

203 Gignac, A, "Le Christ, τέλος de la loi(Rm 10:4)", ScE 46 (1994), pp.55-

81, p.57.

204 Cranfield, C. E. B., *Romans II*, ICC, Edinburgh, 2004(=1975), p.515.

205 Burchard, Ch, *Studien zur Theologie, Sprache und Umwelt des Neuen Testaments*, WUNT 107, Tübingen, 1998, pp.254-262.

206 Avemarie, F, "Israels rätselhafter Ungehorsam. Römer 10 als Anatomie eines von Gott provozierten Unglaubens", in: Wilk, F./ Wagner, J.R, (ed.), *Between Gospel and Election. Explorations in the Interpretation of Romans 9-11*, WUNT 257, Tübingen, 2010, pp.299-320, p.309; Haacker, K., *Der Brief des Paulus an die Römer*, ThHK 6, Leipzig, 2012(4판), p.248; Theobald, M, *Studien zum Römerbrief*, WUNT 136, Tübingen, 2001, p.215.

207 Hofius, O., "Zu Römer 10:4; τέλος γὰρ νόμου Χριστὸς", in: ders., *Exegetische Studien*, WUNT 223, Tübingen, 2008, pp.95-101.

208 Burchard, Ch, *Studien zur Theologie, Sprache und Umwelt des Neuen Testaments*, WUNT 107, Tübingen, 1998, pp.254-262, p.255.

209 Wolter, M., *Der Brief an die Römer: Teilband 2: Röm 9-16*, EKK, Neukirchen-Vluyn, 2019, p.112.

210 Wolter, M., *Der Brief an die Römer: Teilband 1: Röm 1-8*, EKK, Neukirchen-Vluyn, 2014, pp.117, p.271.

211 Sanders, E.P., *Paul and Palestinian Judaism*, London, 1977, p.552.

212 Räisänen, H, "Römer 9-11: Analyse eines geistigen Rings", ANRW 25.4, Berlin/New York, 1987, pp.2891-2939, p.2910.

213 Wilckens, U., *Der Brief an die Römer*, EKK, Bd 6/2, Zürich/ Neukirchen-Vluyn, 1980, p.238.

214 Reichert, A, *Der Römerbrief als Gratwanderung*, FRLANT 194, Göttingen, 2001, p.200.

215 Räisänen, H, "Römer 9-11: Analyse eines geistigen Rings", ANRW 25.4, Berlin/New York, 1987, pp.2891-2939, p.2913.

216 Schnelle, U, *Paulus. Leben und Denken*, Berlin/Boston, 2014(2판), p.374.

217 Wolter, M., *Der Brief an die Römer: Teilband 2: Röm 9-16*, EKK, Neukirchen-Vluyn, 2019, p.174.

218 Käsemann, E., *An die Römer*, HNT 8, Tübingen, 1974(2판), p.299; Räisänen, H, "Römer 9-11: Analyse eines geistigen Rings", ANRW 25.4, Berlin/New York, 1987, pp.2891-2939, p.2914.

219 Hübner, H, *Gottes Ich und Israel*, FRLANT 136, Göttingen, 1984, p.110; Hofius, O, "Das Evangelium und Israel", in: Ders, *Paulusstudien I*, WUNT 51, Tübingen, 1989, pp.175-202, p.192.

220 Green, P.S, "A Revision of Olea L.(Oleaceae)", Kew Bulletin 57 (2002), pp.91-140.

221 Wilckens, U., *Der Brief an die Römer*, EKK, Bd 6/2, Zürich/ Neukirchen-Vluyn, 1980, 246; Mussner, F, *Die Kraft der Wurzel*, SBB 13, Freiburg u.a., 1989(2판), p.154.

222 Barth, K., *Kirchliche Dogmatik, II/2. Die Lehre von Gott*, Zürich 1942, p.314; Neubrand, M./Seidel, J, "Eingepfropft in den edlen Ölbaum'(Röm 11:24): Der Ölbaum ist nicht Israel", BN 105 (2000), pp.61-76, p.70.

223 Walter, N, "Zur Interpretation von Römer 9-11", ZThK 81 (1984), pp.172-195, p.180; Windsor, L.J, *Paul and the Vocation of Israel*, BZNW 205, Berlin/Boston, 2014, p.52.

224 Schwindt, R, "Mehr Wurzel als Stam und Krone. Zur Bildrede vom Ölbaum in Röm 11:16-24", Bib.88 (2007), pp.64-91, p.82.

225 Fitzmyer, J. A., *Romans*, AncB 33, London/New York, 1993, p.610; Schreiner, Th. R., *Romans*, BECNT 6, Grand Rapids, 1998, p.605.

226 Neubrand, M./Seidel, J, "'Eingepfropft in den edlen Ölbaum'(Röm 11:24): Der Ölbaum ist nicht Israel", BN 105 (2000), pp.61-76, p.64; Theissen, G.,/v. Gemünden, *Der Römerbrief. Rechenschaft eines Reformators*, Göttingen, 2016, p.209.

227 Walter, N, "Zur Interpretation von Römer 9-11", ZThK 81 (1984), pp.172-195, p.180; Barclay, J.M.G, *Paul and the Gift*, Grand Rapids, 2015, p.550.

228 Starnitzke, D., *Die Struktur paulinischen Denkens im Römerbrief* BWANT 163, Stuttgart u.a., 2004, p.352; Wright, N.T, *Paul and the Faithfulness of God II*, Minneapolis, 2013, p.684.

229 Barrett, C.K., *The Epistle to the Romans*, BNTC, Grand Rapids, 2011, p.201; v. d. Osten-Sacken, P, *Evangelium und Tora. Aufsätze zu Paulus*, TB 77, München, 1987, p.303.

230 Zeigan, H, "Die Wurzel des Ölbaums(Röm 11:18)", PzB 15 (2006), pp.119-132, p.127.

231 Mussner, F, *Traktat über die Juden*, München, 1979, p.69; Klappert, B, "Traktat für Israel(Römer 9-11)", in: Stöhr, M. (Hg.), *Jüdische Existenz und die Erneuerung der christlichen Theologie*, ACJD 11, München, 1981, pp.58-137, p.92.

232 Haacker, K., *Der Brief des Paulus an die Römer*, ThHK 6, Leipzig, 2012(4판), p.278; Wolter, M., *Der Brief an die Römer: Teilband 2: Röm 9-16*, EKK, Neukirchen-Vluyn, 2019, p.184.

233 Dunn, J. D. G., *Romans II*, WBC 38B, Dallas, 1988, p.661; Jewett, R., *Romans: A Commentary*, Hermeneia, Minneapolis, 2006, p.685.

234 Schlier, H., *Der Römerbrief*, HKNT 6, Freiburg, 1977, p.333; Wolter, M., *Der Brief an die Römer: Teilband 2: Röm 9-16*, EKK, Neukirchen-Vluyn, 2019, p.185.

235 Mussner, F, "Wenn sie nicht im Unglauben verharren. Bemerkungen zu Röm 11:23", TThZ 111 (2002), pp.62-67, p.66; Müller, K, "Von der Last kanonischer Erinnerungen. Das Dilemma des Paulus angesichts der Frage nach Israels Rettung in Römer 9-11", in: *"Für alle Zeiten zur Erinnerung"(Jos 4:7) (FS Mussner, F)*, SBS 209, Stuttgart, 2006, pp.203-253, p.231.

236 Hofius, O., *Paulusstudien I*, WUNT 51, Tübingen, 1994, p.188; Sänger, D, *Die Verkündigung des Gekreuzigten und Israel*, WUNT 75, Tübingen, 1994, p.178.

237 Keller, W, *Gottes Treue - Israels Heil. Röm 11:25-27. Die These vom "Sonderweg" in der Diskussion*, SBB 40, Stuttgart, 1998, p.211.

238 Wolter, M., *Der Brief an die Römer: Teilband 2: Röm 9-16*, EKK, Neukirchen-Vluyn, 2019, p.196.

239 Wolter, M., *Der Brief an die Römer: Teilband 2: Röm 9-16*, EKK VI/2, Neukirchen-Vluyn 2019, 206-210)

240 Wilckens, U., *Der Brief an die Römer*, EKK, Bd 6/2, Zürich/ Neukirchen-Vluyn, 1980, p.256; Theobald, M, *Der Römerbrief*, EdF 241, Darmstadt, 2000, p.280.

242 Mussner, F, "Ganz Israel wird gerettet werden'(Röm 11:26)", Kairos 18 (1976), pp.241-255, p.241.

243 Theobald, M, *Der Römerbrief*, EdF 294, Darmstadt, 2000, p.278.

244 Hofius, O, "Das Evangelium und Israel", in: Ders, *Paulusstudien I*, WUNT 51, Tübingen, 1989, pp.175-202, p.197.

245 Schnelle, U, *Paulus. Leben und Denken*, Berlin/Boston, 2014(2판), p.376, 주205.

246 Hahn, F, "Zum Verständnis von Röm 11:26a; …und so wird ganz Israel geretter werden ", in: Hooker, M.D./Wilson, S.G, (Hg.), *Paul and Paulism (FS Barrett, C.K.)*, London, 1982, pp.221-236, p.229.

247 Käsemann, E., *An die Römer*, HNT 8, Tübingen, 1974(2판), p.295.

248 Dunn, J. D. G., *Romans II*, WBC 38B, Dallas, 1988, p.679; Theobald, M, *Der Römerbrief*, EdF 294, Darmstadt, 2000, p.279.

249 Zeller, D., *Der Brief an die Römer*, RNT, Regensburg, 1985, p.198; Müller, U.B, *Prophetie und Predigt im Neuen Testament*, StNT 10, Gütersloh, 1975, p.229.

250 Hübner, H., *Gottes Ich und Israel. Zum Schriftgebrauch des Paulus in Römer 9-11*, FRLANT 136, Göttingen, 1984, p.121; Sandnes, K.O, *Paul - One of the Prophets?*, WUNT II, 43, Tübingen, 1991, p.181.

251 Keller, W, "*Gottes Treue - Israels Heil. Röm 11:25-27. Die These vom :Sonderweg*" in der Diskussion, SBB 40, Stuttgart, 1998, p.124.

252 Käsemann, E., *An die Römer*, HNT 8, Tübingen, 1974(2판), p.303; Dunn, J. D. G., *Romans II*, WBC 38B, Dallas, 1988, p.680.

253 Wilckens, U., *Der Brief an die Römer*, EKK, Bd 6/2, Zürich/ Neukirchen-Vluyn, 1980, p.255; Hofius, O., *Paulusstudien I*, WUNT 51, Tübingen, 1994, p.191.

254 Jeremias, J, "Einige vorwiegend sprachliche Beobachtungen zu Röm 11:25-36 ", in: De Lorenzi, L. (Hg.), *Die Israelfrage nach Röm 9-11*, SMBen.BE 3, Rom, 1977, pp.193-216, 197; Wengst, K., "*Freut euch, ihr Völker, mit Gottes Volk!*": Israel und die Völker als Thema des Paulus - ein Gang durch den Römerbrief, Stuttgart, 2008, p.370.

255 Wolter, M., *Der Brief an die Römer: Teilband 2: Röm 9-16*, EKK, Neukirchen-Vluyn, 2019, p.206; Walter, N, "Zur Interpretation von Römer 9-11", ZThK 81 (1984), pp.172-195, p.185.

256 Barth, K., *Kirchliche Dogmatik, II/2. Die Lehre von Gott*, Zürich 1942, 330; Schnelle, U., "Der Römerbrief und die Aporien des paulinischen Denkens", in: Schnelle, U.,(ed.), *The Letter to the Romans*, BEThL 226, Leuven u.a., 2009, pp.3-23, p.16.

257 Wolter, M., *Der Brief an die Römer: Teilband 2: Röm 9-16*, EKK, Neukirchen-Vluyn, 2019, p.207, 주35.

258 Hofius, O., *Paulusstudien I*, WUNT 51, Tübingen, 1994, p.196.

259 Wolter, M., *Der Brief an die Römer: Teilband 2: Röm 9-16*, EKK, Neukirchen-Vluyn, 2019, p.207.

260 Käsemann, E., *An die Römer*, HNT 8, Tübingen, 1974(2판), p.303; Schreiner, Th. R., *Romans*, BECNT 6, Grand Rapids, 1998, p.618.

261 Grindheim, S, *The Crux of Election. Paul's Critique of the Jewish Confidence in the Election of Israel*, WUNT II, 202, Tübingen, 2005, p.165; Nicklas, T, "Paulus und die Errettung Israels: Röm 11:25-36 in der exegetischen Diskussion und im jüdisch-christlichen Dialog", EChr 2 (2011), pp.173-197, p.181.

262 Wilckens, U., *Der Brief an die Römer*, EKK, Bd 6/2, Zürich/ Neukirchen-Vluyn, 1980, p.255; Thyen, H, "Das Mysterium Israel(Röm 11:25-32)", in: *Das Gesetz im frühen Judentum und im Neuen Testament. (FS Burchard, Ch.)*, NTOA 57, Göttingen, 2006, pp.304-318, p.310; Barclay, J.M.G, *Paul and the Gift*, Grand Rapids, 2015, p.555.

263 Hofius, O., *Paulusstudien I*, WUNT 51, Tübingen, 1994, p.192;

Hvalvik, R, "A 'Sonderweg' for Israel. A Critical Examination of a Current Interpretation of Romans 11:25-27", JSNT 38 (1990), pp.87-107, p.97.

264 Wolter, M., *Der Brief an die Römer: Teilband 2: Röm 9-16*, EKK, Neukirchen-Vluyn, 2019, p.209.

265 Räisänen, H, "Römer 9-11: Analyse eines geistigen Ringens", ANRW II, 25/4 (1987), pp.2891-2939, p.2919; Wengst, K., *"Freut euch, ihr Völker, mit Gottes Volk!": Israel und die Völker als Thema des Paulus - ein Gang durch den Römerbrief*, Stuttgart, 2008, p.373.

266 Wilckens, U., *Der Brief an die Römer*, EKK, Bd 6/2, Zürich/ Neukirchen-Vluyn, 1980, p.256; Haacker, K., *Der Brief des Paulus an die Römer*, ThHK 6, Leipzig, 2012(4판), p.286.

267 Jewett, R., *Romans: A Commentary*, Hermeneia, Minneapolis, 2006, p.703; Flebbe, J., *Solus Deus. Untersuchungen zur Rede von Gott im Brief des Paulus an die Römer*, BZNW 158, Berlin/New York, 2008, p.366.

268 Becker, J., *Paulus. Der Apostel der Völker*, Tübingen, 1989, p.501; Hvalvik, R, "A 'Sonderweg' for Israel. A Critical Examination of a Current Interpretation of Romans 11:25-27", JSNT 38 (1990), pp.87-107, p.92.

269 Aageson, "Scripture and Structure in the Development of the Argument in Romans 9-11", CBQ 48 (1986), pp.265-289, p.285.

270 Hvalvik, R, "A 'Sonderweg' for Israel. A Critical Examination of a Current Interpretation of Romans 11:25-27", JSNT 38 (1990), pp.87-107, p.95.

271 Vollenweider, S, "Hymnus, Enkomion oder Psalm? Schattengefechte

in der neutestamentlichen Wissenschaft", NTS 56 (2010), pp.208-231, p.223.

272 Vollenweider, S, "Hymnus, Enkomion oder Psalm? Schattengefechte in der neutestamentlichen Wissenschaft", NTS 56 (2010), pp.208-231, p.223; Naselli, A.D, *From Typology to Doxology. Paul's Use of Isaiah and Job in Romans 11:34-35*, Eugene, 2012, p.30.

273 Jewett, R., *Romans: A Commentary*, Hermeneia, Minneapolis, 2006, p.713; Johnson, E.E, *The Function of Apocalyptic and Wisdom Tradition in Romans 9-11*, SBL.DS 109, Atlanta, 1989, p.172.

274 Schaller, B, "ἥξει ἐκ Σιὼν ὁ ῥυόμενος. Zur Textgestalt von Jes 59:20f. in Röm 11:26f", in: Ders., *Fundamenta Judaica*, StUNT 25, Göttingen, 2001, pp.162-166; Koch, D. -A., *Die Schrift als Zeuge des Evangeliums*, BHTh 69, Tübingen, 1986, p.72.

275 Wolter, M., *Der Brief an die Römer: Teilband 2: Röm 9-16*, EKK, Neukirchen-Vluyn, 2019, p.236.

276 Käsemann, E., *An die Römer*, HNT 8, Tübingen, 1974(2판), p.300; Grässer, E., *Der Alte Bund im Neuen. Exegetische Studien zur Israelfrage im Neuen Testament*, WUNT 35, Tübingen, 1985, p.223.

277 Walter, N, "Zur Interpretation von Römer 9-11", ZThK 81 (1984), pp.172-195, p.176; Konradt, M, "Die historisch-kritische Exegese und das reformatorische Schriftprinzip", ZNT 39/40, (2017), pp.105-125, p.121.

278 Schnelle, U, *Paulus. Leben und Denken*, Berlin/Boston, 2014(2판), p.377.

279 Wright, N.T, *Paul and the Faithfulness of God I-II*, London, 2013., p.1233.

280   Merklein, H, "Der Theologe als Prophet", in: Ders, *Studien zu Jesus und Paulus II*, WUNT 105, Tübingen, 1998, pp.377-404, p.400.

281   Haacker, K., *Der Brief des Paulus an die Römer*, ThHK 6, Leipzig, 2012(4판), p.254.

282   Reichert, A, *Der Römerbrief als Gratwanderung*, FRLANT 194, Göttingen, 2001, p.233.

283   Käsemann, E, "Gottesdienst im Alltag der Wel", in: Ders, *Exegetische Versuche und Besinnungen II*, Göttingen, 1970(3판), 198-204; Thorsteinsson, R.M, "Stoicism as a Key to Pauline Ethics in Romans, in: Rasimus, T,/Engberg-Pedersen, T,/Dunderberg, I, (Hg.), *Stoicism in Early Christianity*, Grand Rapids, 2010, pp.15-38.

284   Lindemann, A, "Die Kirche als Leib", in: Ders, *Paulus, Apostel und Lehrer der Kirche*, Tübingen, 1999, pp.132-157, pp.151-157; Reichert, A, *Der Römerbrief als Gratwanderung*, FRLANT 194, Göttingen, 2001, pp.248-258.

285   Krauter, St, *Studien zu Röm 13,1-7*, WUNT 243, Tübingen, 2009, pp.55-136; Haacker, K., *Der Brief des Paulus an die Römer*, ThHK 6, Leipzig, 2012(4판), pp.216-270; Wolter, M., *Der Brief an die Römer: Teilband 2: Röm 9-16*, EKK VI/2, Neukirchen-Vluyn, 2019, pp.306-329.

286   Friedrich J,/Stuhlmacher, P,/Pöhlmann, W, "Zur historischen Situation und Intention von Röm 13:1-7", ZThK 73 (1976), pp.131-166; Elliott, N, *"Romans 13:1-7 in the Context of Imperial Propaganda"*, in: Horsley, R.A, (Hg.), *Paul and the Empire. Religion and Power in Roman Imperial Society*, Harrisburg, 1997, pp.184-204.

287 Merklein, H, "Sinn und Zweck von Röm 13:1-7. Zur semantischen und pragmatischen Struktur eines umstrittenen Textes", in: Ders, *Studien zu Jesus und Paulus Ii*, WUNT 105, Tübingen, 1998, pp.405-437; Krauter, St, "Auf dem Weg zu einer theologischen Würdigung von Röm 13:1-7", ZThK 109 (2012), pp.287-306.

288 Käsemann, E., *An die Römer*, HNT 8, Tübingen, 1974(2판), p.342; Dunn, J. D. G., *Romans II*, WBC 38B, Dallas, 1988, p.760.

289 Strobel, A, "Zum Verständnis von Rm 13", ZNW 47 (1956) pp.67-93, p.79.

290 Krauter, S, *Studien zu Röm 13:1-7* (WUNT 243), Tübingen, 2009, 173; Walker, R, *Studie zu Römer 13:1-7* (TEH.NF 132), München, 1966, p.12.

291 Porter, S.E, "Romans 13:1-7 as Pauline Political Rhetoric", FNT 3 (1990) pp.115-139, p.123.

292 Wolter, M., *Der Brief an die Römer: Teilband 2: Röm 9-16*, EKK, Neukirchen-Vluyn, 2019, p.310.

293 Käsemann, E., *An die Römer*, HNT 8, Tübingen, 1974(2판), p.342.

319 Krauter, S, *Studien zu Röm 13,1-7* (WUNT 243), Tübingen, 2009, p.176.

294 Krauter, S, "Es ist keine Gewalt ausser von Gott. Röm 13:1 im Kontext des politischen Diskurses der neronischen Zeit", in: Schnelle, U.,(ed.), *The Letter to the Romans*, BEThL 226, Leuven u.a., 2009, pp.371-401.

295 Krauter, S, "Es ist keine Gewalt ausser von Gott. Röm 13:1 im Kontext des politischen Diskurses der neronischen Zeit", in: Schnelle, U.,(ed.), *The Letter to the Romans*, BEThL 226, Leuven u.a., 2009, pp.371-401, p.392.

296 Strobel, A, "Zum Verständnis von Röm 13", ZNW 47 (1956) pp.67-93,

p.86.

297 Friedrich, J./Pöhlmann, W./Stuhkmacher, P. *Zur historischen Situation und Intention von Röm 13:1-7*, ZThK 73 (1976) pp.131-166, pp.136-140; Krauter, S, *Studien zu Röm 13:1-7* (WUNT 243), Tübingen, 2009, p.191.

298 Wolter, M., *Theologie und Ethos im frühen Christentum: Studien zu Jesus, Paulus und Lukas*, WUNT 236, Tübingen, 2017, pp.241-257.

299 Friedrich, J./Pöhlmann, W./Stuhkmacher, P. *"Zur historischen Situation und Intention von Röm 13:1-7"*, ZThK 73 (1976) pp.131-166, p.162.

300 Friedrich, J./Pöhlmann, W./Stuhkmacher, P. *"Zur historischen Situation und Intention von Röm 13:1-7"*, ZThK 73 (1976) pp.131-166, p.163.

301 Xenophon, *Oeconom.* 9, p.14; Plutarch, Mor. p.779b.

302 van Unnik, W.C, "Lob und Strafe durch die Obrigkeit. Hellenistisches zu Röm 13:3-4", in: Ders., *Sparsa Collecta IV* (NT.S 156), Leiden/Boston, 2014, pp.57-65; Krauter, S, *Studien zu Röm 13:1-7* (WUNT 243), Tübingen, 2009, p.193.

303 Winter, B.W, "The Public Honouring of Christian Benefactors", JSNT 34 (1988), pp.87-103.

304 Jewett, R., *Romans: A Commentary*, Hermeneia, Minneapolis, 2006, p.795; Elliott, N, *The Arrogance of nations. Reading Romans in the Shadow of Empire*, Minneapolis, 2008, p.155.

305 Delling, G, *Römer 13:1-7 innerhalb der Briefe des Neuen Testaments*, Berlin, 1962, p.59.

306 Krauter, S, "Auf dem Weg zu einer theologischen Würdigung von

Röm 13:1-7", ZThK 109 (2012), pp.287-306, p.301, 주64.

307　Käsemann, E., *An die Römer*, HNT 8, Tübingen, 1974(2판), p.345;
　　　Wolter, M., *Der Brief an die Römer: Teilband 2: Röm 9-16*, EKK,
　　　Neukirchen-Vluyn, 2019, p.317.

308　Wilckens, U., *Der Brief an die Römer*, EKK, Bd 6/3, Zürich/
　　　Neukirchen-Vluyn, 1982, p.35; Haacker, K., *Der Brief des Paulus an
　　　die Römer*, ThHK 6, Leipzig, 2012(4판), p.318.

309　Käsemann, E., "Grundsätzliches zur Interpretation von Röm 13", in:
　　　Ders., *Exegetische Versuche und Besinnungen 2*, Göttingen, 1968(3
　　　판), pp.204-222, p.220.

310　Walker, R, *Studie zu Römer 13:1-7* (TEH.NF 132), München, 1966, p.8.

311　Wolter, M., *Der Brief an die Römer: Teilband 2: Röm 9-16*, EKK,
　　　Neukirchen-Vluyn, 2019, p.318.

312　Theobald, M., *Der Römerbrief*, SKK 6/2, Stuttgart, 2001(2판), p.90;
　　　Bailey, J.N, "Paul's Political Paraenesis in Romans 13:1-7", RestQ 46
　　　(2004) pp.11-28, p.22.

313　Moo, D.J., *The Epistle to the Romans*, NIC, Grand Rapids, 1996, p.804;
　　　Stein, R.H, "The Argument of Romans 13:1-7", NT 31 (1989) pp.325-
　　　343, p.341.

314　Bammel, E, "Romans 13", in: Bammel, E,/Moule, C.F.D, (ed.), *Jesus
　　　and the Politics of His Day*, Cambridge, 1984, pp.365-383, p.371;
　　　Coleman, Th.M, "Binding Obligations in Romans 13:7", TynB 48
　　　(1997) pp.307-327, p.313.

315　Wolters, R, "Vectigal, Tributum und Stipendium - Abgabeformen
　　　in römischer Republik und Kaiserzeit", in: Klinkott, H. u.a. (Hg.),
　　　Geschenke und Steuern, Zölle und Tribute. Antike Abgabeformen

in Anspruch und Wirklichkeit, Leiden/Boston, 2007, pp.407-430.

316 Günther, S, *"Vectigalia nervos esse rei publicae"*. *Die indirekten Steuern in der Römischen Kaiserzeit von Augustinus bis Diokletian* (Philippika 26), Wiesbaden, 2008.

317 Tacitus, *Ann*. 13, pp.50-51; Sueton, *Vit. Caes. Nero* 10, 1.

318 Friedrich, J./Pöhlmann, W./Stuhkmacher, P. "Zur historischen Situation und Intention von Röm 13:1-7", ZThK 73 (1976) pp.131-166, p.157.

319 Wolter, M., *Der Brief an die Römer: Teilband 2: Röm 9-16*, EKK, Neukirchen-Vluyn, 2019, p.320, 주58.

320 Coleman, Th.M, "Binding Obligations in Romans 13:7", TynB 48 (1997) pp.307-327, p.309; Merklein, H, "Sinn und Zweck von Röm 13:1-7", in: Ders., *Studien zu Jesus und paulus II* (WUNT 105), Tübingen, 1998, pp.405-437, p.418, 주39.

321 Botermann, H, "Die Massnahmen gegen die stadtrömischen Juden im Jahre 19 n.Chr.", Historia 52 (2003) pp.410-435, p.416.

322 Michel, O., *Der Brief an die Römer*, KEK 4, Göttingen, 1978(5판), p.392; Dunn, J. D. G., *Romans II*, WBC 38B, Dallas, 1988, p.767.

323 Heiligenthal, R, "Strategien konformer Ethik im Neuen Testament am Beispiel von Röm 13:1-7", NTS 29 (1983) pp.55-61, p.58; Krauter, S, "Auf dem Weg zu einer theologischen Würdigung von Röm 13:1-7", ZThK 109 (2012) pp.287-306, p.305.

324 Wilckens, U., *Der Brief an die Römer*, EKK, Bd 6/3, Zürich/ Neukirchen-Vluyn, 1982, pp.43-66; Merklein, H, "Sinn und Zweck von Röm 13:1-7", in: Ders., *Studien zu Jesus und Paulus II* (WUNT 105), Tübingen, 1998, pp.405-437, p.405, 주1, 2.

325 Wolter, M., *Der Brief an die Römer: Teilband 2: Röm 9-16*, EKK, Neukirchen-Vluyn, 2019, p.327.

326 Käsemann, E., "Grundsätzliches zur Interpretation von Röm 13", in: Ders., *Exegetische Versuche und Besinnungen 2*, Göttingen, 1968(3 판), pp.204-222, p.216.

327 George, R.T, "'Be subject to the Governing Authorities': Reading Romans 13:1-7 in the Matrix of Roman Patronage", DoThJ 3 (2006) pp.105-126, p.108; Jewett, R, "Reinterpreting Romans 13 within Its Broader Context", in: *Celebrating Paul. (FS Jerome Murphy-O'Connor and Joseph A. Fitzmyer)* (CBQ.MS 48), Washington, 2011, pp.265-274, p.268.

328 Coleman, Th.M, "Binding Obligations in Romans 13:7", TynB 48 (1997) pp.307-327, p.325; Friedrich, J./Pöhlmann, W./Stuhkmacher, P. "Zur historischen Situation und Intention von Röm 13:1-7", ZThK 73 (1976) pp.131-166, p.156.

329 Wolter, M., *Der Brief an die Römer: Teilband 1: Röm 1-8*, EKK, Neukirchen-Vluyn 2014, p.40, pp.42-56.

330 Wolter, M., *Der Brief an die Römer: Teilband 2: Röm 9-16*, EKK, Neukirchen-Vluyn, 2019, p.329.

331 Sanders, E.P., *Paul. The Apostle's Life, Letters, and Thought*, Minneapolis, 2015, pp.694-695.

332 Michel, O., *Der Brief an die Römer*, KEK 4, Göttingen, 1978(5판), p.409; Wilckens, U., *Der Brief an die Römer*, EKK, Bd 6/3, Zürich/ Neukirchen-Vluyn, 1982, p.68.

333 Räisänen, H, *Paul and the Law*, WUNT 29, Tübingen, 1987(2판), p.27; Wischmeyer, O, "Gebot der Nächstenliebe bei Paulus", BZ 30 (1986), pp.153-187, pp.180-187.

334 Finsterbusch, K, *Die Thora als Lebensweisung für Heidenchristen,* SUNT 20, Göttingen, 1996, pp.100-107; Stowasser, M, "Christus, das Ende welchen Gesetzes?", Protokolle zur Bibel 5 (1996), pp.1-18, pp.6-9.

335 Gäckle, V, *Die Starken und die Schwachen in Korinth und in Rom,* WUNT 200, Tübingen, 2005, pp.292-449; Wolter, M., *Der Brief an die Römer: Teilband 2: Röm 9-16,* EKK VI/2, Neukirchen-Vluyn, 2019, pp.346-416.

336 Horn, F.W, "Die letzte Jerusalemreise des Paulus", in: Ders, (Hg.), *Das Ende des Paulus,* BNZW 106, Berlin/New York, 2001, pp.15-35.

337 Omerzu, H, *"Das Schweigen des Lukas. Überlegungen zum offenen Ende der Apostelgeschichte",* in: Horn, F.W, (Hg.), *Das Ende des Paulus,* BNZW 106, Berlin/New York, 2001, pp.128-144.

338 Horn, F.W, "Die letzte Jerusalemreise des Paulus", in: Ders, (Hg.), *Das Ende des Paulus,* BNZW 106, Berlin/New York, 2001, pp.15-35, p.24, 주33; Omerzu, H, *Der Prozess des Paulus,* BZNW 115, Berlin/New York, 2002, pp.282-289)

339 Betz, H.D, *2. Korinther 8 und 9,* München, 1993, p.175.

340 Horn, F.W, "Die letzte Jerusalemreise des Paulus", in: Ders, (Hg.), *Das Ende des Paulus,* BNZW 106, Berlin/New York, 2001, pp.15-35, p.34.

341 Lüdemann, G, *Das frühe Christentum nach den Traditionen der Apoatelgeschichte,* Göttingen, 1987, p.244.

342 Hengel, M, "Jakobus der Herrenbruder - der erste Papst?", in: Ders, *Paulus und Jakobus. Kleine Schriften III,* WUNT 141, Tübingen, 2002, pp.549-582, p.575.

343 Schnelle, U, *Paulus. Leben und Denken,* Berlin/Boston, 2014(2판),

p.386.

344 Wehnert, J, *Die Reinheit des "christlichen Gottesvolkes" aus Juden und Heiden: Studien zum historischen und theologischen Hintergrund des sogenannten Aposteldekrets*, FRLANT 173, Göttingen, 1997, p.271.

345 Haenchen, E, *Die Apostelgeschichte*, KEK III, Göttingen, 1977(7판), pp.586-588; Georgi, D, *Der Armen zu gedenken. Die Geschichte der Kollekte des Paulus für Jerusalem*, Neukirchen, 1994(2판), p.89; Thornton, C.-J, *Der Zeuge des Zeugen*, WUNT 56, Tübingen, 1991, pp.347-351.

346 Horn, F.W, "Paulus, das Nasirräat und die Nasirräer", NT 39 (1997), pp.117-137; Koch, D.-A., "Kollektenbericht, 'Wir'-Bericht und Itinerar", NTS 45 (1999), pp.367-390, p.380.

347 Gnilka, J, "Die Kollekte der paulinischen Gemeinden für Jerusalem als Ausdruck ekklesialer Gemeinschaft", in: Kampling, R./Söding, Th, (Hg.), *Ekklesiologie des Neuen Testaments (FS Kertelge, K,)*, Freiburg, 1996, pp.301-315; Pesch, R, *Die Apostelgeschichte*, EKK V/2, Neukirchen, 1986, p.222; Jervell, J, *Die Apostelgeschichte*, KEK 3, Göttingen, 1998, p.529.

348 Schnelle, U, *Paulus. Leben und Denken*, Berlin/Boston, 2014(2판), p.387.

349 Josephus, *Bell* 2, p.408.

350 Haacker, K., *Der Brief des Paulus an die Römer*, ThHK 6, Leipzig, 2012(4판), p.314.

351 Philo, *Leg Gai* 212; Josephus, *Bell* 5, pp.192-194; Müller, K, "Möglichkeit und Vollzug jüdischer Kapitalgerichtsbarkeit im

Prozess gegen Jesus von Nazareth", in: K. Kertelge (Hg.), *Der Prozess gegen Jesus. Historische Rückfrage und theologische Deutung* (QD 112), Freiburg, 1989, pp.41-83, p.68.

352 Omerzu, H, *Der Prozess des Paulus*, BZNW 115, Berlin/New York, 2002, pp.309-384; Rapske, B, *The Book of Acts and Paul in Roman Custody*, BAFCS III, Grand Rapids, 1994, pp.135-149.

353 Omerzu, H, *Der Prozess des Paulus*, BZNW 115, Berlin/New York, 2002, pp.396-501; Rapske, B, *The Book of Acts and Paul in Roman Custody*, BAFCS III, Grand Rapids, 1994, pp.151-172.

354 Pesch, R, *Die Apostelgeschichte: Apg 13-28*, EKK V/2, Neukirchen, 1986, p.224; Omerzu, H, *Der Prozess des Paulus*, BZNW 115, Berlin/ New York, 2002, p.507.

355 Haenchen, E, *Die Apostelgeschichte*, KEK III, Göttingen, 1977(7 판), pp.588-664; Schneider, G, *Die Apostelgeschichte II*, HThK V/2, Freiburg, 1982, pp.311-379.

356 Schnelle, U, *Paulus. Leben und Denken*, Berlin/Boston, 2014(2판), p.389.

357 Weiser, A, *Die Apostelgeschichte II*, ÖTK 5/2, Gütersloh, 1985, p.642.

358 Labahn, M, "Paulus - ein homo honestus et iustus, Das lukanische Paulusportrait von Act 27-28 im Lichte ausgewählter antiker Parallelen", in: Horn, F.W, (Hg.), *Das Ende des Paulus*, BNZW 106, Berlin/New York, 2001, pp.79-106.

359 Rapske, B, *The Book of Acts and Paul in Roman Custody*, BAFCS III, Grand Rapids, 1994, pp.283-312.

360 Omerzu, H, "Das Schweigen des Lukas: Überlegungen zum offenen Ende der Apostelgeschichte", in: FW Horn, F.W, (Hg.), *Das Ende des*

Paulus, Berlin/New York, pp.127-156, p.146.

361 Rapske, B, *The Book of Acts and Paul in Roman Custody*, BAFCS III, *Grand Rapids, 1994*, pp.173-191; Omerzu, H, "Das Schweigen des Lukas: Überlegungen zum offenen Ende der Apostelgeschichte", in: FW Horn, F.W, (Hg.), *Das Ende des Paulus*, Berlin/New York, pp.127-156, pp.144-151.

362 Omerzu, H, "Das Schweigen des Lukas: Überlegungen zum offenen Ende der Apostelgeschichte", in: Horn, F.W, (Hg.), *Das Ende des Paulus*, Berlin/New York, pp.127-156, pp.147-149.

363 Augustinus, *De Civitata dei VI*, p.11.

364 Clauss, M, *Kaiser und Gott. Herrscherkult im römisch Reich*, Stuttgart/Leipzig, 1999, pp.98-111.

365 Tacitus, *Annalen XV* 44, p.4.

366 Tacitus, *Annalen XV* 44, pp.2-5; Hommel, H, "Tacitus und die Christen", in: Ders, *Sebasmata II*, WUNT 32, Tübingen, 1984, pp.174-199; Flach, D, "Plinius und Tacitus über die Christen", in: Kneissl, P,/Losemann, V, (Hg.), *Imperium Romanum (FS Christ, K.)*, Stuttgart, 1998, pp.218-232.

367 Freudenberger, R, "Der Vorwurf ritueller Verbrechen gegen die Christen im. 2. und 3. Jahrhundert", ThZ 23 (1967), pp.97-107.

368 Lührmann, D, "SUPERSTITIO-die Beurteilung des frühen Christentums durch die Römer", ThZ 42 (1986), pp.191-213.

369 Hommel, H, "Tacitus und die Christen", in: Ders, *Sebasmata II*, WUNT 32, Tübingen,1984, pp.174-199, pp.182-191.

370 Sueton, *Nero*, 16, p.2.

371 Sueton, *Nero*, 38, pp.1-3.

372 Vittinghoff, F, "'Christianus sum'-Das 'Verbrechen' von Aussen-
     seitern der römisch Gesellschaft", Historia 33 (1984), pp.331-357,
     p.335.

373 Vittinghoff, F, "'Christianus sum'-Das 'Verbrechen' von Aussen-
     seitern der römisch Gesellschaft", Historia 33 (1984), pp.331-357,
     p.336)

374 Löhr, H, *"Zur Paulusnotiz in 1 Clem 5:5-7"*, in: Horn, F.W, (Hg.), *Das
     Ende des Paulus*, Berlin/New York, pp.197-213.

375 Löhr, H, Zur Paulusnotiz in 1 Clem 5:5-7, in: Horn, F.W, (Hg.), Das
     Ende des Paulus, Berlin/New York, pp.197-213, p.213.

376 Schnelle, U, *Paulus. Leben und Denken*, Berlin/Boston, 2014(2판),
     p.415, 주106.

377 Schnelle, U, *Paulus. Leben und Denken*, Berlin/Boston, 2014(2판),
     p.496.

378 Koch, D. A., *Geschichte des Urchristentums*, Göttingen, 2013, p.364.

인용 문헌

Agamben, G, *Die Zeit, die bleibt. Ein Kommentar zum Römerbrief*, Frankfurt, 2006.

Aageson, "Scripture and Structure in the Development of the Argument in Romans 9-11", CBQ 48 (1986), pp.265-289.

Alexander, L, "Paul and the Hellenistic Schools: The Evidence of Galen", in: Engberg-Pedersen, T, (Hg.), *Paul in His Hellenistic Context*, Minneapolis, 1995, pp.60-83.

Alföldy, G, *Römische Sozialgeschichte*, Wiesbaden, 1984(3판).

Alkier, St, *Wunder und Wirklichkeit in den Briefen des Apostel Paulus*, WUNT 134, Tübingen, 2001.

Althaus, P, *Paulus und Luther*, Gütersloh, 1951(2판).

Alvarez Cineira, D, *Die Religionspolitik des Kaisers Claudius und die paulinische Mission*, HBS 19, Freiburg, 1999.

Arzt-Grabner, P, "Gott als verlässlicher Käufer: Einige Papyrologische Anmerkungen und bibeltheologische Schlussfolgerungen zum Gottesbild des Paulusbriefe", NTS 57 (2011), pp.392-414.

Aune, D.E, "Romans as a Logos Protreptikos in the Context of Ancient Religious and Philosophical Propaganda", in: Hengel, M./Heckel, U, (Hg.), *Paulus und das Judentum*, WUNT 58, Tübingen, 1991, pp.91-124.

Aune, D.E, *The New Testament in Its Literary Environment*, Philadelphia,

1987.

Aus, R.D, "Paul's Travel Plans to Spain and the 'Full Number of the Gentiles' of Rom 11:25", NT 21 (1979), pp.232-262.

Avemarie, F, "Israels rätselhafter Ungehorsam. Römer 10 als Anatomie eines von Gott provozierten Unglaubens", in: Wilk, F./Wagner, J.R, (ed.), *Between Gospel and Election. Explorations in the Interpretation of Romans 9-11*, WUNT 257, Tübingen, 2010, pp.299-320.

Avemarie, F, *Tora und Leben*, TSAJ 55, Tübingen, 1996.

Avemarie, F, *Die Täuferzählungen der Apostelgeschichte. Theologie und Geschichte*, WUNT 139, Tübingen, 2002.

Bachmann, M, "Rechtfertigung und Gesetzeswerke bei Paulus", ThZ 49 (1993), pp.1-33.

Backhaus, K, "Mitteilhaber am Evangelium"(1Kor 9:23). Zur christologischen Grundlegung einer 'Paulus-Schule' bei Paulus", in: Scholtissek, K, (Hg.), *Christologie in der Paulus-Schule*, SBS 181, Stuttgart, 2000, pp.44-71.

Badenas, R, *Christ the End of the Law. Romans 10:4 in Pauline Perspective*, JSNT.S 10, Sheffield, 1985.

Badiou, A, *Paulus. Die Begründung des Universalismus*, München, 2002.

Bailey, J.N, "Paul's Political Paraenesis in Romans 13:1-7", RestQ 46 (2004), pp.11-28.

Baird, W, "'One against the other'. Intra-Church Conflict in 1 Corinthians", in: Fortna, R./Gaventa, B.R, (Hg.), *Studies in Paul and John (FS Martyn, J.L.)*, Nashville, 1990, pp.116-136.

Bammel, E. *Judenverfolgung und Naherwartung*, ZThK 56 (1959), pp.294-315.

Bammel, E, "Romans 13", in: Bammel, E,/Moule, C.F.D, (ed.), *Jesus and the Politics of His Day*, Cambridge, 1984, pp.365-383.

Barclay, J.M.G, *Jews in the mediterranean Diaspora. From Alexander to Trajan (323 BCE-117 CE)*, Ediburgh, 1996.

Barclay, J.M.G, *Obeying the Truth. Paul's Ethics in Galatians*, Edinburgh, 1988.

Barclay, J.M.G, *Paul and the Gift*, Grand Rapids, 2015.

Barrett, C.K., *The Epistle to the Romans*, BNTC, Grand Rapids, 2011.

Barth, G, *Die Taufe in frühchristlicher Zeit*, BThSt 4, Neukirchen, 1981.

Barth, G, *Der Tod Jesu Christi im Verständnis des Neuen Testaments*, Neukirchen, 1992.

Barrett, C.K, *A Commentary on the Second Epistle to the Corinthians*, BNTC, London, 1979(2판).

Barth, K., *Kirchliche Dogmatik, II/2. Die Lehre von Gott*, Zürich, 1942.

Bauer, Th. J, *Paulus und die kaiserzeitliche Epistolographie*, WUNT 276, Tübingen, 2011.

Baumann, R, *Mitte und Norm des Christlichen. Eine Auslegung von 1Kor 1:1-3:4*, NTA 5, Münster, 1968.

Baur, F.Chr, "Über Zweck und Veranlassung des Römerbriefes und die damit zusammenhängenden Verhätnisse der römischen Gemeinde", in: ders, *Ausgewählte Werke I*, hg. v. Scholder, K, Stuttgart, (1963=1836), pp.147-266.

Becker, J, *Der Brief an die Galater*, 1998.

Becker, J, *Paulus. Der Apostel der Völker*, Tübingen, 1989.

Bell, R.H, *Provoked to Jealousy. The Origin and Purpose of the Jealousy Motif in Romans 9-11*, WUNT 63, Tübingen, 1994.

Berger, K, Art. "Abraham", TRE 1, Berlin/New York, 1977, pp.372-382.

Berger, K, *Theologiegeschichte des Urchristentums*, Tübingen, 1994.

Berner, U, "Religio und Superstitio", in: Sundermeier, Th, (Hg.), *Den Fremden wahrnehmen*, Gütersloh, 1992, pp.45-64.

Betz, H.D, "The Gospel and the Wisdom of the Barbarians. The Corinthian's Question behind Their Questions", BiB 85 (2004), pp.585-594.

Betz, H.D, "The concept of the 'Inner Human Being'(ὁ ἔσω ἄνθρωπος) in the Anthropology of Paul", NTS 46 (2000), pp.317-324.

Betz, H.D, *Paulus und die sokratische Tradition*, BHTh 45, Tübingen, 1972.

Betz, H.D, *Der Galaterbrief*, München, 1988.

Betz, H.D, *2. Korinther 8 und 9*, München, 1993.

Bickmann, J, *Kommunikation gegen den Tod*, fzB 86, Würzburg, 1998.

Bieringer, R, "Die Gegner des Paulus im 2 Korintherbrief", in: Bieringer, R./Lambrecht, J, *Studies on 2 Corinthians*, BETL CXII, Leuven, 1994, pp.181-221.

Bieringer, R, "Sünde und Gerechtigkeit in 2 Korinther 5:21", in: Bieringer, R./Lambrecht, J, *Studies on 2 Corinthians*, BETL CXII, Leuven, 1994, pp.461-514.

Bieringer, R, "Teilungshypothesen zum 2. Korintherbrief. Ein Forschungsüberblick", in: Bieringer, R./Lambrecht, J, *Studies on 2 Corinthians*, BETL CXII, Leuven, 1994, pp.67-105.

Bieringer, R, "Der 2. Korintherbrief als ursprüngliche Einheit. Ein Forschungsüberblick", in: Bieringer, R./Lambrecht, J, *Studies on 2 Corinthians*, BETL CXII, Leuven, 1994, pp.107-130.

Blank, J, *Paulus und Jesus. Eine theologische Grundlegung*, StANT 18, München, 1968.

de Boer, M.C, "The Meaning of the Phrase ὑπὸ τὰ στοιχεῖα τοῦ κόσμου in Galatians", NTS 53 (2007), pp.204-224.

de Boer, M.C, *Galatians. A Commentary*, NTL, Loiusville, 2011.

Börschel, R, *Die Konstruktion einer christlichen Identität. Paulus und die gemeinde von Thessalonich in ihrer hellenistisch-römischen Umwelt*, BBB 128, Berlin, 2001.

Böttrich, Chr, Art. "Der Apostelkonvent und der Antiochenische Konflikt", in: Horn, F.W, (Hg.), *Paulus Handbuch*, Tübingen, 2013, pp.103-109.

Bornkamm, G, "Die Vorgeschichte des sogenanten Zweiten Korintherbriefes", in: Ders, *Geschichte und Glaube*, BevTh 53, München, 1971, pp.162-194.

Bornkamm, G, "Der Römerbrief als Testament des Paulus", in: Ders, *Geschichte und Glaube II*, BevTh 53, München, 1971, pp.120-139.

Bornkamm, G, "Die Offenbarung des Zornes Gottes", in: Ders, *Das Ende des Gesetzes*, BEvTh 16, München, 1963(4판), pp.9-33.

Bornkamm, G, *Paulus*, Stuttgart, 1983(5판).

Borse, U, *Der Standort des Galaterbriefes*, BBB 41, Köln, 1972.

Botermann, H, "Die Massnahmen gegen die stadtrömischen Juden im Jahre 19 n.Chr.", Historia 52 (2003), pp.410-435.

Bousset, W, *Kyrios Christos*, Göttingen, 1967(6판).

Boyarin, D, "Als Christen noch Juden waren. Überlegungen zu den jüdisch-christlichen Ursprüngen", Kul 16 (2001), pp.112-129.

Brändle, R,/Stegemann, E, "Die Entstehung der ersten ʻchristlichen Gemeindeʼ Roms im Kontext der jüdischen Gemeinden", NTS 42

(1996), pp.1-11.

Brandenburger, E, Art. *Gericht III*, TRE 12, Berlin/New York, 1985, pp.469-483.

Brandenburger, S.H./Hieke, Th, (Hg.), *Wenn drei das Gleiche sagen*, Th 14, Münster, 1998, pp.103-121.

Braun, H, *Qumran und das NT II*, Tübingen, 1966.

Brewer, D.I, "Techniques and Assumptions in Jewish Exegesis before 70 CE", TSAJ 30, 1992.

Breytenbach, C, "Der Danksagungsbericht des Paulus über den Gottesglauben der Thessalonicher(1Thess 1:2-10)", in: Hooker, M.D, (Hg.), *Not in the World Alone. The First Epistle to the Thessalonians*, MSBen 15, Rom, 2003, pp.3-24.

Breytenbach, C, Art. "Sühne", TBLNT 2, Neukirchen/Vluyn u.a., 2000(2판), pp.1685-1693.

Breytenbach, C, *Paulus und Barnabas in der Provinz Galatien*, AGJU 38, Leiden, 1996.

Breytenbach, C, *Versöhnung*, WMANT 60, Neukirchen, 1989.

Brockhaus, U, *Charisma und Amt*, Wuppertal 1987.

Broer, I, "Die Erscheinung des Auferstandenen vor Paulus bei Damaskus", in: Bachmann, M./Kollmann, B, (Hg.), *Umstrittener Galaterbrief*, BThSt 106, Neukirchen, 2010, pp.57-93.

Broer, I, "'Antisemitismus' und Judenpolemik im Neuen Testament. Ein Beitrag zum besseren Verständnis von 1. Thess. 2:14-16", in: Gemper, B.B, (Hg.), *Religion und Verantwortung als Elemente gesellschaftlicher Ordnung (FS Klein, K.)*, Siegener Studien, Siegen, 1983(2판), pp.734-772.

Broer, J, *Einleitung in das Neue Testament II*, NEBNT EB 2/II, Würzburg, 2001.

Broer, I, *Einleitung in das Neue Testament*, Würzburg, 2016(4판).

Brucker, R, "Versuche Ich denn jetzt, Menschen zu überreden ⋯?" - Rhetorik und Exegese am Beispiel des Galaterbriefes, in: Alkier, St./Brucker, R, (Hg.), *Exegese und Methodendiskussion*, TANZ 23, Tübingen, 1998, pp.211-236.

Brucker, R, *'Christushymnus' oder 'epideiktische Passagen?'*, FRLANT 176, Göttingen, 1997.

Bultmann, R, *Der Stil der paulinischen Predigt und die kynisch-stoische Diatribe*, FRLANT 13, Göttingen, 1984(=1910).

Bultmann, R, "Die Bedeutung des geschichtlichen Jesus für die Theologie des Paulus", in; Ders, *Glauben und Verstehen I*, Tübingen, 1980(8판), pp.188-213.

Bultmann, R., "Christus des Gesetzes Ende", in: ders., *Glauben und Verstehen II*, 1968(5판), pp.32-58.

Bultmann, R, "Exegetische probleme des zweiten Korintherbriefes", in: Ders, *Exegetica*, Tübingen, 1967, pp.298-322.

Bultmann, R, *Der zweite Brief an die Korinther*, Dinkler, E, (Hg.), Göttingen, 1976.

Bultmann, R, *Theologie des Neuen Testaments*, Merk, O. (Hg.), Tübingen, 1984(9판).

Burchard, Ch, *Studien zur Theologie, Sprache und Umwelt des Neuen Testaments*, WUNT 107, Tübingen, 1998.

Burchard, Chr, *Der dreizehnte Zeuge*, FRLANT 103, Göttingen, 1970.

Christ, K, "Grundfragen der römischen Sozialstruktur," in: Ders, *Römische Geschichte und Wissenschaftsgeschichte 3*, Darmstadt, 1983, pp.152–176.

Bussmann, C, *Themen der paulinischen Missionspredigt auf dem Hintergrund der spätjüdisch-hellenistischen Missionliteratur*, EHS.T 3, Bern/Frankfurt, 1971.

Cantarella, E, *Bisexuality in the Ancient World*, New haven, 1992.

Chow, J.K, "Patronage in Roman Corinth", in: Horsley, R.A, (Hg.), *Paul and the Empire. Religion and Power in Roman Imperial Society*, Harrisburg, 1997, pp.104–125.

Classen, C.J, "Paulus und die antike Rhetorik", ZNW 82 (1991), pp.1–33.

Classen, C.J, "Philologische Bemerkungen zur Sprache des Apostels Paulus", WSt 107/108 (1994/1995), pp.321–335.

Clauss, M, *Kaiser und Gott. Herrscherkult im römisch Reich*, Stuttgart/Leipzig, 1999.

Coleman, Th.M, "Binding Obligations in Romans 13:7", TynB 48 (1997) pp.307–327.

Conzelmann, H, *Paulus und die Weisheit*, in: Ders, *Theologie als Schriftauslegung*, BEvTh 65, München, 1974, pp.177–190.

Conzelmann, H, "Die Schule des Paulus", in: Andresen, C,/Klein, G, (Hg.), *Theologia Crucis-Signum Crucis (FS Dinkler, E,)*, Tübingen, 1979, pp.85–96.

Conzelmann, *Der erste Brief an die Korinther, KEK V*, Göttingen, 1969.

Conzelmann, H, *Heiden-Juden-Christen*, BHTh 62, Tübingen, 1981.

Conzelmann, H, *Grundriss der Theologie des Neuen Testaments*, Tübingen, 1987(4판).

Cranfield, C.E.B, *The Epistle to the Romans I*, ICC, Edinburgh, 1975.

Dahl, N.A,/Hellholm, M.M, "Garment-Metaphors: the Old and the new Human Being", in: Collins, A.Y,/Mitchell, M.M, (Hg.), *Antiquity and Humanity (FS Betz, H.D,)*, Tübingen, 2001, pp.139-158.

Dautzenberg, G, "Striet um Freifeit und Gesetz", JBTh 5 (1990), pp.265-276.

Dautzenberg, G, "'Da ist nicht männlich noch weiblich'. Zur Interpretation von Gal 3:28", in: Ders, *Studien zur paulinischen Theologie und zur frühchristlichen Rezeption des Alten Testaments*, Giessen, 1999, pp.69-99.

Deines, R, *Die Pharisäer*, WUNT 101, Tübingen, 1997.

Deissmann, A, *Paulus*, Tübingen, 1925(2판).

Delling, G, *Römer 13:1-7 innerhalb der Briefe des Neuen Testaments*, Berlin, 1962.

Delling, G, *Die Bewältigung der Diaspora-Situation durch das hellenistische Judentum*, Berlin, 1987.

Despotis, A, *Die "New Perspective on Paul" und die griechisch-orthodoxe Paulusinterpretation*, VIOT 11, Sankt Ottilien, 2014.

Dietzfelbinger, Chr, *Die Berufung des Paulus als Ursprung seiner Theologie*, WMANT 58, Neukirchen, 1985.

Dietzfelbinger, Chr, *Das Evangelium nach Johannes*, ZBK.NT 4,1, Zürich, 2004(2판).

Dinkler, E, "Römer 6:1-14 und das Verhältnis von Taufe und Rechtfertigung bei Paulus", in: De Lorenzi, L, (Hg.), *Battesimo e Giustizia in Rom 6 e 8*, SMBen 2, Rom, 1974, pp.83-126.

Donfried, K.P, "The Imperial Cults of Thessalonica and Political Conflict in 1 Thessalonians", in: Horsley, R.A, (Hg.), *Paul and Empire. Religion and power in Roman Imperial Society*, Harrisburg, 1997, pp.215-223.

Donfried, K.P./Richardson, P, (Hg.), *Judaism and Christianity in First-Century Rome*, Grand Rapids, 1998.

Dover, K.J, *Greek Homosexuality*, Cambridge, 1978.

Downing, F.G, "A Cynic Preparation for Paul's Gospel for Jew and Greek, Slave and Free, Male and Female", NTS 42 (1996), pp.454-462.

Dunn, J.D.G, "Yet once more-'The Works of Law': A Response", JSNT 46 (1992), pp.99-117.

Dunn, J.D.G, *The Epistle to the Galatians*, BNTC, London, 1993.

Dunn, J.D.G, "The Incident at Antioch(Gal 2:11-18)", JSNT 18 (1983), pp.3-57.

Dunn, J.D.G, *The Theology of Paul the Apostle*, Grand Rapids/Cambridge, 1998.

Dunn, J. D. G., *Romans II*, WBC 38B, Dallas, 1988.

Ebel, E, *Die Attraktivität früher christlicher Gemeinden*, WUNT 2. 178, Tübingen, 2004.

Ebner, M, *Leidenslisten und Apostelbrief*, fzb 66, Würzburg, 1991.

Ebner, M, *Die Stadt als Lebensraum der ersten Christen*, Göttingen, 2012.

Eckert, J, *Die urchristliche Verkündigung im Streit zwischen Paulus und seinen Gegnern im Galaterbrief*, BU 6, Regensburg, 1971.

Eckstein, H.-J, "Auferstehung und gegenwärtiges Leben nach Röm 6:1-11", ThBeitr 28 (1997), pp.8-23.

Eckstein, H.-J, *Der Begriff Syneidesis bei Paulus*, WUNT 2.10, Tübingen, 1983.

Elliger, W, *Paulus in Griechenland*, Stuttgart, 1987.

Elliott, N, *Romans 13:1-7 in the Context of Imperial Propaganda*, in:

Horsley, R.A, (Hg.), *Paul and the Empire. Religion and Power in Roman Imperial Society*, Harrisburg, 1997, pp.184-204.

Elliott, N, *The Arrogance of nations. Reading Romans in the Shadow of Empire*, Minneapolis, 2008.

Engberg-Pedersen, T, *Paul and the Stoics*, Louisville, 2000.

Engberg-Pedersen, T, (Hg.), *Paul in His Hellenistic Context*, Minneapolis, 1995.

Esler, Ph.F, "Ancient Oleiculture and Ethnic Differentiation: The Meaning of the Olive-Tree Image in Romans 11", JSNT 26 (2003), pp.103-124.

Esler, Ph.F, *Conflict and Identity in Romans. The Social Setting of Paul's Letter*, Philadelphia, 2003.

Fee, G.D, "Toward a Theology of 1Corinthians", in: Hay, D.M, (Hg.), *Pauline Theology II*, Minneapolis, 1993, pp.37-58.

Fiedler, M.J, "Δικαιοσύνη in der diaspora-jüdischen und intertestamentarischen Literatur", JST 1 (1970), pp.120-143.

Finegan, J, *Handbook of Biblical Chronology*, Peabody, 1998(2판).

Finsterbusch, K, *Die Thora als Lebensweisung für Heidenchristen*, SUNT 20, Göttingen, 1996.

Fitzmyer, J.A, "New Testament Kyrios and maranatha and their Aramaic Background", in: To Advance the Gospel, New York, 1981, pp.218-236.

Fitzmyer, J.A, "Qumran and the Interpolated Paragraph in Cor 6:14-7:1", CBQ 23 (1961), pp.271-280.

Fitzmyer, J.A, "Paul and the Dead Sea Scrolls", in: Flint, P.W,/Vanderkam, J.C, (Hg.), *The Dead Sea Scrolls After Fifty Years II*, Leiden, 1999, pp.599-621.

Fitzmyer, J. A., *Romans*, AncB 33, London/New York, 1993.

Flach, D, "Plinius und Tacitus über die Christen", in: Kneissl, P./Losemann, V, (Hg.), *Imperium Romanum (FS Christ, K.)*, Stuttgart, 1998, pp.218-232.

Flebbe, J., *Solus Deus. Untersuchungen zur Rede von Gott im Brief des Paulus an die Römer*, BZNW 158, Berlin/New York, 2008.

Forbes, Chr, "Comparison, Self-praise and Irony: Paul's Boasting and the Conventions of Hellenistic Rhetoric", NTS 32 (1986), pp.1-30.

Freudenberger, R, "Der Vorwurf ritueller Verbrechen gegen die Christen im. 2. und 3. Jahrhundert", ThZ 23 (1967), pp.97-107.

Frey, J, "Die paulinische Antithese von 'Fleisch' und 'Geist' und die palästinisch-jüdische Weisheitstradition", ZNW 90 (1999), pp.45-77.

Friedrich, G, "Christus, Einheit und Norm der Christen", in: Ders, *Auf das Wort kommt es an. Ges. Aufsätze*, Göttingen, 1978, pp.147-170.

Friedrich, G, *Die Verkündigung des Todes Jesu im Neuen Testament*, BThSt 6, Neukirchen, 1982.

Friedrich, J./Stuhlmacher, P./Pöhlmann, W, "Zur historischen Situation und Intention von Röm 13:1-7", ZThK 73 (1976), pp.131-166.

Furnish, V.P, "Theology in 1Corinthians", in: Hay, D.M, (Hg.), *Pauline Theology II*, Minneapolis, 1993, pp.59-89.

Furnish, V.P, *II Corinthians*, AncB 32 A, New York, 1984.

Gadenz, P.T, *Called from the Jews and from the Gentiles. Pauline Ecclesiology in Romans 9-11*, WUNT II 267, Tübingen, 2009.

Gäckle, V, *Die Starken und die Schwachen in Korinth und in Rom*, WUNT 200, Tübingen, 2005.

Gager, J.G, *Reinventing Paul*, Oxford, 2000.

Garcilazo, A.V, *The Corinthian Dissenters and the Stoics*, Leiden, 2007.

Garnsey, P./Saller, R, "Patronal Power Relations", in: Horsley, R.A, (Hg.), *Paul and Empire. Religion and Power in Roman Imperial Society*, Harrisburg, 1997, pp.96-103.

Gaukesbrink, M, *Die Sühnetradition bei Paulus*, fzB 82, Würzburg, 1999.

Gehring, R.W, *Hausgemeinde und Mission. Die Bedeutung antiker Häuser und Hausgemeinschaften von Jesus bis Paulus*, Giessen, 2000.

Gehrke, H.-J, *Geschichte des Hellenismus*, München, 1995(2판).

George, R.T, "'Be subject to the Governing Authorities': Reading Romans 13:1-7 in the Matrix of Roman Patronage", DoThJ 3 (2006) pp.105-126.

Georgi, D, *Der Armen zu gedenken. Die Geschichte der Kollekte des Paulus für Jerusalem*, Neukirchen, 1994(2판).

Giebel, M, *Reisen in der Antike*, Darmstadt, 1999.

Gielen, M, "Paulus-Gefagener in Ephesus?", BN 133 (2007), pp.63-77.

Gignac, A, "Le Christ, τέλος de la loi(Rm 10:4)", ScE 46 (1994), pp.55-81.

Gill, D.W.J, "Corinth: a Roman Colony in Achaea", BZ 37 (1993), pp.259-264.

Gnilka, J, "2Kor 6:14-7:1 im Lichte der Qumranschriften und der Zwölf-Patriarchen-Testamente", in: Blinzler, J, u. a. (Hg.), *Neutestamentliche Aufsätze (FS Schmid, J.)*, Regensburg, 1963, pp.86-99.

Gnilka, J, "Die Kollekte der paulinischen Gemeinden für Jerusalem als Ausdruck ekklesialer Gemeinschaft", in: Kampling, R./Söding, Th, (Hg.), *Ekklesiologie des Neuen Testaments (FS Kertelge, K.)*, Freiburg, 1996, pp.301-315.

Gnilka, J, *Der Philemonbrief*, HThK X/4, Freiburg, 1982.

Gnilka, J, *Der Philipperbrief*, HThK X/3, Freiburg, 1980(3판).

Gnilka, J, *Paulus vor Tarsus. Zeuge und Apostel*, HThK. S 6, Freiburg, 1996.

Goldenberg, R, Art. *"Hillel/Hillelschule" (Schammaj/Schammajschule)*, TRE 15, Berlin/New York, 1986, pp.326-330.

Grässer, E, "Der Alte Bund im Neuen", in: Ders, *Der Alte Bund im Neuen*, WUNT 35, Tübingen, 1985, pp.1-134.

Grässer, E, "Kolosser 3:1-4 als Beispiel einer Interpretation secundum homines recipientes", in: Ders, *Text und Situation*, Gütersloh, 1973, pp.123-151.

Grässer, E., *Der Alte Bund im Neuen. Exegetische Studien zur Israelfrage im Neuen Testament*, WUNT 35, Tübingen, 1985.

Grässer, E, *Der zweite Brief an die Korinther*, ÖTK 8/1, Gütersloh, 2002.

Green, P.S, "A Revision of Olea L.(Oleaceae)", Kew Bulletin 57 (2002), pp.91-140.

Grindheim, S, *The Crux of Election. Paul's Critique of the Jewish Confidence in the Election of Israel*, WUNT II, 202, Tübingen, 2005.

Gülzow, H, "Pontifikalreligion und Gesellschaft", in: Ders, *Kirchengeschichte und Gegenwart*, Münster, 1999, pp.13-34.

Gülzow, H, *Christentum und Sklaverei in den ersten drei Jahrhunderten*, Münster, 1999.

Günther, S, *"Vectigalia nervos esse rei publicae". Die indirekten Steuern in der Römischen Kaiserzeit von Augustinus bis Diokletian (Philippika 26)*, Wiesbaden, 2008.

Haacker, K, "Der 'Antinomismus' des Paulus im Kontext antiker Gesetzestheorie", in: Lichtenberger, H, (Hg.), *Geschichte, Tradition,*

Reflexion III: Frühes Christentum (FS Hengel, M,), Tübingen, 1996, pp.387-404.

Haacker, K, "Die Berufung des Verfolgers und die Rechtfertigung des Gottlosen", ThBeitr 6 (1975), pp.1-19.

Haacker, K., "'Ende des Gesetzes' und kein Ende? Zur Diskussion über τέλος νόμου in Röm 10:4", in: *Ja und Nein. Christliche Theologie im Angesicht Israels (FS Schrage, W)*, Neukirchen-Vluyn, 1998, pp.127-138.

Haacker, K, "Der Römerbrief als Friedensmemorandum", NTS 36 (1990), pp.25-41.

Haacker, K, *Der Brief des Paulus an die Römer*, ThHK 6, Leipzig, 2012(4판).

Haacker, K, *Zum Werdegang des Apostels Paulus*, ANRW 26,2, Berlin/New York 1995.

Habermann, J, *Präexistenzaussagen im Neuen Testament*, EHS 23,362, Frankfurt, 1990.

Haenchen, E, *Die Apostelgeschichte*, KEK III, Göttingen, 1977(7판).

Hafemann, S.J, *Paul, Moses, and the History of Israel*, WUNT 81, Tübingen, 1995.

Hahn, F, "Die Bedeutung des Apostelkonvents für die Einheit der Christenheit", in: Ders, *Exegetische Beiträge zum ökumenischen Gespräch*, Göttingen, 1986, pp.95-115.

Hahn, F, "Das Gesetzesverständnis im Römer- und Galaterbrief", ZNW 67 (1976), pp.29-63.

Hahn, F, "Einheit der Kirche und Kirchengemeinschaft in neutestamentlicher Sicht", in: Ders, *Exegetische Beiträge zum ökumenischen Gespräch*, Göttingen, 1986, pp.116-158.

Hahn, F, "Gibt es eine Entwicklung in den Aussagen über die

Rechtfertigung bei Paulus?", EvTh 53 (1993), pp.342-366.

Hahn, F, "Zum Verständnis von Röm 11:26a: ,···und so wird ganz Israel geretter werden", in: Hooker, M.D./Wilson, S.G, (Hg.), *Paul and Paulism (FS Barrett, C.K.)*, London, 1982, pp.221-236.

Hahn, F, *Christologische Hoheitstitel*, FRLANT 83, Göttingen, 1963.

Hahn, J, *Der Philosoph und die Gesellschaft. Selbstverständnis, öffentliches Auftreten und populäre Erwartungen in der hohen Kaiserzeit*, Stuttgart, 1989.

Hahn, F, *Theologie des Neuen Testament II*, Tübingen, 2003.

Hanhart, R, "Die Bedeutung der Septuaginta in neutestamentlicher Zeit", ZThK 81 (1984), pp.395-416.

Hansen, B, *'All of you are in One'. The Social Vision of Gal 3:28, 1Cor 12:13 and Col 3:11*, LNTS 409, London/New York, 2010.

Harnisch, W, "Einübung des neuen Seins. Paulinische Paränese am Beispiel des Galaterbriefes", in: Ders, *Die Zumutung des Liebe. Gesammelte Aufsätze*, FRLANT 187, Göttingen, 1999, pp.149-168.

Harrill, J.A, *The Manumission of Slaves in Early Christianity*, HUTh 32, Tübingen, 1995.

Hartman, L, *Auf den Namen des Herrn Jesus*, SBS148, Stuttgart, 1992.

Hartung, M, "Die kultische bzw. agrartechnisch-biologische Logik der Gleichnisse von der Teighebe und vom Ölbaum in Röm 11:16-24 und die sich daraus ergebenden theologischen Konsequenzen", NTS 45 (1999), pp.127-140.

Hartwig, Ch./Theissen, G, "Die korintische Gemeinde als Nebenadressat des Römerbriefes", NovT 46 (2004), pp.229-252.

Haufe, G, *Der erste Brief des Paulus an die Thessalonicher*, ThHK 12/I,

Leipzig 1999.

Hay, D.M, "Philo's References to other Allegorists", StPhilo 6 (1979/80), pp.41-75.

Heckel, U, "Der Dorn im Fleisch. Die Krankheit des Paulus in 2Kor 12:7 und Gal 4:13f", ZNW 84 (1993), pp.65-92.

Heckel, U, "Paulus als 'Visitator' und die heutige Visitationspraxis", KuD 41 (1995), pp.252-291.

Heckel, U, *Kraft in Schwachheit*, WUNT 2.56, Tübingen, 1993.

Heckel, U, *Hirtenamt und Herrschaftkritik. Die urchristlichen Ämter aus johanneischer Sicht*, BThSt 65, Neukirchen-Vluyn, 2004.

Heckel, U, *Der Segen im Neuen Testament. Begriff, Formeln, Gesten. Mit einem praktisch-theologischen Ausblick*, WUNT 150, Tübingen, 2002.

Heil, J.P, "Christ, the Termination of the Law (Romans 9:30-10:8)", CBQ 63 (2001), pp.484-498.

Heil, Chr, *Die Ablehnung der Speisegebote durch Paulus*, BBB 96, Weinheim, 1994.

Heiligenthal, R, "Strategien konformer Ethik im Neuen Testament am Beispiel von Röm 13:1-7", NTS 29 (1983), pp.55-61.

Heininger, B, *Paulus als Visionär*, HBS 9, Freiburg, 1996.

Heininger, B, "Einmal Tarsus und zurück (Apg 9:30; 11:25-26). Paulus als Lehrer nach der Apostelgeschichte", MThZ 49 (1998), pp.125-143.

Hengel, M, "Das Begräbnis bei Paulus und die leibliche Auferstehung aus dem Grabe", in: Ders, *Studien zur Christologie*, WUNT 201, Tübingen, 2006, pp.417-439.

Hengel, M. "Die Ursprünge der Gnosis und das Urchristentum", in: Âdna, J./Hafemann, S.J./Hofius, O, (Hg.), *Evangelium - Schriftauslegung-*

Kirche (FS Stuhlmacher, P.), Tübingen, 1997, pp.190-223.

Hengel, M, "Jesus der Messias Israels", in: Hengel, M./Schwemer, A.M., *Der messianische Anspruch und die Anfänge der Christologie*, WUNT 138, Tübingen, 2001, pp.65-68.

Hengel, M, "Die Stellung des Apostels Paulus zum Gesetz in den unbekannten Jahren zwischen Damaskus und Antiochien", in: Dunn, J.D.G, (Hg.), *Paul and the Mosaic Law*, WUNT 89, Tübingen, 1996, pp.25-51.

Hengel, M, "Jakobus der Herrenbruder-der erste Papst?", in: Ders, *Paulus und Jakobus. Kleine Schriften III*, WUNT 141, Tübingen, 2002, pp.549-582.

Hengel, M, "Der vorchristliche Paulus", ThBeitr 21 (1990), pp.174-195.

Hengel, M, "Das früheste Christentum als eine jüdische messianische und universalistische Bewegung", ThBeitr 28 (1997), pp.197-210.

Hengel, M, "Der vorchristliche Paulus", in: Hengel, M./Heckel, U, (Hg.), *Paulus und das antike Judentum*, WUNT 58, Tübingen, 1991, pp.177-293.

Hengel, M, "'Setze dich zu meiner Rechten!' Die Inthronisation Christi zur Rechten Gottes und Psalm 110:1", in: Hengel, M, *Studien zur Christologie, KS IV*, WUNT 201, Tübingen, 2006, pp.281-367.

Hengel, M, "Die Stellung des Apostels Paulus zum Gesetz in den unbekannten Jahren zwischen Damaskus und Antiochien", in: Dunn, J.D.G, (Hg.), *Paul and the Mosaic Law*, WUNT 89, Tübingen, 1996, pp.25-51.

Hengel, M, "Jakobus der Herrenbruder-der erste 'Papst?'", in: Ders, *Jakobus der Herrenbruder. Kleine Schriften III*, WUNT 141, Tübingen,

2002, pp.549-582.

Hengel, M, *Die Zeloten*, AGSU 1, Leiden, 1961.

Hengel, M./Schwemer, A.M., *Der messianische Anspruch und die Anfänge der Christologie*, WUNT 138, Tübingen, 2001.

Hengel, M,/Schwemer, A.M., (Hg.), *Die Septuaginta Zwischen Judentum und Christentum*, WUNT 72, Tübingen, 1994

Hengel, M./Schwemer, A.M., (Hg.), *Paulus zwischen Damaskus und Antiochien*, WUNT 108, Tübingen, 1998.

Hock, R.F, *The Social Context of Paul's Ministry*, Philadelphia, 1980.

Hoegen-Rohls, Chr, *Zwischen Augenblickskorrespondenz und Ewigkeittexten. Eine Einführung in die paulinische Epistolographie*, BThSt 135, Neukirchen, 2013.

Hoffmann, P,/Heil, Ch, (Hg.), *Die Spruchquelle Q*, Darmstadt u.a., 2002.

Hofius, O, "Gesetz und Evangelium nach 2. Korinther 3", in: Ders, *Paulusstudien I*, WUNT 51, Tübingen, 1989, pp.75-120.

Hofius, O, "Die Adam-Christus-Antithese und das Gesetz. Erwägungen zu Röm 5:12-21", in: Ders, *Paulusstudien II*, WUNT 143, Tübingen, 2002, pp.62-103.

Hofius, O, "Das Evangelium und Israel", in: Ders, *Paulusstudien I*, WUNT 51, Tübingen, 1989, pp.175-202.

Hofius, O, "Der Mensch im Schatten Adams", in: Ders, *Paulusstudien II*, WUNT 143, Tübingen, 2002, pp.104-154.

Hofius, O, "Paulus-Missionar und Theolog", in: Ders, *Paulusstudien II*, WUNT 143, Tübingen, 2002, pp.1-16.

Hofius, O., "Zu Römer 10,4: τέλος γὰρ νόμου Χριστὸς", in: ders., *Exegetische Studien*, WUNT 223, Tübingen, 2008, pp.95-101.

Hofius, O, *Der Christushymnus Philipper 2,6-11*, WUNT 17, Tübingen, 1976.

Holtz, G, *Damit Gott sei alles in allem*, BZNW 149, Belin, 2007.

Holtz, T, "Die Bedeutung des Apostelkonzils für Paulus", in: Ders, *Geschichte und Theologie des Urchrisitentums. Gesammelte Aufsätze*, WUNT 57, Tübingen, 1991, pp.140-160.

Hommel, H, "Tacitus und die Christen", in: Ders, *Sebasmata II*, WUNT 32, Tübingen, 1984, pp.174-199.

Hommel, H, "Das 7. Kapitel des Römerbriefes im Lichte antiker Überlieferung", in: Ders, *Sebasmata II*, WUNT 32, Tübingen, 1984, pp.141-173.

Horbury, W, *Messianism among Jews and Christians*, London/New York, 2003.

Horn, F.W, "1Korinther 15:56 - ein exegetischer Stachel", ZNW 82 (1991), pp.88-105.

Horn, F.W, "Paulus, das Nasirräat und die Nasirräer", NT 39 (1997), pp.117-137.

Horn, F.W, "Paulusforschung", in: Horn, F.W, (Hg.), *Bilanz und Perspektiven gegenwärtiger Auslegung des Neuen Testaments. Symposion zum 65. Geburtstag v. G. Strecker*, BZNW 75, Berlin/New York, 1995, pp.30-59.

Horn, F.W, "Die letzte Jerusalemreise des Paulus", in: Ders, (Hg.), *Das Ende des Paulus*, BNZW 106, Berlin/New York, 2001, pp.15-35.

Horn, F.W, *Das Angeld des Geistes*, FRLANT 154, Göttingen, 1992.

Horrell, D.G, "'No longer Jew or Greek'. Paul's Corporate Christology and the Construction of Christian Community", in: Horrell, D.G,/Tuckett,

Chr, (Hg.), *Christology, Controversy and Community (FS Catchpole, D.R.)*, Leiden, 2000, pp.321-344.

Horsley, R.A, "1Corinthians: A Case Study of Paul's Assembly as an Alternative Society", in: Ders, (Hg.), *Paul and the Empire. Religion and Power in Roman Imperial Society*, Harrisburg, 1997, pp.242-252.

Horsley, R.A, "Rhetoric and Empire-and 1Corinthians", in: Ders, *Paul and Politics, Ekklesia, Israel, Imperium, Interpretation. Essays in Honour of K. Stendahl*, Harrisburg, 2000, pp.72-102.

Horsley, R.A, "Pneumatikos vs Psychikos", HThR 69 (1976), pp.269-288.

Horsley, R.A, "Wisdom of Word and Words of Wisdom in Corinth", CBQ 39 (1977), pp.224-239.

Horsley, R.A, (Hg.), *Paul and the Empire. Religion and Power in Roman Imperial Society*, Harrisburg, 1997.

Horsley, R.A, (Hg.), *Paul and Politics, Ekklesia, Israel, Imperium, Interpretation. Essays in Honour of K. Stendahl*, Harrisburg, 2000.

Hossfeld, F.-L, "Gedanken zum alttestamentlichen Vorfeld paulinischer Rechtfertigungslehre", in: Söding, Th, (Hg.), *Worum geht es in der Rechtfertigungslehre?*, QD 180, Freiburg, 1999, pp.13-26.

Hotze, G, *Paradoxien bei Paulus*, NTA 33, Münster, 1997.

Hubbard, T.K, (ed.), *Homosexuality in Greece and Rome: A Sourcebook of basic Documents*, Berkeley, 2003.

Hübner, H, "Gal 3:10 und die Herkunft des Paulus", KuD 19 (1973), pp.215-231.

Hübner, H, "Was heisst bei Paulus 'Werke des Gesetzes?'", in: Ders, *Biblische Theologie als Hermeneutik. Gesammelte Aufsätze*, hg. v. Labahn, A,/ Labahn, M, Göttingen, 1995, pp.166-174.

Hübner, H, *Das Gesetz bei Paulus. Ein Beitrag zum Werden der paulinischen Theologie*, FRLANT 119, Göttingen, 1982(3판).

Hübner, H, *Biblische Theologie des Neuen Testament I: Prolegomena*, Göttingen, 1990.

Hübner, H, *Biblische Theologie des Neuen Testament II: Die Theologie des Paulus*, Göttingen, 1993.

Hübner, H, *Gottes Ich und Israel*, FRLANT 136, Göttingen, 1984.

Hulmi, S, *Paulus und Mose. Argumentation und Polemik in 2Kor 3*, SFEG 77, Helsinki/Göttingen, 1999.

Hultgren, A. J., *Paul's Letter to the Romans*, Gran Rapids/Cambridge, 2011.

Hurtado, L, "Convert, Apostate or Apostle to the Nations", SR 22 (1993), pp.273-284.

Hurtado, L.W, *Lord Jesus Christ*, Grand Rapids/Cambridge, 2003.

Hvalvik, R, "A 'Sonderweg' for Israel. A Critical Examination of a Current Interpretation of Romans 11:25-27", JSNT 38 (1990), pp.87-107.

Irons, Ch.L, "The Object of the Law is realized in Christ: Romans 10:4 and Paul's Justification Teaching", JStPL 6 (2016), pp.33-54.

Janowski, B, *Sühne als Heilsgeschen*, WMANT 55, 2000(2판).

Jeremias, J, "Einige vorwiegend sprachliche Beobachtungen zu Röm 11:25-36", in: De Lorenzi, L. (Hg.), *Die Israelfrage nach Röm 9-11*, SMBen.BE 3, Rom, 1977, pp.193-216.

Jeremias, J, "War Paulus Witwer?", ZNW 25 (1926), pp.310-312.

Jeremias, J, *Die Abendmahlsworte Jesu*, Göttingen, 1967(4판).

Jervell, J, *Die Apostelgeschichte*, KEK 3, Göttingen, 1998.

Jewett, R, "Reinterpreting Romans 13 within Its Broader Context", in: *Celebrating Paul. (FS Jerome Murphy-O'Connor and Joseph A. Fitzmyer)* (CBQ.

MS 48), Washington, 2011, pp.265-274.

Jewett, R, *Romans*, Minneapolis, 2007.

Johnson, E.E, *The Function of Apocalyptic and Wisdom Tradition in Romans 9-11*, SBLDS 109, Atlanta, 1989.

Jolivet, I, "Christ the τέλος in Romans 10:4 as Both Fulfillment and Termination of the Law", RestQ 51 (2009), pp.13-30.

Jones, S, *"Freiheit" in den Briefen des Apostels Paulus*, GTA 34, Göttingen, 1987.

Käsemann, E, "Die Anfänge christlicher Theologie", in: Ders, *Exegetische Versuche und Besinnungen II*, Göttingen, 1970(3판), pp.82-104.

Käsemann, E, "Die Legitimität des Apostels. Eine Untersuchung zu II Korinther 10 – 13", ZNW 41 (1942), pp.33 – 71(=in: Rengstorf, K.H, (Hg.), *Das Paulusbild in der neueren deutschen Forschung*, Darmstadt, 1969(2판), pp.475-521.

Käsemann, E, "Der Glaube Abrahams in Römer 4", in: Ders, *Paulinische Perspektiven*, Tübingen, 1972(2판), pp.140-177.

Käsemann, E, "Gottesgerechtigkeit bei Paulus", in: Ders, *Exegetische Versuche und Besinnungen II*, Göttingen, 1970(3판), pp.181-193.

Käsemann, E, "Gottesdienst im Alltag der Welt", in: Ders, *Exegetische Versuche und Besinnungen II*, Göttingen, 1970(3판), pp.198-204.

Käsemann, E., "Grundsätzliches zur Interpretation von Röm 13", in: Ders., *Exegetische Versuche und Besinnungen 2*, Göttingen, 1968(3판), pp.204-222.

Käsemann, E, "Das theologische Problem des Motivs vom Leib Christi", in: Ders, *Paulinische Perspektiven*, Tübingen, 1972(2판), pp.178-210.

Käsemann, E, "Sätze heiligen Rechts im Neuen Testament", in: Ders,

Exegetische Versuche und Besinnungen II, Göttingen, 1970(3판), pp.69-82.

Käsemann, E, *An die Römer*, HNT 8a, Tübingen, 1980(4판).

Kasher, A, Art. "Diaspora" I/2, TRE 8, Berlin/New York, 1981, p.711.

Kehrer, G, "Religiöse Gruppenbildungen", in: Zinser, H, (Hg.), *Religionwissenschaft*, Berlin, 1988.

Keller, W, *Gottes Treue-Israels Heil. Röm 11:25-27. Die These vom "Sonderweg" in der Diskussion*, SBB 40, Stuttgart, 1998.

Kertelge, K, "Exegetische Versuche Überlegungen zum Verständnis der paulinischen Anthropologie nach Röm 7", ZNW 62 (1971), pp.105-114.

Kertelge, K, "Freiheitsbotschaft und Liebesgebot im Galaterbrief", in: Ders, *Grundthemen paulinischer Theologie*, Freiburg, 1991, pp.197-208.

Kertelge, K, "Gesetz und Freiheit im Galaterbrief", in: Ders, *Grundthemen paulinischer Theologie*, Freiburg, 1991, pp.184-196.

Kertelge, K, *"Rechtfertigung" bei Paulus. Studien zur Struktur und zum Bedeutungsgehalt des paulinischen Rechtfertigungsbegriffs*, NTA 3, Münster, 1971(2판).

Kirchhoff, R, *Die Sünde ggen den eigenen Leib*, StUNT 18, Göttingen, 1994.

Klappert, B, "Traktat für Israel(Römer 9-11)", in: Stöhr, M. (Hg.), *Jüdische Existenz und die Erneuerung der christlichen Theologie*, ACJD 11, München, 1981, pp.58-137.

Klauck, H.-J, "Der Gott in Dir'(Ep 41:1). Autonomie des Gewissens bei Seneca und Paulus," in: Ders, *Alte Welt und neuer Glaube*, NTOA 29, Göttingen/Freiburg(H), 1994, pp.11-31.

Klauck, H.-J, *Herrenmahl und hellenistischer Kult*, NTANF 15, Münster, 1982(2판).

Klauck, H.-J, *1. Korintherbrief*, NEB, Würzburg, 1992(3판).

Klauck, H.-J, *2. Korintherbrief*, NEB, Würzburg, 1994(3판).

Klauck, H.-J, *Die religiöse Umwelt des Urchristentums I*, Stuttgart, 1995.

Klauck, H.-J, *Die religiöse Umwelt des Urchristentums II*, Stuttgart, 1996.

Klauck, H.-J, *Hausgemeinde und Hauskirche im frühen Christentum*, SBS 103, Stuttgart, 1981.

Klein, G, Art. "Gesetz III", TRE 13, Berlin/New York, 1984, pp.58-75.

Klein, G, "Der Abfassungszweck des Römerbriefes", in: Ders, *Rekonstruktion und Interpretation*, BEvTh 50, München, 1969, pp.129-144.

Klein, G, "Antipaulinismus in Philippi. Eine Problemskizze.", in: Koch, D.-A,/Sellin, G,/Lindemann, A, (Hg.), *Jesu Rede von Gott und ihre Nachgeschichte im frühen Christentum (FS Marxsen, W,)*, Gütersloh 1989, pp.297-313.

Klinghardt, M, *Gemeinschaftsmahl und Mahlgemeinschaft. Soziologie und Liturgie frühchristlicher Mahlfeiern*, TANZ 13, Tübingen, 1996.

Knauf, A, "Zum Ethnarchen des Aretas 2Kor 11:21", ZNW 74 (1983), pp.145-147.

Knauf, A, "Die Arabienreise des Apostels Paulus", in: Hengel, M./ Schwemer, A.M., (Hg.), *Paulus zwischen Damaskus und Antiochien*, WUNT 108, Tübingen, 1998, pp.465-471.

Knöppler, Th, *Sühne im Neuen Testament*, WMANT 88, Neukirchen, 2001.

Koch, D. A., "···bezeugt durch das Gesetz und die Propheten. Zur Funktion der Schrift bei Paulus", in: Schmid,H,H,/Mehlhausen,J, (Hg.), *Sola Scriptura*, Gütersloh, 1991, pp.169-179.

Koch, D.-A, Barnabas, "Paulus und die Adressaten des Galaterbriefes", in: Mell, U,/Müller, U,B, (Hg.), *Das Urchristentum in seiner literarischen Geschichte (FS Becker, J,)*, BZNW 100, Berlin/New York, 1999, pp.85-106.

Koch, D. A., "Seid unanstössig für Juden und für Griechen und für die Gemeinde(1Kor 10:32)", in: Trowitzsch, M, (Hg.), *Paulus, Apostel Jesu Christi (FS Klein, G,)*, Tübingen, 1998, pp.35-54.

Koch, D. A., "Die Christen als neue Randgruppe in Makedonien und Achaia im 1. Jahrhundert n. Chr", in: Müller, H.-P,/Siegert, F, (Hg.), *Antike Randgesellschaften und Randgruppe im Mittelmeerraum*, Münster, 2000, pp.158-188.

Koch, D.-A., "Kollektenbericht, 'Wir'-Bericht und Itinerar", NTS 45 (1999), pp.367-390.

Koch, D. A., *Geschichte des Urchristentums*, Göttingen, 2013.

Koch, D. A., *Die Schrift als Zeuge des Evangeliums*, BHTh 69, Tübingen, 1986.

Köster, H, "Imperial Ideology and Paul's Eschatology in 1 Thessalonians", in: Horsley, R,A, (Hg.), *Paul and the Empire. Religion and Power in Roman Imperial Society*, Harrisburg, 1997, pp.158-166.

Kolb, F, "Antiochia in der frühen Kaiserzeit", in: Canick, H,/Lichtenberger, H,/Schäfer, P, (Hg.), *Geschichte-Tradition-Reflexion II (FS Hengel, M,)*, Tübingen, 1996, pp.97-118.

Kollmann, B, *Joseph Barnabas*, SBS 175, Stuttgart, 1998.

Kollmann, B, "Die Berufung und Bekehrung zum Heidenmissionat", in: Horn, F,W, (Hg.), *Paulus-Handbuch*, Tübingen, 2013, pp.80-91.

Kollmann, B, "Paulus als Wundertäter", in: Schnelle, U,/Söding, T,

(Hg.), *Paulinische Christologie. Exegetische Beiträge (FS Hübner, H.)*, Göttingen, 2000, pp.76-96.

Konradt, M, "Zur Datierung des sogenannten antiochenischen Zwischenfall", ZNW 102 (2011), pp.19-39.

Konradt, M, "Die historisch-kritische Exegese und das reformatorische Schriftprinzip", ZNT 39/40, (2017), pp.105-125.

Konradt, M, *Gericht und Gemeinde. Eine Studie zur Bedeutung und Funktion von Gerichtsaussagen im Rahmen der paulinischen Ekklesiologie und Ethik im 1Thess und 1Kor*, BZNW 117, Berlin, 2003.

Kramer, W, *Christos Kyrios Gottessohn*, AThANT 44, Zürich, 1973.

Kraus, W, "Der Jom Kippur, der Tod Jesu und die 'Biblische Theologie'", JBTh 6 (1991), pp.155-172.

Kraus, W, *Zwischen Jerusalem und Antiochia*, SBS 179, Stuttgart, 1999.

Kraus, W, *Der Tod Jesu als Heiligtumsweihe*, WMANT 66, Neukirchen, 1991.

Kraus, W, *Das Volk Gottes*, WUNT 85, Tübingen, 1996.

Krauter, St, "Auf dem Weg zu einer theologischen Würdigung von Röm 13:1-7", ZThK 109 (2012), pp.287-306.

Krauter, S, "Es ist keine Gewalt ausser von Gott. Röm 13:1 im Kontext des politischen Diskurses der neronischen Zeit", in: Schnelle, U.,(ed.), *The Letter to the Romans*, BEThL 226, Leuven u.a., 2009, pp.371-401.

Krauter, St, *Studien zu Röm 13:1-7*, WUNT 243, Tübingen, 2009.

Krug, J, *Die Kraft des Schwachen*, TANZ 37, Tübingen, 2001.

Kümmel, W.G, *Römer 7 und das Bild des Menschen im Neuen Testament. Zwei Studien*, TB 53, München 1974.

Kümmel, W.G, *Einleitung in das Neue Testament*, Heidelberg, 1978(19판).

Kuhn, H.-W, "Die Bedeutung der Qumrantexte für das Verständnis des Galaterbriefes", in: Brooke, G.J, (Hg.), *New Qumran Texts and Studies*, StTDJ XV, Leiden, 1994, pp.169-224.

Kuhn, H.-W, "Die drei wichtigsten Qumranparallen zum Galaterbrief", in: Bartelmus,R,/Krüger, Th,/Utzschneider, H, (Hg.), *Konsequente Traditionsgeschichte (FS Baltzer, K.)*, OBO 126, Göttingen, 1993, pp.227-254.

Kundert, L, "Christus als Inkorporation der Tora. τέλος γὰρ νόμου Χριστός. Röm 10:4 vor dem Hintergrund einer erstaunlichen rabbinischen Argumentation", ThZ 55 (1999), pp.76-89.

Kuula, K, *The Law, the Covenant and God's Plan I*, SFEG 72, Helsinki/Göttingen, 1999.

Laato, T, *Paulus und das Judentum*, Åbo, 1991.

Labahn, M, "'Heiland der Welt'. Der gesandte Gottessohn und der römische Kaiser-ein Thema johanneischer Christologie?", in: Labahn, M,/Zangenberg, J, (Hg.), *Zwischen den Reichen: Neues Testament und Römische Herrschaft*, TANZ 36, Tübingen/Basel, 2002, pp.147-173.

Labahn, M, "Paulus-ein homo honestus et iustus, Das lukanische Paulusportrait von Act 27-28 im Lichte ausgewählter antiker Parallelen", in: Horn, F.W, (Hg.), *Das Ende des Paulus*, BNZW 106, Berlin/New York, 2001, pp.79-106.

Labahn, A,/Labahn, M, "Jesus als Sohn Gottes bei Paulus", in: Schnelle, U,/Södinh, Th,/Labahn, M, (Hg.), *Paulinische Christologie (FS Hüner, H.)*, Göttingen 2000, pp.97-120.

Lampe, P, "Paulus-Zeltmacher", BZ 31 (1987), pp.256-261.

Lampe, P, "*Urchristliche Missionwege nach Rom: Haushalte paganer*

Herrschaft als jüdisch-christliche Keimzellen", ZNW 92 (2001), pp.123‑127.

Lampe, P, *Die stadtrömischen Christen in den ersten beiden Jahrhunderten*, WUNT 2.18, Tübingen, 1987.

Lang, F, *Die Briefe an die Korinther*, NTD 7, Göttingen, 1986.

Lichtenberger, H, "Auferstehung in den Qumrantexten", in: Avemarie, F./ Lichtenberger, H, (Hg.), *Auferstehung*, WUNT 135, Tübingen, 2001, pp.79‑91.

Lichtenberger, H, "Josephus und Paulus in Rom", in: Koch, D.‑A./ Lichtenberger, H, (Hg.), *Begegnungen zwischen Christentum und Judentum in Antike und Mittelalter (FS Schreckenberg, H.)*, Göttingen, 1993, pp.245‑261.

Lichtenberger, H, "Täufergemeinden und frühchristliche Täuferpolemik im letzten Drittel des 1. Jahrhunderts", ZThK 84 (1987), pp.36‑57.

Lietzmann, H, *An die Korinther I/II*, HNT 9, Tübingen, 1969(5판).

Lietzmann, H, *An die Römer*, HNT 8, Tübingen, 1971(5판).

Lindemann, A, "Paulus und die korinthische Eschatologie", in: Ders, *Paulus, Apostel und Lehrer der Kirche*, Tübingen, 1999, pp.64‑90.

Lindemann, A, "Die Kirche als Leib", in: Ders, *Paulus, Apostel und Lehrer der Kirche*, Tübingen, 1999, pp.132‑157.

Lindemann, A, *Der Erste Korintherbrief*, HNT 9/1, Tübingen, 2000.

Löhr, H, Zur Paulusnotiz in 1Clem 5:5‑7, in: Horn, F.W, (Hg.), *Das Ende des Paulus*, Berlin/New York, pp.197‑213.

Löning, K, *Die Saulustradition in der Apostelgeschichte*, NTA 9, Münster, 1973.

Löning, K, "Der Stephanuskreis und seine Mission", in: Becker, J, (Hg.), *Die*

Anfänge des Christentums, Stuttgart, 1987, pp.80-101.

Lohmeyer, E, *An Philemon*, KEK 9/2, Göttingen, 1953(9판).

Lohmeyer, E, *Der Brief an die Philipper*, KEK IX/1, Göttingen, 1974(14판).

Lohse, E, "Summa Evangelii-zu Veranlassung und Thematik des Römerbriefes", NAWG.PH 3 (1993), pp.91-119.

Lohse, E, "Die Gerechtigkeit Gottes in der paulinischen Theologie", in: Ders, *Die Einheit des Neuen Testaments. Gesammelte Aufsätzte*, Göttingen, 1973, pp.209-227.

Lohse, E, *Märtyrer und Gottesknecht*, FRLANT 64, Göttingen, 1963(2판).

Lohse, E., *Der Brief an Die Römer*, KEK, Göttingen, 2003.

Luck, U, "Die Bekehrung des Paulus und das Paulinische Evangelium", ZNW 76 (1985), pp.187-208.

Lüdemann, G, *Paulus, der Heidenapostel I*, FRLANT 123, Göttingen, 1980.

Lüdemann, G, *Paulus, der Heidenapostel II*, FRLANT 130, Göttingen, 1983.

Lüdemann, G, *Das frühe Christentum nach den Traditionen der Apoatelgeschichte*, Göttingen, 1987.

Lüdemann, G, *Paulus und das Judentum*, TEH 215, München, 1983.

Lüdemann, G, *Paulus, der Gründer des Christentums*, Lüneburg, 2001.

Lührmann, D, "Freundschaftsbrief trotz Spannungen", in: Schrage, W, (HG.), *Studien zum Text und zur Ethik des Neuen Testaments (FS Greeven, H,)*, BZNW 47, Berlin/New York, 1986, pp.298-314.

Lührmann, D, "Tage, Monate, Jahreszeiten, Jahre(Gal 4:10)", in: Albertz, R, u.a. (Hg.), *Werden und Wirken des Alten Testaments (FS Westermann, C,)*, Göttingen, 1980, pp.428-445.

Lührmann, D, "SUPERSTITIO-die Beurteilung des frühen Christentums durch die Römer", ThZ 42 (1986), pp.191-213.

Luz, U, Art. "Gerechtigkeit", EKL II, Göttingen, 1992(3판), pp.90-92.

Luz, U, "Zum Aufbau von Röm 1-8", ThZ 25 (1969), pp.161-181.

Luz, U, "Rechtfertigung bei den Paulusschülern", in: Friedrich, J,/
Pöhlmann, W,/Stuhlmacher, P, (Hg.), *Rechtfertigung (FS Käsemann, E,)*,
Tübingen, 1976, pp.365-383.

Luz, U, "Das 'Auseinandergehen der Wege'. Über die Trennung des
Christentums vonm Judentum", in: Dietrich, W,/George, M,/Luz, U,
(Hg.), *Antijudaismus-christliche Erblast*, Stuttgart, 1999, pp.56-73.

Luz, U, "Jesus und die Pharisäer", Jud 38 (1982), pp.111-124.

Luz, U, *Das Geschichtsverständnis des Paulus*, BEvTh 49, München, 1968.

Luz, U,/Smend, R, *Gesetz*, Stuttgart, 1981.

Mach, M, "Tora-Verleihung durch Engel", in: Augustin, M,/Kegler, J, (Hg.),
Das Alte Testament als geisitige Heimat (FS Wolff, H.-W.), Frankfurt,
1982, pp.51-70.

Maier, J, *Zwischen den Testamenten*, NEB.AT EB 3, Würzburg, 1990.

Maier, J, *Mensch und freier Wille*, WUNT 12, Tübingen, 1971.

Malherbe, A.J, *Paul and the Popular Philosophers*, Minneapolis 1989.

Malitz, J, "Philosophie und Politik im frühen Prinzipat", in: Schmidt, H.W,/
Wülfing, P, (Hg.), *Antikes Denken-Moderne Schule*, Heidelberg, 1988,
pp.151-179.

Marshall, P, *Enmity in Corinth*, WUNT 2.23, Tübingen, 1987.

Martyn, J.L, *Galatians*, AncB 33 A, New York, 1997.

Marxsen, W, *Der erste Brief an die Thessalonicher*, ZBK NT 11.1, Zürich,
1979.

Meeks, W.A, *Urchristentum und Stadtkultur*, Gütersloh, 1993.

Megitt, J.J, *Paul, Poverty and Survival*, Edinburgh, 2000.

Merk, O, "Der Beginn der Paränese im Galaterbrief", in: Ders, *Wissens-chaftsgeschichte und Exegese*, BZNW 95, Berlin/New York, 1998, pp.238-259.

Merk, O, *Wissenschaftsgeschichte und Exegese*, BZNW 95, Berlin/New York, 1998.

Merklein, H, "Der Theologe als Prophet", in: Ders, *Studien zu Jesus und Paulus II*, WUNT 105, Tübingen, 1998, pp.377-404.

Merklein, H, "Die Einheitlichkeit des ersten Korintherbriefes", in: Ders, *Studien zu Jesus und Paulus*, WUNT 43, Tübingen, 1987, pp.345-375.

Merklein, H, "Sinn und Zweck von Röm 13:1-7. Zur semantischen und pragmatischen Struktur eines umstrittenen Textes", in: Ders, *Studien zu Jesus und Paulus Ii*, WUNT 105, Tübingen, 1998, pp.405-437.

Merklein, H, *Der erste Brief an die Korinther*, ÖTK 7/1, Gütersloh, 1992.

Merklein, H, *Der erste Brief an die Korinther*, ÖTK 7/2, Gütersloh, 2000.

Meyer, R, "Tradition und Neuschöpfung im antiken Judentum-Dargestellt an der Geschichte des Pharisäismus", in: Ders, *Zur Geschichte und Theologie des Judentums in hellenistisch-römischer Zeit*, Berlin, 1989, pp.130-187.

Millard, A.R, *Pergament und Papyrus, Tafeln und Ton. Lesen und Schreiben zur Zeit Jesu*, Giessen 2000.

Mitchell, M.M, *Paul and the Rhetoric of Reconciliation*, HUTh 28, Tübingen, 1991.

Mitchell, St, *Anatolia: Land, Men, and Gods in Asia Minor II*, Oxford, 1993.

Molthagen, J, "Die ersten Konflikte der Chrisiten in der griechisch-römischen Welt", Historia 40 (1991), pp.42-76.

Moo, D.J., *The Epistle to the Romans*, NIC, Grand Rapids, 1996.

Müller, K, "Von der Last kanonischer Erinnerungen. Das Dilemma des Paulus angesichts der Frage nach Israels Rettung in Römer 9-11", in: *"Für alle Zeiten zur Erinnerung" (Jos 4:7) (FS Mussner, F)*, SBS 209, Stuttgart, 2006, pp.203-253.

Müller, K, "Möglichkeit und Vollzug jüdischer Kapitalgerichtsbarkeit im Prozess gegen Jesus von Nazareth", in: K. Kertelge (Hg.), *Der Prozess gegen Jesus. Historische Rückfrage und theologische Deutung* (QD 112), Freiburg, 1989, pp.41-83.

Müller, P, *Der Brief an Philemon*, KEK 9/3, Göttingen, 2012.

Müller, U.B, *Der Brief des Paulus an die Philipper*, ThHK 11/I, Leipzig, 1993.

Müller, U.B, *Prophetie und Predigt im Neuen Testament*, StNT 10, Gütersloh, 1975.

Müller, U.B, *Johannes der Täufer*, BG 6, Leipzig, 2002.

Murphy-O'Connor, J, "Philo and 2Cor 6:14-7:1", in: de Lorenzi, L, (Hg.), *The Diakonia of the Spirit(2Co 4:7-7:4)*, SMBen 10, Rom 1989, pp.133-146.

Murphy-O'Connor, J, *"Paul in Arabia"*, CBQ 55 (1993), pp.732-737.

Murphy-O'Connor, J, *St. Paul's Corinth*, Collegeville, 2002(3판).

Mussner, F, "Wer ist "Der ganze Samen" in Röm 4:16", in: *Begegnungen mit dem Wort (FS Zimmermann, H,)*, BBB 53, Bonn, 1980, pp.213-217.

Mussner, F, "'Wenn sie nicht im Unglauben verharren'. Bemerkungen zu Röm 11:23", TThZ 111 (2002), pp.62-67.

Mussner, F, *Der Galaterbrief*, HThK IX, Freiburg, 1981(4판).

Mussner, F, *Die Kraft der Wurzel*, SBB 13, Freiburg u.a., 1989(2판).

Mussner, F, *Traktat über die Juden*, München, 1979.

Naselli, A.D, *From Typology to Doxology. Paul's Use of Isaiah and Job in Romans 11:34-35*, Eugene, 2012.

Neirynck, F, "Paul and the Sayings of Jesus", in: Ders, *Evangelica II*, BETL 99, Leuven, 1991, pp.511-568.

Neubrand, M, *Abraham-Vater von Juden und Nichtjuden. Eine exegetische Studie zu Röm 4*, fzB 85, Würzburg, 1997.

Neubrand, M./Seidel, J, "'Eingepfropft in den edlen Ölbaum'(Röm 11:24): Der Ölbaum ist nicht Israel", BN 105 (2000), pp.61-76.

Neumann, G, *"Kleinasien"*, in: Neumann, G,/Untermann, J, (Hg.), *Die Sprachen im Römischen Reich der Kaiserzeit*, Köln/Bonn 1980, pp.167-185.

Neusner, J, *The Rabbinic Traditions about the Pharisees before 70 I*, Leiden, 1971.

Neusner, J, *Das pharisäische und talmudische Judentum*, TSAJ 4, Tübingen, 1984.

Neusner, J, *Judentum im frühchristlicher Zeit*, Stuttgart, 1988.

Nicklas, T, "Paulus und die Errettung Israels: Röm 11:25-36 in der exegetischen Diskussion und im jüdisch-christlichen Dialog", EChr 2 (2011), pp.173-197.

Niebuhr, K.-W, *Heidenapostel aus Israel*, WUNT 62, Tübingen, 1992.

Niehr, H, "Das Buch Daniel", in: Zenger, E, u.a. (Hg.), *Einleitung in das Alte Testament*, Stuttgart, 2016(9판), pp.618-629.

Nielsen, H.K, "Paulu's Verwendung des Begriffes Δύναμις. Eine Replik zur Kreuzestheologie", in: Pedersen, S, (Hg.), *Die paulinische Literatur und Theologie*, TeolSt 7, Arhus, 1980, pp.137-158.

Nippel, W, "Der Apostel Paulus-ein Jude als römischer Bürger", in: Hölkeskampf, K.-J, u.a. (Hg.), *Sinn (in) der Antike*, Mainz, 2003, pp. 357-371.

Noethlichs, K.L, *Das Judentum und der römische Staat*, Darmstadt, 1996.

Noethlichs, K.L, "Der Jude Paulus-ein Tarser und Römer?", in: Haehling, R.v, (Hg.), *Rom und das himmlische Jerusalem. Die frühen Christen zwischen Anpassung und Ablehnung*, Darmstadt, 2000, pp.53-84.

Norris, F.W, "Antiochien I", TRE 3, Berlin/New York, 1978, pp.99-103.

Oegema, G.S, "Versöhnung ohne Vollendung? Römer 10:4 und die Tora der messinischen Zeit", in: Avemarie, F./Lichtenberger, H, (Hg.), *Bund und Tora*, WUNT 92, Tübingen, 1996, pp.229-261.

Öhler, M, "Römisches Vereinsrecht und christliche Gemeinden", in: Labahn, M,/Zangenberg, J, (Hg.), *Zwischen den Reichen. Neues Testament und Römische Herrschaft*, TANZ 36, Tübingen, 2002, pp.51-71.

Oepke, A, *Der Brief des Paulus an die Galater*, bearbeitet v. Rohde, J, ThHK 9, Berlin, 1973(3판).

Ollrog, W.H, *Paulus und seine Mitarbeiter*, WMANT 50, Neukirchen, 1979.

Omerzu, H, "*Das Schweigen des Lukas. Überlegungen zum offenen Ende der Apostelgeschichte*", in: Horn, F.W, (Hg.), *Das Ende des Paulus*, BNZW 106, Berlin/New York, 2001, pp.128-144.

Omerzu, H, *Der Prozess des Paulus*, BZNW 115, Berlin/New York, 2002.

Otto, E, Art. *Gerechtigkeit*, RGG 3, Tübingen, 2000(4판), pp.702-704.

Pesch, R, *Die Apostelgeschichte: Apg 13-28*, EKK V/2, Neukirchen, 1986.

Philhofer, P, "Städtische Wurzeln des frühen Christentums", ThPQ 161 (2013), pp.158-165.

Philhofer, P, *Philippi. Die erste Christliche Gemeinde Europas I*, WUNT 87, Tübingen, 1995.

Plevnik, J, "Pauline Presuppositions", in: Collins, R.R, (Hg.), *Thessalonian Correspondence*, BETL 87, Leuven, 1990, pp.50-61.

Pokorný, P, "In Honour of Josef B. Soucek (1992)", in: Pokorný, P,/Soucek, J.B, *Bibelauslegung als Theologie*, WUNT 100, Tübingen, 1997, pp.13-23.

Pokorný, P, "Griechische Sprichtwörter im Neuen Testament", in: Pokorný, P,/Soucek, J.B, *Bibelauslegung als Theologie*, WUNT 100, Tübingen, 1997, pp.147-154.

Pokorný, P,/Heckel, U, *Einleitung in das Neue Testament*, Tübingen, 2007.

Pollmann, I, *Gesetzeskritische Motive im Judentum und die Gesetzeskritik des Paulus*, NTOA 98, Göttingen, 2012.

Porter, S.E, "Romans 13:1-7 as Pauline Political Rhetoric", FNT 3 (1990), pp.115-139.

Powers, D.G, *Salvation through Participation*, Keiden, 2001.

Pratscher, W, *Der Herrenbruder Jakobus und die Jakobustradition*, FRLANT 139, Göttingen, 1987.

Radl, W, Art. "παρουσία", EWNT 3, Stuttgart, 1992(3판), pp.102 – 105.

Radl, W, *Paulus und Lukas im lukanischen Doppelwerk*, EHS 49, Bern/Frankfurt, 1975.

Räisänen, H, "Das 'Gesetz des Glaubens'(Röm 3:27) und das 'Gesetz des Geistes'(Röm 8:2)", NTS 26 (1980), pp.101-117.

Räisänen, H, "Sprachliches zum Spiel des Paulus mit Nomos", in: *Glaube und Gerechtigkeit (FS Gyllenberg, R.)*, SFEG 38, Helsinki, 1983, pp.134-149.

Räisänen, H, "Paul's Call Experience and his later View of the Law", in: Ders, *The Torah and Christ*, SFEG 45, Helsinki, 1986, pp.55-92.

Räisänen, H, "Paul's Theological Difficulties with the Law", in: Ders, *The Torah and Christ*, SFEG 45, Helsinki, 1986, pp.3-24.

Räisänen, H, "Römer 9-11: Analyse eines geistigen Rings", ANRW 25.4, Berlin/New York, 1987, pp.2891-2939.

Räisänen, H, *Paul and the Law*, WUNT 29, Tübingen, 1987(2판).

Rapske, B, *The Book of Acts and Paul in Roman Custody*, BAFCS III, Grand Rapids, 1994.

Rau, E, "Der urchristliche Kyrioskult und die Bekehrung des Paulus", in: Stoldt, P,/Grünberg, W,/Suhr, U, (Hg.), *Kulte, Kulturen, Gottesdienste (FS Cornel, P.)*, Göttingen, 1996, pp.156-171.

Rau, E, *Von Jesus zu Paulus. Entwicklung und Rezeption der antiochenischen Theologie im Urchristentum*, Stuttgart, 1994.

Reck, R, *Kommunikation und Gemeindeaufbau*, SBB 22, Stuttgart, 1991.

Reichert, A, *Der Römerbrief als Gratwanderung*, FRLANT 194, Göttingen, 2001.

Reinbold, W, "Das Ziel des Gesetzes nach Röm 10:4-13", in: Doering, L, u.a. (Hg.), *Judaistik und neutestamentliche Wissenschaft*, FRLANT 226, Göttingen, 2008, pp.297-312.

Reinbold, W, *Propaganda und Mission im ältesten Christentum*, FRLANT 188, Göttingen, 2000.

Reinmuth, E, "Narratio und argumentatio-zur Auslegung der Jesus-Christus-Geschichte im Ersten Korintherbrief", ZThK 92 (1995), pp.13-27.

Reiser, M, "Hat Paulus Heiden bekehrt?", BZ 39 (1995), pp.78-91.

Richard, E, "Early Pauline Thought: An Analysis of 1 Thessalonians", in: Bassler, J.M, (Hg.), *Pauline Theology I*, Minneapolis, 1991, pp.39-52.

Riesner, R, "Paulus und die Jesus-Überlieferung", in: Adna,J,/Haferman, S.J,/Hofius, O, (Hg.), *Evagelium-Schriftauslegung-Kirche (FS Stublmacher)*, Göttingen, 1997, pp.347-365.

Riesner, R, *Die Frühzeit des Apostels Paulus*, WUNT 71, Tübingen, 1994.

Rösel, M, *Adonaj-Warum Gott "Herr" genannt wird*, FAT 29, Tübingen, 1999.

Rohde, J, *Der Brief des Paulus an die Galater*, ThHK 9, Berlin, 1989.

Roloff, J, *Die Apostelgeschichte*, NTD 5, Göttingen, 1981.

Roloff, J, *Die Kirche im Neuen Testament*, GNT 10, Göttingen, 1993.

Rosen, H.B, "Die Sprachsituation im Römischen Palästina", in: Neumann, G,/Untermann, J, (Hg.), *Die Sprachen im Römischen Reich der Kaiserzeit*, Köln/Bonn, 1980, pp.215-239.

Rüpke, J, *Die Religion der Römer*, München, 2001.

Rusam, D, "Neue Belege zu den στοιχεῖα τοῦ κόσμου", ZNW 83 (1992), pp.119-125.

Sänger, D, "Die Adresse des Galaterbriefes", in: Bachmann, M,/Kollmann, B, (Hg.), *Umstrittener Galaterbrief. Studien zur. Situierung der Theologie des Paulusschreibens*, BThSt 106, Neukirchen, 2010, pp.1-56.

Sänger, D, "'Vergeblich bemüht?'(Gal 4:11); Zur paulinischen Argument-ationsstrategie im Galaterbrief", ZNW 93 (2002), pp.377-399.

Sänger, D, *Die Verkündigung des Gekreuzigten und Israel*, WUNT 75, Tübingen, 1994.

Safari, S, "Education and the Study of the Torah", in: Safari, S,/Stern, M, (Hg.),

The Jewish People in the First Century, CRINT I/2, Assen/Amsterdam, 1976, pp.945-970.

Saldarini, A.J, *Pharisees, Scribes and Sadducees in Palestinian Society*, Edinburgh, 1988.

Saliba, J.A, *Understanding New Religious Movements*, Grand Rapids, 1995.

Sanders, E.P, *Paul and Palestinian Judaism: A Comparison of Patterens of Religion*, Minneapolis, 1977.

Sanders, E.P, *Paul, the Law, and the Jewish People*, Minneapolis, 1983.

Sanders, E.P, *Paul. The Apostle's Life, Letters, and Thought*, Minneapolis, 2015.

Sandnes, K.O, *Paul-One of the Prophets? A Contribution to the Apostle's Self-Understanding*, WUNT 2.43, Tübingen, 1991.

Sass, G, "Noch einmal: 2Kor 6:14-7, 1", ZNW 84 (1993), pp.36-64.

Sass, G, *Leben aus den Verheissungen*, FRLANT 164, Göttingen, 1995.

Schade, H.H, *Apokalyptische Christologie bei Paulus*, GTA 18, Göttingen, 1984(2판).

Schaede, S, *Stellvertretung. Begriffsgeschichtliche Studien zur Soteriologie*, BHTh 126, Tübingen, 2004.

Schäfer, P, "Der synagogale Gottesdienst", in: Maier, J./Schreiner, J, (Hg.), *Literatur und Religion des Frühjudentums*, Würzburg 1973, pp.391-413.

Schäfer, P, *Geschichte der Juden in der Antike*, Tübingen, 2010(2판).

Schaller, B, "4000 Essener-6000 Pharisäer. Zum Hintergrund und Wert antiker Zahlenangaben", in: Kollmann, B./Reinbold, W./Steudel, A, (Hg.), *Antikes Judentum und Frühes Christentum (FS Stegemann, H,)* BZNW 97, Berlin/New York, 1999, pp.172-182.

Schaller, B, "ἥξει ἐκ Σιὼν ὁ ῥυόμενος. Zur Textgestalt von Jes 59:20f. in Röm 11:26f", in: Ders., *Fundamenta Judaica*, StUNT 25, Göttingen, 2001, pp.162-166.

Schenke, H.-M./Fischer, K.M, *Einleitung in die Schriften des Neuen Testaments I*, Berlin, 1978.

Schenke, L, *Die Urgemeinde*, Stuttgart, 1990.

Schiefer-Ferrari, M, *Die Sprache des Leids in den paulinischen Peristasenkatalogen*, SBB 23, Stuttgart, 1991.

Schlier, H, *Der Brief an die Galater*, KEK VII, Göttingen, 1971(5판).

Schlier, H., *Der Römerbrief*, HKNT 6, Freiburg, 1977(2판).

Schlund, Ch, "Deutungen des Todes Jesu im Rahmen der Pesach-Tradition", in: Frey, J./Schröter, J, (Hg.), *Deutungen des Todes Jesu*, pp.397-411.

Schmeller, Th, *Schulen im Neuen Testament? Zur Stellung des Urchristentums in der Bildungswelt seiner Zeit*, HBS 30, Freiburg, 2001.

Schmeller, Th, "Neutestamentliches Gruppenethos", in: Beutler, J, (Hg.), *Der neue Mensch in Christus*, QD 190, Freiburg, 2001, pp.120-134.

Schmeller, Th, "Kollege Paulus. Die Jesusüberlieferung und das Selbstverständnis des Völkerapostels", ZNW 88 (1997), pp.260-283.

Schmeller, Th, *Paulus und die Diatribe*, NTA 19, Münster, 1987.

Schmeller, Th, *Der 2Korintherbrief*, EKK VIII/1, Neukirchen, 2010.

Schmidt, E.D, *Heilig ins Eschaton. Heiligung und Heiligkeit als eschatologische Konzeption im 1Thessalonicherbrief*, BZNW 167, Berlin, 2010.

Schmithals, W, *Die theologische Anthropologie des Paulus*, Stuttgart, 1980.

Schmithals, W, *Gnosis und Neues Testament*, Darmstadt, 1984.

Schnackenburg, R, "Die Adam-Christus-Typologie(Röm 5:12-21) als Voraussetzung für das Taufverständnis in Röm 6:1-14", in: De Lorenzi, L, (Hg.), *Battesimo e Giustizia in Rom 6 e 8*, SMBen 2, Rom 1974, pp.37-55.

Schnackenburg, R, *Das Heilsgeschehen bei der Taufe nach dem Apostel Paulus*, MThS.H 1, München, 1950.

Schneider, G, *Die Apostelgeschichte I*, HThK V/1, Freiburg, 1980.

Schneider, G, *Die Apostelgeschichte II*, HThK V/2, Freiburg, 1982.

Schnelle, U, "Denkender Glaube. Schulen im Neuen Testament", in: Gemeinhardt, P,/Günter, S, (Hg.), *Von Rom nach Bagdad*, Tübingen, 2013, pp.81-110.

Schnelle, U, "Die Ethik des 1Thessalonicherbriefes", in: Collins, R.F, (Hg.), *The Thessalonian Correspondence*, BEThL LXXXVII, Leuven, 1990, pp.295-305.

Schnelle, U, "Der 2. Korintherbrief und die Mission gegen Paulus", in: Sänger, D, (Hg.), *Der zweite Korintherbrief. Literarische Gestalt-historische Situation-theologische Argumentation. (FS Koch, D.-A,)*, FRLANT 250, Göttingen, 2012, pp.300-322.

Schnelle, U, "Paulus und Epiktet-zwei ethische Modelle", in: Horn, F.W,/ Zimmermann, R, (Hg.), *Jenseits von Indikativ und Imperativ*, WUNT 238, Tübingen, 2009, pp.137-158.

Schnelle, U, "Paulu's und die Anfänge einer christlichen Überlieferung-skultur", in: Lang, M, (Hg.), *Paulus und Paulusbilder*, ABG 31, Leipzig, 2013, pp.191-218.

Schnelle, U, "Heilsgegenwart. Christologische Hoheitstitel bei Paulus", in: Schnelle, U,/Söding, T, (Hg.), *Paulinische Christologie (FS Hübner, H,)*,

Göttingen, 2000, pp.178-193.

Schnelle, U, "Der Römerbrief und die Aporien des paulinischen Denkens", in: Ders, (Hg.), *The Letter to the Romans*, BETL 226, Leuven, 2009, pp.3-23.

Schnelle, U, *Neutestamentliche Anthropologie. Jesus-Paulus-Johannes*, BThSt 18, Neukirchen, 1991.

Schnelle, U, *Einleitung in das Neue Testament*, Göttingen, 2017(9판).

Schnelle, U, *Gerechtigkeit und Christusgegenwart. Vorpaulinische und paulinische Tauftheologie*, GTA 24, Göttingen, 1986(2판).

Schnelle, U, *Paulus. Leben und Denken*, Berlin/Boston, 2014(2판).

Scholtissek, K, "Paulus als Lehrer", in: Ders, *Christologie in der Paulus-Schule*, SBS 181, Stuttgart, 2000, pp.11-36.

Schrage, W, *Der erste Brief an die Korinther*, EKK VII/1, Neukirchen, 1991.

Schrage, W, *Der erste Brief an die Korinther*, EKK VII/2, Neukirchen, 1995.

Schrage, W, *Der erste Brief an die Korinther*, EKK VII/3, Neukirchen, 1999.

Schrage, W, *Der erste Brief an die Korinther*, EKK VII/4, Neukirchen, 2001.

Schreiber, St, "Aus der Geschichte einer Beziehung", ZNW 103 (2012), pp.212-234.

Schreiber, St, "Eine neue Jenseitshoffnung in Thessalonich und ihre Probleme(1Thess 4:13-18)", Bib 88 (2007), pp.326-350.

Schreiner, Th.R, "Works of Law", in Paul, NT 33 (1991), pp.217-244.

Schreiner, Th.R, *The Law and Its Fulfilment*, Grand Rapids, 1993.

Schreiner, Th. R., *Romans*, BECNT 6, Grand Rapids, 1998.

Schröder, B, *Die 'väterlichen Gesetze'*, TSAJ 53, Tübingen, 1996.

Schröter, J, "Schriftauslegung und Hermeneutik in 2 Korinther 3", NT 40 (1998), pp.231-275.

Schröter, J, "Der Mensch zwischen Wollen und Tun", in: Klumbies, P.- G,/du Toit, D.S, (Hg.), *Paulus-Werk und Wirkung (FS Lindemann, A,)*, Tübingen, 2013, pp.195-223.

Schulz, S, *Neutestamentliche Ethik*, Zürich, 1987.

Schumacher, L, *Sklaverei in der Antike*, München, 2001.

Schürmann, H, "'Pro-Existenz' als christologischer Grundbegriff", in: Ders, *Jesus-Gestalt und Geheimnis*, Paderborn, 1994.

Schürmann, H, "Die geistlichen Gnadengaben in den paulinischen Gemeinden", in: Kertelge, K, (Hg.), *Das kirchliche Amt im Neuen Testament*, Darmstadt, 1977, pp.362-412.

Schunck, K.-D, Art. *"Makkabäer/Makkabäerbücher"*, TRE 21, Berlin/New York, 1991, pp.736-745.

Schwankl, O, "'Lauft so, dass ihr gewinnt'. Zur Wettkampfmetaphorik in 1Kor 9", BZ 41 (1997), pp.174-191.

Schweitzer, A, *Die Mystik des Apostels Paulus*, Tübingen. 1954(2판).

Schwemer, A.M, "Jesus Christ als Prophet, König und Priester. Das munus triplex und die frühe Christologie", in: Hengel, M./Schwemer, A.M., *Der messianische Anspruch und die Anfänge der Christologie*, WUNT 138, Tübingen, 2001, pp.165-230.

Schwier, H, *Tempel und Tempelzerstörung*, NTOA 11, Freiburg (H)/ Göttingen, 1989.

Schwindt, R, "Mehr Wurzel als Stam und Krone. Zur Bildrede vom

Ölbaum in Röm 11:16-24", Bib.88 (2007), pp.64-91.

Scornaienchi, L, *Sarx und Soma bei Paulus*, NTOA 67, Göttingen, 2008.

Seifrid, M.A, *Justification by Faith*, NT.S 68, Leiden, 1992.

Sellin, G, "Hagar und Sara. Religionsgeschichtliche Hintergründe der Schriftallegorese Gal 4:21-31", in: Mell, U./Müller, U.B, (Hg.), *Das Urchristentum in seiner Literarischen Geschichte (FS Becker, J.)*, Berlin, 1999, pp.59-84.

Sellin, G, *Der Streit um die Auferstehung der Toten*, FRLANT 138, Göttingen, 1986.

Seybold, K, Art. *"Gericht I"*, TRE 12, Berlin/New York, 1985, pp.460-466.

Sherwin-White, *Roman Society and Roman law*, Oxford, 1963.

Siber, P, *Mit Christus leben*, AThANT 61, Zürich, 1971.

Smallwood, E.M, *The jews under Roman Rule from Pompey to Diocletian*, SJLA 20, Leiden, 1981.

Söding, Th, "Das Geheimnis Gottes im Kreuz Jesu(1Kor)", BZ 38 (1994), pp.174-194.

Söding, Th, "Das Mahl des Herrn", in: Hilberath, B.J, (Hg.), *Vorgeschmack (FS Schneider, Th.)*, Mainz, 1995, pp.134-163.

Söding, Th, "Der Erste Thessalonischerbrief und die frühe paulinische Evangeliumsverkündigung. Zur Frage einer Entwicklung der paulinischen Theologie", BZ 35 (1991), pp.180-203.

Söding, Th, "Die Gegner des Paulus in Galatien", MThZ 42 (1991), pp.305-321.

Söding, Th, "Die Kraft der Sünde ist das Gesetz(1Kor 15:56). Anmerkungen zum Hintergrund und zur Pointe einer gesetzeskritischen Sentenz des Apostels Paulus", ZNW 83 (1992), pp.74-84.

Söding, Th, "Zur Chronologie der paulinischen Briefe":, BN 56 (1991), pp.31-59.

Söding, Th, "Starke und Schwache", ZNW 85 (1994), pp.69-92.

Söding, Th, *Die Trias Glaube, Hoffnung, Liebe bei Paulus*, SBS 150, Stuttgart, 1992.

Söding, Th, *Das Liebesgebot bei Paulus*, NTA 26, Münster, 1994.

Speyer, W, "Hellenistisch-römische Voraussetzungen der Verbreitung des Christentums", in: Beutlerm J, (Hg.), *Der neue Mensch in Christus*, QD 190, Freiburg, 2001, pp.25-35.

Standhartinger, A, *Studien zur Entstehungsgeschichte und Intention des Kolosserbriefes*, NT.S 94, Leiden, 1999.

Stanley, C.D, *Paul and the Language of Scripture*, MSSNTS 69, Cambridge, 1992.

Starnitzke, D, *Die Struktur paulinischen Denkens im Römerbrief*, BWANT 163, Stuttgart u.a., 2004.

Stegemann, W, "War der Apostel Paulus ein römischer Bürger?", ZNW 78 (1987), pp.200-229.

Stegemann, E,/Stegemann, W, *Urchristliche Sozialgeschichte*, Stuttgart, 1997(2판).

Stein, R.H, "The Argument of Romans 13:1-7", NT 31 (1989), pp.325-343.

Stemberger, G, "Die Juden im Römisch Reich: Unterdrückung und Privilegien einer Minderheit", in: Frohnhofen, H, (Hg.), *Christlicher Antijudaismus und jüdischer Antipaganismus*, HTS 3, hamburg, 1990, pp.6-22.

Stemberger, G, *Pharisäer, Sadduzäer, Essener*, SBS 144, Stuttgart, 1991.

Stemberger, G, Art. "Juden", RAC 19, 1998, pp.160-245.

Stenger, W, "Biographisches und Idealbiographisches in Gal 1:11-2:14",
in: Müller, P.G,/Stenger, W, (Hg.), *Kontinuität und Einheit (FS Mussner, F,)*,
Freburg, 1981, pp.123-140.

Stolle, V, *Luther und Paulus*, ABG 10, Leipzig, 2002.

Stowers, S,K, "Social Status, Public Speaking and Private teaching: the
Circumstances of Paul's Preaching Activity", NT 16 (1984), pp.59-82.

Stowers, S,K, *Letter Writing in Greco-Roman Antiquity*, Philadelphia,
1986.

Stowasser, M, "Christus, das Ende welchen Gesetzes?", Protokolle zur
Bibel 5 (1996), pp.1-18.

Strecker, G, *Die liminale Theologie des Paulus*, FRLANT 185, Göttingen,
1999.

Strecker, G, "Befreiung und Rechtfertigung. Zur Stellung der Rechtferti-
gungslehre in der Theologie des Paulus", in: Ders, *Eschaton und
Historie. Aufsätze*, Göttingen, 1979, pp.229-259.

Strecker, G, "Die Legitimität des paulinischen Apostolates nach 2Korinther
10-13", NTS 38 (1992), pp.566-586.

Strecker, G, "Der vorchristliche Paulus", in: Fornberg, T,/Hellholm, D, (Hg.),
Texts and Contexts (FS Hartmann, L,), Oslo, 1996, pp.713-741.

Strecker, G,/Schnelle, U, (Hg.), *Neuer Wettstein. Texte zum Neuen
Testament aus Griechentum und Hellenismus*, Berlin u.a., 1996.

Strobel, A, "Zum Verständnis von Rm 13", ZNW 47 (1956), pp.67-93.

Strobel, K, *Die Galater. Geschichte und Eigenart der keltischen
Staatenbildung auf dem Boden des hellenistischen Kleinasien, Bd.
1: Untersuchungen zur Geschichte und historischen geographie des
hellenistischen und römisch Kleinasien*, Berlin, 1996.

Stuhlmacher, P, "Das Gesetz als Thema biblischer Theologie", in: Ders, *Versöhnung, Gesetz und Gerechtigkeit*, Göttingen, 1981, pp.136-165.

Stuhlmacher, P, *Gerechtigkeit Gottes bei Paulus*, FRLANT 87, Göttingen, 1966(2판).

Stuhlmacher, P, *Das paulinische Evangelium. Band I: Vorgeschichte*, FRLANT 95, Göttingen, 1968.

Stuhlmacher, P, *Biblische Theologie des Neuen Testament I*, Göttingen, 1992.

Stuhlmacher, P, *Der Brief an die Römer*, NTD 6, Göttingen, 1989.

Stuhlmacher, P., *Versöhnung, Gesetz und Gerechtigkeit. Aufsätze zur biblischen Theologie*, Göttingen 1981.

Sumney, J.L, "Studying Paul's Opponent: Advances and Challenges", in: Porter, St.E, (Hg.), *Paul and His Opponents*, Leiden, 2005, pp.7-58.

Summey, J.L, *Identifying Paul's Opponents*, JSOT.S 40, Sheffield, 1990.

Synofzik, E, *Gerichts und Vergeltungsaussagen bei Paulus*, GTA 8, Göttingen, 1977.

Taubes, J, *Die politische Theologie des Paulus*, München, 2003(3판).

Tellbe, M, "The sociological Factors behind Philippians 3:1-11 and the Conflict at Philippi", JSNT 55 (1994), pp.97-121.

Theis, J, *Paulus als Weisheitslehrer. Der Gekreuzigte und die Weisheit Gottes in 1 Kor 1-4*, BU 22, Regensburg 1991.

Theissen, G, "Judentum und Christentum bei Paulus", in: Hengel, M,/ Heckel, U, (Hg.), *Paulus und das antike Judentum*, WUNT 58, Tübingen, 1991, pp.331-356.

Theissen, G, "Kirche oder Sekte? Über Einheit und Konflikte im frühen Urchristentum", in: Alexeev, A.A u.a. (Hg.), *Einheit der Kirche*, WUNT

218, Tübingen, 2008, pp.81-101.

Theissen, G, "Die Starken und die Schwachen in Korinth", in: Ders, *Studien zur Soziologie des Urchristentums*, WUNT 19, 1983(2판), pp.272-289.

Theissen, G, "Soziale Schichtung in der korinthischen Gemeinde", in: Ders, *Studien zur Soziologie des Urchristentums*, WUNT 19, 1983(2판), pp.231-271.

Theissen, G, "Die urchristliche Taufe und die soziale Konstruktion des neuen Menschen", in: Assmann, J,/Stroumsa, G.G, (Hg.), *Transformation of the Inner Self in Ancient Religions*, SHR 83, Leiden, 1999, pp.87-114.

Theissen, G, "Röm 9-11 - Eine Auseinandersetzung des Paulus mit Israel und mit sich selbst", in: *Fair Play (FS Räisänen, H)*, NT.S 103, Leiden u.a., 2002, pp.311-341.

Theissen, G, *Psychologische Aspekte paulinischer Theologie*, FRLANT 131, Göttingen, 1983.

Theissen, G, *Lokalkolorit und Zeitgeschichte in den Evangelien*, NTOA 8, Freiburg (H)/Göttingen, 1989.

Theissen, G, *Die Religion der ersten Christen. Eine Theorie des Urchristentums*, Gütersloh, 2000.

Theissen, G,/v. Gemünden, *Der Römerbrief. Rechenschaft eines Reformators*, Göttingen, 2016.

Theissen, G,/Merz, A. *Der historische Jesus*, Göttingen, 1996.

Theobald, M, "Der Galaterbrief", in: Ebner, M,/Schreiner, St, (Hg.), *Einleitung in das Neue Testament*, Stuttgart, 2008, .

Theobald, M, *Der Römerbrief*, EdF 294, Darmstadt, 2000.

Theobald, M, *Studien zum Römerbrief*, WUNT 136, Tübingen, 2001.

Thielmann, F, "The Coherence of Paul's View of the Law: The Evidence of First Corinthians", NTS 38 (1992), pp.232-253.

Thornton, C.-J, *Der Zeuge des Zeugen*, WUNT 56, Tübingen 1991.

Thorsteinsson, R.M, "Stoicism as a Key to Pauline Ethics in Romans", in: Rasimus, T,/Engberg-Pedersen, T,/Dunderberg, I, (Hg.), *Stoicism in Early Christianity*, Grand Rapids, 2010, pp.15-38.

Thrall, M.E, *The Second Epistle to the Corinthians I*, ICC, Edinburgh, 1993.

Thyen, H, "Das Mysterium Israel(Röm 11:25-32)", in: *Das Gesetz im frühen Judentum und im Neuen Testament. (FS Burchard, Ch.)*, NTOA 57, Göttingen, 2006, pp.304-318.

Thyen, H, *Studien zur Sündenvergebung im Neuen Testament*, FRLANT 96, Göttingen, 1970.

Tiwald, M, *Hebräer von Hebräern, Hebräer von Hebräern: Paulus auf dem Hintergrund frühjüdischer Argumentation und biblischer Interpretation*, Freiburg, 2008.

Trobisch, D, *War Paulus verheiratet? Und andere offene Fragen der Paulusecegese*, Gütersloh, 2011.

Umbach, H, *In Christus getauft-von der Sünde befreit. Die Gemeinde als sündenfreier Raum bei Paulus*, FRLANT 181, Göttingen, 1999.

vom Brocke, Chr, *Thessaloniki-Stadt des Kassander und Gemeinde des Paulus*, WUNT 2.125, Tübingen, 2001.

v. Bendemann, R, "'Frühpaulinisch' und/oder 'spätpaulinisch'? Erwägungen zu der These einer Entwicklung der paulinischen Theologie am Beispiel des Gesetzesverständnisses", EvTh 60 (2000), pp.210-229.

van Henten, J.W, "The Tradition-Historical Background of Romans 3:25: A Search for Pagan and Jewish Parallels", in: de Boer, m, (Hg.), *From Jesus to John (FS de Jonge, M.)*, JSNT,S 84, Sheffield, 1993, pp.101-128.

v. Bendemann, R, "Die kritische Diastase von Wissen, Wollen, Handeln", ZNW 95 (2004), pp.35-63.

v. Lips, H, "Paulus und die Tradition", VuF 36 (1991), pp.27-49.

v. d. Osten-Sacken, P, *Römer 8 als Beispiel paulinischer Soteriologie*, FRLANT 112, Göttingen, 1975.

v. d. Osten-Sacken, P, *Evangelium und Tora. Aufsätze zu Paulus*, TB 77, München, 1987.

v. Unnik, W.C, "Tarsus or Jerusalem. The City of paul's Youth", in: Ders, *Sparsa Collecta I*, NT,S 29, Leiden, 1973, pp.259-320.

van Unnik, W.C, "Lob und Strafe durch die Obrigkeit. Hellenistisches zu Röm 13:3-4", in: Ders., *Sparsa Collecta IV* (NT,S 156), Leiden/Boston, 2014, pp.57-65.

Vegge, T, *Paulus und das antike Schulwesen*, BZNW 134, Berlin, 2006.

Vielhauer, Ph, *Geschichte der urchristlichen Literatur*, Berlin/New York, 1975.

Vittinghofff, F, Art. "Gesellschaft", in: Ders, (Hg.), *Handbuch der Europäischen Wirtschafts- und Sozialgeschichte I*, Stuttgart, 1990, pp.163-277.

Vittinghoff, F, "'Christianus sum'-Das 'Verbrechen' von Aussenseitern der römisch Gesellschaft", Historia 33 (1984), pp.331-357.

Vogel, M, *Das Heil des Bundes. Bundestheologie im Frühjudentum und im frühen Christentum*, TANZ 18, Tübingen, 1996.

Vollenweider, S, "Grosser Tod und grosses Leben", EvTh 51 (1991), pp.365-

382.

Vollenweider, S, "Hymnus, Enkomion oder Psalm? Schattengefechte in der neutestamentlichen Wissenschaft", NTS 56 (2010), pp.208-231.

Vollenweider, S, "Die Metamorphose des Gottessohnes", in: Mell, U,/Müller, U.B, (Hg.), *Das Urchristentum in seiner literarischen Geschichte (FS Becker, J)*, BZNW 100, Berlin/New York, 1999, pp.107-131.

Vollenweider, S, "Der 'Raub' der Gottgleichheit: Ein religionsgeschichtlicher Vorschlag zu Phil 2:6(-11)", NTS 45 (1999), pp.413-433.

Vollenweider, S, *Freiheit als neue Schöpfung*, FRLANT 147, Göttingen, 1989.

Voss, F, *Das Wort vom Kreuz und die menschliche Vernunft*, FRLANT 199, Göttingen, 2002.

Vouga, F, *An die Galater*, HNT 10, Tübingen, 1998.

Walker, R, *Studie zu Römer 13:1-7* (TEH.NF 132), München, 1966.

Walter, N, "Paulus und die urchristliche Jesustradition", NTS 31 (1985), pp.498-522.

Walter, N, "Zur Interpretation von Römer 9-11", ZThK 81 (1984), pp.172-195.

Walter, M, *Gemeinde als Leib Christi*, NTOA 49, Freiburg (H)/Göttingen, 2001.

Walter, N, Alttestamentliche Bezüge in christologischen Ausführung des Paulus, in: Schnelle, U,/Söding, T, (Hg.), *Paulinische Christologie (FS Hübner, H,)*, Göttingen, 2000, pp.246-271.

Wander, B, *Trennungsprozesse zwischen Frühen Christentum und Judentum im 1. jh. n. Chr*, TANZ 16, Tübingen, 1997(2판).

Wassermannn, E, "The Death of the Soul in Romans 7: Revisiting Paul's Anthropology in Light of Hellenistic Moral psychology", JBL 126 (2007), pp.793-816.

Watson, F, *Paul, Judaism and the Gentiles*, SNTSMS 56, Cambridge, 1986.

Weber, R, "Die Geschichte des Gesetzes und des Ich in 7:7-8:4", NZSTh 29 (1987), pp.147-179.

Wechsler, A, *Geschichtsbild und Apostelstreit*, BZNW 62, Berlin/New York 1991.

Wedderburn, A.J.M, "Paul and the Story of Jesus", in: Ders, (Hg.), *Paul and Jesus*, JSNT S 37, Sheffield, 1989, pp.161-189.

Wedderburn, A.J.M, *Baptism and Resurrection*, WUNT 44, Tübingen, 1987.

Wedderburn, A.J.M, *The Reasons for Romans*, Edinburgh, 1988.

Weder, H, "Die Normativität der Freiheit", in: Trowitzsch, M, (Hg.), *Paulus, der Aposel Jesu Christi (FS Klein, G,)*, Tübingen, 1998, pp.129-145.

Weder, H, *Das Kreuz Jesu bei Paulus*, FRLANT 125, Göttingen, 1981.

Wehnert, J, *Die Reinheit des "christlichen Gottesvolkes" aus Juden und Heiden: Studien zum historischen und theologischen Hintergrund des sogenannten Apostelkekrets*, FRLANT 173, Göttingen, 1997.

Wehr, A, *Petrus und Paulus-Kontrahenten und Partner*, NTA 50, Münster, 1996.

Weiser, A, *Die Apostelgeschichte I*, ÖTK 5/1, Gütersloh, 1981.

Weiser, A, *Die Apostelgeschichte II*, ÖTK 5/2, Gütersloh, 1985.

Weiss, A, "Sergius Paulus, Statthalter von Zypern", ZPE 169 (2009), pp.188-192.

Wengst, K., *"Freut euch, ihr Völker, mit Gottes Volk!": Israel und die Völker als Thema des Paulus-ein Gang durch den Römerbrief*, Stuttgart,

2008.

Wengst, K, *Pax Romana. Anspruch und Wirklichkeit*, München, 1986.

White, J, *Die Erstlingsgabe im Neuen Testament*, TANZ 45, Tübingen/
Basel, 2007.

Wiefel, W, "Die Hauptrichtung des Wandels im eschatologischen Denken
des Paulus", ThZ 30 (1974), pp.65-81.

Wilckens, U, "Was heisst bei Paulus: 'Aus Werken des Gesetzes wird
kein Menschen gerecht?'", in: Ders, *Rechtfertigung als Freiheit*,
Neukirchen, 1974, pp.77-109.

Wilckens, U, "Zur Entwicklung des paulinischen Gesetzesverständnisses",
NTS 28 (1982), pp.154-190.

Wilckens, U, "Zu 1Kor 2:1-16", in: Andresen, C,/Klein, G, (Hg.), *Signum
Crucis-Theologia Crucis (FS Dinkler, E,)*, Tübingen, 1979, pp.501-537.

Wilckens, U, *"Über Abfassungszweck und Aufbau des Römerbriefes"*, in:
Ders, *Rechtfertigung als Freiheit*, Neukirchen, 1974, pp.110-170.

Wilckens, U, *Der Brief an die Römer*, EKK VI/1, Neukirchen, 1978.

Wilckens, U, *Der Brief an die Römer*, EKK VI/2, Neukirchen, 1980.

Wilckens, U, *Der Brief an die Römer*, EKK VI/3, Neukirchen, 1982.

Wilckens, U, *Theologie des Neuen Testaments I/3*, Neukirchen, 2005.

Wilk, F, *Die Bedeutung des Jesajabuches für Paulus*, FRLANT 179,
Göttingen, 1998.

Windisch, H, *Der zweite Korintherbrief*, KEK VI, Göttingen, 1924(9판).

Windsor, LJ, *Paul and the Vocation of Israel*, BZNW 205, Berlin/Boston,
2014.

Winter, B.W, "The Public Honouring of Christian Benefactors", JSNT 34
(1988), pp.87-103.

Winter, B.W, *After paul left Corinth: The Influence of Secular Ethics and Social Change*, Grand Rapids, 2001.

Wischmeyer, O, "Gebot der Nächstenliebe bei Paulus", BZ 30 (1986), pp.153-187.

Wischmeyer, O, "1Korinther 15. Der Traktat des Paulus über die Auferstehung der Toten", in: Ders,/Becker, E.-M, *Was ist ein Text?*, NET 1, Tübingen, 2001, pp.171-209.

Wittulski, Th, *Die Adressaten des Gakaterbriefes*, FRLANT 193, Göttingen, 2000.

Wolff, Chr, *Der zweite Brief des Paulus an die Korinther*, ThHK 8, Berlin, 1989.

Wolff, Chr, *Der erste Brief des Paulus an die Korinther*, ThHK 7, Berlin, 1996.

Wolter, M, *Der Brief an Philemon*, ÖTK 12, Gütersloh, 1993.

Wolter, M, *Paulus. Ein Grundriss seiner Theologie*, Neukirchen, 2015(2판).

Wolter, M, *Rechtfertigung und zukünftiges Heil*, BZNW 43, Berlin, 1978.

Wolter, M, *Jesus von Nazaret*, Göttingen, 2019.

Wolter, M, *Der Brief an die Römer*, EKK VI/1, Neukirchen-Vluyn, 2014.

Wolter, M., *Theologie und Ethos im frühen Christentum: Studien zu Jesus, Paulus und Lukas*, WUNT 236, Tübingen, 2017.

Wolters, R, "Vectigal, Tributum und Stipendium-Abgabeformen in römischer Republik und Kaiserzeit", in: Klinkott, H. u.a. (Hg.), *Geschenke und Steuern, Zölle und Tribute. Antike Abgabeformen in Anspruch und Wirklichkeit*, Leiden/Boston, 2007, pp.407-430.

Wright, N.T, *Paul and the Faithfulness of God I-II*, London, 2013.

Zeigan, H, "Die Wurzel des Ölbaums (Röm 11:18)", PzB 15 (2006), pp.119-

132.

Zeller, D, "Die Mysterienreligionen und die paulinische Soteriologie", in: Siller, H.P, (Hg.), *Suchbewegungen*, Darmstadt, 1991, pp.42-61.

Zeller, D, *Der Brief an die Römer*, RNT, Regensburg, 1985.

Zimmermann, J, "Messiaserwartungen in den Schriftfunden von Qumran", ThBeitr 31 (2000), pp.125-144.

바울 전기

초판 1쇄 발행 2022년 10월 10일

지은이 김근수
펴낸이 한종호
펴낸곳 꽃자리
디자인 임현주
인쇄·제작 영프린팅

출판등록 2012년 12월 13일
주소 경기도 의왕시 백운중앙로 45, 207동 503호(학의동, 효성해링턴플레이스)
전자우편 amabi@hanmail.net
블로그 http://fzari.tistory.com

ISBN 979-11-86910-42-9 93230
값 22,000원